KB097680

미래에서 날아온 회고록

표지 설명

밝은 노란색 바탕 맨 위에 이 책 제목인 "미래에서 날아온 회고록"이 쓰여 있고, 그 밑에는 영문 제목과 부제인 "Year of the Tiger: An Activist's Life"가 쓰여 있다. 영문 글자 바로 밑에는 흑백으로 처리된 저자 앨리스 웡의 초상 사진이 가운데 정렬로 배치되어 있다. 사진에서 그는 호랑이가 그려진 긴팔 티셔츠를 입고 있는데, 이 호랑이가 앞발톱을 세운 채 포효하는 자세로 그의 티셔츠는 물론 전체 사진 프레임 바깥으로 맹렬히 뛰쳐나오고 있다. 즉 사진에서 그가 입고 있는 티셔츠 앞면에 호랑이의 몸통 끝부분이 그려져 있고, 나머지 몸통 앞부분은 점차 티셔츠와 사진 프레임 바깥으로 튀어나오고 있는 형태다. 그의 사진 오른쪽 옆으로는 이 책의 부제인 "장애인 신탁 예언자가 전하는 지구 행성 이야기"가 쓰여 있고, 왼쪽 옆으로는 "앨리스 웡 지음"과 "김승진 옮김"이라는 글자가 쓰여 있다. 맨 아래의 정중앙에는 "오월의봄"이라는 출판사 이름이 적혀 있다.

미래에서 날아온 회고록

Year of the Tiger: An Activist's Life

앨리스 웡 지음
김승진 옮김

장애인
신탁
예언자가
전하는
지구 행성
이야기

오월의봄

가슴이 뛴다. 앨리스 웡의 삶이 장애 여성으로 살아온 내 몸의 경험을 마구 두드린다. 그는 정상성 중심의 세계에서 불구의 몸들과 함께 취약성의 정치로 저항해왔다. 차별과 싸운 기록 사이마다 담긴 분노와 통쾌함의 유머는 날카로운 구호이자 동료를 찾는 힘이다. 내 몸을 억압하는 정상성과 끊임없이 싸우면서도 때론 그 욕망을 좇는 나를 부정하지 않음으로써 퀴어함을 더 크게, 단단하게 드러낼 수 있는 자부심을 그의 삶에서 배운다. 그가 살아온 몸의 시간이, 꼬이고 뒤틀려 가쁜 숨을 쉬는 한국의 이상한 몸들의 삶과 이어져 있음을 느낀다. 덕분에 나도 내 몸을 미워하거나 역량을 자책하지 않고 불구의 동료들과 함께 나를 드러내는 용기를 더 내어보려고 한다. 그와 함께 춤추듯 즐겁게 싸우며 서로의 삶이 궁금해지는 퀴어한 연대로 당신과 관계 맺고 싶다. 나는 뒤섞일 준비가 됐다. ─진은선, 장애여성공감 활동가

★　★　★

코끼리처럼 긴 코를 가진 앨리스 웡의 모습은 꼭 나를 닮아 있다. 나 역시 밤마다 코끼리가 되어 인공호흡기의 기계음을 들으며 잠든다. 그는 말한다. '내 몸의 허약함'은 감당할 수 있지만, '안전망의 허약함'은 늘 두렵다고. 앨리스 웡은 장애 여성, 이주민, 유색인, 기저질환자 등 교차하는 여러 정체성을 가진 장애인권 활동가다. 그는 이런 교차적 정체성을 바탕으로 차별과 억압에 맞서 소수자의 존재를 드러내는 가시화 운동을 해왔다. 그 가시화 운동은 지금 한국의 장애인들이 매일 아침 지하철 안에서 벌이고 있는 투쟁과도 연결되어 있다. 이들 역시 "장애인도 시민으로, 이동하는 시대로!"라는 구호를 외치며 장애인이 엄연히 이 사회에 존재하고 있음을 온몸으로 알리고 있다. 나는 앨리스 웡을 만나면서 알게 되었다. 장애운동이 장애인만을 위한 운동이 아니라 다양한 소수자들을 위한 운동이 될 수 있다는 것을. 그리고 독자들 역시 발견하게 될 것이다. 하나로 수렴되지 않는 다양한 차이들이 그의 이 회고록 안에서 어떻게 가시화되고 정치화되는지. 또 그것이 어떻게 그의 가시화 운동을 가능케 하는지. 나와 같은 곳을 바라보는 장애 여성이 이 지구 상에 존재한다는 사실이 나의 마음을 떨림으로 가득 채운다. ─박김영희, 장애인차별금지추진연대 상임대표

앨리스 웡은 깊은 진실을 말해준다. 꼭 읽어야 할 책이다.

—셀마 블레어Selma Blair, 《못된 아이Mean Baby》 저자

★　★　★

앨리스 웡은 우리 시대 최고의 장애인권 활동가로 꼽히기에 손색이 없는 인물이다. 하지만 이 책은 장애에 대한 이야기만은 아니다. 이 책은 장애와 더불어 살아가는 다채로운 삶에 대한 이야기이며, 그 삶은 온전한 삶이다. 반드시 읽어야 할 책이다.

—에즈메이 웨이준 왕Esmé Weijun Wang,
《조율하는 나날들The Collected Schizophrenias》

★　★　★

회고록 장르의 전형적인 요소들을 수완 좋게 피하면서, 저돌적이고 맹렬하고 경계를 허무는 회고록의 새로운 형태를 뛰어나게 창조했다. 오로지 앨리스 웡만이, 앨리스 웡이 해왔던 모든 놀라운 저술과 작업들만이 창조할 수 있는 회고록이다.

—조니 선Jonny Sun, 《굿바이, 어게인Goodbye, Again》 저자

★　★　★

이 책 자체가 저항의 체현이며, 그 어떤 예상도 뛰어넘는 책이다. 앨리스의 집요함과 개구진 장난이 담겨 있어 읽기에도 즐겁다. 이 책은 힘을 주고, 생각을 자극하며, 행동을 강력히 촉구한다.

—스테파니 푸Stephanie Foo,
《내 뼈가 알고 있는 것What My Bones Know》 저자

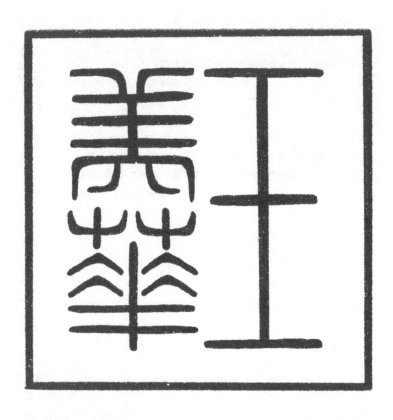

정사각형 프레임 안에 인장처럼
앨리스 웡의 본명 '왕메이화王美華'의
한자가 전서체로 쓰여 있다.
(펠리시아 량 작품)

다른 시대에서 이곳에 신탁을
전하러 온 장애인 예언자들에게 이 책을 바칩니다.
우리가 부르는 지혜의 합창에 저 또한 동참합니다.

일러두기

- ( )는 저자의 것이며, [ ]는 옮긴이가 본문 내용의 이해를 돕기 위해 덧붙이거나 보충 설명한 부분이다.
- 외래어 표기는 국립국어원 원칙을 따르되, 경우에 따라 관행화된 표기를 쓰기도 했다.
- 본문에 언급된 문헌 및 영화, 각종 프로그램은 국내에 출간·상영·방송된 제목을 따라 표기했다.
- 비속어나 구어, 그 밖에 맞춤법이나 외래어 표기법에 맞지 않는 표현일지라도, 입말이나 저자의 고유한 어투를 살리기 위해 유지한 부분이 있다.
- 본문에 자주 등장하는 단어 'crip'은 '불구/불구로 만들다'라는 뜻을 지닌 'cripple'에서 비롯된 속어다. 장애인에 대한 멸시와 비하가 담긴 표현이지만 국내외에서 'crip' 혹은 '불구'라는 단어를 긍정적 의미로 전유하려는 시도가 활발히 나타나고 있으며, 한국의 경우 장애 여성 인권운동단체 장애여성공감이 창립 20주년을 맞아 발표한 〈시대와 불화하는 불구의 정치〉(2018) 선언문에서 그 맥락을 읽을 수 있다. 이 책에서는 'crip' 자체의 고유한 뉘앙스와 '크립턴cripton 행성', '뮤턴트 크립crip' 등 해당 단어를 활용한 저자의 여러 언어유희를 살리기 위해 '크립'으로 표기했다.
- 'inclusive/inclusion'은 '포용적(인)/포용성'으로 옮겼다. 사회가 다양한 모든 구성원 중 어느 누구도 배제하지 않는다는 의미이며, 주류가 소수자를 '포용해준다'는 시혜적인 의미가 아니다. '포용'이라는 단어가 포용의 주체('누가' 포용하는가)를 떠올리게 하므로 시혜적인 뉘앙스로 잘못 이해될 소지가 크기 때문에 'inclusive/inclusion'의 번역어로 적합하지 않다는 논의가 있으나, '포함'이나 '통합'과 같은 대안적인 단어도 동일한 문제에서 자유롭지 않고, 여러 문헌에서 '포용'이라는 단어가 더 일반적으로 쓰이고 있음을 고려해 이 책에서도 '포용'을 번역어로 택했다.

서문

당신이 읽고 있는 책은 미래에서 왔습니다. 저도 미래에서 왔어요. 당신과 함께하기 위해 긴 여정을 거쳐왔고, 당신과 나누고 싶은 이야기가 많습니다. 지구에서 보낸 몇십 년은 아시아계 미국인인 장애 여성이 적대적이고 가차 없는 풍토를 살아냈다는 점에서 무척 대단한 일이었어요. 팬데믹 기간 동안 불평등한 백신 접근권, 그리고 어떤 집단은 처분해버려도 되는 존재라고 여기는 우생학적인 정책과 태도에 맞서 소리 지르고 할퀴고 싸우다 보니, 문득 제가 겪은 모든 일들을 되짚어볼 필요가 있겠다는 생각이 들었습니다. 저는 단지 여러분 모두와 동일한 공간에 존재하기 위해, 그저 그 최소한을 위해 이 모든 전투를 치러야 했답니다.

2020년에, 지금 제 이야기를 하지 않으면 영원히 못하리라는 생각이 들었습니다. 호흡기 사용자인 고위험자를 캘리포니아주 정부가 백신 접종 우선순위에서 갑자기 제외하면 그런 생각이 들게 됩니다. 아시아인에 대한 혐오와 폭력이 판치는 와중에 역시 고위험자인 70대 부모님과 1년 넘게 록다운^{lockdown}[원문의 용어는 'shelter in place'이며 자택대피령 또는 이동 제한 조치를 의미한다.] 상태에서 살아야 할 때도 그런 생각이 들게 되죠. 백인 남성이 진부한 중년의 위기를 겪으며 '진정한 자유'를 위해 코인에 투자하거나 컴버스터블 테슬라 자율주행차를 살 나이에 저는 회고록을 쓰기로 했습니다. 제가 도달할 수 있으리라고 아무도 생각하지 않았던 나이에, 그리고 저 같은 사람이 차지할 자리 따위는 없다고들 생각하던 [팬데믹] 시기에 말이에요. 저는 자녀가 없고 앞으로도 없겠지만, 제 글과 작품과 이야기, 그리고 제가 맺어온 관계들은 저의 유산입니다. 이 책은 '앨리스 정전'의 가장 최근작이 될 것입니다.

제가 사회운동가나 활동가가 되겠다는 꿈을 가졌었을까요? 아니에요. 하지만 대체로 저는 활동가로 사람들에게 알려져 있을 겁니다. 비장애중심주의ableism가 사회운동의 세계로 저를 징집한 셈이지요. 다른 사람들은 가령 어떤 프로젝트에 보너스 점수를 보태는 식으로 사회운동에 들어왔다 나갔다 할 수 있을지 모르지만, 저는 그럴 수가 없습니다. 변화를 만드는 것에 대해, 또 저 자신의 존재를 부정하지 않고 그 존재에 충실하게 살아가는 것에 대해 제가 어린 시절부터 지금까지 알게 된 것들을 여러분과 나누려고 합니다. 나의 필요가 간과되지 않고 충족되게 만드는 것, 지역사회와 공동체의 일부가 되는 것, 문제를 제기하며 소란을 일으키는 것, 정보를 공유하는 것 등이 제가 해온 활동의 사

미래에서 날아온 회고록

례들이고, 여러분이 스스로를 묘사할 때 활동가라는 단어를 쓰든 안 쓰든 활동가가 될 수 있는 방법은 많습니다. 이 일을 어디에서, 어떻게 하는지도 이 일을 왜, 누구와 하는지에 못지않게 중요할 것입니다. 문제를 인식하고 분노가 끓어오른다면 그것이 바로 활동가 모드입니다. 활동가의 일은 가치절하되고 불안정하지만 수그러들지 않습니다. 초고도 자본주의, 백인우월주의, 비장애중심주의는 사회운동을, 또한 현 상태를 바꾸려는 모든 시도를 체계적으로 훼손하는 구조적 조건들을 만듭니다. 조직화를 통해 기쁨과 즐거움과 생성의 가능성을 발견해가는 것은 제가 사회운동이 어떤 모습이어야 하는지에 대해 가지고 있었던 고정관념을 버리는 긴 과정의 일부였습니다. 그리고 고정관념을 버리고 새로운 생각을 일구는 것 또한 운동입니다.

여러 가지의 존재론적 위협을 중층적으로 안고 살아가면서, 저는 주변화된 집단들이 어떻게 서로를 돌보고 서로 다른 운동들을 아우르며 유대를 형성하는지 볼 수 있었습니다. 결국 우리 말고는 아무도 우리를 기억하거나 구해주지 않을 테니까요. 샌프란시스코에서 오래 살았기 때문에 폭우는 마지막으로 본 게 언제인지 기억나지 않지만 산불이라면 며칠씩 매캐한 연기가 대기를 뒤덮고 정전 지역이 확산되는 위기를 몇 년째 헤쳐나가야 했던 사람으로서 하는 말입니다. 당장이라도 종말이 닥칠 듯한 상황에서 서로 도움을 주고받는 집단들이 자생적으로 생겨나고, 마스크 오클랜드Mask Ockland 같은 단체들은 대규모 환경 위기와 건강 위기를 예상해서, 혹은 벌어진 위기에 대처하기 위해 N95 마스크를 무료로 나눠줍니다. 신스 인밸리드Sins Invalid[장애인, 유색인, 퀴어 등 여러 소수자 아티스트들을 중심으로 하는 공연 프로젝트] 창립자이자 사무총장이자 공연 감독인 패티 번Patty Berne이 제시한 장애정의disability justice의 원칙을 따른다면, 우리는 더욱 잘해낼 수 있고 더욱 잘해낼 것입니다. 패티 번은 서로의 필요를 충족시켜준다는 점에서 상호의존은 강점이고, 모든 신체는 그 자체로 온전하고 완전하며, 우리의 자유는 다른 이들의 자유와 연결되어있고, 현 체제에서 가장 크게 고통과 어려움에 처해 있는 사람들이야말로 리더가 되어 우리를 이끌어야 할 전문가라고 말합니다.

이 책은 〈기원〉, 〈운동〉, 〈접근성〉, 〈문화〉, 〈스토리텔링〉, 〈팬데믹〉, 〈미래〉 이렇게 총 7부로 구성되어 있습니다. 새로 쓴 글, 출간되었던 글, 다른 사람들과의 대화, 그래픽, 사진, 장애인이거나 아시아계 이민자인 예술가들에게 의뢰해 받은 작품 등을 여기에 모았습니다. 이 책을 재미있게 읽어주시면 좋겠습니다. 색을 칠해넣고, 귀퉁이를 접고, 형광펜으로 줄을 긋고, 여백에 메모를 끄적이고, 다른 사람들에게 선물하는 책이 되었으면 좋겠습니다. 저는 이 책이 스크랩북, 박물관 전시, 잡지, 창작 글쓰기 과제, 일기 등을 모아 만든 저의 매시업mash-up이라고 생각합니다. 알록달록한 펜과 스티커로 꾸며놓지만 않았다 뿐이지요. 여기에는 다양한 것이 담겨 있고, 이것은 제가 누구인지를 보여주는 작고 유쾌한 표본입니다.

이 책에는 여러 종류의 글이 등장하지만 제가 가장 좋아하는 것은 에세이입니다. 《틴 보그Teen Vogue》에 쓰는 칼럼이든, 제 블로그에 올리는 글이든, 또 그 밖의 어떤 에세이이든 간에, 저는 에세이를 쓸 때 제가 깊이 관심을 쏟고 있는 내용을 표현하기 위해 시간과 공을 들입니다. 에세이의 [지면] 경제성 논리는 글 쓰는 사람이 아이디어를 최대한 효율적이고 효과적으로 다듬게 밀어붙입니다. 짜임새와 함께 절제와 정확성은 에세이가 갖는 우아함의 중요한 요소입니다. 에세이가 꼭 무언가에 대한 대응이거나 비판이어야 하는 것은 아니에요. 에세이는 폭로하거나 전복하거나 궁금해하거나 놀라워하거나 도발하거나 분석하거나 환호하거나 재미를 줄 수 있습니다.

소셜미디어 활동과 더불어 에세이 쓰기는 제가 선택한 운동 도구입니다. 에세이 쓰기는 아이디어에 구조를 부여하고 응축하고 연마하고 다듬고 매만져서 실체가 있는 무언가로 빚어내는 작업이며, 제게는 이것이 창조적이고 지적인 활동의 최고봉입니다. 어느 개인의 이야기 한 편, 특히 [사회에서] 간과되었던 관점에서 나오는 이야기 한 편은 집회보다 더 많은 사람에게 닿을 수도 있고, 정책 문건보다 더 많은 사람에게 변화를 일으킬 수도 있습니다. 어떤 매체에는 제가 말하고 싶은 모든 것을 800개 단어 이내의 분량으로 소환해내야 하는데, 이것은 굉장한 마법입니다. 작가이자 사회학자인 트레시 맥밀런 코텀Tressie McMillan Cottom은 〈에세이 쓰기Essaying〉라는 제목의 뉴스레터에서 이렇게 말했습니다. "[에세이를 사랑하고 공적인 삶을 믿기 때문에 나는 에세이를 쓴다……] 모든 서술과 묘사, 논변과 주장에서, 에세이는 공중public, 公衆을 만드는 활동이다. 가장 좋은 에세이는 사회적 문제를 다루고자 하는 창조적 욕동이 추동하는 과정과 형태를 통해 공중을 일군다. …… 방대한 창조성이 흘러갈 길을 잡는 것, 이것이 가장 좋은 학문과 가장 활력 있는 공중의 공통점이다. 인간관계 속으로,

방법론 속으로, 연결망 속으로, 담론 속으로 창조성이 흘러가도록 길을 내는 것이다." 저는 이 책의 모든 장이 다른 이들과의 대화가 되기를, 그리고 그 대화가 '나의 것'을 '새로운 경이로운 것'이 되도록 연결하고 공유하고 지어나가는 균사들의 촘촘한 망을 통해 퍼져나가기를 바랍니다. 그렇게 해서, 높고 낮은 모든 곳, 해가 비치고 그늘이 지는 모든 곳에 닿는 덩굴손을 만들어갈 수 있으면 좋겠습니다.

이 회고록의 제안서를 쓰려고 예전에 썼던 글들을 모으다가, 글이 많기도 하고 다양하기도 해서 깜짝 놀랐습니다. 고등학교, 대학교 때 쓴 손발 오그라드는 글들을 읽다 보니 제가 쓴 글 하나하나가 저를 지금 제가 있는 곳에, 제가 도달해야 할 곳에 도달하도록 인도해주었다는 생각이 들었습니다. 나무로 자라난 그 씨앗들을 되짚어보고 저를 지원해주었던 공동체들을 조명하는 소중한 기회를 갖게 되어 너무나 기쁩니다. 책 스트레스가 이 기쁨에 재를 뿌릴 수 있다는 것을 잘 알고 있었기 때문에, 저는 글을 쓰고 모으고 편집하고 퇴고하는 일이 최대한 재밌는 과정이 되게 하겠다고 마음먹었습니다. '회고록 집필'에 대한 걱정을 밀어내려고 노력했고, 다른 회고록을 많이 찾아 읽거나 비슷한 종류의 회고록을 조사해보는 일은 의도적으로 피했습니다. 제 머리만 뒤죽박죽으로 만들 게 틀림없다고 생각했기 때문입니다. 전문가들이 권장할 만한 집필 방식은 아니겠지만, 저는 제가 이 책을 쓴 과정과 방식을 여러분께 솔직하게 알려드리고 싶습니다.

저를 드러내는 글, 그림, 사진, 문서 등을 모아 큐레이션하는 동안, 절실하게 쓰고 싶은 새로운 내용이 저에게 있는지, "있어! 정말 있어!"라고 말할 만한 근거가 있는지가 꼭 자신 있지는 않았습니다. 하지만 저는 이 회고록을 무언가를 비꼬아 비난하기도 하고 얼핏 사소해 보일지도 모르는 일을 꼬치꼬치 따지는 기회로도 삼고자 했습니다. 꼭 그들의 잘잘못을 따지고 싶어서라기보다는 제가 일상에서 날마다 마주하는 진짜 경험들을 보여드리기 위해서입니다(조앤 콜린스Joan Collins처럼 "이봐요! 여기 다 증거가 있다고요!"라고 말하면서 말이에요). '삐---' 처리를 하거나 일부를 지우고 공개한 문자메시지, 열받아서 내뱉은 욕과 짜증도 저의 활동과 글쓰기만큼이나 저의 진리를 구성하는 요소입니다. 비속어가 불편하신 분들께는 미리 양해를 구합니다.

책의 한 장르로서 회고록은 저자와 독자 모두에게 모종의 독특한 예상을 불러일으켜서 난감한 상황을 만들곤 합니다. 이 책에서 여러분은 [회고록다운] 함축적인 주제 같은 것을 발견하지는 못할 것입니다. 책 소개나 홍보 문구에는 그렇게 나올지도 모르지만요. 저는 회고록이 삶의 의미를 감상적으로 일반화해서 소화 가능한 형태로 깔끔하게 정리한 책이어야 한다는 개념에 도전하고 저항합니다. 이 책이 저를 자세히 드러내는 첫 시도인 만큼, 다음과 같은 점을 미리 밝혀두고자 합니다.

- 이 책은 백인성과 비장애성을 중심으로 하거나 그것에 듣기 좋게 부합하려는 목적을 가지고 있지 않습니다.
- 이 책은 불굴의 끈질김으로 역경을 극복한 입지전적 성공담이 아닙니다. 또한 '다양성'이나 '교차성'에 관한 책도 아닙니다.
- 이 책은 특정한 정체성이나 소수자의 자긍심에 대한 고찰을 담은 책이 아닙니다. 즉 [정체성의 측면에서] 제가 '지나치게 중국인인지' 혹은 '충분히 장애인인지' 같은 내용을 담고 있지 않으며, '두 세계에 낀 이민자 자녀' 이야기라든가 '1세대 이민자인 부모는 모르는 2세대 이민자 이야기' 같은 내용도 아닙니다. [정체성의 측면에서] 실제의 저는 충분히 중국인이지는 않고 매우매우 장애인이며 그 사실이 아무렇지도 않습니다. 그리고 어쨌거나, 그런 유형의 회고록은 이미 많이 보시지 않았나요?
- 이 책은 '참혹'하면서도 '승리의 장엄함'이 있는 차별, 장애인혐오, 모

멸, 고통의 이야기가 아닙니다. 그런 이야기도 하려면 많이 할 수 있지만, 이 책에서는 아주 일부만 보실 수 있을 것입니다. 저는 저의 가장 내밀한 비밀과 트라우마를 여러분의 소비를 위해 헤집어 꺼내놓지는 않으려 합니다. 어떤 회고록이든 그 사람의 아주 일부만 드러낼 수 있고, 저는 저만 아는 음흉한 이유에서(흐흐, 알려고 하지 마십시오) 저 자신이 정한 기준과 방식에 따라 저의 일부를 드러낼 것입니다.

이 책을 준비하면서, '장애인 회고록'을 장애인 저자들이 더 쓰고 싶어 할지도 모르는 다른 종류의 책들과 대비되는 범주로 놓는 출판산업계의 경향 때문에 걱정이 되었습니다. 제가 통계를 가지고 있지는 않지만, 대개 장애인이 저자인 책을 보면 회고록이 그래픽노블, 요리책, 사진집, 시집, 탐정 소설, 로맨스 소설, 어린이 책, 또 그 밖의 **어떤 장르의 책보다** 많은 것 같습니다. 왜 그럴까요? 독자들이 장애인은 자신의 다른 재능이나 자신이 열정을 느끼는 다른 분야에 집중하는 것보다 장애에 대해 설명하는 데만 관심이 있을 것이라고 예상하기 때문은 아닐까요? 장애가 더 폭넓은 사회적·문화적 맥락은 소거된 채 주로 개인적인 현상으로만 이해되고 있기 때문은 아닐까요? 한 사람의 인생, 그리고 그 인생에 담겨 있으리라 예상되는 역경과 도전의 이야기를 읽는 것이 더 받아들이기 쉽고 '인간미' 있다고 여겨지기 때문은 아닐까요? 마지막 페이지를 넘길 때면 청춘 드라마 유의 감상적인 공감과 카타르시스의 만족을 느끼게 되기를 기대하기 때문은 아닐까요? **장애인은 장애 관련 책을 써야 책이 팔리기 때문은 아닐까요?** 이것은 저자에 대한 문제가 아니라 어떤 책이 독자를 끌 수 있고 잘 팔릴 수 있을지를 둘러싼 출판업계의 판단에 대한 문제입니다. 그리고 이 과정에서 소수의 기업이 장애인의 어떤 이야기가 독자 앞에 나올 가치가 있는지 결정하는 권력을 행사합니다. 모든 장애인 저자, 장애인 편집자와 마찬가지로 저 역시 이 거미줄에서 자유롭지 않습니다.

저는 눈알을 몇 바퀴나 굴리게 만드는 장애인 회고록 책 소개를 많이 접했습니다. 저는 독자가 매우 다양하다는 것을 알고 있고 다양한 종류의 회고록이 나와야 한다고 생각하지만, 현재로서는 대부분의 회고록이 감동과 영감을 주고, 예외적이고, 영웅적이고, 천사 같고, 역경을 딛고 용기를 주는 내러티브로 되어 있다고 해도 크게 과언이 아닐 것입니다. 저는 깔끔하게 우상향하는 곡선 같은 서사보다 희미하고 둥둥 떠다니며 그러다가 서로 연결되기도 하는 불규칙한 점들로 구성된 인상주의풍 서사를 보여드리려고 합니다. 그렇긴 해도 '장애인 회고록'이라는 장르의 부담이 있어서, 이 책이 어떻게 받아들여질지, 어떤 평이 나올지, 시장 반응은 어떨지, 여전히 초조하고 걱정이 됩니다. **더 폭넓은 대중은 저의 '공중'들을 어떻게 받아들일까요?** 조심스러운 낙관을 가지고, 이제 저는 그 답을 기다립니다.

장애인 회고록은 표준적으로 가정되는 백인-비장애인-시스젠더-이성애규범적 독자가 '너무 신기하고 매력적이긴 한데 내가 이렇게 사는 것은 상상도 못할' 삶을 엿보게 해주는, 출판세계판 동물원 전시 같은 것일까요? 장애인 회고록은 21세기의 스펙터클일까요? 장애인 회고록은 독자가 나는 이런 책도 읽는 '좋은' 시민이니 '다양성 점수'를 얻을 자격이 있다고 뿌듯함을 느끼게 해주는 소품일까요? 여러분이 어떤 계기로 이 책을 집으셨건, 다 읽으신 뒤에는 모든 것에 질문을 던져보시게 된다면 기쁘겠습니다.

'기억하기'라는 행위는 우리를 우리의 힘과 상상에 접하게 해주며, 이것이 회고록이 가치 있는 이유입니다. 이제까지 저는 계속해서 저의 존재를 세상에 밀어넣었고, 기억의 힘은 자신의 미래를 현재로 소환해 현시할 수 있는 능력과도 연결됩니다. 호랑이의 힘(과 카페인의 힘)은 제가 여러 관문들을 지나며 저의 여정을 헤치고 나아가는 데 연료가 되어주었습니다. 미지의 상황에 뛰어들고, 부정의에 맞서서 포효하고, 발톱으로 헤쳐가며 새로운 공간을 만들고, 은밀히 움직여 행동하고, 다중우주 곳곳에서 제 성질을 긁는 모든 이에게 욕을 퍼부으려면 호랑이의 에너지가 필요합니다. 그리고 지금 이 순간 저는 여기에 여러분과 함께 있으며, 할 수 있는 한 여기에 오래 머무를 것입니다.

저는 아직 저를 위해 하고 싶은 일이 많고, 우리를 위해 하고 싶은 일은 더 많습니다. 숨겨진 메시지를 소환해 현시하려면 열망, 야망, 감수성, 창조성이 필요합니다. 장애인이 쓴 모든 책과 이야기는 마법의 주문을 담고 있습니다. 그 조각들이 충분히 모여 맞춰지면 조화로운 마법이 불려나옵니다. 모종의 추동력으로 풀려나온 에너지의 물결, 누구도 부인할 수 없고 맞설 수 없는 우리의 진실, 우리만의 비밀 주파수를 통해 널리 퍼져나가는 우리의 메시지가 소환되어 나오지요. 그렇게 우리의 힘을 불러내고 무한한 꿈을 함께 현시한다면, 세상은 마침내 우리를 우리의 모습 그대로 보게 될 것입니다.

차례

스토리텔링 Storytelling 301

팬데믹 Pandemic 363

미래 Future 415

기원

Origins

고양이가 세계를 지배한다.

—짐 데이비스Jim Davis, 〈가필드Garfield the Cat〉 창작자

자 봐봐, 모두가 고양이 리듬을 타지. 다른 건 다 한물가서 지루하거든.

—알 링커Al Rinker & 플로이드 허들스턴Floyd Huddleston,
〈다들 고양이가 되고 싶어 하지Everybody Wants to Be a Cat〉 가사

크립턴 행성에서 온 뮤턴트

:기원

'너드 오브 컬러The Nerds of Color' 블로그, 2014년 4월 3일

1974년, 크립턴Cripton 행성에서 온 한 아기가 인디애나주 인디애나폴리스 교외에 당도했다. 여자 아기였고 중국계 이민자인 엄마 웡씨와 아빠 웡씨 부부의 소생처럼 보였다. 그런데 무언가가 좀 달랐다.

지구 중력의 힘 때문에 아기는 고개를 잘 들지 못했다. 그래서 네 발로 길 수 없었던 아기는 앉아 있는 단계에서 [기는 단계 없이] 걷는 단계로 직행했다. 어리둥절해진 엄마 웡씨와 아빠 웡씨는 아기를 데리고 병원에 갔고, 아기가 크립턴 행성에서 온 뮤턴트mutant라는 놀라운 사실을 알게 되었다.

이것은 그의 기원 설화다.

아기 외계인은 노멀[정상인]들의 방식을 빠르게 습득했다. 〈세서미 스트리트Sesame Street〉를 보고 책들을 읽으면서 주변의 문화

적 관습에 완벽하게 묻어 들어갔다. 놀이터에서는 다른 아이들을 놀래키지 않는 방식으로 움직이고 소통했다. 툭하면 성가시게 찔러보는 어른들에게 어떻게 말해야 하는지도 터득했다. 자라나면서 그는 자신이 혼자가 아니며 뮤턴트 크립들이 또 있다는 사실을 알게 되었다!

통과의례의 나이가 되었을 때 앨리스(그의 지구 이름이다)는 자신의 정체성을 기꺼이 받아들였고, 동료 크립들과의 커뮤니티에서 힘과 역량을 발견했다. 당국은 그들을 면밀하게 조사하고 비정상이라는 딱지를 붙였지만, 앨리스와 크립턴의 형제자매들은 '타자'로 존재한다는 이유로 차별과 억압에 시달리면서도 뮤턴트와 비뮤턴트 모두를 위한 사회정의와 평등을 위해 계속 싸워나갔다.

**

이것은 내가 여기저기서 따다 만든 SF 덕후의 매시업 전기다. 하지만 내용은 모두 사실이다. 나는 1974년에 홍콩에서 온 이민자 가정에서 태어났고, 크립이다. 내가 아시아계 이민자 장애 여성으로서의 정체성을 갖추어가는 데는 SF 소설과 만화에서 얻은 지식이 크게 기여했다. SF의 모든 것에 대한 나의 사랑이 나의 정체성에 강력한 영향을 미쳤다는 말만으로는 표현하기 부족할 정도다.

내게 뮤턴트[돌연변이] 유전자가 있는 것도 사실이다. 나는 선천성 근위축증을 가지고 대부분의 아기들과 '다르게 태어났다'. 나는 **약함, 선천성, 결함, 병리, 비정상** 같은 단어들과 늘 결부되어 살았다. 그것이 나의 인간성을 어떻게 해치고 공격하는지, 그때는 미처 깨닫지 못했다. 나는 책을 읽고 글을 쓰고 TV를 아주 아주 많이 보면서 나의 상상 속으로 들어갈 수 있었고, 그런 단어들은 차차 힘과 저항의 원천으로 바뀌었다.

나는 일고여덟 살쯤부터 걷지 못했다. 그 때문에, 내가 도저히 따라갈 수 없는 활동들을 하는 대부분의 아이들과 분리되었다. TV와 도서관이 내 은신처가 되었다. 아침 7시에 방영되는 만화 〈슈퍼 프렌즈Super Friends〉를 보려고 토요일 아침마다 식구 중에 내가 제일 먼저 일어났던 것이 선명하게 기억난다. 내가 가장 좋아하는 만화였고, 만화에서 아시아인 캐릭터를 본 게 그때가 처음이었지 싶다(〈홍콩 푸이Hong Kong Phooey〉는 치지 않기로 한다). 상반신은 사람이고 하반신은 회오리인 모습으로 하늘을 날아다니는 '사무라이'가 그 캐릭터였다. 초능력을 '특별한' 능력으로 인식한 것도 이때가 처음이었던 것 같다. 〈슈퍼 프렌즈〉에 나오는 친구들은 다른 이들에게 가치를 인정받으면서도 완전히 이해받지는 못하는 독특한 소수자 집단이었다.

초등학교 때는 매들린 렝글Madeleine L'Engle의 《시간의 주름A Wrinkle in Time》을 읽고 홀딱 반했다. 정신이 깨이는 느낌이었다. 수많은 책을 더 읽은 뒤에 옥타비아 E. 버틀러Octavia E. Butler를 발견했고 정말로 정신이 깨이게 홀딱 반했다. 버틀러의 3부작 SF 소설 《릴리스의 아이들Lilith's Brood》에서 오안칼리족은 믿을 수 없을 정도로 통찰력 있고 감수성 풍부한 외계 종족인데, 그들은 인간이 차이와 다름을 왜 두려워하는지 이해하지 못한다. 그들에게 유전적 변이는 부정적인 것이 아니라 긍정적인 것이다.

나는 〈슈퍼 프렌즈〉를 보았을 때처럼, 〈스타트렉: 넥스트 제너레이션Star Trek: The Next Generation〉, 〈스타트렉: 딥 스페이스 나인 Star Trek: Deep Space Nine〉, 그리고 물론 〈엑스맨X-Men〉(TV 애니매이션 시리즈) 같은 SF 시리즈물을 보면서도 깊은 친밀감을 느꼈다. 이중 가장 강력한 뮤턴트를 꼽으라면 '프로페서 X'로 불리는 '찰스 프랜시스 자비에르'일 것이다. 1992년에 엑스맨 TV 시리즈를 처음 보기 시작했을 때부터 나는 휠체어를 타고 다니는 그에게 열광했다. 그는 이렇게 말하는 것 같았다. "제길, 어디 깔보기만 해봐. 뮤턴트 혐오적인 네 심장을 날려버릴 테니." 사실 이것은 프로페서 X의 태도라기보다는 '매그니토'의 태도에 더 가깝다. 프로페서 X는 늘 침착하고 평정심을 잃지 않는다. 그는 존경심을 자아내는 인물이고 아무도 그의 능력을 의심하지 않는다.

엑스맨 세계의 주제와 캐릭터는 LGBTQ+, 이민자, 장애인 등 현실 세계의 아주 많은 소수자 집단과 공명한다. 엑스맨 이야기는 주류 사회로의 동화, 정체성, 도덕성, 군사주의, 다양성에 대해 수많은 복잡한 질문들을 던진다.

대중문화에서 자신의 모습을 발견할 수 있다는 것에는 놀라울 만큼 자신을 긍정하게 해주는 힘이 있다. SF 소설과 판타지 소설, 그리고 만화의 세계에서 우리는 자신과 비슷한 캐릭터에도, 자신과 다른 캐릭터에도, 또는 자신이 되고 싶은 캐릭터에도 동

〈엑스맨〉만화가 나오는 잡지 2014년판《스톰 Storm》1권을 들고 있는 내 모습. 2014년판〈엑스맨〉은 그레그 패크Greg Pak가 쓰고, 빅토르 이바녜스Victor Ibáñez가 그렸으며, 루스 레드먼드Ruth Redmond가 채색을 맡았다.

일시를 할 수 있다. 프로페서 X는 내가 동일시하는 캐릭터이자 내가 되고 싶어 하는 캐릭터다(내 기질로 말하자면 매그니토와 더 가깝긴 하지만).

책, 영화, TV 프로그램에 대한 덕후 문화는 나를 채워주었고, 아마도 배아로 발생했을 때부터 존재했을 내 장애를 바라보는 나 자신의 방식을 바꿔주었다. 주류 사회에서 밀려나고, 조롱받고, 무시당하고, 가치절하되는 사람들이 덕후가 아니면 누가 덕후이랴? 차이를 환영하고, 공동체를 추구하고, 권력이 없는 자들을 지원하는 사람들이 덕후가 아니면 누가 덕후이랴?

한문 교실 열등생이
알려주는 한문

인디애나폴리스에서 살던 어린 시절, 일요일 밤이면 밀린 숙제를 막판에 부랴부랴 끝내느라 생난리였다. 머릿속에는 다음 날 학교에 가야 한다는 공포스러운 생각이 가득했다(월요일을 싫어하고 라자냐를 좋아한 가필드는 참으로 옳다). 일요일은 내가 잘 못하는 또 다른 활동이 있는 날이기도 했는데, 주일학교가 끝나고 점심을 먹고 나면 열렸던 한문 교실이었다. 중국인 교회는 중국인 이민자 세계의 중심이었고, 나는 교회에서 공동체와 정체성과 문화를 배웠다.

　나와 내 여동생 에밀리와 그레이스는 중국계 이민자 2세대인 또래 아이들과 어울렸다. 에이미, 웨인, 엘런, 사이먼, 생, 밍, 마크, 제프, 제미, 아이리스 등이 그때 우리 또래의 중국계 아이들이었다. 여름이면 엄마들은 푸뉘훼이婦女会[부녀회] 모임을 하셨다.

친목도 다지고 성경 공부도 하는 모임이었는데, 애니타 아줌마(엘런과 사이먼의 엄마)한테 화쥐안花卷[화권, 꽃빵] 만드는 법을 배우는 등 이것저것을 함께 배우기도 하셨다. 화쥐안은 반죽에 파를 넣고 꽃잎처럼 겹겹이 빚어 만드는 마법 같은 찐빵이다.

(나를 제외한) 아이들은 방목하는 돼지처럼 마구 뛰어놀았다. 진 아줌마(제미의 엄마)는 비닐 튜브에 쭈쭈바를 얼려와서 나눠주시곤 했다. 색색가지 인공 색소로 색을 낸 단물을 튜브에 넣어 얼린 것인데, 진 아줌마가 튜브 꼭지를 따면, 아아, 세상에 그보다 더 좋은 게 있을 수 없었다. 거라지 세일[차고에 집 안의 중고품을 내놓고 동네 사람들에게 파는 것], 포트럭 파티[각자 음식을 해와서 나눠 먹는 식사 모임], 생일 파티, 홈 파마와 커트(두껍고 뻣뻣한 아시아인의 머리카락에 그런 공포 실험을 하다니, 오, 인류여!), 그리고 금요일 밤마다 에이미의 집에서 어른들은 성경 공부를 하고 아이들은 지하실에서 놀던 모임 등이 내게 깊이 남아 있는 어린 시절의 기억이다.

이곳의 중국인 교회는 1960년대와 1970년대에 중국인 이민자들과 대학원 유학생들이 누군가의 집에 모여 성경을 공부하던 모임에서 시작되었다. 그러다 사람이 늘면서 노스민스터 장로교회 공간을 빌려 예배를 보게 되었다. 인디애나폴리스의 북동쪽 케슬러 대로에 있는 높은 첨탑이 달린 커다란 벽돌 건물이었는데, 어린아이인 내가 보기에는 부유한 백인들이 가는 교회처럼 보였다. 예배를 마치면 사람들은 점심을 먹으면서 새로운 사람을 만나기도 하고 친해지기도 했다. 점심은 각자 내고 싶은 만큼 돈을 내고 먹었다. 감자와 당근을 넣고 찐 쇠고기나 냉동 야채 믹스를 다진 고기와 함께 끓인 소테와 같은 요리 한 종류에 밥이 곁들여져 나왔다. 조리하기 간단하고 많은 사람이 먹을 만큼 넉넉히 만들기 좋은 음식이었다. 조리와 뒷정리와 설거지는 여자들이 무보수로 맡았다. 로사리오 아줌마는 휘핑크림과 으깬 파인애플로 커다란 직사각형 모양의 에인절 푸드 케이크를 만들어 오시곤 했다. 아줌마는 모두에게 돌아가도록 케이크를 자르고 각각 졸인 체리 반쪽씩을 올려 나눠주셨다. 너무나 호사스런 간식이었다!

몇 년 뒤 중국인 이민자 공동체의 연장자들이 브로드웨이가 5614번지에 중국인 교회 건물을 따로 구입했다. 건물 뒤쪽의 가파른 계단이 지하로 통해 있는 낡은 건물이었다. 지하에 부엌, 무대, 교실, 강당이 있었고, 위층 예배당에서 열리는 어른들의 아침 예배만 빼고 모든 활동이 지하에서 이루어졌다. 대부분 엄마들인 아줌마들이 한문 교실부터 여름 성경학교, 주일학교까지 그곳에서 열리는 모든 활동을 조직했다. 지하로 가기 위해 엄마나 아빠가 나를 번쩍 들고 그 무서운 계단을 내려갔는데, 계단 옆에는 70년대와 80년대에나 가능했을 법한 방식으로 먼지 쌓인 거미줄이 아슬아슬하게 걸려 있었다. 내게 거미 공포증이 생긴 게 이때가 아니었을까 싶다…….

지하에 내려오고 나서는 온 힘을 다해 탁자와 의자를 짚고 돌아다녀야 했는데 점점 더 그게 너무나 힘들어졌다. 이것이 한문 교실과 주일학교를 그만두게 만든 잠재의식적 요인이었을지, 아니면 그냥 집에서 TV 앞에 앉아 나만의 시간을 가지고 싶어서

중국인 교회에서 아이들이 꾸민 크리스마스 공연. 무대 맨 오른쪽에 천사 복장을 하고 심통 난 표정으로 접이식 의자에 앉아 있는 아이가 나다.

그만두었던 것인지는 모르겠다. TV 앞은 내가 처음 가져본 진정으로 안전한 공간이었다. 내 선택에 의한 것이었든 사회적 배제에 의한 것이었든 간에, 혼자 있게 되면서 상상력을 사용할 시간을 풍부하게 갖게 되었다. 나는 우리 가족의 삶에 유의미하게 통합되어 있었지만, 견딜 수 없을 때는 언제든 빠질 수 있는 자유도 가지고 있었다. 내가 어떻게 하기로 하든 부모님은 이래라저래라 강요하지 않으셨고 내가 자신을 실패작이라고 느끼지 않게도 해주셨다. 지금 돌아보면 내가 누린 것은 일종의 자율성이었다. 나는 누구에게도 '모범적 소수자model minority'였던 적이 없고 앞으로도 그럴 것이다.

　　여러 해 동안 링-안 아줌마(에이미와 웨인의 엄마)가 한문 교실의 교장 선생님이셨다. 어느 해에는 폴 아저씨(엘런과 사이먼의 아빠)가 나와 엘런과 에밀리가 속한 반을 가르치셨는데, 이유는 모르겠지만 한문 교실은 폴 아저씨가 가르쳐주셨던 수업만 내 기억에 남아 있다. 우리는 '왕따중王大中'[왕대중]이라는 이름의 등장인물이 나오는 수련장으로 공부했다. 왕따중은 영어의 '존 도John Doe'[한국어로 치면 갑돌이, 아무개, 홍길동 등]처럼 특별한 의미 없이 보통의 사람을 지칭하는 이름이다. 한문 수련장은 각 권으로 등급이 나뉘어 있었는데 나는 제4권을 넘어가지 못했다. 아무튼 나는 한자를 몇 개 알게 되었고, 한자 발음 기호인 주음부호注音符號(타이완어를 표기할 때 많이 쓰이며 보포모포Bopomofo라고도 부른다)를 알파벳 노래 곡조에 맞춰 부르는 법을 배웠으며, 내 이름 쓰는 법도 배웠다. 그때 배운 것 중 지금까지 기억하고 있는 몇 가지를 여기에 소개한다.

1. 한자는 획순을 맞춰서 써야 한다

나는 웡王씨인데, 이건 끝내주게 흔한 성이다. 왕 또는 임금을 뜻하고, 복되게도 간단해서 쓰기 쉽다. 획이 네 개뿐인데, 두 개의 수평선을 왼쪽에서 오른쪽으로 긋고 중앙에 수직으로 선을 그은 뒤 맨 아래 수평선을 그어 마무리하면 된다.

2. 비례와 관계가 중요하다

어떤 한자는 열다섯 획이 넘고 점, 선, 네모, 활강선, 빗금 등 다양한 요소(요소들의 이름은 내가 만든 비공식적인 표현이다)로 되어 있다. 글자 안에서 각 요소들은 서로 관련이 있어서, 점을 빗금처럼 보이게 찍어도 안 되고 선 옆에 3분의 1 높이까지만 차지하게 그려야 할 네모를 너무 크게 그려도 안 된다. 내 이름의 가운데 글자인 '美'를 쓸 때는 가로 선들이 서로 비례가 맞아야 한다. 제대로 쓰려면 연습이 필요하다. 우리는 정해진 횟수만큼 같은 글자를 반복해서 쓰기, 새로 배운 어휘로 문장 짓기, 수련장에 나오는 단락 베껴 적기 등의 숙제를 매주 해야 했다. 각각의 네모 칸마다 옆에 주음이 표기된 좁은 칸이 붙어 있는 깍두기 공책에 한자 쓰기를 연습했다. 한자 옆에 주음이 달려 있어서 발음을 익히기 좋았다. 중국어는 성조가 정말 중요하기 때문에 발음을 잘 익힐 필요가 있다(한참 더 설명할 수도 있지만 이 글은 교재가 아니라 에세이이므로 이쯤에서 멈추도록 하겠다).

3. 한 단어에 여러 개의 한자가 들어갈 수 있다

한자는 글자마다 뜻이 있는데, 여러 개의 한자를 결합하면 완전히 다른 의미의 단어들을 만들 수 있다. '美'는 '아름다움'을 뜻하지만 국가를 뜻하는 '國'과 함께 '美國'이라고 쓰면 '미국'이 된다. 내 이름의 세 번째 글자인 '華'는 '중화'[중국]를 뜻하지만 국외 거주자, 국외 이주자를 뜻하는 '僑'와 함께 '華僑'[화교]라고 쓰면 국외의 중국인 디아스포라를 의미하게 된다. 이런 식으로 무수히 많은 변이를 만들 수 있다.

내 글씨가 괴발개발인 것과 별개로, 서예는 기똥차게 끝내주는 예술이다. 언젠가 폴 아저씨가 서예 시연을 보여주셨는데, 정말 굉장한 광경이었다. 벼루에 원을 그리며 먹을 가는 것, 팔과 수직이 되도록 붓을 쥔 손, 손목, 팔의 위치와 자세, 각각의 획에 기울이는 신중함과 적합한 속도와 세심함……. 폴 아저씨는 숨 쉬는 타이밍까지도 획의 움직임에 맞추셨다. 단어는 단순히 뜻이나 획의 모음을 넘어서는 무언가다. 단어는 예술이다.

아버지와 할아버지도 서예를 하셨다. 전에 우리는 할아버지가 붓글씨로 쓰신 큰 글자를 액자에 넣어 인디애나폴리스의 우리 집 거실에 걸어놓았다. 번영, 행운, 복, 운을 뜻하는 '福'이라는 글자였고, 두꺼운 붓으로 쓴 커다란 글자는 폭이 몇십 센티미터

앞에 있는 사람은 여동생 에밀리(왼쪽)와 나, 뒤에 있는 사람은 (왼쪽부터) 엄마, 아빠, 할머니다. 벽에 걸려 있는 서예 작품 속의 글씨는 번영 또는 축복을 뜻하는 '福'[복]이다.

미래에서 날아온 회고록

나 되었다. 금박이 뿌려진 붉은 종이 위에, 섬세한 손목의 회전이 만들어낸 우아한 끝 처리와 함께 검은 획으로 글자가 쓰여 있었다. 그 액자는 어디로 갔는지 모르겠고, 지금 샌프란시스코의 우리 집에는 '福'이라는 글자의 100가지 형태를 담은 더 큰 액자가 걸려 있다. 이것도 할아버지가 쓰신 것이다. 수천 년에 걸쳐 발달한 표의문자의 변천사를 보여주는데, 각기 매우 다르게 생긴 글자들이 다 같은 의미를 가지고 있다. 그 액자에 줄지어 있는 글자들을 지긋이 보고 있으면 한문 교실의 숙제도 생각나지만 **번영과 축복이 모든 사람에게 똑같은 모양은 아닐지 모른다**는 깨달음도 새삼 떠올리게 된다. 오, 심오해라!

전통대로(즉 가부장적 관습대로) 나와 내 동생들의 이름은 할아버지가 지어주셨다. 미국에서 첫 웡씨 아이가 태어났을 때, 그러니까 내가 태어났을 때 할아버지가 지어주신 이름은 너무나 정직하게 문자 그대로의 뜻을 가지고 있었다. '미국에 있는 중국인 웡'. 이것이 내가 어렸을 때 맞는지 틀리는지도 잘 모르고 해석한 내 이름이었다. 엥? 내 이름이 왕따중만큼 밋밋하고 의미 없는 이름인 거야? 나는 '화려한 봄'이라든가 '맹포한 호랑이'처럼 더 인상적인 이름이었으면 좋겠다고 생각했다. 하지만 어쩌면 이것이 할아버지가 태평양 너머의 우리에게 닿고자 하신 방식이었는지도 모른다. 수천 년에 걸쳐 진화한 세 개의 글자에 할아버지의 희망과 꿈을 꼭꼭 새겨서 내가 결코 완전히 알거나 이해하지 못할 과거와 나를 연결시켜주려 하시면서 말이다. 물론 내 해몽에 불과한 것일 수도 있다. 아무튼 지금의 나는 내게 주어진 이름을 기꺼이 받아들이고 있으며, 그 의미를 다음과 같이 새롭게 상상하며 즐거워하곤 한다. '중국계 미국인의 왕'.

Prosperity
Fú

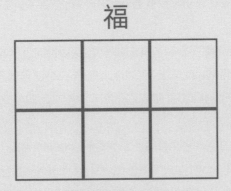

번영 또는 축복을 나타내는 한자 '福'을 쓰는 방법이 표시되어 있다. 13 개 획의 순서를 나타내는 화살표가 있고 위에는 영어로 뜻풀이가 되어 있으며('prosperity'라고 쓰여 있다) 아래에는 중국어 발음 '**fú**'[푸]가 한어병음[중국어 발음을 로마자로 표기하는 발음 기호]으로 표기되어 있다.

Chinese Homework

福

Prosperity, Fú
Due: Next Sunday

숙제로 '福'을 여섯 개의 네모 칸에 적어야 했다. 다음 주 일요일까지 기한을 엄수해야 한다고 적혀 있다.

트러블메이커

2015년 6월 4일 엘런 우Ellen Wu와 진행한 인터뷰.
아래 대화는 내용을 더 명료하게 전달하기 위해 요약과 편집을 거쳤다.

앨리스 윙: 제 이름은 앨리스 윙입니다. 41세고요, 오늘은 2015년 6월 4일입니다. 저는 샌프란시스코 공공도서관에 있는 스토리코프 녹음실에 와 있습니다. 가장 오랜 친구이고 베프인 엘런 우의 인터뷰에 응하러 왔어요.

엘런 우: 저는 엘런 우입니다. 저도 41세입니다, 아이고……. 오늘은 2015년 6월 4일입니다. 저는 샌프란시스코 공공도서관에 앨리스 윙을 인터뷰하러 왔습니다. 평생지기 절친이자, 뭐랄까요, 공동 모략가라고 할 수 있을 것 같아요.

앨리스: 맞아요. 우리는 가장 좋은 의미에서 트러블메이커죠.

엘런: 자, 앨리스, 이것부터 물어볼게. 샌프란시스코여서 묻는 질문이기도 한데, 커피는 어떻게 마셔? 샌프란시스코에서는 아주 중요한 질문이잖아.

앨리스: 커피광으로서는 어디서나 아주 중요한 질문이지! 모두 각자의 방식이 있겠지만, 나는 고깔 모양 필터로 내리는 드립 커피를 좋아해. 갓

갈은 커피콩을 여과지에 넣고 3~4분에 걸쳐 천천히 내려. 그리고 전에는 설탕을 두 스푼 반 정도 넣었어.

엘런: 진짜?

앨리스: 그래 그래, 나도 알아. 어쩌다 그렇게 됐는지 모르겠어. 아무튼 얼마 전부터는 한 스푼 이하로 줄이기 시작했어. 나 자신이 정말 자랑스러워. 진정한 커피 맛을 더 잘 알게 된 느낌이야. 설탕 많이 넣던 게 전혀 그립지 않아. 설탕 한 스푼 이하, 그리고 하프 앤드 하프 크림 넉넉히 넣어서. 나는 저지방이 아닌 우유를 주던 학교 출신이거든.

엘런: 달달하고 우유 맛 강하게.

앨리스: 두유 종류는 안 돼. (두유나 아몬드유에 문제가 있다는 이야기는 아니지만).

엘런: 백퍼 동의해.

앨리스: "진짜 우유로 주세요."

엘런: 사람들이 너와 어떻게 아는 사이냐고 물을 때마다 생각하는 게 있어. 나는 늘 네가 나의 가장 오랜 친구라고 말하거든? 우리는 3주 간격으로 태어났잖아. 말 그대로 너는 태어나자마자, 나는 태어난 지 3주 뒤부터 알고 지낸 사이인 거지.

앨리스: 맞아.

엘런: 물론 우리의 큰 공통점 중 하나는 70년대와 80년대에 인디애나주에서 중국인 이민자의 딸로 살았다는 것일 텐데, 그 시절에 대해 가장 생생하게 떠오르는 기억이 뭐야? 좋은 기억, 나쁜 기억, 좋지도 나쁘지도 않은 기억, 업됐을 때, 다운됐을 때…….

앨리스: 나는 우리가 정말 독특한 경험을 지나왔다고 생각해. 미국 중서부에서 아시아계 미국인으로서 살아가는 경험 말이야. 으레 아시아계 미국인이라고 하면 동부 연안이나 서부 연안에 살 거라고들 생각하잖아. 여기[샌프란시스코]로 이사 오고서 사람들이 내가 중서부 사람인 걸

전혀 모르는 게 재미있었어. 나는 그 정체성도 자랑스럽고 재밌어. 베이 에어리어에 존재하는 또 하나의 소수자 정체성이지. "저는 중서부 사람이에요. 인디애나 출신이죠. 네, 거기서 태어나고 자랐어요."

엘런: 다들 나를 외면하는 일은 없겠네.

앨리스: 그러니까! 가만 있자, '후지어 치노'[인디애나주에 사는 중국인을 가리킨다. '후지어Hoosier'는 인디애나주의 별칭이고, '치노Chino'는 '중국인'을 뜻하는 스페인어다]라는 말을 만든 사람이 너 아냐? 그 말 너무 좋아. 내 어린 시절 기억은 우리가 속해 있었던 자그마한 중국계 이민자 공동체가 중심인 것 같아. 나는 우리가 아주 운이 좋았다고 생각해. 주변에 또래 아이들이 있었으니까. 중국인 교회도 있었고. 모두 가까웠잖아. 너랑 나랑은 다른 학교를 다녔지만 문화적인 삶은 교회 공동체를 중심으로 돌아갔어. 한문 교실 같은 거. 내 기억에 한문 교실에서 내가 제일 불량 학생이었던 것 같아. 농땡이 대장이었지. 너하고 사이먼[엘런의 남동생], 에밀리와 그레이스[엘런의 여동생들]는 다 잘했는데 말야. 내가 왜 그랬는지 모르겠어. 단지……

엘런: 할 만큼 했다, 그런 거?

앨리스: 맞아, 할 만큼 했고 이제 됐다고 판단한 거지. 열두 살인가 열세 살인가 때 정말 할 만큼 했으니 이제 됐다고 생각했어. 그래서 안 나가기 시작했지. 웃기지만 그렇게 됐어. …… 그리고 또…… 엄마들은 이런저런 부녀회 활동을 하셨지? 여름에는 엄마들이 모여서 무언가를 함께 만드시고 그동안 우리는 모두 그 집에서 재미있게 놀고 그랬잖아. 서로의 집에서 게임도 하고 금요일 밤 성경 공부 모임, 토요일 모임, 또 교회 끝나면 한문 교실도 있었고…… 나한테 정말 소중한 기억들이야. 공동체의 감각이기도 하고. 사실 정말 작은 공동체였어. 우리 또래의 친했던 아이들 다 해봐야 10명 정도 됐으려나? 월요일부터 금요일까지는 각자의 학교에 갔는데 학교에는 아시아인 학생이 거의 없었잖아. 아

우리 교회의 중국계 이민자 아이들과 함께. [아래쪽 사진에서] 앞줄 맨 왼쪽이 나이고, 앞
줄 오른쪽에서 두 번째에 양갈래로 머리를 묶은 아이가 엘런이다. 위쪽 사진에서는 아이
들이 두 줄로 정렬해 있다(앞줄에 여자아이 다섯 명, 뒷줄에 남자아이 다섯 명). 또한 위쪽
사진에서는 모두 웃고 있고, 아래쪽 사진에서는 우스꽝스러운 얼굴 표정을 짓고 있다. 나
는 괴물처럼 보이게 눈을 아래로 쭉 당기고 있고 다른 아이들도 온갖 멍청한 표정을 짓고
있다. 맨 오른쪽 여자아이만 하나도 재미없다는 듯 새침하게 팔짱을 끼고 있다.

예 없지는 않았지만 별로 없었어. 나는 늘 지원과 지지의 면에서 우리가 누렸던 것이 특별했다고 생각해. 정말 행운이었던 것 같아.

엘런: 내 생각도 그래. 한번은 내가 "우리가 같은 학교에 안 다녀서 정말 좋아"라고 말했는데 네가 굉장히 화를 냈어. '너랑 놀고 싶지 않아'라는 뜻은 아니었는데……. 그때 내 생각은, 우리가……

앨리스: 우리가 분리된 두 세계에 살았다는 거.

엘런: 맞아, 학교생활과 주말생활이 완전히 다른 세계였잖아. 주말의 세계는, 글쎄, 무엇을 예로 드는 게 좋을까. 부모가 아이에게 중국어로 소리 지르는 걸 봐도 하나도 이상하게 느껴지지 않는 세계?

앨리스: 아니면, 특정한 시기에 특정한 것들이 필요한 전형적인 학창 시절 아이들의 사회적 관습대로 가지 않는 것. 아, 고등학교 때 너랑 또 우리 친구들이 운전면허 딴 건 기억나. 그리고 우리가 서로 다른 학교를 다녀서 좋았던 점은 서로의 학교 행사에 갈 수 있다는 거였어.

너 연극반 활동에 정말 열심이었잖아. 고등학교 때 노스센트럴고등학교에 가서 네가 나오는 뮤지컬 본 거 생각난다. 〈지붕 위의 바이올린〉에서 코러스를 했지, 아마?

엘런: 맞아.

앨리스: 서로에게 지지대가 되어준 건 정말 멋진 일이었어. 사소한 걸로 너한테 화를 냈다니 부끄럽지만, 아무튼 그건 정말 좋았어.

엘런: 공격적으로 들렸을 수 있지 뭐.

앨리스: 네 마음에 남아 있었다는 거잖아. 그게 나로서는 부끄럽다는 거지. 내가 그랬다는 게…….

엘런: 내가 너한테 한 건 더 나쁜 짓도 있으니 걱정 마.

앨리스: 누군가가 너 어렸을 때 어땠냐고 물으면 이렇게 말할 것 같아. "엘런은 끝내주게 창조적이고 끝내주게 체계적이고 예술, 과학 등에서 다재다능해서 못하는 게 없었어요." 나는 늘 '우와, 엘런은 정말 우등생이

내 아홉 번째 생일 파티. 장소는 쇼비즈 피자 플레이스로, 게임도 있고 자동으로 노래하는 동물 인형도 있는 엄청나게 시끄러운 식당이었다. 기념할 만한 좋은 일이 있을 때 우리 식구가 가는 단골 장소였다. 왼쪽이 엘런이고, 오른쪽에 엘런이 준 선물을 들고 있는 아이가 나다. 줄리 캠벨 테이덤Julie Campbell Tatham과 캐스린 케니Kathryn Kenny의 《트릭시 벨든Trixie Belden》 미스터리 시리즈 세 권이었다.

고 능력자야'라고 생각했어.

그러니까…… 이런 것들이 생각나는데……. 집에 너만의 작은 도서관을 꾸몄잖아? 자그마한 도서관 카드도 만들어서 너네 집에 놀러가면 책을 대출해가게 했지.

엘런: 내가 굉장히 강압적이었던 것 같네?

앨리스: 아냐, 완전 쿨하고 멋있었어. 우리가 놀러가면 진짜처럼 대출 카드로 대출해주고 싶어 했잖아……. 또 《젤리 도넛 프레스Jelly Donut Press》라는 신문도 만들었지? '슈퍼 피클'이라는 캐릭터가 등장하는 만화책도 만들었고. 정말 대단했어.

엘런: 진zine[자체 제작 잡지]의 전조였다고나 할까?

앨리스: 응, 완전.

엘런: 내가 너 어렸을 때에 대해 질문을 받는다면, 많은 면에서 네가 시대를 앞서갔다고 말할 것 같아. 요즘에야 사람들이 식도락에 대해 줄창 이야기하지만, 너는 아주 어렸을 때부터도 완전 식도락가였잖아. 나는 먹고 마신 것과 관련해 즐거운 기억이 많아. 여덟 살인가 아홉 살인가 홍콩에서 너네 삼촌과 숙모가 오셔서 전형적인 홍콩 먹거리로 우리를 황홀하게 해주셨잖아. 뜨거운 코카콜라에 생강인가 레몬인가를 넣은 것 같은 거. 대부분의 사람들, 특히 미국인들은 우웩 할 거야. 나는 제이슨[엘런의 남편]더러 맨날 그거 좀 만들어보라고 졸라.

앨리스: 그거 맛있는데.

엘런: 내 말이! 내가 기억하는 최고의 사건 중 하나는, 음, 여기서는 네 설명을 들어야 할 것 같은데, 12학년인가 11학년인가 너네 부모님이 정말 감사하게도 시카고로 여행을 데려가주셨잖아?

앨리스: 응, 너무 재밌었지!

엘런: 그 이야기 좀 해봐.

앨리스: 내 기억으로는, 내가 미술에 정말 꽂혀 있었어. 실제로 그림을 그리는 사람으로서보다는 경외하고 존경하는 사람으로서. 아마 1990년대 초에 시카고 아트 인스티튜트Art Institute of Chicago가 클로드 모네 순회 전시회를 했을 거야. 티켓은 미리 살 수 있었고. 나는 '야호, 자동차 여행이다'라고 생각했지. 우리는, 그러니까 우리 식구도 그랬고 다른 중국인 가정들도 그랬고, 시카고에 당일치기로 많이들 다녀오곤 했잖아? 딤섬 먹고 장 보러.

엘런: 점심 먹고 장 보러 가는 데 세 시간을 달려야 했지.

앨리스: 1990년대에 좋은 식품점이나 딤섬집 없이 인디애나에 살던 중국계 이민자라면 해야 할 일이었어.

엘런: 때로는 순전한 좌절이 행동을 추동하기도 하는 법이지.

앨리스: 이제는 나아졌을걸? 하지만 지금은 그때처럼 사람들이 고생을 하

지 않으니까……. 나는 먼 거리가 그런 것들을 더 감사히 여기게 해준 다고 생각하거든. 음식을 즐기기 위해 들여야 하는 노력 덕분에 말야. 아무튼 그때 상황은 이렇게 됐던 것 같아. 시카고에 가는 김에 미술관 에 가자. 그럼 엘런하고 사이먼도 데리고 갈까? 그렇게 해서, 에밀리와 그레이스까지 오합지졸 부대가 우리 집 밴을 타고 출동하게 된 거지. 그리고 그 전이나 후에 우린 분명히 무언가를 먹었어.

엘런: 지오다노에서 시카고 스타일의 두꺼운 피자를 먹었던 것 같아.

앨리스: 으으으으으음, 지오다노 피자!

엘런: 내 작은 마음이 충격으로 날아갔다고 할 정도로 그 여행이 좋았어. 제대로 된 미술관에 가본 게 그때가 처음이야. 엄청 큰 모네 전시회였 는데.

앨리스: 정말 굉장했어. 유화로 복숭아를 그린 커다란 그림이 기억나. 기념 품 가게에서 자석도 샀고.

엘런: 여기서도 알 수 있듯이 말야, 너는 늘 그런 것들을 알고 있었어. 내 생일에는 문학적인 책들을 선물로 줬잖아. 한번은 《에인절스 인 아메 리카Angels in America》였고 또 한번은 커피에 대한 책이었고. 그때 네가 커피 애호가의 씨앗을 내 머리에 심은 거야. 그런 것들을 그때 네가 어 떻게 다 알았는지 신기해. 한번은 데이비드 린치David Lynch 작품을 꼭 보라고 강추하기도 했잖아.

앨리스: 내 안에 있는 별난 덕후 기질이지.

엘런: 네 안에 별난 덕후 기질이 아주 많은 것 같아. 꽤 어려서부터도 싹이 보였지. 나는 그게 너의 창조적인 면을 보여준다고 생각해. 올리브가든 에서 무려 아이스커피 주문한 거 생각나? 아마 1989년, 인디애나였을 거야. 그 사람들은 우리를 다른 행성에서 온 존재 보듯 봤지.

앨리스: 스타벅스 없던 시절 이야기.

엘런: 지금 생각하면 자랑스러워.

앨리스: 나는 우리가 서로에게 영향을 주었다고 생각해. 너네 집에서 고메 피자 만들어 먹는 걸로 내 생일 파티를 해주었잖아. 네가 반죽을 준비하고 각자 맞춤 토핑을 올려서 자기 피자를 만들 수 있게 했어……. 아스파라거스 같은 거!(웃음) 우리가 정말 시대를 앞서 갔구나.

엘런: 《세븐틴Seventeen》 잡지에 실린 볼프강 퍽Wolfgang Puck[요리연구가 겸 영화배우]에 대한 기사 이야기도 했어.

앨리스: 그리고 브로드 리플에서 처음으로 네가 나를 데리고 바즈보 피자에 갔어. 정말 쿨하고 독특한 피자들을 파는 곳이었는데.

엘런: 앨리스의 작은 마음이 충격으로 날아갔다고 할 정도로 좋았겠군.

앨리스: 맞아, 콰트로 포르마지오! 그전에는 네 가지 치즈 피자를 본 적이 없었거든. 아, 정말 재미있었어. 우리한테는 그런 식의 창조적이고 역동적인 상호작용이 있었지.

엘런: 거의 갈망이었지. 우리가 있는 세계, 어떤 면에서 우리를 제약하고 있는 세계를 밖으로 밀어내고 싶다는 갈망.

앨리스: 흥미와 호기심이기도 했고. 인디애나에 계속 살았더라도 우리는 새로운 것을 해보고 싶어 하고 새로운 경험을 끌어오는 부류의 사람이었을 거야.

엘런: 어디서든 그렇게 할 수 있지. 여기서 다음 질문으로 이어지는데 말야, 중서부에서 자란 것과 다르게 성인 시기는 대부분 샌프란시스코에서 보내고 있잖아? 여기로 이사 올 결심을 어떻게 하게 됐는지 궁금해. 오기 전에는 여기서의 삶이 어떨 거라고 상상했어? 그리고 와보니 상상했던 것과 비슷했어?

앨리스: 나는 우리가 샌프란시스코에 대해 정말 이상화된 이미지를 가지고 있는 것 같아. 물론 나는 〈리얼 월드: 샌프란시스코편The Real World: San Francisco〉을 봤지. "우와, 샌프란시스코는 저렇게 생겼구나! 모든 집이 굉장하고 펑키한 이케아 물건으로 인테리어되어 있네?" 정말 '이국

적'이라고 생각했어."

여기로 이사 온 이유는 여러 가지야. 다시 장애 이야기로 돌아가게 되는데, 정말이지 인디애나에서는 접할 수 있는 서비스가 별로 없었어. 꿈꾸던 대학에 결국 계속 다니지 못한 이유가 사실 그거였어. 얼햄칼리지가 내 꿈의 대학이었거든? 인디애나주 리치먼드에 있는 퀘이커 자유교양대학 말야. 그런데 첫해에 매일 일상적으로 해야 할 일들을 도와줄 활동지원인을 구하는 게 너무 힘들었어. 처음으로 집을 떠나서 사는 것만으로도 힘든데, 도와줄 사람들의 일정을 맞추기 위해 기관이랑 조율하는 것까지…….

그거 진짜 힘들어. 그런데 그 어려움은 메디케이드Medicaid 수급자들이면 다 겪는 일이었어. 그때 인디애나주에서 하루에 두어 시간 정도를 제공해주었는데, 아주 신중하게 써야 했어. 물론 그 시간 자체가 충분하지도 않았고.

엘런: 제공되는 시간을 다 썼는데 할 일이 있으면 어떻게 했어?

앨리스: 룸메이트들에게 신세 지거나 기숙사의 다른 사람들에게 도움을 구해야 했지. 쉽지 않았어. 새로 온 신입생으로서는 더더욱. 필요한 도움을 얻기 위해 어떻게 다른 사람들에게 의존해야 하는지 알아나가는 과정이 정말로 마음이 불편했어. 그것도 잘 모르는 사람들에게, 그리고 이렇게 새로운 환경에서 말야. 섞여 들어가고 싶으면서도 끔찍히 두렵더라고. 모르긴 해도, 내가 그곳에서 (유일한) 휠체어 사용 학생이었을 거야.

엘런: 그전에는 없었어?

앨리스: 아마도? 고등학교 졸업 1~2년 전에(1991~1992년)에 대학에 미리 알려야 했어. 그러니까, 1년 먼저 학교 측에 이렇게 알리는 거지. '저는 그 학교에 정말 가고 싶은데, 만약 제가 합격을 한다면 다음과 같은 편의지원과 활동지원이 필요합니다'라고. 학교는 1년 안에 기숙사 한

곳에 휠체어 접근이 가능하고 계단이 없는 화장실을 만들어야 했어. 그런 기숙사가 없었거든. [미국장애인법이 접근성을 보장하도록 규정하고 있긴 하지만] 사립학교여서 그 정도만 해도 됐을 거야. 학교 측은 기숙사를 딱 한 동만 개조했어. 그래서 만나러 다닐 수는 없었어.

엘런: 친구들을?

앨리스: 응. 대부분의 화장실은 접근 가능하지 않아서, 기본적으로 캠퍼스 전체에 내가 사용할 수 있는 화장실이 딱 하나뿐이었던 거야. 내 기억에는 그래. 믿겨? 건물들도 휠체어 접근성이 없는 곳들이 있어서, 내가 수업을 들어야 할 건물들이 어디여야 할지에 대해 학교 측은 의식적으로 신경을 써야 했어. 내가 장애인 기니피그 역할을 하는 셈이었지. 어디를 갔는데 내가 그곳의 서비스를 테스트하는 첫 번째 사람이 되는 게 나한테는 드문 일이 아니야. 나한테는 그런 일이 꽤 많이 일어났어. 이때는 1992년이었는데, 그러니까 미국장애인법Americans with Disabilities Act, ADA이 통과되고 2년이 지난 시점이었어. 대부분의 공립학교도 법이 정하는 대로 접근성 있는 시설을 도입하느라 아직 허둥지둥하고 있었지만, 사립학교들은 [느슨하게 적용할] 유연성이 더 많았던 것 같아.

내가 정확히 첫 번째 학생은 아니었는지 몰라도 첫 번째 중 한 명이긴 했을 거야. 아무튼 긴 이야기를 짧게 줄이면, 대학 첫해에 아파서 집에 돌아가야 했고 1년을 쉬었어. 그리고 학교에 다시 갈 수 있게 되었을 때, 메디케이드로 지원받을 수 있는 서비스 시간이 줄어버렸어. 때로 그런 일이 일어나. 주 정부가 메디케이드를 삭감한 거야. 그래서 주 정부가 제공하는 서비스 시간으로는 캠퍼스에서 자립적으로 살 수 있는 방도가 없어졌어. 부모님이 사립학교 학비를 대시느라 이미 얼마를 쓰고 계시는지를 생각하면 활동지원인을 자비로 고용한다는 건 말이 되지 않았어. 자비로 그렇게 했다면 정말 어이없고 불공정한 일이었을 거야. 그래서 논리적으로는 합당하지만 지극히 우울한 결정을 내렸지. 집에서 지내면서 집 가까운 대학으로 옮겨 통학을 하기로 말야. 인디애나폴리스에 있는 인디애나대학이었어.

호흡부전에서 회복되고 한 1년간 정말로 무기력에 빠져 있었어. 회복되고도 건강이 여전히 좋지 않아서 집에서 인디애나대학의 통신 수업을 들었어. 가장 컸던 건 전통적인 캠퍼스 라이프를 즐기는 친구들이 너무 부러웠다는 거. 결국에는 회복될 시간도 갖고 생각할 시간도 가질 수 있어서 좋았다고 생각하지만 말야. 학부 시절은 내가 정말로 정책과 복지 프로그램에 대해, 또 여러 가지 다른 기회들에 대해 더 많이 알게 된 시기였어. 그리고 캘리포니아에 대해서도. 캘리포니아가 훨씬 더 기회가 많고 내가 이용할 수 있는 서비스도 많다는 걸 알게 됐지.

그래서 학부 때 열심히 궁리했어. **어떻게 하면 샌프란시스코나 베이 에어리어에 갈 수 있을까? 그래, 대학원을 가자! 문제없어!** 많은 사람들의 지원 덕분에, 그리고 나 자신도 미친듯이 노력한 덕분에 캘리포니아 주립대 샌프란시스코 캠퍼스에 가게 됐고, 그다음에는 뒤를 돌아보지 않았어. 이 학교에서도 난관이 있긴 했어. 1년 먼저 학교에 연락을 취해서 숙소 등과 관련해 어떤 편의제공을 해줄 수 있는지 알아봐야 했던 것도 마찬가지였고.

담당자들은 무척 솔직했어. 가령 이런 식으로. "우리 학교에 휠체어를 사용하는 학생은 있었지만 캠퍼스에서 살아야 하는 학생은 없었어요." 이 학교도 나를 위해 임시로 숙소 하나를 새로 꾸려야 했어. 주로 방문 교수용으로 학교가 소유하고 있는 주거용 건물이 하나 있었는데, 학교가 아주 짧은 기간 안에 그 건물을 개조했어. 그렇게까지 해줄 의향이 있다는 데 감동했어. 그 건물 지하, 사실은 지상층에 방 하나짜리의 접근성 있는 숙소를 마련해줘서 가을 학기에 거기서 살 수 있었어.

엘런: 창문은 있었어?

앨리스: 아닐걸?

엘런: 수도는?

앨리스: 물은 나왔어. 가장 중요한 건 욕실이 있었고 계단이 없었다는 거야. 이 과정의 또 다른 부분을 말하자면, 나는 나를 개척자라고까지는 생각하지 않지만, 종종 이런 과정은 나 자신만이 아니라 다른 학생들을 위해서 사람들에게 문제를 알리고 [시스템 차원에서 정책으로 반영되도록] 권리를 옹호하는 것이기도 하거든. 미래에는 장애가 있는 학생들이 이런 힘든 일을 똑같이 겪지는 않겠지.

얼마 뒤에 학교에 휠체어가 들어갈 수 있는 큰 기숙사 건물이 생겼어. 하지만 내가 들어갔을 때는 없었지.

엘런: 네가 말한 거 정말 인정. 왜냐면, 최근에 네가 《아메라시아 저널 Amerasia Journal》에 아시아계 이주민으로서뿐 아니라 장애를 가진 사람

엘런(오른쪽)과 나. 일시적으로 밀접 접촉을 한 상태가 되었다. 2021년 여름에 옥외에서 사진 포즈를 취하기 위해 얼굴 가림막을 잠시 벗었다.

으로서 자랐던 시절을 회고하는 에세이를 게재했잖아? 내가 정말 놀란 건, 우리가 그렇게 오래 알고 지냈는데도 내가 그걸 깨닫지 못했다는 거야.

앨리스: 그 분노?

엘런: 응, 그 분노, 그리고 그 깊이. 다시 원래의 주제로 돌아가는 것 같은데, 장애가 없는 신체를 가진 사람이 당연하게 여기는 평범한 것들에 대해서도 너는 얼마나 많은 것을 미리 고려해야 하는지에 놀랐어. 그렇다고 늘 방법이 찾아지는 것도 아니고 말야. 그리고 정서적인 영향, 심리적인 영향도 남을 것 같아. 그런 난관이 남기는 영향.

그러고 보니 궁금한 게 또 있어. 장애를 가지고 살아간다는 것에 대해서 말인데, 너는 태어날 때부터 근위축증을 가지고 있었잖아. 그게 너의 삶에서 큰 부분을 차지한다는 건 아는데, 너 스스로는 그게 삶과 죽음에 대한, 특히 너 자신의 필멸성에 대한 관점에 어떻게 영향을 미쳤다고 생각하는지 알고 싶어.

앨리스: 그거 물어봐줘서 고마워. 또 너에게 고마운 건, 《아메라시아 저널》이 투고를 받고 있다는 공지를 나한테 알려준 사람이 너였잖아. 내가 알기로는 그 저널이 처음으로 질병과 장애에 대한 특별호를 내는 거여서 네가 나한테 알려줬을 거야. 아시아계 미국인에 대해 연구하는 저널이 질병과 장애를 주제로 다루는 걸 보니 너무 기분이 좋았어.

투고 공지를 보고 내가 너한테 그랬었지. "잘 모르겠어. 어떻게 해야 되지? 투고할 만한 학술적인 내용은 내가 아는 게 없는데, 에세이라면 내 글을 실어줄 수도 있으려나?" 내 이야기를 밖으로 내놓을 멋진 기회였어. 내가 개인적인 이야기를 제대로 밖으로 꺼내놓은 게 그때가 거의 처음이야. 그렇게 하도록 북돋워줘서 너에게 정말 고마워.

나는 내 신체에, 내 신체의 변화에 매우 민감해. 나와 비슷한 장애가 있는 사람들을 생각하면 '정상'이라는 게 사실은 연속선상에 있다는 걸 깨닫게 되지. 신체 기능과 자립성도 마찬가지야. 무슨 말이냐면, 그게 매우 유동적이라는 거야. 사람들은 '자립성'이라고 하면 모든 걸 다 스스로 할 수 있는 상태를 의미한다고 생각하지만, 그건 자립성을 생각하는 한 가지 방식일 뿐이야. 또 다른 방식은, '내 일에 대해 내가 스스로 방향을 잡을 수 있고 나에 대한 돌봄을 스스로 지휘할 수 있는 한 나는 자립적인 거야'라고 생각하는 거지.

엘런: 일종의 자율성 내지는 의사결정을 할 수 있는 힘 말이지?

앨리스: 응, 그게 자립적이 된다는 것의 본질 같아. 자신의 선택을 스스로 내리기 위해 자율성을 행사하는 사람이 되는 것, 그리고 그에 따르는 위험을 지는 것. 나는 여전히 장애인들이 장애에 적대적인 세계에 살고 있다고 생각해. 우리는 수많은 미세공격 속에서 날마다 자율성과 인간성을 지켜내야 해. 아까 네가 물리적인 환경을 헤쳐나가는 것만 이야기했는데, 아이들이 나를 놀릴 때는 사회적인 환경을 헤쳐나가는 게 정말 중요했거든.

때로 사람들은 내게 매우 친절하지 않았어. 초등학교 2학년 때 어떤 애가 운동장에서 나를 밀어서 넘어뜨렸어. 내가 되게 불안정하게 뒤뚱거리니까 말이야. 그때 나는 머리를 세게 부딪히는 바람에 조퇴를 해야 했어. 그런 일이 왕왕 있었고, 그런 일은 정말 …… 그런 사건은 내가 정말 빨리 성장하게 만들었지. 내가 사회학 연구자가 되는 데도 일조했을 거야. 권력에 대해, 서로 다른 집단들에 대해, 그리고 [사회적으로] 공유된 의미에 대해 알게 되었으니까. 덕분에 사회학에 관심을 갖게 된 건 좋은 일이었어. 장애를 단순히 개인적이고 생물학적인 차이가 아니라 그 이상의 것으로 생각할 수 있는 프레임을 갖게 해줬거든. 그래서 분노를 다른 방향으로 돌리는 데 도움이 됐어. 더 [시스템적인 정책 개선과 제도 개선을 위해 노력하는] 권리옹호자로서 행동하고, 개인적인 분노를 다른 이들을 돕는 데 사용하는 쪽으로.

나는 내가 화난 아시아 장애 여성이라고 농담하곤 하는데, 사실 그건 내가 자랑스러워하는 점이야. 나라는 사람을 형성한 요인이지.

엘런: 생산적인 분노구나.

앨리스: 응, 나는 그걸 받아들여. 정말 감사하기도 하고. 그 감정에 대해서 말야. 물론 그런 사건들은 나를 도발해. 하지만 그러고 나면 다시 내가 다른 이들을 도발하려고 노력하지. 어떤 이들에 대해서는 더더욱 직설적으로 도발하려고 노력하고. 내가 나 자신을 적극적으로 방어하려 해본 적이 몇 번 있는데, 상대방이 울더라고. 얼햄칼리지의 룸메이트가 진짜 그지 같은 행동을 하길래 내가 딱 집어서 뭐라고 했더니, 울기 시작하더라? 그때 이런 생각이 들었어. '어라, 뭐지? 이제 내가 미안하다고 말해야 하는 건가?'

엘런: 네 말이 정말 설득력 있어.

앨리스: 내가 이렇게 말해야 하는 거지. "널 울려서 미안하지만 내가 한 말은 한 마디도 후회하지 않아."

엘런: "안 미안해서 미안."

1인칭 당사자 정치운동
:어느 화난 아시아계 이민자 장애 소녀로부터의 고찰

《아메라시아 저널》, 2013

얼마 전에 친구가 나와 내 동생들이 나온 1983년의 어느 생일 파티 사진을 이메일로 보내주었다. 사진에서 곧바로 나를 알아볼 수 있었다. 불어나는 허리둘레에 맞게 엄마가 다시 꿰매주신 멜빵바지를 입고 의자에 앉아 있는 포동포동한 여자아이가 나였다. 당연하게도 맛있는 국수 한 그릇을 푸짐하게 먹고 난 뒤였을 것이다. 하지만 그 사진을 보고 나는 크게 놀랐는데, 내 표정 때문이었다. 사진 속의 아이가 불만이 서린 조용한 체념의 표정을 하고 있었던 것이다.

나는 친구도 많고 가족의 지원도 많이 받는 행복한 어린 시절을 보냈다고 말할 수 있다. 하지만 옛 사진을 보거나 동생들과 함께 추억을 떠올릴 때면 화나고 좌절했던 수많은 순간이 생각난다. 점점 더 악화되는 선천성 장애는 나의 어린 시절 경험에 지대

〈한문 교실 열등생이 알려주는 한문〉 글에서 언급한 또래 아이들. 터틀넥과 단추 두 세트가 달린 멜빵바지를 입고 의자에 앉아 있는 아이가 나다. 내 앞에서 과장된 미소를 짓고 있는 아이는 내 막내 여동생 그레이스이고, 내 뒤로는 (왼쪽부터) 바로 아래 여동생인 에밀리, 그리고 친구인 에이미와 엘런이 보인다.

한 영향을 미쳤다. 내가 이동하고 움직이는 방식이 달라지면서 사람들과의 관계는 물론 주변 건축물과의 관계도 근본적으로 달라졌고, 그 변화는 여러 측면에서 나를 사람들로부터 분리시켰다. 이 에세이를 통해 내 기억의 일부를 공유하면서, 내가 '극도로 화난 여자아이'에서 '화는 덜 났지만 여전히 가만 있지는 않는 장애 여성'으로 진화해간 과정을 반추해보고자 한다.

부모님은 1972년에 홍콩에서 인디애나주 인디애나폴리스로 이주하셨고, 1974년에 세 아이 중 맏이로 내가 태어났다. 무언가가 다르다는 첫 징후가 발견된 것은 한 살 반 정도 되었을 무렵 엄마 친구가 내가 고개를 들지 못한다는 것을 알아차렸을 때였다. 목이 너무 약해서 기는 자세로 머리를 가눌 수 없었던 탓에, 걸음마를 할 나이가 되었을 때 나는 기는 과정 없이 앉아 있던 데서 걷는 데로 직행했다. 그리고 두 살 무렵에 신경과에서 내 증상이 근위축증의 한 형태라는 진단을 받았다.

당시에는 이 병의 예후가 잘 알려져 있지 않았다. 그때 의사는 부모님께 내가 열여덟 살을 넘기지 못할 거라고 했다. 부모님은 내 병명을 듣고 우셨다고 한다. 엄마는 집에서 설거지를 하면서 우셨고, 아빠는 사무실에서 우셨다. 당시 부모님은 새로운 나라에 와서 새로운 언어로 생활하고 있었고, 그와 동시에 아이를 낳고 새로이 가정도 꾸리고 있었다. 장애인을 보거나 장애인과 상호작용해본 적이 거의 없으셨기 때문에 무엇을 예상해야 할지 알지 못하셨다. 이것은 오히려 잘된 일이었는데, 직관과 상식에 의지해 부모님이 아시는 한에서 최선을 다해 나를 키워주셨기 때문이다. 부모님은 육아의 기술을 나에게 실천했고, 장애와 상관없이 내가 행동으로 본보기가 되어 동생들을 이끌어주기를 기대하셨다. 그래서 나는 맏이로 태어난 것이 감사하다. 큰언니라는 왕관의 무게는 가볍지 않다.

나의 이동 방식은 어렸을 때의 걷기에서 일곱 살 때의 보행보조기와 수동휠체어, 여덟 살 때의 전동휠체어, 그리고 지금 사용하고 있는 그 밖의 보조 장비들까지 시간이 지나면서 계속 달라졌다. 걷기 시작한 지 얼마 되지 않았을 때 고관절 이형성증이 생겨서 수술을 했는데, 수술 후에는 밤에 다리를 벌리게 해주는 금속과 섬유 유리로 된 버팀대를 착용해야 했다. 나는 쉽게 잠들지 못했고 부모님께서 주무시는 방의 불을 계속 켜두어달라고 졸랐다. 부모님 방의 등불이 어둠 속에서도 안심하게 해주는 등대처럼 복도를 통해 내 방으로 비쳤다. 욱신대는 엉덩이의 통증을 잊으려 애쓰는 동안 머릿속에서는 오만 가지 주제의 생각이 떠돌았다. 엉덩이는 끊어지기 직전까지 당겨진 고무줄처럼 아팠다. 탈출 묘기꾼으로서 해낸 첫 퍼포먼스로, 나는 용케 몸을 꼬아 찍찍이 끈까지 손이 닿게 해서 끈을 조금 느슨하게 하는 법을 터득했다.

수술로 고관절 이형성증이 약간 나아지고 나서, 나는 오리처럼 뒤뚱뒤뚱 걸었다. 한 다리가 다른 다리보다 길어서 걸을 때 몸이 치우쳤다. 불균형하고 불안정한 걸음일 수밖에 없었다. 넘어져서 오른쪽 무릎이 너무 자주 깨지는 바람에 동전 크기의 흉터가 생겼다. 일곱 살이 되자 걷는 게 진이 빠질 만큼 힘들어졌다. 헐떡이며 아무리 열심히 걸어도 친구들을 따라잡을 수 없었다. 넘어질까봐 겁이 나서 의자와 난간을 꽉 붙잡고 걸었다. 운동장에서는 위험이 늘상 나를 휘감고 있었고, 쉬는 시간에는 아이들이 무서웠다. 인기 많은 아이들은 다들 자갈밭에서 놀았지만 나는 무서워서 쉬는 시간에도 계속 교실 근처에 있었다. 실라 번퍼드Sheila Burnford의 《머나먼 여정The Incredible Journey》이나 베벌리 클리어리Beverly Cleary의 《랄프와 오토바이The Mouse and the Motorcycle》 같은 책에 파묻혀서, 빨리 종이 울려 교실 책상 앞의 안전하고 안정을 주는 장소로 돌아가기만을 이제나저제나 기다렸다.

하루는 쉬는 시간에 나도 반 친구들이 있는 곳에 가서 끼려고 검은 아스팔트 위로 진출하는 모험을 했다. 그런데 세 명의 키 큰 여자아이들이 다가왔다. 파이퍼, 피비, 페이지라고 부르기로 하자. 파이퍼가 이 트리오의 우두머리였고 큰 키에 걸맞은 풍성한 곱슬머리를 하고 있었다. 그 아이들은 자신의 영역인 아스팔트에 갑자기 나타난 내 모습에 호기심을 보였다. 이리 찔러보고 저리 집적대더니, 쾅! 파이퍼가 끈적끈적하고 뜨거운 아스팔트 위로 나를 밀쳐 넘어뜨렸고, 나는 넘어지면서 발을 다쳤다. 그날 저녁 늦게 선생님께서 집으로 전화를 걸어 누가 밀쳤냐고 물으셨고 나는 아무 생각 없이 파이퍼라고 대답했다. 파이퍼는 이 일로 교장실에 불려갔다. 내게 좋은 징조가 아니었다. 이듬해인 3학년 때 운동장에서 퍼지는 입소문에 파이퍼가 나를 '손보려 한다'는 이야기가 돌았다. 그런 일이 또 일어나지는 않았지만, 이 기억은 지져서 새긴 상처처럼 내 마음에 여전히 남아 있다. 장애 때문에 폭력에 맞닥뜨린 경험 중 하나였기 때문이다.

선생님들은 내 장애를 알고 있었지만 1980년대에는 '합리적 편의제공'이라는 개념이 부모님께도, 선생님들께도 잘 알려진 개념이 아니었고, 내게는 더욱 그랬다. 2학년 때의 어느 날, 우리 반 학생들이 줄을 서서 도서관으로 가는데 나만 뒤처졌다. 도저히 따라갈 수가 없었고, 그날 반납해야 할 책까지 들고 가느라 낑낑 댔다. 발을 질질 끌고 걸으면서 세 권의 무거운 책을 놓치지 않으려고 안간힘을 썼지만 이내 팔에 힘이 빠졌고 책이 떨어져 바닥에 나뒹굴었다. 이미 수업 시간이 된 지 한참이었으므로 복도에

미래에서 날아온 회고록

는 아무도 없었다. 땀을 뻘뻘 흘리고 헐떡대면서, 책은 그대로 두고 어찌어찌 도서관으로 갔다. 이것 역시 잊히지 않는 기억이다. 이런 일이 내게는 일상이었고 부모님께 내 문제를 말할 생각은 하지 못했다. 도움을 어떻게 청해야 하는지, 또 어떻게 '노no'라고 말해야 하는지 알게 된 것은 훨씬 더 나중이었다. 내가 교내에서 이동할 때 활동지원이 필요할 거라고 생각하고 제안해준 사람은 아무도 없었다.

이 시기에 선의로 나를 대해준 좋은 친구들도 있었다. 그들은 나더러 한 발짝만, 몇 발짝만 더 걸어보라고 독려하곤 했다. 걷기 연습이 근육을 강화해주리라는 생각에서였다. 물리치료사도 걷는 것을 강조했고 두 발로 걷는 이동 방식을 최대한 오래 유지할 필요가 있다고 말했다. 더 열심히 시도하려 하지 않으면 '포기'했다는 의미로 받아들여졌다. '징징대는 애'나 '나쁜 환자'라는 꼬리표가 붙을까봐 나는 하라는 모든 것을 다 시도했다. 대부분의 사람들은 신체의 이동 능력을 가능한 한 오래 유지하는 것이 중요하다고 생각할 것이다. 하지만 두 발로 걷는 이동 방식을 유지하느라 내가 치러야 하는 대가는 너무 힘들고 지치고 고통스러웠고, 나는 분노가 치밀었다. 아무도 내게 그 대가를 치르고 싶은지 묻지 않았다.

내 몸은 점점 더 약해져서 도움 없이 서 있거나 걸을 수 없게 되었다. 물리치료사는 보행보조기를 마련해주면서 학교 안에서 돌아다닐 때 그걸 사용하라고 했다. 바퀴 달린 알루미늄 프레임을 붙들고 빌어먹을 한 걸음씩을 힘겹게 뗄 때면 다리 근육이 안

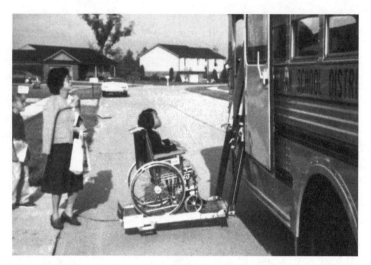

처음으로 리프트가 있는 버스를 타고 학교에 가던 날! 왼쪽에 엄마가 있다. 난생처음으로 접근 가능한 대중교통을 이용한 날이었다.

간힘을 쓰느라 부들부들 떨렸다. 나는 보행보조기를 잡고 프랑켄슈타인의 괴물처럼 걸었다. 어기적어기적. "어디서 끽끽끽 소리가 나네? 앨리스 온다!" 나는 성인이 된 내가 당시의 부모님과 의사에게 이렇게 말했으면 좋았겠다고 생각한다. "여러분, 나는 ×나 지쳤어요. 제발요, 쫌! 여러분 모두에게 웃음과 기쁨을 주려고 나는 최선을 다했다고요. 이 망할 걷기는 더 계속할 가치가 없어요." 사진 속의 내가 불만투성이의 비참한 얼굴을 하고 있는 건 이상한 일이 아니다.

일곱 살 무렵에 내 몸은 격렬히 저항하면서 이렇게 말하고 있었다. "자, 이제 그만! 나는 완전히 지쳐 떨어졌고 휴식이 필요하다고! 걷는 건 너무 1981년식이야." 나는 보행보조기를 졸업하고 수동휠체어로 넘어갔다. 휠체어가 있으니 집 안팎을 돌아다니기 좋았다. 하지만 당시 대부분의 농가 스타일 주택이 그랬듯이 우리 집은 현관에 계단이 있었다. 그리고 내가 손으로 휠체어를 밀 만큼의 상체 힘이 없다는 것이 곧 분명해졌다. 얼마 후 나는 처음으로 전동휠체어를 갖게 되었다.

구름이 갈라지고 서광이 비치면서 장애가 있는 천사들이 노래를 했고, 나는 마땅한 나의 자리인 전동 왕좌에 올랐다. 완전한 해방이었다. 편안한 자세로 있을 수 있었고, 더 중요하게는 내가 직접 통제할 수 있었다. 돌아다니기 위해 부모님이나 다른 사람들의 도움을 받지 않아도 되었다. 조이스틱만 조종하면 위험할 만큼 빠른 속도로 돌아다닐 수 있었다. 처음으로 움직임을 통해 나 자신을 표현할 수 있었다. 대부분의 비장애인은 휠체어를 사용하게 된 게 이렇게 기쁠 일인가 경악스러울 것이다. 하지만 내게는 휠체어 사용자가 된 것이 자율적인 인간이 밟아가는 자연스러운 발달 과정의 일부였다.

신체가 달라지면서 나는 물리적 환경과 사회적 환경에 계속해서 적응하며 조정해가야 했고, 환경도 계속해서 나에게 맞게 조정되어야 했다. 부모님은 임시로 나무 경사로를 만들어 내가 집 안팎을 휠체어로 왔다 갔다 할 수 있게 해주셨다. 얼마 후에는 내가 전동휠체어를 가지고 식구들과 함께 돌아다닐 수 있게 밴을 구입하고 리프트를 달아 개조하셨다. 다시 몇 년 뒤에는 경사로와 더 넓은 문이 있는 집을 구매하실 수 있게 되었다. 사회경제적 지위는 분명 더 많은 접근성, 포용성, 자유를 누리는 데 지대

유치원 동급생들과 피셔 선생님(맨 뒤 오른쪽). 나[맨 앞줄 중앙]는 두 다리를 모두 옆으로 놓은 자세를 하고 있는데, 양반다리를 할 수 없었기 때문이다.

한 역할을 한다.

전동휠체어를 이용하는 데는 분명히 좋은 점이 있었다. 나는 집과 동네를 쌩쌩 돌아다닐 수 있었다(인도에는 절대로 올라가지 않았다. 인도는 듣는 대로 다 믿는 사람들이나 이용하는 곳이다). 그런데 이 새로운 이동 방식은 이동의 자유를 가져다주긴 했지만 동시에 새로운 어려움도 불러왔다. 더 이상 앉거나 벽에 기대 있으면서 장애인인 티가 나지 않게 하고 있는 것이 불가능했다. 휠체어 사용자라는 새로운 정체성은 공공장소에 있을 때마다 엄청난 스포트라이트가 내게 쏟아진다는 것을 의미했다. 곧 나는 걷기가 [이 사회의] 정상적인 이동 양식이며 그 밖의 것은 모두 다르고 비정상이라고 치부된다는 것을 깨달았다. 종종 계단이 있는 식당이

미래에서 날아온 회고록

나 '장애인용' 입구가 뒤쪽에 따로 있는 건물을 마주할 때면 이등시민이 된 것처럼 느껴졌다. 물론 내가 말하려는 바는 이러한 어려움이 개인적인 문제가 아니라 다름에 적대적인 사회에 내재된 시스템상의 문제라는 점이다.

나는 배경 속으로 알게 모르게 묻혀갈 수가 없었다. 너무 눈에 띄었기 때문에 학교와 공공장소의 사회적 풍경과 세심하게 협상해야 할 필요성을 매 순간 첨예하게 느꼈다. 게다가 초중고 시절 내내 아시아계 학생도 매우 적었다(다섯 명을 넘지 않았을 것이다). 대체로 나는 유일한 아시아인이었고 거의 언제나 유일한 장애인이었다. 늘 나는 유일하거나 거의 유일한 무언가였다.

초등학교 때 나는 특수학교가 아니라 일반 공립학교를 다녔는데, 우리 학교에서 유일한 휠체어 사용자였다. 나는 다른 아이들이 타는 스쿨버스가 아니라 '작은 버스'를 타고 등교했다. 학교에 45분이나 일찍 도착했는데, 작은 버스는 원래 특수학교에 가는 버스여서 나를 먼저 내려주고 그리로 가야 했기 때문이다. 학교에 도착하면 선생님들도 대부분 출근하시기 전인 어둑어둑한 시간이었다. 어떤 날은 학교 식당에 쥐처럼 조용히 앉아 해가 뜨기를 기다렸다. 그렇게 한참을 기다리고 있으면 친구들이 '일반 크기'의 노란 스쿨버스를 타고 학교에 들어왔다. 어떤 날은 한밤중의 도둑고양이처럼 이른 시간에 슬그머니 교실에 들어갔다. 때로는 같은 반 친구의 책상 안을 몰래 보기도 했다. 네네, 잘못인 줄 아는데요, 나는 죽도록 심심했다고요.

내 생각에, 많은 장애인들이 질병, 장애, 접근 불가능한 환경

등에서 오는 어려움은 다룰 수 있다고 말할 것 같다. 우리[장애인]에게 정작 화나고 당황스러운 것은 다른 이들이 우리에게 보이는 반응과 태도다. 공공장소에 있을 때면 흔히 듣는 종류의 말이 있고, 흔히 겪는 기묘한 응시가 있으며, 자기들끼리 귓속말을 하는 것도 흔히 당하는 경우다. 또 어떤 때는 나를 없는 셈 치거나 내가 혼자서는 아무것도 못하리라고 짐작하고서 같이 온 사람은 어디 있느냐고 묻기도 한다. 어렸을 때와 성년 초기에까지도 내가 정말 자주 들은 말 몇 가지를 소개해보면 다음과 같다.

"어쩌다 이렇게 됐어? 자동차 사고?"

"스포츠 너무 하고 싶겠다."

"아, 하나님의 은총이 내리기를! 너를 위해 기도할게……. 예수님은 너를 사랑하신단다!"

"예수님을 당신의 구세주로 받아들이면 치유될 수 있어요, 아시죠?"

그때그때의 기분과 상황에 따라, 때로는 예의 바르게 답하면서 그들의 무지를 그러려니 했고, 때로는 따지면서 그들의 잘못된 관념에 도전했다. 내가 반박하면 사람들은 놀라거나 어안이 벙벙해하기도 했다. 그런 말에 반론이 제기되는 것은 있을 수 없는 일이라는 듯이 말이다. 그럴 때면 피가 거꾸로 솟았다.

신앙과 장애라는 주제와 관련해서 가장 당황스러웠던 경험은 엄마와 엄마 친구분들과 함께 복음주의 부흥회에 갔을 때였다. 엄마에게 교회 공동체는 삶을 지탱해주고 소속감을 주는 원천이었다. 부흥회에 가자는 의사결정에 나는 실질적으로 관여한 바가 없다. 여덟 살인가 아홉 살인가밖에 안 됐을 때였거니와, 풍선껌 한 통이면 쉽게 넘어갔기 때문이다. 체리맛 '버블 냠냠' 풍선껌이었고, 한 조각이 아니라 한 통을 통째로 받았다. 게다가 동생들한테 나눠주지 않아도 되었다. 득점!

사람들이 끝없이 노래를 하면서 몸을 흔들었고 설교도 쉬지 않고 이어졌다. 모두 눈을 감고 두 손을 들고서 열광적으로 방언을 하며 기도했다. 하지만 진정한 피날레는 예배의 마지막에 있었다. 설교자가 축복을 받고자 하는 사람, 전능하신 분의 영과 권능으로 치유받을 기회를 원하는 사람은 앞으로 나오라고 했고, 엄마가 나를 데리고 무대 앞으로 갔다. 내 차례가 되자 설교자가 내 머리에 손을 얹고 기도를 했다. 누군가가 내 휠체어의 발 받침대를 치웠다. 그가 내 손을 잡았고 나는 일어서서 몇 걸음을 걸었다. 사람들은 열광했다. 오…… 저 아이가…… 일어섰다!!! 나는 로널드 레이건과 오래전 잃어버린 예수의 꼬마 여동생과 미국 국기가 합쳐진 무언가였다.

그때 열광하는 군중에게 말할 수 있었다면 이렇게 말했을 것이다. "자자 여러분, 주목! 나는 휠체어를 사용하지만 누가 도와주면 몇 발짝은 걸을 수 있어요. 휠체어를 사용한다고 해서 마비 상태라는 이야기가 아니라고요. 여러분이 본 건 기적이 아니에요. 자, 쇼는 끝났어요." 나는 기적을 믿은 적이 없다. 적어도 내 병을 치료하거나 낫게 하는 것과 관련해서는 그렇다. '진짜 열심히 노력'하고 '나아질 거라고 믿는' 경험을 짧게 해본 바로는, 그런 것들은 내 신체에서 아무것도 달라지게 하지 않았다. 그날 일이 나를 분노하게 했다고까지는 말할 수 없지만, 전체적으로 그 스펙터클은 몹시 당황스러웠다.

내 생각에, 일부 아시아계 공동체 사이에서 겉으로 이야기되지 않는 전제 중에는 장애인을 배제하고 장애를 부끄러워하는 문화적 경향이 있는 것 같다. 인디애나폴리스의 작은 중국인 교회 공동체에서 어떤 사람들은 우리 부모님에게 왜 식구들이 밖에 나올 때 나를 데리고 나오느냐고 묻기도 했다. 한번은 중국에서 온 어떤 아주머니가 일요일 예배가 끝나고 내게 이렇게 말했다. "네가 얼마나 복 받은 건 줄 아니?" 내가 미국에 살고 있고 휠체어가 있으며 지원해주는 가족이 있다는 의미에서 한 말이었을 것이다. 하지만 왠지 모르게 나는 그 말이 몹시 거슬렸다. 지금 생각해보면, 나 같은 사람은 단지 존재하도록 허용된 데 대해 마땅히 감사해야 한다고 여기는 가정이 화가 났던 것 같다. 헐……. **'엄마 아빠, 낙태하지 않아주셔서 감사합니다. 특히 제가 얼마나 부담이 될지 아시면서도 저를 안 버리셨다면 더더욱요.'** 이러란 말인가? 하지만 다른 한편으로, 나는 많은 중국계 가정이 장애가 있는 식구를 헌신적으로 돌보고 지원하는 것도 보았다. 우리 부모님과 내 동생들은 절대로 나를 부끄러워하지 않았고, 우리 집의 모든 대소사에 언제나 나도 가능한 한 최대치로 함께했다.

내게 정치적 의식화의 주요 전환점은 카멜고등학교 2학년 때 왔다. 나는 선택과목으로 드라마 I을 들었다. 이듬해에 드라마 II를 들으려면 일정 수준 이상의 학점으로 드라마 I을 통과해야 했다. 나는 B를 받았고, 당연히 드라마 II를 신청할 생각이었다. 그런데 생활지도 선생님[일종의 담임 교사]에게 그렇게 말했더니 다소 당황스러워하시면서 드라마 선생님에게 가서 이야기해보라고 하셨다. 그래서 그 수업을 맡으신 튜더 선생님에게 갔는데, 튜더 선생님은 내가 드라마 II를 들을 수 없다고 하셨다. 드라마 II에는 신체 활동이 필요한 수행 과제가 있기 때문이라는 것이었다. 그 신체 활동은 판토마임이었고, 학생들은 신체의 움직임과 동작으로 이야기를 상세히 표현해야 했다. 나는 장애를 가진 상태로 판토마임을 하면 왜 안 되느냐고 질문했다. 가령, 앉아서 식사를 하는 것을 표현하는 판토마임을 할 수도 있지 않은가? 하지만 선생님은 충분히 신체적이지 않아서 안 된다고 하셨다. 합리적 편의제공이라는 개념은 튜더 선생님에게 존재하지 않았고 생활지도 선생님에게도 마찬가지였다. 나는 내 권리를 지키기 위해 항변해보려 했지만 실패했다.

모욕적이었다. 이것은 순전한 차별이었다. 튜더 선생님은 내가 나를 보는 것과 다른 방식으로 나를 보고 있었다. 나는 나를 무한한 가능성을 가진 사람으로 보았는데, 선생님은 내게서 단지 신체의 기능적인 제약만을 보셨다. 미몽이 와장창 깨졌고 선생님의 대응에 너무나 실망했다. 교육자는 학생을 독려하고 학생의 권익을 옹호하는 존재일 것이라고 늘 생각하고 있었기 때문이다. 이것은 내가 고등학교 때 경험한 노골적인 차별 사례들 중 하나다. 이 차별의 즉각적인 결과 중 하나는 같이 수업을 들었던 드라마 덕후 친구들과 함께 진급하지 못해 사회적 거리가 생긴 것이었다. 드라마 동아리 활동은 계속했지만 수업을 듣는 것과는 같지 않았다. 나는 내가 더 세게 싸우지 않은 것이, 학교 당국에 문제제기하지 않은 것이 후회스럽다. 이 의미심장한 경험을 하고 나서, 다시는 누구도 나에게 이렇게 하게 두지 않겠다고 다짐했다.

10대의 불안과 고뇌로 가득 차서, 나는 방해 없이 편하게 있을 수 있는 은신처를 찾았다. 점심시간이면 아이들이 많은 곳을 피하기 위해 학교 도서관에 갔다. 도서관에 있으면서 캘리포니아주 버클리라고 하는 장애문화의 중심지에 대해 알게 되었다. 자립생활운동이라는 것에 대해 읽으니 눈이 번쩍 뜨였다. 다른 세상을 본 것 같았다. 나는 장애 또한 나의 사회적·정치적·문화적 정체성의 일부라는 것을 깨달았다. 내가 중국계 이민자라는 사실과 여성이라는 사실이 그렇듯이 말이다. 나의 위치는 이와 같은 더 큰 맥락 안에 존재하는 것이었고, 이것을 깨닫고 나니 내 경험과 감정을 이해하는 데 도움이 되었다.

나는 1992년에 대학에 들어갔고, 장애학과 장애사회학을 발견했다. 나는 장애를 체계적으로 고찰한 역사학자, 철학자, 사회학자, 또 여타 저술가들에게 동류 의식을 느꼈다. 폴 롱모어Paul Longmore, 어빙 K. 졸라Irving K. Zola, 수전 웬델Susan Wendell 등이 이런 면에서 처음으로 내 정신에 신선한 충격을 준 분들이다. 그들은 내 일상에 영향을 미치는 사회적 과정과 긴장을 반추해볼 수 있는 개념 체계를 제공해주었다. 이들 중에 나처럼 장애인인 사람도 있다는 사실이 내게 한층 더 용기를 주었다. 내 야망이 실현 가능성 있는 야망이라는 것을 알게 해주었기 때문이다. 어른이 된 나는 어린 시절의 내가 제대로 파악하지도 못했고 또렷이 표현하지도 못했던 분노와 좌절에 길을 잡아서 그것이 장애 경험에 대한 글쓰기와 연구 쪽을 향해가도록 했다. 이렇게 해서, 나는 장애학 연구와 장애운동의 세계에서 긴 여정을 밟기 시작했다.

친애하는 독자 여러분, 기억의 길을 거슬러 올라가본 이 여행은 이제 막을 내린다. 사과처럼 둥글고 빨간 볼을 한 사진 속의 아홉 살 여자아이에게 이렇게 말해주고 싶다. "네가 지쳤다는 거 알아. 때로는 인생이 아주 뭣 같지. 그런데 말야, 못 믿을지도 모르겠지만 네가 크면 아주 재미있게 지내게 될 거고 무척 흥미로운 일들을 많이 하게 될 거야. 세상이 너에게 열릴 거야. 미국장애인법 같은 법이나 메디케이드의 활동지원 서비스 같은 프로그램이 네가 뜻하는 대로 네 인생을 살도록 도와줄 거야. 더 중요하게, 너는 통제력을 행사할 수 있을 거고 아주 다양한 선택지를 가질 수 있게 될 거야. 너는 세계에서 가장 좋은 도시인 샌프란시스코에서 살게 될 거고 커피광이 될 거야. 그리고 올빼미형 인간으로 악명을 날릴 거야. 그러니 포기하지 말고 조금만 더 견디렴. 그리고 계속 읽고, 계속 분노해.

먀오미, 편히 잠들렴

우리 집 고양이 먀오미Meowmee. 흰색 쇼트헤어 집고양이였다. 1990년대에 동생 그레이스가 고등학교 사진 과제로 찍은 사진이다.

식구 모두 고양이 알레르기가 있어서 먀오미 이후로는 고양이를 키우지 않았다.

먀오미는 내가 7학년 때 친구네서 데려왔다. 먀오미는 별난 고양이였다. 애교도 없고 무릎에 앉으려고도 하지 않았다. 그리고 진공청소기를 죽도록 무서워했다. 특별한 날이면 우리는 먀오미에게 참치캔을 주었고(먀오미는 참치캔 국물을 아주 좋아했다) 추수감사절에는 엄마가 거위 간이나 오리 간을 주셨다. 이제는 멀찍이서만 경탄할 뿐이지만, 그래도 나는 여전히 고양이 인간이다.

먀오미, 편히 잠들렴. 너는 진짜였어.

　미래에서 날아온 회고록

미국장애인법

2020년 7월 26일 로셸 콴Rochelle Kwan과 진행한 인터뷰.
아래 대화는 내용을 더 명료하게 전달하기 위해 요약과 편집을 거쳤다.

로셸 콴: 오늘 앨리스와 대화를 나누게 되어 너무 기대됐던 이유 중 하나는 올해가 미국장애인법 30주년이어서였어요.

앨리스 웡: 그래요. 로셸이 미국장애인법보다 어리네요.

로셸: (웃음) 그러니까요!

앨리스: 그래서 좋아요. 흥미롭잖아요. 오늘 인터뷰를 세대 간 대화라고 부를 수 있을지는 모르겠지만, 저는 그렇다고 생각해요, 맞죠? 그래서 저도 미국장애인법에 대해 로셸과 이야기하게 돼서 특히 더 기뻐요. 이법이 통과됐을 때 저는 열여섯 살, 고등학생이었어요. 10학년이었죠. 정말 솔직히 말씀드리면 기억은 잘 안 나요. 그러니까, 그때 저에겐 제병과 증상 말고는 장애인 정체성으로 살아간다는 의식과 연결되어 있는 무언가가 전혀 없었던 것 같아요. 제가 장애인인 줄은 알았지만 장애인이라는 말을 써본 적이 없었어요. 제가 자랐던 시대가 그랬던 것같아요. 그냥 엄청 고전했죠. 10대 때부터 이미 저는 이번 10년이든 다음 10년이든 제 인생은 그냥 힘들 거라고 생각했어요. 제 신체로 존

재하는 것 자체가 불편했고 나 자신이 부끄럽고 당황스러웠어요. 이를 테면, 휠체어 사용자로서 저는 정말이지 아무도 모르게 배경 속으로 묻혀 들어가고 싶었지만 그럴 수 없었어요. 때로는 정말로 눈에 띄지 않기를 간절히 원했어요. 늘 제가 너무나 눈에 띈다고 여겨졌으니까요.

롤모델도 없었어요. 주변에 장애를 가진 어른이 없었으니까, '나도 네가 겪은 걸 겪어봤어. 나아질 거야'라는 말조차 해줄 사람이 없었죠. 한편으로는 누가 그렇게 말해주었다 해도 제가 받아들였을지는 모르겠어요. 저는 그저 너무 힘들었으니까요. 솔직히 말하면, 주변에 다른 장애인 아이들이 있으면 당황스러웠어요. 너무나 다른 사람들과 똑같고 싶었던 나머지 장애인인 아이들과는 놀고 싶지 않다고 생각한 적도 있었어요.

로셸: 네, 장애인 커뮤니티와는 물론이고 장애인 정체성과도 연결되지 않으셨었다는 거로군요. 장애인 정체성을 갖기 전에는, 그냥 **이것이 혼자 알아서 감당해야 할 무언가**라고 생각하셨나요?

앨리스: 네, 생각이 달라진 건 미국장애인법이 통과되고 약간 더 나이가 들었을 때, 10대의 그 무렵쯤에 더 많은 걸 읽고 알게 되면서부터였던 것 같아요. 이런 걸 깨달은 거죠. '오, 세상에, 내 작은 세상 너머의 세상에서는 무언가가 벌어지고 있구나.' 그 무렵 처음 읽은 것 중 하나가 《타임》에 실린 접근 가능한 교통수단에 대한 기사였어요. 미국장애인법이 막 통과되었을 즈음이었을 거예요. 그 기사를 읽는 순간, 접근 가능한 버스라는 생각에 완전히 매료됐어요. 이런 거였죠. 상상해보세요. 당시에는 그런 게 정말 드물었거든요. '와아, 나 혼자 집을 나서서 버스나 기차를 탈 수 있는 곳에 사는 것은 어떤 기분일까?' 그때 우리 집은 교외에 있었어요. 어디를 가든 부모님이 차로 태워다주셨죠. 저는 운전면허증이 없었고, [있었다 해도] 밴을 개조하는 데 돈이 무척 많이 들 게 틀림없었어요. 그런 식으로, 친구들은 다 거쳐가는 전형적인 통과의례

미래에서 날아온 회고록

를 저는 거칠 수 없었어요. 좌절감이 정말 컸어요. 그러던 중에 캘리포니아주 버클리 같은 곳에 대해 읽게 된 거예요. 캘리포니아주는 장애인의 권리와 정당한 접근성 운동의 진원지잖아요. 저에게 이런 생각의 씨앗을 심어주었어요. '봐봐, 바로 지금 훨씬 더 나은, 그리고 훨씬 더 접근성 있는 세상에 사는 장애인들이 있어. 언젠가는 나도 그럴 수 있을 거야'라고요. 그때는, 아직 이것은 꿈이었어요.

《타임》에 독자 편지까지 썼어요. 게재도 되었답니다. 고등학교 때였는데, 그 일이 제가 장애인 정체성을 갖기 시작한, 그리고 말하자면 세상에 더 관여하기 시작한 계기였던 것 같아요. 그리고 커가면서 점점 더 깨어나고 각성하게 되었다고 생각해요. 고등학교를 졸업하면서, 그리고 대학에 가서 장애학을 접하게 되면서는 확실히 그랬고요. 그리고 제가 저 자신을 위해 개별적으로 했던 일이 꼭 다른 사람들에게도 도움이 되거나 변화를 가져오지는 않는다는 것을 깨달았어요. 진짜 문제는 시스템에 대한 것이었으니까요. 대학과 대학원에 가면서 갖게 된 이 깨달음이 저에게 진정한 전환점이었던 것 같아요. 개인적으로 저 개인의 상황을 개선할 방법을 찾고 학생으로서 [합리적] 편의를 제공받을 수는 있겠지만, 아무리 많이 그렇게 하더라도 정책단에서 변화를 만들지 않으면 그다음 해에 또 다른 장애인 학생이 왔을 때 그 모든 걸 다 다시 해야 하잖아요. 그걸 깨달은 거죠. 그리고 그걸 깨달으니 화가 나더라고요. 이 깨달음이 '우리가 어떻게 이것을 해낼 수 있을까'를 생각하도록 저를 추동한 요인이 되었던 것 같아요. '어떻게 변화를 만들 수 있을까? 어떻게 다른 이들과 함께 그렇게 해나갈 수 있을까?' 제 개인적인 관심에만 그치는 일이 아니니까요. 저한테 필요한 일이라는 차원에 그치는 게 아니라 모든 유형의 사람들에게 필요한 일이잖아요.

로셸: 제가 추측해보건대요, 미국장애인법이 통과됐을 때 그것이 대안적인 세상을 보여준다고 생각하셨어요? 장애인 커뮤니티에 더 좋은 세

상이요.

앨리스: 저는 사람들이 미국장애인법에 대해 많이 오해하고 있다고 생각해요. 너무 많은 기대를 한달까요? 그게 모든 걸 해결하지는 않았어요. 법이 통과되었다고 하룻밤 사이에 상황이 마법처럼 나아진 게 아니에요. 더구나 1990년에는요. 우리 모두가 변화를 보기까지 법이 통과되고서도 몇 년이 걸렸잖아요, 그렇죠? 경사로나 엘리베이터처럼 이제는 당연하게 여겨지는 기본적인 것들도요. 사실 오늘날까지도 이런 것들을 얻으려면 [예산 등의 이유로 법을 지키지 않으려는 저항이 많아서] 싸움을 해야만 해요. 그래도 미국장애인법이 우리에게 해준 것은, 그것이 우리 것이라고 부를 수 있는 법이었다는 점이라고 말하고 싶어요. 우리를 위한 법이고 우리에 대한 법적 보호를 명문화한 법이죠. 그러니까, 우리는 '보호집단protected class'[인종, 나이, 출신 국가, 성별, 장애 유무 등에 따라 차별받지 않도록 법으로 보호받는 집단]인 거예요. 그전에도 다른 법들이 있었지만, 미국장애인법은 우리가 도구로 사용할 수 있는 법이에요. 저는 이걸 도구라고 생각해요. 변화를 만드는 일의 시작점일 뿐이죠. 이 법 자체만으로 할 수 있는 일에는 한계가 있어요. 때로 우리는 법에 너무 많은 걸 기대하는 것 같아요. 정작 중요한 건 그 법의 배경이 된 정신이에요. 장애인도 다른 모든 사람과 마찬가지로 공공장소에 있을 수 있다고 말하는 것이 정말로 의미하는 바는 무엇인가? 모든 사람이 진심으로 그것을 믿는 곳까지 우리의 문화를 어떻게 이끌고 갈 수 있을까? 이렇게 말하려니 서글프지만, 30년이 지났어도 아직 그곳에 도달하지 못한 것 같아요. 근처에도 못 갔죠. 변화는 쉽게 일어나지 않아요. 그리고 변화를 두려워하는 사람들이 많이 있어요. 특히 권력을 가진 사람들이요. 한편, 포용의 가치를 아는 사람들도 많이 있어요. 특히 분리를 겪었거나 시설에 수용된 적이 있는 장애인들이요.

[……]

미래에서 날아온 회고록

로셸: 그 점[장애인을 위한 변화가 장애인만을 위한 것이 아니라 모두를 위한 것이라는 점과 팬데믹 시기에 모든 사람들에게 온라인을 통한 사회 활동이 많아진 것]이 최근에 제가 아주 많이 생각하게 된 것 중 하나에요. 팬데믹의 한복판이고 다들 집에 머물고 있는 상황이잖아요. 그렇게 되니까 사람들이 장애인들은 그전부터 계속 사용해왔던 이런 기법들과 사회생활의 전략들을 사용하기 시작했어요! 그렇게 해서 자신들의 커뮤니티를 짓는 것도요. 이런 변화에 대해 사람들이 장애인들 덕분이라고 생각할까요?

앨리스: 네네, 진짜 중요한 이야기죠. 아이러니하고 달콤쌉쓸한 건, 몇 년 전에는 제가 동영상으로밖에 참여할 수 없을 거라서 결국에는 참여하지 못한 콘퍼런스들이 있었어요. 그런데, 세상에, 얼마나 빨리 콘퍼런스들이 웹상에서 이렇게 많이 열리게 됐는지 보세요!

로셸: 맞아요.

앨리스: 많은 사람들, 많은 장애인들이 원격 근무를 할 수 있게 해달라고 요청하면 일자리를 거부당해요. 그런데 지금 많은 사람이 원격으로 일하고 있죠. 저는 아무리 용을 써도 더 이상 나아가지 않는 어떤 교착 지점 같은 것이 있다고 생각해요. 고용률에서 여전히 큰 차이가 있다는 것이 그 징표죠. 모든 법은 불완전해요, 그렇죠? 미국장애인법이 실효성 면에서 가지고 있는 한 가지 문제는 시행을 강제할 방법이 딱히 없다는 거예요. 사업체를 확인할 수 있는 방법이 없는 거죠. 그래서 장애인들이 요구를 하면, 아무리 합리적인 요구라 해도 고용주는 여전히 그것을 부담으로 여기는 경우가 많아요. 그래서 요구하는 것조차 두려워하는 사람이 아직 많은 것 같아요. 그렇다 보니 이렇게 많은 사람이 노동인구에 포함되지 못하고 있는 거죠. 사람들은 아주 많은 이유로 직장에 자신의 장애를 알리는 것조차 꺼려요. 남들과 다르게 보이고 싶지 않으니까요. [저는 이게 정말 슬픈 일이라고 생각해요. 우리가 왜 그래

야만 하는지에 대해서는 정말로 생각하지 않는 것 말이에요]. 고충 처리 절차를 밟고 소송을 걸고, 그런 걸 좋아서 하는 사람은 없잖아요.

로셸: (키득거리는 웃음)

앨리스: 대개는 [좋아서 하는 게 아니라] 부정의한 상황을 고치려고 하는 거죠. 물론 그게 우리가 취할 수 있는 하나의 선택지인 것은 맞고요.

로셸: 네…….

앨리스: 제가 비장애인들에게 나눌 수 있는 메시지가 있다면, 접근성은 단지 미국장애인법을 준수하느냐의 문제를 훨씬 넘어선다는 걸 말하고 싶어요. 접근성은 우리 모두가 책임을 가져야만 하는 무언가예요. 그리고 접근성은 우리 모두가 이런저런 방식으로 서로에게 제공할 역량이 있는 것이기도 해요. 만약 제가, "로셸, 내일 아침 말고 오늘 밤에 이야기할 수 있을까요? 안 좋은 일이 있어서 좀 피곤하네요"라고 말했을 때[저는 올빼미형 인간이라 아침이 힘들어요] 로셸이 "물론이죠. 문제없어요"라고 해준다면 이것도 접근성의 한 형태예요. 공식적인 기관만 책임이 있는 게 아니에요. 우리가 정말 진지하게 우리의 공동체를 소중히 생각한다면 서로에게 접근성을 제공할 수 있어요.

로셸: 끝으로, 장애 가시화 프로젝트Disability Visibility Project[앨리스 윙이 장애인 당사자 구술사 아카이빙을 목적으로 시작한 프로젝트로, 온라인 커뮤니티 활동을 통해 지속되고 있다]에 대해 하시고 싶으신 말씀이 있으신가요? 미국장애인법을 축하하는 의미에서, 또 더 나은 현재와 미래를 위해 계속 나아가자는 의미에서요.

앨리스: 네, 미국장애인법 30년을 생각해보면 감사할 것이 많아요. 저는 정말 미래에 대해 기대가 크고, 무엇이 가능해질지 생각하면서 큰 꿈을 꾸고 있습니다. 물론 해야 할 일은 너무나 많죠. 투쟁은 계속될 거예요. 비판해야 할 것과 눈 크게 뜨고 예의 주시해야 할 것들도 너무 많고요. 하지만 희망도 많아요. 그리고 더 젊은 사람들, 자라나는 아이들이 그

미래에서 날아온 회고록

들을 위해 준비되어 있고 그들을 환영하는 공동체에서 커가고 있는 것을 보면 너무 행복합니다. 다음 세대와 미래 세대를 환영하는 나이 든 사람 중 하나가 되는 것은 제게 마법과도 같은 일이에요. 상황이 나아지리라는 걸 저는 알아요. 그냥 알 수 있어요. 그리고 지금 30년 전보다 상황이 나아졌고요. 가능성은 무한합니다.

《타임》에 보낸
독자 편지

1990년 7월 2일

저는 열여섯 살의 장애인입니다. 제 친구들은 운전을 할 수 있어요. 그리고 저는 머지않아 장애인도 더 자립적으로 돌아다닐 수 있으리라는 것을 알게 되어 안심이 되었습니다. 이 새로운 법을 통해, 장애를 가진 것은 장애인들이 아니라 닫힌 마음을 가진 사람들이라는 것을 고용주들이 알게 되리라 생각합니다.

앨리스 웡

인디애나주 카멜

고등학교 시절에 쓴 제목 없는 시

⚠ 다음 내용을 포함하고 있습니다: 수술, 입원, 의료적 트라우마, 피, 통증, 절개, 자상

세계에 대한 모든 반응은 우리의 신체에서 일어난다.

—글로리아 안잘두아Gloria Anzaldúa

이 책을 위해 예전에 썼던 글을 모으고 선별하면서 고등학교 때 문학 잡지에 실었던 시 한 편을 너무나 넣고 싶었다. 내 내면의 이모-고스emo-goth적 자아를 독자들이 엿볼 수 있을 거라고 생각했기 때문이다. 2020년에 카멜고등학교 사서에게 이메일을 보내 1991년과 1992년의 학생 문학 잡지 《프리로거티브The Prerogative》의 디지털 버전이나 종이 버전이 있는지 문의했는데, 아쉽게도 너무나 **고대의** 유물이어서인지(흐익!) 찾을 수 없었고 옛 선생님 한 분께도 연락을 취해보았지만 소득이 없었다. 히유우웅.

하지만 내 기억 속에 그 시의 세 행이 남아 있었다. 다음은 내 병적이고 파편화된, 제목 없는 시의 일부다.

나는 내게 음식물을 공급하는 튜브가 있어

나는 내게 호흡을 공급하는 튜브가 있어

삐이이이이이이!

심박 모니터에서 심장이 멈추었음을 나타내는 수평 그래프 선을 표현하며 죽음으로 시를 마무리하다니, 어찌나 멜랑콜리하고 사춘기의 권태로 가득한지. 당시의 내 헤어스타일과 패션과 글쓰기 방식을 생각하면 손발이 오그라들지만, 장애인을 사이보그이자 신탁을 전하는 예언자라고 이야기해온 사람으로서 나는 이 시의 예지에 놀라게 된다.

사실 《프리로거티브》에는 두 편이 실렸고 둘 다 실리지 못할 뻔했다. 두 번째 시는 쓴맛과 사탕에 대한 것이었는데, '빨아들이다sucking'이라는 단어 외에 구체적인 내용은 기억나지 않는다. 네네, 알아요, 손발 오그라드는 중이에요. 잡지 편집부에서 내 시를 담당했던 학생이 나중에 스테이크 앤드 셰이크(스매시 버거와 아주 얇은 감자튀김이 일품인 집이었다)에서 만났을 때 내 시가 너무 어둡다며 편집장이 퇴짜를 놓았었다고 알려주었다. 다행히 그 학생과 잡지 편집부의 다른 학생들이 최종 교정 단계에서 내 시들을 다시 넣었다고 한다. 창조적인 동지들, 고마워요. 편집 방향과 맞을 수 있었다니 기뻐요.

사이보그로서의 내 미래를 예언한 첫 번째 시를 생각하다 보니, 그것이 내 신체가 점점 더 [사이보그 형태로] 진화해가던 과정 중의 한 결정적인 시기에 뿌리를 두고 있다는 것을 알 수 있었다.

이미 10대에, 그런 줄을 의식하기도 전부터 나는 사이보그였다.

열네 살 때 심각한 척추측만증이 생겼다. 폐가 압박되고 상체 무게가 오른쪽으로 쏠렸다. 나는 백인 페미니스트들이 '린 인'을 유행시키기 전부터 일찌감치 그것을 실천하고 있었다['린 인Lean In'은 페이스북 최고운영책임자 출신인 셰릴 샌드버그Sheryl Sandberg가 여성들이 성공하기 위해 적극적으로 기회를 향해 뛰어들어야 한다는 내용을 담아 쓴 저서의 제목이다. 여기에서는 이 어구가 지닌 '기대다', '기울이다'라는 뜻에 착안한 언어유희다]. 어렸을 때는 걸을 수 있었지만 매 걸음을 임시적으로 떼듯 하며 뒤뚱뒤뚱 걸었다. 휠체어를 사용하게 되었을 때도 몸의 자세에 균형이 잡히지 못했다. 등 근육이 상체를 지탱할 수가 없어서 척추가 점점 더 휘었다. 등 보호대 착용은 미봉책밖에 될 수 없었다. 자세는 조금 교정할 수 있었지만 땀을 뻘뻘 흘리면서 끔찍한 불편함을 감수해야 했다. 척추의 변화는 신체의 나머지에서도 모습을 드러냈다. 일례로, 앉아서 다리를 내려다보면 무릎이 짝짝이인 것이 확연하게 보였다. 시간과 생물학은 내 신체를 뒤틀리고 옹이진 나무가 되게 만들었다. 나무가 자연의 풍화를 맞아 추상적인 작품이 된 것처럼 말이다. 관절은 수축되었고, 근육은 퇴화했으며, 힘줄은 끊어지고 늘어났다. 위대한 예술은 거대한 대가를 치르고서야 창조된다.

열두 살쯤 되었을 때 병원에서는 척추유합술을 권했지만 엄청 큰 수술이라서 나는 공포에 질렸고 수술을 계속 미뤘다. 8학년 때 부모님은 내가 수술받을 수 있는 시기가 끝나간다고 하셨다. 이것은 호흡을 개선해주고 내가 늘 겪는 심각한 만성피로를 누그려뜨려줄 수 있는 수술이었다. 계속 버티다가 마지못해 수술을 받기로 했다. 이 수술이 나를 안팎으로 어떻게 사이보그로 바꾸게 될지 알지 못한 채로.

1980년대 말과 1990년대에 인디애나폴리스 시내의 라일리 어린이 병원은 아름다운 공간이었다. 내가 다니던 소아 근위축증 클리닉도 라일리에 있었고 척추유합술도 거기에서 받았다. 중앙 아트리움에 서서 보면 시야에 들어오는 모든 층에 커다란 동물 인형이 있었다. 병원 중앙의 유리 엘리베이터는 아이들이 이곳을 무서운 치료가 벌어질 곳이 아니라 호텔처럼 느끼게 해주었다. 자동문이 있었고, 공간들은 장애인 접근성이 확보되어 있었으며, 모든 곳이 색색으로 화려했다. 그리고 구내식당에 소프트 아이스크림이 있었다! 의산복합체medical-industrial complex에서 발생할 수 있는 온갖 문제들에도 불구하고, 병원, 특히 어린이 병원은 매우 희한한 방식으로 내가 소속감을 느끼게 해주었다. 병원에서는 휠체어 사용자, 남과 달라 보이는 사람, 음식을 먹거나 용변을 볼 때 도움이 필요한 사람을 아무도 이상하게 쳐다보지 않았다.

찌는 듯한 여름에 6주를 병원에서 보냈다. 그 기간 대부분을 중환자실에 있었는데, 흔한 일은 아니었다. 내가 수술을 너무 늦게까지 미루는 바람에 합병증 위험이 커졌고 회복 기간도 길어졌다. 내가 받은 수술은 등을 절개하고 척추 중 휘어진 부분 각각에 봉과 와이어를 삽입해 유합하는 수술이었는데, 부모님에 따르면 수술이 예상보다 훨씬 오래 걸렸다고 한다. 목숨이 위험한 상태였었던 것 같다고는 하셨는데, 최근에 다시 여쭤보니 구체적인 내용은 기억하지 못하셨다. 나는 신경근육장애가 있는 데다 장시간 마취 상태로 있어야 했기 때문에 수술 내내 기계식 호흡기에 연결되어 있어야 했다. 수술 후에도 보조 기기 없이 숨을 쉴 수 없을 때는 [호흡기에 연결하기 위해] 발관과 재삽관을 반복해야 했다. 얼마 후에는 소아 폐 전문의들이 내 치료를 넘겨받아서 내가 서서히 기계식 호흡기를 떼도록 했다. 갑자기 떼어내면 혈중 산소 수치가 급락할 수 있기 때문이다. 정형외과 전문의인 클링 선생님, 수술 후에 결정적으로 중요한 치료 계획을 짜주신 호흡기내과 전문의 아이겐 선생님(이 치료 계획은 효과가 있었다), 입원 기간 동안 돌봐주시고 엄청난 노동을 수행해주신 놀랍고 뛰어난 간호사 선생님들, 모두 감사드립니다!

엄청난 고통의 시기였다는 말만으로는 그때를 다 표현할 수 없을 것이다. 기계식 호흡기를 달고 있으면 폐에 물이 찬다. 나는 말로 의사소통을 할 수 없었지만 그릉그릉 소리가 커지면 버튼을 눌러 간호사를 불렀다. 간호사는 내 눈짓과 고갯짓에서 내가 필요로 하는 것을 알아차렸고, 호흡관으로 식염수를 흘려 넣어 분비물을 떼어내고 폐에 작은 흡입용 관을 삽입해 물을 빼냈다. 간호사가 관으로 기관지를 이리저리 쑤시는 것을 느낄 수 있었다. 폐를 청소하고 나면 개운했지만 약간의 출혈이 생겼다. 흡입을 여러 번 반복하면 빨려 나온 분비물에 가끔씩 붉은 반점 같은 게 보였다. 합병증 때문에 몇 주에 걸쳐 치료가 필요하다는 것이 분명해지자 영양 공급을 위해 코에 비위관을 삽입해야 했다. 레지던트가 자신이 코에 관을 세게 밀어넣을 때 관이 위장까지

내려갈 수 있도록 삼키라고 했다. 내출혈이 생겼고, 수술실로 직행해 확인을 해야 했다. 게다가 내가 있던 중환자실 층에 며칠 동안 에어컨이 작동하지 않아서, 습한 중서부의 열기에 작은 병실이 한층 더 억압적으로 느껴졌다. 등에 길게 절개한 자리가 아물면서 가뜩이나 불 같은 열과 통증에 시달리고 있었는데 말이다. 그 와중에 생리도 했고, 웃기지도 않게, 내게 주입되는 온갖 약물 때문에 질에 염증이 생겼다! 그리고, 말할 필요도 없이 내 신체의 모든 구멍에는 무언가가 삽입되어 있었다. 이것이 내 여름 방학의 소리, 광경, 냄새, 감각이었다. 방학 때였던 이유는, 부모님이 학기 중에 수업에 빠지는 것을 원하지 않으셨기 때문이다. 좋은 시절이었다.

부모님이 카멜 교외에 있는 우리 집에서 차로 45분 거리인 인디애나폴리스 시내의 병원까지 오셔서 교대로 내 곁을 지키는 동안 여동생 에밀리와 그레이스는 자기들끼리 알아서 지내야 했다. 교회 어른들이 음식도 가져다주시고 동생들을 데리고 외출도 시켜주셨지만, 동생들은 대부분의 시간을 거실에 있는 접이식 소파에서 TV를 보면서 보냈다. 베아트릭스 포터Beatrix Potter의 〈피터 래빗The Tales of Peter Rabbit〉에 나오는 아기 토끼 플롭시, 몹시, 코튼테일처럼 말이다. 에밀리와 그레이스에게도 좋은 여름은 아니었다.

부모님은 힘드셨을 테지만 하소연을 하거나 걱정하는 모습을 보이지는 않으셨다. 부모님은 나를 위해 100프로 그곳에 계셔주셨고 그것이 부모님의 방식이었다. 엄마는 쉴 수 있는 짬이 생겨

미래에서 날아온 회고록

도 대부분 내 옆에 있으면서 내 병실을 드나드는 간호사들을 도왔다. 호흡기 치료사가 산소 농도를 너무 높거나 낮게 두었을 때 내가 정신이 혼미해지는 것을 가장 먼저 알아차리는 사람이 바로 엄마였다. 지속적으로 곁에 있어주는 부모를 두었다는 특권은 병원 스태프들에게 다음과 같은 잠재적 메시지를 보내는 셈이었다. '우리가 지켜보고 있어요. 우리가 여기에 있습니다.' 나는 이것이 내가 받은 치료와 돌봄의 질에 틀림없이 영향을 미쳤을 거라고 생각한다. 때때로 엄마는 라일리 병원의 부모용 휴게실에서 잠을 청하셨는데, 한번은 한밤중에 휴게실에서 잠깐 눈을 붙이셨다가 지갑을 도둑맞았다. 다른 부모들도 지갑을 도둑맞았다. 훔쳐간 사람이 정말로 돈이 절실히 필요한 상황이었기를 바란다. 그게 아니라면, 아 진짜, 아픈 아이를 돌보느라 녹초가 되어 쪽잠을 자는 부모에게서 돈을 훔칠 만큼 잔인한 사람이 어디 있겠는가? 그해 여름, 이런 지랄 맞은 일은 우리 모두에게 너무나 현실이었다.

퇴원이 가까워져 집에서 지낼 준비를 하면서, 나는 수술 때 내가 거의 죽을 뻔했고 합병증으로 횡격막이 크게 약해져 집에서도 간헐적 양압호흡intermittent positive pressure breathing, IPPB 처치를 계속 받아야 한다는 것을 알게 되었다. 일시적으로 폐를 확장해 네뷸라이저nebulizer[연무식 흡입기]로 알부톨 같은 약물을 주입하는 처치였다. 회복되는 동안만이 아니라 앞으로 영구적으로 그렇게 해야 할 거라는 말을 듣고 나는 울음을 터뜨렸다. 더 이상 걷지 못하고 휠체어를 상시 사용하는 사람이 되었을 때처럼, 내 인생에 또 하나의 중대한 변곡점이 왔다는 의미였기 때문이다. 또한 밤에는 매일 저농도 산소를 공급하는 비강 캐뉼라를 끼고 자야 했다. 이것은 열여덟 살 때 호흡부전이 오고서 바이팹BiPap[이중형 양압기] 기계를 사용하게 되었을 때까지 계속되었다. 그리고 이때 바이팹 사용자가 되면서 내 몸은 사이보그화 과정에서 또 한 번의 변곡점을 지나게 된다.

내게 존재하는 선택지는 적응하거나 아니면 죽거나였다. 열 네 살 때 이미 내 척추에는 금속이 박혀 있었고, 내 휴머노이드 humanoid의 껍데기에도 여러 가지 새로운 것들이 주렁주렁 달려 있었다. 나는 이 망할 것들을 알아가야 했다. 그리고 20대, 30대, 40대에 알아가야 할 더 어려운 망할 것들이 나를 기다리고 있을 터였다. 옹이진 나무가 압력, 열기, 비바람으로 풍화를 맞아 손상 되듯 울퉁불퉁한 내 몸이 더 상처 입고 손상될 테니 말이다.

너무 늦어서 불가능했을 뻔한 시점까지 수술을 미룬 것을 후 회하지는 않는다. 부모님은 내가 내 신체에 행사하는 자율성을 존중해주셨다. 그것이 수반하는 위험을 충분히 인지하신 채로 말이다. 그때 나는 '회복'이라는 것이 끝없는 과정이 될지 모른다는 사실을 알지 못했다. 이번 수술도 내 신체에 사이보그 프로그램을 짜고 또 짜는 과정에서 발생하는 하나의 사건에 불과하다는 것을 말이다. 그렇게 매번 내 신체가 재부팅될 때마다 메모리가 축적되고 보존된다. 이제 등에 있는 흉터 자리는 전처럼 감각이 예민하지는 않고 비가 올 때 무언가에 닿아도 덜 욱신거린다. 마 치 과거에서 오는 통증의 메아리 같다. 수술 후 배액관이 삽입되어 있었던 왼쪽 허리는 신경이 손상되어서 마비된 듯 감각이 없다가도 또 미치게 가려울 때도 있다. 오른쪽 손목 안쪽에는 동맥을 절개한 흉터가 두 개 있다. 병원에 있는 동안 피를 여러 번 뽑는 대신 편리한 수도꼭지를 만들기 위해 동맥관을 삽입했던 자리다. 중환자실에 너무 오래 있었기 때문에 그사이에 병실이 바뀌었는데, 두 번 모두 레지던트가 요골 동맥(그 옆에는 요골 신경이 있다)에 관을 삽입하기 위해 여러 차례 절개를 했다. 이 두 개의 검붉은 흉터는 특히나 눈에 잘 띄는데, 시간이 가면서 점점 더 커지고 있다. 잘못해서 어디에 긁히거나 문질러지기라도 하면 엄청난 통증에 소스라치곤 한다. 흉터 자리가 건조하게 갈라지고 일어나는 것을 보면 잡아뜯고 싶은 충동이 든다. 나 자신에게 내 과거를 상기시키려는 듯이 말이다. 매번 새롭게 투입되는 감각은 내 몸이 얼마나 견딜 수 있는지, 또 얼마나 견뎌왔는지 분석하는 데 쓰일 또 하나의 데이터값이다. 나는 구형 모델일지언정 프로그래밍만큼은 지극히 정교한 사이보그다.

내가 고등학교 때 쓴 시들은 그보다 불과 두어 해 전에 내 신체가 경험한 폭력의 과정을 되짚어보면서 그것을 언어로 표현한 최초의 시도였다. 내 신체는 다가올 무언가를 향해 메시지를 보내고 있었고 나는 그것을 주의 깊게 들어야 했다. 어느 날 집안끼리 친구인 노라 션Nora Shen이 옛 상자들을 치우다 찾았다며 인디애나대학 시절의 학생 문학 잡지 《작은 글자The Fine Print》 두 호를 보내주었다. 노라는 내가 회고록을 쓰고 있는 줄 모르고 있었고, 바로 이 에세이를 쓰고 있는 줄은 더더욱 모르고 있었다. 심봤다!

우주가 내 외침을 듣고 고등학교 때 쓴 것보다 더 고뇌에 찬 크립 테크노사이언스적인 시를 보내주신 듯했다[*]. 연결은 늘 존재했고 앞으로도 계속 존재할 것이다. 형편없는 시도 예언의 힘을 가지고 있다.

⁑

튜브에 묶여서
(1995)

나는 소변 보는 관
음식물 들어오는 관
숨 쉬는 관이 있지

액체들이 뚝뚝
또 다른 액체들은 횡포한 소용돌이를 가르면서
이 낡은 도로를 따라
긴급하게 무언가를 나르고

---

[*] 크립 테크노사이언스crip technoscience에 대해서는 2019년에 켈리 프리치Kelly Fritsch, 에이미 햄라이Aimi Hamraie, 마라 밀스Mara Mills, 데이비드 설린David Serlin이 편집한 다음의 특별호를 참고하라. Catalyst: Feminism, Theory, and Technoscience, volume 5, issue 1. DOI: https://doi.org/10.28968/cftt.v5i1

필요한 것들을 들여오고
폐기물을 내놓지
튜브가 꽂히지 않은 구멍은 남지를 않았어
모든 기능이 위생적으로 유지되지

비닐 포장
진공 포장
플라스틱 빨대
찌르기
　문지르기
　　　가려움

피부에,
땀과 더러운 것들이 삽입구 주변에 쌓이고
연결이 끊어지지 않게 붙여놓은
붕대와 거즈와 테이프가 온통 얼룩지네
끈덕진 모기가 물어대듯이 끊임없이 가렵지만

튜브 위에 또 튜브
자연을 비웃는 복잡한 통로들
서로 연결되어 겹쳐 있는
내 몸의 주간고속도로 interstate

제한된 시간

(1996)

섬유 유리 코르셋

폼 패딩이 대어진 몸체

뼈가 휘어지는 것을 늦추기 위한 받침대

몸체에 가해지는 압력이

자세를 약하게 하고

뉴욕의 그 숙녀처럼

철과 강철이 그녀의 몸을 지탱하지

그녀도 자세를 유지하기 어려워

그녀의 속옷 주변에서 나이 든 남자들이

석고를 바르고

아홉 살 소녀의 거푸집을 만들지

이제 너는 오리처럼 뒤뚱거리지 않을 거야, 라고

이 새로운 장비를 보여주면서

교정 전문의가 말했어

이제 너는 이것을 매일 착용해야 해

이것이 너를 받쳐줄 거고

네가 균형을 잡을 수 있게 해줄 거야

금방 이것은 너의 일상이 될 거야

금방

이 꽉 닫힌 껍데기 안에 갇혀

흐물흐물해지고 손상된

부드러운 살덩어리는

공간을 찾아 꿈틀대는 애벌레들처럼

숨 쉬기를 갈망하지

학교에서 쉬는 시간에 소녀가 뜨거운 태양 아래 앉아 있을 때

고등학교 때
학교 좋아하셨어요?

2020년 10월 21일 팟캐스트 〈죽음, 섹스, 그리고 돈Death, Sex & Money〉에서 진행된
애나 세일Anna Sale과의 인터뷰. 아래 대화는 내용을 더 명료하게 전달하기 위해 요약과
편집을 거쳤다.

애나 세일: 고등학교 때 학교 좋아하셨어요?

앨리스 웡: 아이고! 음, 사실대로 말씀드려요?

애나: 네!(웃음)

앨리스: 사실대로 말씀드려요? 좋아요, 자 봅시다. 그 질문을 해주셔서 기
뻐요. 이제는 솔직하게 제가 다닌 고등학교의 문제를 지적할 수 있으니
까요. 저는 카멜고등학교를 정말 떠나고 싶었어요. 졸업반이 되기 한참
전부터 졸업반 증후군을 겪는 종류의 학생이었던 거죠.

(애나 웃음)

앨리스: 대학만 가면 삶이 훨씬 나아질 거라고 생각했어요. 그러니까, 저는
좀 일찍 저의 분노에 닿았죠. 결국에는 그게 저에게 좋은 일이었던 것
같아요. 그렇게만 말씀드릴게요.

애나: 너무 좋네요(웃음). 너무 좋아요. 분노에 닿게 해주어서 고등학교 때
경험에 감사할 수 있다, 이거로군요(웃음). 음, 알고 싶어요. 그러니까,
그 시절의 느낌을요. 사람들이 직접적으로 잔인하게 굴었다거나 괴롭

혔다거나, 그런 경험을 하신 건가요? 아니면, 그런 것보다는 비가시적이 되고 보여지지 않는 것에 대한 그런 종류의 감정이었나요?

앨리스: 오, 아니요. 아이러니하게도 저는 비가시적이었지만 동시에 너무나 고통스럽도록 가시적이었어요. 학교에서 몇 안되는 휠체어 사용자였으니까요. 제 사물함은 양호실 책상이었어요. 모든 사물함이 너무 높아서 닿지가 않았거든요. 학교에서는 **이 아이를 이렇게 분리시키면 안 될 것 같다**는 생각을 아무도 하지 않았던 것 같아요. 그리고 또, 버스가 늘 저를 수업 시작하기 30~40분이나 전에 학교에 내려줬어요.

애나: 아!

앨리스: 그 버스는 저를 내려주고 나서 다른 장애 학생들을 다른 학교에 데려다주어야 했거든요. 그래서 학교에 내리면 아직 깜깜했고 혼자 앉아서 다른 아이들이 도착하기를 기다려야 했죠. 음료수 자판기가 있는 체육관에 가서 50센트짜리 마운틴듀를 하나 사서 다 마셨어요. 덕분에 수업 시간에 깨 있을 수 있었죠. 제 고등학교 경험은 이런 것들이에요. 또 뭐가 있을까…… 드라마 과목을 들었는데 그다음 반으로 진급시켜주지 않으려고 하신 선생님도 있었어요. 제 꿈이 짓뭉개진 거였는데, 시간 있으시면 이야기해드릴게요.

애나: 네, 듣고 싶어요. 저는 고등학교 이야기를 좋아해요(웃음).

앨리스: 그 방향으로 전개될 줄은 몰랐는데……. 아무튼 이야기해볼게요.

(애나 웃음)

앨리스: 방금 저에게 선물을 하나 주신 거예요. 아주 씁쓸한 기억과 관련된 선물이요. 10학년 때 선택과목 중에 드라마를 정말 좋아했어요. 드라마 I을 들었고 튜더 선생님이 지도하셨죠. B로 통과했고, 연말에 그다음 해에 들을 과목으로 드라마 II를 신청하려고 했어요. 그런데 선생님이 수업 후에 부르시더니 이렇게 말씀하시더라고요. "음, 생활지도 선생님과 이야기해보렴." 제 면전에서 장애인차별을 시전하실 용기는 차

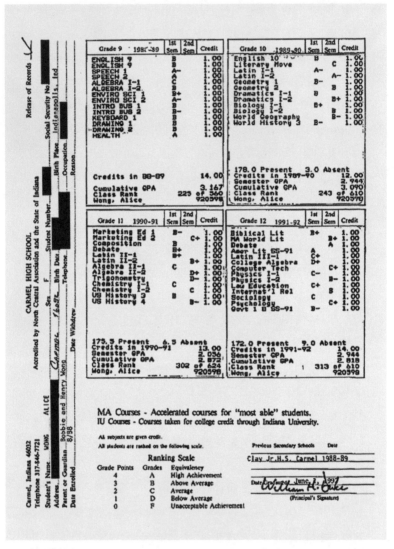

카멜고등학교 성적증명서 스캔본. 에그머니나, 내가 얼마나 별 볼 일 없는 학생이었는지 가 잘 나와 있다. …… 지옥 구덩이에서 보낸 고등학교 4년간의 평점이 2.9~3.0 정도였 다는 사실을 완전히 까먹고 있었다. 하지만 10학년 때 들은 드라마 수업 두 학기 학점은 B 와 B+였다.

미래에서 날아온 회고록

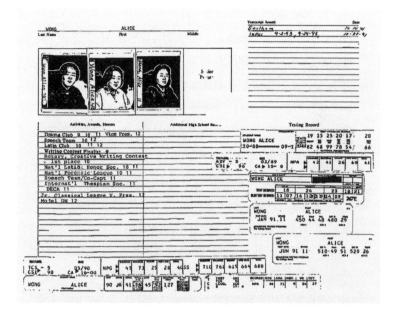

카멜고등학교 성적증명서 스캔본. 절망적인 내 수능시험 점수가 나와 있다. 교과 외 활동으로 드라마 동아리, 연설팀, 라틴어 동아리를 했고 로터리 클럽 창작 글쓰기 대회에서 1등을 했다는 내용도 있다. 오른쪽 위 구석에 이 성적증명서가 내가 다닌 두 개의 대학인 얼햄칼리지와 인디애나대학 인디애나폴리스 캠퍼스에 제출될 용도로 발급되었다고 표시되어 있다. 나는 이 두 학교를 다녔다.

마 없으셨던 거죠. 그래서 생활지도 선생님에게 갔어요. 수 콜리어 선생님이었어요. 콜리어 선생님은 튜터 선생님이 나를 드라마 II로 진급시키지 않을 거라고 하셨어요 드라마 II의 필수 과정을 제가 다 '충족'할 수 있을지 우려하신다는 거예요. 통과하려면 수행해야 할 필수 과정이 무엇이었냐면요, 그중 판토마임 세션이 있었어요. 판토마임이요! 드라마 선생님은 내가 휠체어 사용자니까 그 끔찍한 의자[휠체어]에 앉아서는 판토마임을 할 수 없을 거라고 생각하신 거죠. 저는 "확실히 정해진 거예요?"라고 물었어요. 콜리어 선생님은 그렇다고 하시더라고요.

저는 [드라마 담당인] 튜더 선생님에게 다시 가서 재고해달라고 부탁 드렸지만 선생님은 고개를 저으며 "미안하지만 안 될 것 같구나"라고 하셨어요. 그러니까, 드라마는 제가 정말로 즐겁게 들은 몇 안 되는 수업 중 하나였고 드라마 I을 통과하기까지 했는데도, 선생님은 장애 때문에 제가 진급할 수 없다고 하셨어요. 선생님은 유연성을 발휘할 상상력이 없으셨고, 유연성을 발휘하려는 의사조차 없으셨어요. 어른으로서, 교육자로서, 아이들을 북돋우고 아이들에게서 역량을 최대로 끌어내야 하는 사람으로서, 제게서는 분노를 최대로 끌어내셨죠.

애나: 궁금한 게요, 10대 시절에 분노하셨잖아요. 다른 사람들에게 그 일을 이야기하셨나요? 무엇을 거부당하셨는지를요.

앨리스: 친구들한테는 이야기했고 모두들 끔찍한 일이라고 했어요. 하지만 우리가 항의를 하거나 하지는 않았어요. 소란을 일으키지 않았죠. 46세인 지금의 저라면 무언가를 진지하게 했겠지만 그때는 너무 자격지심이 셌고, 솔직히 생활지도 선생님과 드라마 선생님과 이야기하고 나서는 학교에 진지하게 제 편이 되어줄 사람이 있을 거라는 생각이 들지 않았어요. 부모님께도 딱히 이야기하지 않았어요. 지금은 후회하지만, 솔직히 그때 저는 부모님이 드라마 수업이 제 인생에서 다뤄야 할 다른 일들에 비해 우선순위가 높다고 여기지 않으실 거라고 생각했어요. 그저 선택과목이었으니까요. 이해할 수 있고, 괜찮다고 생각해요. 저는 제 권리를 지킬 책임을 (저 자신이) 지도록 했고, 그 덕분에 알아나가게 되었으니까요. [자립적인 사람이 되는 법이랑] 그리고…….

애나: 소란을 일으키는 법을요

앨리스: 나중에는 그랬죠, 네.

(애나 웃음)

앨리스: 보시다시피요. 지금의 저를 보세요.

운동

Activism

아주 많은 부분에서 억압은 곧 상상력의 통제다.

—사이디야 하트먼Saidiya Hartman

세상을 급진적으로 바꾸는 것이 가능한 것인 양 행동해야 하며,
언제나 그렇게 해야 한다.

—앤절라 Y. 데이비스Angela Y. Davis

나의 메디케이드, 나의 생명

《뉴욕 타임스》, 2017년 5월 3일

나는 메디케이드 거지다. 공화당 사람들이 메디케이드, 사회보장, 푸드스탬프 같은 사회안전망 프로그램을 이야기할 때면, 나 같은 사람이 스마트폰으로 노닥거리고 스테이크를 먹고 편안한 집에서 TV를 보는 이미지가 소환되곤 한다. 정치적 수사와 언론 보도는 우리를 [무언가를 열심히 하고자 하는] 아무런 의욕도 없이 그저 '시스템을 등쳐 먹으면서' 납세자의 돈을 소비하기만 하는 무자격자로 묘사한다. 열심히 일하는 사람들에게서 자원을 쪽쪽 뽑아 먹는다고 말이다.

하지만 메디케이드 수급 장애인으로 존재하는 것의 현실은 이보다 훨씬 더 복잡하다. 많은 사람들이 메디케이드와 메디케어의 차이조차 모르고 그저 둘 다 '자격 요건이 되면 돈을 주는 프로그램entitlement program'[일정 요건을 충족하면 급여가 나오는 수급권

보장 복지 프로그램]이라고 생각한다. 마치 조세 감면이나 기업 보조금은 그렇지 않다는 듯이 말이다(이름만 다를 뿐 이것도 자격 요건이 되면 돈을 주는 프로그램이다). 게다가 메디케이드는 단순한 의료보장 프로그램이 아니다. 이것은 생명을 살리는 프로그램이다.

타운홀 미팅에서 적정부담보험법Affordable Care Act[오바마케어]이 어떻게 생명을 구했는지에 대해 자신의 이야기를 공유한 수천 명의 사람들처럼, 나도 나의 메디케이드 이야기를 여기에 공유하려 한다. 메디케이드의 가치와 소위 '개혁'이 초래할 악영향을 드러내기 위해서다.

나는 장애를 가진 아시아계 여성이자 이민자의 딸이다. 내가 열여덟 살이 되었을 때 아버지는 카운티 주민센터에 예약을 하고 메디케이드를 신청하러 가야 한다고 하셨다. 인디애나폴리스 북쪽의 부유한 교외에 살던 나는 분개했다. 메디케이드는 '저들', 즉 '빈궁한 사람들'한테나 해당되는 것 아닌가 하고 말이다. 하지만 나는 이제껏 부모님이 내 치료와 그 밖의 의료적 조치를 위해 매달 터무니없이 많은 보험료를 내고 계셨다는 것을 알게 되었다. 나의 병 때문에(나는 근위축증 환자다) 인디애나주에서 나를 받아주는 민간 의료보험 회사는 하나뿐이었다. 나는 내 장애 때문에 우리 가족이 기본적인 의료보험을 갖기 위해서만도 얼마나 큰 재정적 부담을 지고 있었는지 전혀 몰랐다.

나는 미국장애인법이 통과되고 2년 뒤인 1992년에 고등학교를 졸업했다. 장애의 역사를 배우고 내가 '보호 집단'의 일원임을 깨닫는 것은 원하는 삶을 상상하고 창조하도록 나를 북돋워주었

미래에서 날아온 회고록

다. 주제 파악을 하고 내게 메디케이드 수급 권리가 있다는 사실을 깨닫고 나니, 즉각 변화가 일어났다.

나는 일주일에 몇 시간씩 활동지원사를 쓸 수 있게 되었다. 집을 떠나 대학에 갔을 때는 활동지원사를 고용해 처음으로 자립적인 생활을 할 수 있었다. 내게 가능한 것이 무엇인지 엿볼 수 있는 짜릿한 자유의 맛이었다. 메디케이드에 등록되기 전에는 목욕, 옷 입기, 화장실 가기 등 나에게 필요한 모든 도움을 여동생들까지 포함해 식구들이 제공했다. 하지만 이제 나는 '선택'을 할 수 있게 되었고 자기결정권이라는 기본적인 인권을 갖게 되었다.

불행히도 이듬해 인디애나주가 메디케이드를 삭감하면서 내가 이용할 수 있는 서비스 시간이 줄었다. 부모님이 내 사립대학 학비에 더해 활동지원사까지 자비로 고용할 돈을 감당할 수 없으셨기 때문에, 나는 사랑했던 학교를 그만두고 다시 집으로 들어가 살기로 마음 아픈 결정을 내렸다.

나는 집에서 가까운 다른 대학으로 옮겨 통학을 하면서 수업을 들었다. 그리고 학부 시절에 장애운동에 대해 알게 되었다. 장애운동은 가장 두드러지게는 캘리포니아에서, 그리고 전국적으로도 접근성과 서비스를 확대하는 결실을 맺어왔다. 1990년대 후반 대학원 진학을 위해 샌프란시스코로 이사를 오면서, 활동지원사를 직접 고용하고 나의 필요에 맞게 그들에게 지침을 주는 것을 포함해 내 돌봄을 스스로 지휘하고 결정할 수 있게 해주는 프로그램을 보유한 주에 사는 특권을 누리게 되었다. 가정 방문 활동지원사 지원 서비스In-Home Supportive Services, IHSS라는 이 프로그램은 지역 정부, 주 정부, 연방 정부가 함께 자금을 지원한다. 이 프로그램이 없었다면 나는 학교에 갈 수도, 일을 할 수도, 자원봉사를 할 수도 없었을 것이다.

메디케이드를 받는 것은 결코 즐거운 일이 아니며, 받는 것이 쉽지도 않다. 엄격한 자격 요건을 충족해야 하고 지침을 따라야 한다. 나는 매달 보험료를 내면 자격이 유지되는 캘리포니아주 메디케이드의 일하는 장애인 프로그램Working Disabled Program 덕분에 연구원으로 일할 수 있었다. 시간이 지나면서 장애가 더 진행되었고, 도움을 받을 다른 방법이 없다면 일반적으로는 시설에 수용되어야 할 정도의 강도 높은 활동지원이 필요했다. 나는 [시설 수용자가 아닌 사람으로 대상을 확대한] 메디케이드 웨이버Medicaid waiver 덕분에 서비스 시간을 추가로 받을 수 있었고, 시설에 수용되지 않고 지역사회 안에서 계속 생활할 수 있었다. 전체 시스템으로서는 상당한 비용 절감을 했다고도 말할 수 있을 것이다.

장애인이 되어 공적인 서비스와 프로그램에 의존하게 되면 날마다 취약성에 직면한다. 이 취약성은 내 골격 속에서, 그리고 국가와의 관계에서 생생하게 체감된다. 경제와 정치의 변동에 따라 내 활동지원사들이 충분한 임금을 받을지, 내가 풍성한 삶을 누리기보다 가까스로 생존만 할 수 있을 정도의 도움만 받게 될지 등이 결정된다. 나는 내 몸의 허약함은 감당할 수 있지만 안전망의 허약함은 늘 두렵고 걱정스럽다.

건강보험개혁법안American Health Care Act(공화당이 오바마 행정부의 적정부담보험법을 대체하려는 시도에서 내놓은 법안)은 통과되지 않

미래에서 날아온 회고록

메디-캘Medi-Cal(캘리포니아주의 메디케이드 프로그램) 삭감에 대해 샌프란시스코 시청 앞에서 항의 시위 중인 내 모습. 아마도 2000년대 초인 듯하다.

았지만, 가난하고 장애가 있고 아프고 나이 든 사람에 대한 공격은 다른 형태로 계속될 것이다. 입법이 없더라도 [정부에서 운영하는] 메디케이드 및 메디케어 센터가 법이 정한 의무 사항을 재량으로 느슨하게 할 수도 있고, 주 정부가 제공 서비스에 제한을 둘 수도 있으며, 노동을 조건으로 거는 등 자격 요건을 추가할 수도 있기 때문이다. 또 블록 그랜트block grant 제도는 주 정부가 연방 정부에 블록 그랜트[정액 보조금]를 요청할 경우 보장 범위 등 연방 정부가 정하고 있는 일부 사항을 직접 바꿀 수 있게 허용한다. 블록 그랜트와 1인당 수혜 제한은 주 정부가 연방 정부에서 오는 돈의 부족분을 메우기 위해 서비스를 줄이거나 없애게 만든다. 그리고 이것은 수백만 명에게 영향을 미친다.

'프로그램 유연성'은 메디케이드를 축소하겠다는 말의 암호나 마찬가지다. 그리고 그것은 나 같은 사람들의 생명을 위험에 빠뜨린다. 또한 이러한 '유연성'과 '개혁' 때문에 지역사회 기반 서비스가 사라지면 어떤 장애인들은 시설에 수용되어야 한다. 시설에 수용되어 격리되었던 세월을 그토록 오래 겪고서 [겨우 지역사회에 통합되기 시작한] 우리[장애인]가 또다시 지역사회에서 사라질 수는 없다. 공화당 사람들이 자유와 선택을 말할 때, 그들은 메디케이드가 장애인들에게 다름 아닌 자유와 선택을 주고 있다는 것을 깨닫지 못하고 있다.

지난 3월에 나는 메디케이드 수급자가 된 지 25년이 되었다. 전에는 수급자인 '저들' 중 한 명이라는 사실이 부끄럽고 당혹스러웠다. 하지만 지금의 나는 장애가 있는 것이 부끄럽지 않고 당당하다. 나는 사회의 온전한 일원이다. 메디케이드가 없었다면 이 중 어느 것도 가능하지 않았을 것이다.

나는 내게 '타자'라든가 사회적 문제의 '희생양'이라는 이름표를 붙이려 하는 요인들에 날마다 저항한다. 동료 장애인들과 함께 나는 소셜미디어 등 내가 가진 도구와 자원을 이용해 우리의 이야기를 나누고 우리의 미래를 위협하는 것들에 대해 목소리를 낸다. 나의 이야기가 수십 년 동안 이어지길 바란다.

변화의 정치

자폐인 자기권리옹호 네트워크
2019년 연례 갈라

변화는 소명이고 창조적인 실천이다

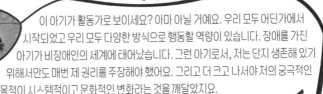

이 아기가 활동가로 보이세요? 아마 아닐 거예요. 우리 모두 어딘가에서 시작되었고 우리 모두 다양한 방식으로 행동할 역량이 있습니다. 장애를 가진 아기가 비장애인의 세계에 태어났습니다. 그런 아기로서, 저는 단지 생존해 있기 위해서만도 매번 제 권리를 주장해야 했어요. 그리고 더 크고 나서야 저의 궁극적인 목적이 시스템적이고 문화적인 변화라는 것을 깨달았지요.

제가 활동가로서의 정체성을 갖기까지는 시간이 오래 걸렸습니다. 사회운동이 어떤 모습이어야 하는가에 대해 너무나 많은 비장애중심주의적 개소리가 있었기 때문이죠.

나는 우리를 위한, 그리고 우리에 의한 변화를 원한다

멘토링   협업   경계 짓기

시민적 참여   실험   소셜미디어   실천

진보와 아름다움은 차이를 받아들이는 데서 생성된다

여기 제가 씨름하고 있는 몇 가지 질문들이 있어요

어떻게 모든 사람을
고양할 것인가

장애인 커뮤니티의 일원이지만 아직 정체성을
형성하지 못했거나 환영받는다고 느끼지 못하는
사람들을 어떻게 불러올 것인가

운동의 이름으로
사람들의 시간과
노력을 착취하는 것을
어떻게 멈출 것인가

어떻게 다양한 운동들을 아울러
함께 일해가며 다른 사람들과
진정한 연대를 일굴 수 있는가

어떻게 활동가가 된다는 것과
운동의 형태가 어떤 모습이어야 하는지에
대한 개념을 확장할 수 있을까?

리자티스트리 작품

군것질 선언

군것질은 좋은 것이다.

군것질을 자주 하는 것은 더 좋은 것이다.

군것질 거리를 나눠 먹는 것은
사랑의 언어다.

군것질은 사회운동의 연료다.

군것질이 내재적으로
건강에 안 좋은 것은 아니다. 먹고 기분
좋아지는 것이면 무엇이든 먹자!

좋아하는 것에 대해 까다롭게 굴자.

군것질처럼 휴식도 사치나
길티 플레저가 아니다.
군것질은 삶을 지탱해주고
휴식도 그렇다.

힘든 시기를 위해(힘든 시기는 분명히
있을 것이다), 할 수 있을 때 틈틈이
군것질 창고를 채워놓자.

옴스테드 판결과 나

'장애 가시화 프로젝트' 블로그, 2019년 6월 27일

이 글을 시작하기에 앞서, 시설에서 격리되어 생활하다 그곳에서 사망한 사람들을 기리고자 한다. 그들의 사연도, 이름도 우리는 결코 알 수 없을 것이다. 또한 지금 이 순간에도 자신의 의지에 반해 시설에 격리된 채 학대와 방임의 위험에 노출되어 있는 사람들, 그리고 지역사회 안에 살더라도 '장기 요양 및 활동지원 서비스Long Term Services and Supports, LTSS'나 주거지원 등의 프로그램에서 기나긴 대기 목록에 올라 꼭 필요한 것이 충족되지 않는 상태로 고전하며 살아가는 사람들도 기리는 바이다.

먼저 나에 대해 솔직하게 밝혀두어야겠다. 나는 시설에 수용되어본 적은 없지만 그럴 위험에 처해 있기는 하다. 서류상으로 나는 '중증'장애인이며, 이는 매우 집약적인 활동지원과 간병이 필요한 상태임을 뜻한다. 잠자리에서 일어나 옷을 입는 것부터

SERVICES NOTE: See the back of the next page for a short description of each service.	TOTAL AMOUNT OF SERVICE NEEDED HOURS:MINUTES	ADJUSTMENT FOR OTHERS WHO SHARE THE HOME (PRORATION)	AMOUNT OF SERVICE YOU NEED HOURS:MINUTES	SERVICES YOU REFUSED OR YOU GET FROM OTHERS	AUTHORIZED AMOUNT OF SERVICE YOU CAN GET HOURS:MINUTES		
					NOW	WAS	+/-
DOMESTIC SERVICES (per MONTH):	03:26	00:00	03:26	00:00	03:26	03:26	00:00
RELATED SERVICES (per WEEK):							
Prepare Meals	09:20	00:00	09:20	00:00	09:20	09:20	00:00
Meal Clean-up	03:30	02:20	01:10	00:00	01:10	01:10	00:00
Routine Laundry	02:00	00:00	02:00	00:00	02:00	02:00	00:00
Shopping for Food	01:00	00:00	01:00	00:00	01:00	01:00	00:00
Other Shopping/Errands	01:00	00:00	01:00	00:00	01:00	01:00	00:00
NON-MEDICAL PERSONAL SERVICES (per WEEK):							
Respiration Assistance (Help with Breathing)	00:00		00:00	00:00	00:00	00:00	00:00
Bowel, Bladder Care	10:20		10:20	00:00	10:20	10:20	00:00
Feeding	03:05		03:05	00:00	03:05	03:05	00:00
Routine Bed Bath	00:00		00:00	00:00	00:00	00:00	00:00
Dressing	04:05		04:05	00:00	04:05	04:05	00:00
Menstrual Care	00:48		00:48	00:00	00:48	00:48	00:00
Ambulation (Help with Walking, including Getting In/Out of Vehicles)	01:45		01:45	00:00	01:45	01:45	00:00
Transferring (Help Moving In/Out of Bed, On/Off Seats, etc.)	04:40		04:40	00:00	04:40	04:40	00:00
Bathing, Oral Hygiene, Grooming	07:00		07:00	00:00	07:00	07:00	00:00
Rubbing Skin, Repositioning	05:50		05:50	00:00	05:50	05:50	00:00
Help with Prosthesis (Artificial Limb, Visual/ Hearing Aid) and/or Setting up Medications	05:15		05:15	00:00	05:15	05:15	00:00
ACCOMPANIMENT (per WEEK):							
To/From Medical Appointments	00:16		00:16	00:00	00:16	00:16	00:00
To/From Places You Get Services in Place of IHSS	00:00		00:00	00:00	00:00	00:00	00:00
PROTECTIVE SUPERVISION (per WEEK):	00:00		00:00	00:00	00:00	00:00	00:00
PARAMEDICAL SERVICES (per WEEK):	07:00		07:00	00:00	07:00	07:00	00:00
TOTAL WEEKLY HOURS:MINUTES OF SERVICE YOU CAN GET:					64:34		
MULTIPLY BY 4.33 (average # of weeks per month) TO CONVERT TO MONTHLY HOURS:MINUTES:					x	4.33	=
SUBTOTAL MONTHLY HOURS:MINUTES OF SERVICE YOU CAN GET:					279:34		
ADD MONTHLY DOMESTIC HOURS:MINUTES OF SERVICE YOU CAN GET (from above):					03:26		
TOTAL HOURS:MINUTES OF SERVICE YOU CAN GET PER MONTH:					283:00		
TIME LIMITED SERVICES (per MONTH):							
Heavy Cleaning	00:00	00:00	00:00	00:00	00:00		
Yard Hazard Abatement	00:00	00:00	00:00	00:00	00:00		
Remove Ice, Snow	00:00	00:00	00:00	00:00	00:00		
Teaching and Demonstration	00:00	00:00	00:00	00:00	00:00		
TOTAL HOURS:MINUTES OF TIME LIMITED SERVICES YOU CAN GET PER MONTH:					00:00		

몇 년 전 IHSS 프로그램에서 온 조치 통지문. 나는 매년 새로 심사를 받는다. 내가 다른 사람의 도움이 있어야만 할 수 있는 일들이 무엇이고 그 각각에 시간이 얼마나 걸리는지, 그리고 전년에 비해 어떻게 조정되어야 하는지 등을 체크하게 되어 있다. 이를 토대로 공식적으로 내게 허용되는 시간이 분 단위까지 계산된다. 오랫동안 나는 매월 최대 283시간을 지원받았다. 나는 '개인 지원 서비스 센터Center for Personal Assistance Services'에서 연구원으로 일하면서 장애에 대한 질적 연구를 담당했는데, 우리의 정책이 나 자신의 경험을 비롯해 장애인들의 실제 경험과 부합되게 하려고 노력했다. 사진 속의 심사 양식은 돌봄의 관료제를 보여주는 사례로, 나는 여기에 들여야 하는 노력을 '장애의 노동'이라고 부른다. '장애의 노동'이라는 개념은 연구원으로 일하면서 도출한 개념이다. 고마워요, 사회학!

일상의 거의 모든 활동에서 나는 날마다 누군가에게 의존한다. 1999년의 옴스테드 판결Olmstead decision[대법원이 강제적인 시설 격리가 미국장애인법이 금지한 차별에 해당한다고 판결한 사건]은 내 삶에 직접적인 영향을 미쳤다. 내가 두 프로그램의 수혜자이기 때문이다. 하나는 '가정 및 지역사회 기반 활동지원 서비스Home and Community-Based Services, HCBS' 메디케이드 웨이버이고, 다른 하나는 활동지원사를 보내주는 주 정부 프로그램인 '가정 방문 활동지원사 지원 서비스IHSS'다. 이 프로그램들은 내가 시설에 수용되지 않고 지역사회에서 살아가는 데 필요한 활동지원과 간병 시간을 제공한다.

나는 장애인들이 지난 29년 동안 미국장애인법으로, 그리고 지난 20년 동안 옴스테드 판결로 이룩한 성취에 깊이 감사한다. '옴스테드 대 L. C.' 대법원 사건의 원고였던 두 명의 장애 여성 로이스 커티스Lois Curtis와 일레인 윌슨Elaine Wilson에게, 그리고 그 전과 그 후의 수많은 사람들에게 나는 큰 빚을 졌다. 하지만 우리의 민권과 인권에 꼭 필요한 법적 의무 사항과 복지 프로그램을 대놓고 약화하려는 시도가 존재하며, 나는 이에 분노한다. 이제 여러분들에게 진짜 현실의 이야기를 들려드리려고 한다.

나는 필요한 도움을 받고 있지만 여전히 고투 중이다. 계속해서 지역사회 안에서 살아가기 위해 치르는 투쟁은 내게 **진짜이고 현실이다**. 나는 늘 내가 무척 위태롭다고 느끼고, 하나의 위기만 닥쳐도, 아니면 정책이 조금만 바뀌어도, 언제든 갑자기 시설에 수용될 수 있다는 것을 알고 있다. 나를 비롯해 많은 장애인이

미래에서 날아온 회고록

NOTICE OF ACTION
Medi-Cal Change

COUNTY OF SAN FRANCISCO

STATE OF CALIFORNIA
HEALTH AND HUMAN SERVICES AGENCY
CALIFORNIA DEPARTMENT OF SOCIAL SERVICES

San Francisco County
P.O. Box 7988
San Francisco, California 94120-7988

Notice Date	: 06/05/2010
Case Name	: ALICE WONG
Case Number	:
Worker Name	:
Worker Number	:
Telephone	:
Worker Hours	:
Address	:

224 53898/1-453/LETTER1.594 20 Y241

ALICE WONG

llılıdılııdlııdllllııııdlııdldlılılılııdldlıllll

Questions? Ask your Worker.

State Hearing: If you think this action is wrong, you can ask for a hearing. The back of this page tells you how. Your benefits may not be changed if you ask for a hearing before this action takes place.

This Notice applies to:
ALICE WONG

Your premium for enrollment in the 250 Percent Working Disabled program has been changed to $25.00 per month beginning 07/01/2010. The Department of Health Services (DHS) will put this new amount on your invoice.

The amount of your monthly premium is based on your net nonexempt income of $698.30. We have not counted your disability income in making this determination.

Please attach the invoice to your payment. To expedite processing, also include you name and your and you client index number (which is found on your invoice) on your payment.

To continue your enrollment under this program, you must pay the monthly premium that is due. Each month, DHS will send you a monthly invoice with a pre-addressed, postage-paid envelope. Your premium payment is due by the fifth (5th) of the following month.

MC 338E (01/02) MC - Change of Premium Payment Amount

Rules: These rules apply. You may review them at your welfare office: All County Welfare Directors Letter: 00-16

PAGE 1 OF 1

2010년 250퍼센트 일하는 장애인 프로그램250 Percent Working Disabled Program에서 온 조치 통지문. 내가 메디케이드(캘리포니아주에서는 메디케이드를 '메디-캘'이라고 부른다)를 유지하기 위해 내던 월 보험료 25달러에 변동이 생겼다는 통지다. 나는 보험료에 영향을 미칠 수 있는 소득 변화가 생기면 즉시 신고해야 하는데, 이것은 구조적인 장애인 차별의 한 사례다. 장애인은 생존에 필수적인 서비스를 잃을 위험 없이 일자리를 유지하기 위해서만도 터무니없이 많은 절차를 거쳐야 한다.

이러한 취약성을 현실로 겪으면서 살아가며, 취약성은 내가 얽혀 있는 시스템과 정책으로도 확산된다.

- **프로그램 수혜를 받기 위해 헤쳐가야 하는 관료제와 막대한 노동**: 나는 메디케이드 웨이버 프로그램에서 요구하는 바에 따라 치료 계획을 제출하기 위해 6개월에 한 번씩 사회복지사를 만나야 한다. 그리고 매년 메디-캘(캘리포니아주의 메디케이드) 수급 자격을 갱신하기 위해 새로 심사를 받아야 한다. 나는 늘 이러한 서비스가 내게 필요하다는 것을 입증해야 하고 수많은 서류를 제출해야 한다.
- **빈곤의 덫인 (메디케이드) 자산/소득 제한**: 2020년 현재, 나는 보통예금 계좌와 당좌예금 계좌를 합해 2000달러가 넘는 금액을 보유할 수 없다. 혹시 여러분도 알고 계셨는지? 나는 문자 그대로는 지역사회 안에서 살아가고 있지만, 과연 정말로 그런가? 장애가 없는 사람들처럼 지역사회 안에서 성장할 기회를 과연 가지고 있는가? 전혀 그렇지 않다.

이 모든 현실이 우리를 불안하게 하며, 절차가 꼬이거나 지연되면 더욱 그렇다. 또한 변동 사항이 확정된 뒤 주 정부가 의료 기록과 그 밖의 서류들을 추가로 요구하는 일도 다반사다. 그런 정보를 모으고, 출력하고, 스캔하고, 우편으로 보내야 할 때마다 벼랑에 몰린 것처럼 얼마나 마음이 다급해지는지 말로 묘사하기 어려울 정도다. '장애의 노동'에는 끝이 없다.

옴스테드 판결의 정신을 진정으로 실현하기까지는 갈 길이 멀다. 내 경험 외에도 많은 장애인들이 바로 지금 미국에서 수많은 어려움에 직면해 있다. 몇 가지를 소개하면 다음과 같다.

- **다른 주로 이사할 자유**: 나 같은 장애인은 이사하기 전에 한 번 더 생각해야 한다. 메디케이드의 '장기 요양 및 활동지원 서비스LTSS'가 주마다 다르기 때문이다.
- **시설 수용 위주로의 편향**: 메디케이드 자금을 지원받는 주 정부는 시설 돌봄은 의무적으로 제공해야 하는 반면, '가정 및 지역사회 기반 HCBS 활동지원 서비스' 제공은 의무가 아닌 선택 사항으로 되어 있다.
- **최저에 미달하는 임금**: 공정근로기준법Fair Labor Standards Act이 일부 고용주에게는 장애인을 고용할 때 최저임금보다 낮은 임금을 줄 수 있게 허용한다는 것을 알고 계셨는지? 때로는 시간당 1~2달러만 주기도 한다.
- **주 정부의 프로그램 삭감**: 조지타운 대학생 애나 랜더는 학교를 그만둬야 할 뻔했다. 뉴저지주가 활동지원사 지원 시간을 하루 16시간에서 10시간으로 줄였기 때문이다. 6시간이 줄어드는 것은 매우 큰 차이다. 애나는 이 문제를 해결하기 위해 정말 맹렬히 싸워야 했다(소셜미디어를 활용했다). 하지만 이것은 어지간해서는 할 수 없는 노력이고, 애나 같은 상황에 처한 사람, 그저 다른 사람들처럼 자신의 꿈을 추구하고 자신의 삶을 살아가기를 원할 뿐인데도 이런 장벽에 맞닥뜨리는 사람은 아주 많다.

이 모두가 비장애중심주의에 뿌리를 두고 있는 시스템적인 장벽이다. 장애를 가진 사람은 스스로 의사결정을 내릴 역량도, 지원을 받으면서 자립적인 생활을 할 능력도, 결혼, 고용, 교육의 기회를 다른 사람처럼 누릴 자유와 권리도 없다고 생각하는 것이다.

이것은 장애인이 지역사회 안에서 살아가는 것과 관련해 또 다른 중요한 지점으로 이어진다. 충분히 이야기되지 않고 있는 것인데, 바로 시민적·정치적 참여다. 여기서도 장애인은 상당한 장벽에 직면해 있다. 예를 들어 장애인의 투표율은 비장애인의 투표율보다 낮다. 하지만 이것은 투표만의 이야기도, 여기에 내포된 물리적·사회적 장벽만의 이야기도 아니다. 이것은 사회에서 환영받고 가치를 인정받느냐, 나타나고 보일 수 있느냐에 대한 것이고, 내가 중요하다고 생각하는 것을 공적으로 옹호할 수 있느냐, 지역 정부와 지역사회 조직에 참여할 수 있느냐에 대한 것이다. '시각장애인을 위한 마이애미의 등대Miami Lighthouse for the Blind and Visually Impaired'가 오늘 발표한 보고서를 보면, 2020년 대선 당시 모든 후보의 웹사이트가 시각장애인에게 접근성이 없었다. 그렇다. 얼마나 기본적인 것들을 우리는 갖지 못하고 있는가?

간혹 사람들은 내게 "앨리스, 정말 대단해요"라고 말하곤 한다. 나는 (눈알을 굴리면서) "아, 네네, 뭐……"라고 얼버무린다. 그런데 이거 아시는지? 나는 사람들이 내가 그들과 동일한 공간에 있다고 생각하기를 원하는데, 그들이 [나의 능력치에 대해] 예상하는 수준은 매우 낮다. 사람들은 장애인이 아이를 갖고 직업을 갖고 뛰어난 재능을 갖고 모험을 하면 예외적이고 놀랍다고 생각한다. 이것은 문화적인 문제이자 정치적인 문제이며, 우리의 가시성과 대표성이 너무나 중요한 이유다.

지역사회에서 살아가는 삶은 내게 어떤 모습일까? 저녁으로 아이스크림을 먹고 싶다면 그렇게 할 것이다. 새벽 4시까지 잠자리에 들지 않고 싶고(나는 자주 그렇다) 넷플릭스를 쉬지 않고 정주행하고 싶다면 그렇게 할 것이다. 이건 내 인생이니까! 이것이

'지역사회 안에서 살아가는 삶'이 내게 의미하는 바다. 모든 장애인이 진정으로 자신이 원하는 삶을 살 수 있을 때까지 싸움은 끝나지 않을 것이다.

해시태그 운동 & #크립더보트
CripTheVote

↓

지상에서 이미
벌어지고 있는 활동들의
조직화를 도와주는 도구
—노라 베일리
Nora Bailey

소셜미디어는
제 생명줄이었어요

온라인 운동은 '전통적인' 운동 못지않게 가치 있고
'전통적인' 운동 못지않게 진짜 운동이다
접근성 ↘ 연결 ↘ 편리성

운동은 모두에게 속해 있고
모든 곳에서 벌어진다

모든 이슈는
장애인
이슈다

앤드루 펄랑   그레그 베러턴   앨리스 윙

#크립더보트

정당을 초월하는 온라인 운동으로,
장애의 정치적 참여를 촉진한다.

2016~2020년: 64건의 트위터 라이브 이벤트,
트위터 채팅, 그리고 후보와의 트위터 타운홀 미팅.

장애인은
전문성과
고유한 통찰을
가지고 있다

우리는 모든
곳에 속해 있고
대표성을 가질
권리가 있다

아카이브 챗:
302건의 트윗

신스 인밸리드

팬데믹은 구조적
억압이 유색인종
장애인의 건강
불평등에 미치는
악영향을
극복시켰다.

#크립더보트

태그를 만드세요
• 어떤 것도 예단할 수
  없습니다.
• '바이럴' 전략이라는
  것은 과장되었습니다.
• 일단 세상으로 나가고
  나면 그것이 어떻게
  쓰일지는 당신이
  통제할 수 없습니다.
• 당신에게 유의미한
  무언가로 해시태그를
  만들고 즐기세요.

리자티스트리 작품

#크립더보트
:그때와 지금

〈장애 가시화〉 팟캐스트 1화와 99화에 초대 손님으로 나와준 앤드루 펄랑Andrew Purlang, 그레그 베러턴Gregg Beretan과 2017년 7월 13일 그리고 2021년 3월 21일에 진행한 대화. 아래 대화는 내용을 더 명료하게 전달하기 위해 요약과 편집을 거쳤다.

1. 2017년 7월 13일의 대화

앨리스 웡: 안녕하세요? 〈장애 가시화〉 팟캐스트 대망의 첫 화에 나와주신 것을 환영합니다. 이 팟캐스트는 장애정치, 장애문화, 장애미디어를 이야기하는 팟캐스트입니다. 제 이름은 앨리스 웡이고요, 영광스럽게도 제가 진행을 맡게 되었습니다.

'이미 팟캐스트가 수억 개도 넘을 텐데 이건 왜 하는 거지? 왜 지금이지?' 이런 궁금증이 드실 거예요. 짧은 대답을 드리자면, 내셔널퍼블릭라디오NPR에서도, 여타의 주요 언론에서도, 장애정치와 장애문화를 다루는 프로그램을 보기 어렵고요. 그런 프로그램이 많지가 않아요. 여기에 혁명이 있습니다. 팟캐스트 하나하나, 트랜스크립트transcript[영상이나 오디오의 내용 전체를 텍스트로 기록한 것] 하나하나, 트위터 글 하나하나가 세상을 바꿉니다.

오늘의 초대 손님은 앤드루 펄랑과 그레그 베러턴이에요. 저희 셋은 장애인의 정치 참여를 촉구하는 온라인 운동 #크립더보트의 공동 파트 너입니다.

오늘 방송되는 첫 화는 7월에 녹음되고 있는데요, 바로 며칠 전 상원에서 공화당의 의료보험 법안이 부결되었죠. 오늘은 적정부담보험법[오바마 케어]을 새 법안으로 대체하려 한 [공화당의] 시도, 메디케이드가 장애인에게 어떤 의미인지, 공화당의 새 법안에 반대하며 1년 내내 벌어졌던 운동 등을 짚어보는 자리를 가지려고 합니다.

자, 그럼 올해의 장애운동에 대해 이야기해볼까요? 특히 공화당의 의료보험 법안과 관련해서요. 하원에서 처음에는 건강보험개혁법안American Health Care Act이었다가 더나은의료조정법안Better Care Reconciliation Act이었다가 오바마케어폐지조정법안Obamacare Repeal Reconciliation Act으로 형태가 또 바뀌었죠. 오늘은 2017년 7월 29일이고, 바로 이틀 전 상원에서 부결되었어요. 두 분은 이 정치적 롤러코스터를 어떻게 생각하시나요? 어떤 것들을 보셨고 경험하셨나요?

그레그 베러턴: 이번에는 반전 없이 이대로 갔으면 좋겠다는 바람으로 일단 시작할까요?

앨리스: 네!

(그레그 웃음)

앤드루 펄랑: 저도 찬성이요. 사실 방금, 그 일련의 사건들을 보아 하니 아마 앞으로 최소 2년은 더 이 문제로 씨름해야 될 것 같다고 말하려고 했거든요. 불거졌다가 잠잠해졌다가 하는 식으로겠지요. 우리가 어떤 기점이나 전환점에 도달한 것 같긴 하지만, 그렇다고 이 이슈가 다시 튀어나오지 말란 법은 없어요.

앨리스: 그리고 메디케이드 같은 사회안전망 프로그램을 해체하는 방법에 입법만 있는 것이 아니라는 사실도 명심해야 할 것 같아요. CMS(메디케어 및 메디케이드 서비스 센터Centers for Medicare and Medicaid Services)

나 그 밖의 정부 기관이 자체적으로 내릴 수 있는 [부정적인] 결정들도 많이 있으니까 우리 모두 그 점도 경계해야 합니다. 자신의 메디케이드 이야기를 나누고 공론화했던 활동처럼 이번에 우리가 보았던 활동이 앞으로 4년 내내 필요하리라는 점은 분명해요……. 4년만이었으면 좋겠네요. 네, 하지만 그렇더라도 저는 우리가 본 것이 정말 굉장한 각성이었다고 생각합니다. 마침내 비장애인들도 메디케이드가 무엇인지, 무엇을 하는지, 얼마나 많은 사람들에게 도달하는 서비스인지에 대해 조금이나마 알게 되었으니까요.

앤드루: 그래요, 저도 동의해요. 6개월 전에는 메디케이드에 대해 지금만큼의 지지가 있을 수 있으리라고 말하지 못했을 것 같아요. 그리고 장애인 커뮤니티에서만이 아니라 더 전반적으로 사람들에게 지지를 얻고 있지요. 방금 앨리스가 한 말이 맞다고 생각해요. 메디케이드가 실질적인 무언가라는 사실, [이용하는] 사람들이 실제로 좋아하고 가치를 인정하는 프로그램이라는 사실을 사람들이 깨달았다는 점 말이에요. 메디케이드가, 그것을 정말로 좋아하는 사람은 아무도 없는, 비용만 많이 들고 질은 형편없는 복지 프로그램이 아니라는 사실을요. 사람들은 실제로 메디케이드를 고맙게 생각하니까요. 물론 메디케이드에서 우리가 바꾸고 싶어 하는 부분들도 있지만, [수급자 본인들이 메디케이드를 경멸한다는 인식과] 가능한 한 빨리 벗어나고 싶어 하는 프로그램이라는 인식은 사실이 아니에요. 여러 설문조사 결과를 보면 메디케이드 수급자의 압도적 다수가 메디케이드를 좋아하고 있어요. 그리고 사람들이 [정부 프로그램 대비] 시장에서의 교환을 선호하지 않는 이유 중 절반은 건성으로 서비스를 제공하는 민간 의료보험사에 비싼 바가지 요금을 내기보다 메디케이드에 있는 것이 더 좋다고 생각하기 때문이었어요.

앨리스: 네……. 그리고 제 생각에, 사람들이 메디케이드에 있는 것에 만족

하는 이유 중 또 하나는 기저질환 때문에 민간 보험에 가입이 안 되거나 보험 가입에서 차별받는 사람들이 많다는 것을 알아서인 것 같아요. 우리는 여전히 의료가 모든 사람에게 보장되지는 않는 나라에 살고 있잖아요. 우리는 메디케이드에 의존할 거고, 무척 고마워할 거예요. 모든 사람이 보장받는 지점까지 아직 가지 못했으니까요. 저는 메디케이드가 어떻게 교육의 측면에서, 공립학교에서 사람들을 지원해주었는지에 관한 이야기들이 너무 고마웠어요. 대부분의 사람들이 메디케이드가 가난한 사람과 장애인을 넘어 더 광범위하게 영향을 미친다는 것을 모르고 있었잖아요.

앤드루: 맞아요.

앨리스: 그리고 이건 또 다른 종류 같은데요, '아! 저희 부모님이 언젠가는 요양원에 계실 수도 있겠네요.' 그러니까, 어떤 먼 가능성으로요. 또는 '아! 이 학생들은 학교에서 서비스가 필요하겠네요'도 그렇고요. 이건 [먼 일이거나 다른 사람의 일이라고 생각하는 사람들 사이에서] '아!' 하고 메디케이드가 현실에서 작동하는 범위에 대한 인식이 넓어지는 것인데요, 어떤 면에서 이것도 좋은 일이라고 생각해요. 비장애인도 관여하게 하고 메디케이드가 모든 사람에게 중요하다는 사실을 그들도 깨닫게 했다는 점에서요.

그레그: 네, 제가 감동받은 것 중 하나는 사람들이 메디케이드가 우리 사회에 보태주는 가치를 깨닫는 과정을 볼 수 있었다는 점이에요. 메디케이드가 제공해주는 것들 덕분에 사람들이 일하고 살아가고 가족을 부양하고 학교에 다니고 건강한 아이들을 낳을 수 있다는 것을 알게 된 거죠. 앤드루가 말한 것처럼 이 싸움은 그런 식으로 메디케이드가 좋은 평판을 되찾는 데 일조했어요. 제 말은, 앤드루도 말했지만, 장애인만큼 메디케이드의 결함에 대해 비판적이었던 사람도 없을 거예요. 하지만 그렇다고 우리가 메디케이드 폐지를 지지한 적은 결코 없어요. 우리

가 하려는 건 메디케이드의 결함을 고치려는 것이죠.

앤드루: 제 생각에 공화당 사람들은 어떤 시스템에 불만이 있다고 해서 그걸 자기들이 부숴 없애도 된다는 뜻은 아니라는 걸 이해하지 못한 데서 실수를 한 것 같아요. 그리고 이제는 그게 아니라는 것을 깨닫고 있는 중인 것 같습니다(웃음). 제 희망사항이에요.

앨리스: 네, 그래요. 그들은 그냥 그걸 부숴버리고 싶어 하지만 그것과 비슷하거나 비교 가능하거나 더 나은 무언가를 만드는 것에 대해서는 계획조차 없죠. 제 말은, 이건 아주아주 아주 커다란 경고등이에요. 그리고 사람들이 그것을 꿰뚫어봤다고 생각합니다.

그레그: 저는 그들이 전체 유권자층보다는 특정 유권자층에만 복무하는 것이 더 승산 있다고 보는 것 같아요. 그건 결코 좋은 조리법이 아닌데 말이에요.

앨리스: 그래요. 가령, 매코널Mitch McConnell 상원의원과 켄터키주를 보세요. 켄터키주에는 의료 서비스가 필요한 사람들이 아주 많은데도 저러잖아요.

그레그: 그러게 말이에요.

앤드루: 네, 그게 어쩌면 우리가 결코 완전히 깨지 못할 단단한 핵인 것 같아요. 이런 서비스를 근본적으로 필요로 하는 사람들이 많이 있는데, 다양한 이유로 그들 본인이 어떤 면에서 그것을 경멸하죠. 켄터키주 같은 곳을 보면, 저 사람은 메디케이드를 받는데 왜 나는 못 받냐고, 혹은 이 사람은 메디케이드를 받고 있는데 받으면 안 되는 사람이라고, 많은 이들이 불평을 합니다. 그리고 도덕적인 이슈로 연결해서는 무임승차자에 대해 불평을 하지요. 그러면 정치인들이 그런 불평을 냉큼 집어들고 이렇게 말합니다. "우리 주 주민들은 분명 메디케이드를 좋아하지 않아." 그런데 그렇게 간단하지는 않잖아요? 사람들이 그렇게 말도 안 되는 비교를 하며 욕한다고 해서 그들이 메디케이드를 필요로 하지 않

는다는 의미는 아니니까요. 저는 그 사람들이 메디케이드를 다른 방식으로 이해할 수 있다면 그것을 지지할 거라고 생각합니다.

앨리스: 그런 사람들이 전국적으로 존재한다는 것도 흥미로운 점이에요. 미국 중부나 남부만이 아니라 모든 곳에서 사람들은 자신들이 의존하고 있는 보장 플랜이 적정부담보험법에 의거해서 예산을 받는 줄 모르고 있어요.

그레그: 저에게 흥미로운 건요, 방금 앨리스가 자신이 오바마케어가 자금을 지원하는 서비스를 받고 있는 줄 모르는 사람들이 전국적으로 많다고 했잖아요? 그런데 드디어 사람들이 그것을, 또 메디케이드에 자신의 지인들이 의존하고 있다는 사실을 깨닫기 시작하는 모습을 지난 1년간 우리가 본 것 같아요. 그래서 전국에서 수많은 사람들이 동참하러 나온 것을 볼 수 있었던 거죠. 30개 도시에서 시위가 있었잖아요.

앤드루: 정말 멋져요.

그레그: 그렇죠?

[……]

앤드루: 현 시점의 장애운동에 대해 일반적인 측면에서 하나 덧붙이고 싶은 말이 있는데요. 너무 좋았던 게, 의식적으로 그랬던 것인지 우연히 그렇게 된 것인지는 모르겠지만, 장애운동이 트럼프에 대한 강박으로 흘러가지 않고 진정한 장애 이슈에서 초점을 잃지 않았다는 거예요. '트럼프 이 이상한 인간' 식으로 가지 않고요. 그런 감정이 없었던 것은 아니었겠지만, 현재의 장애운동은 정말로 그것과 상관이 없잖아요.

앨리스: 맞아요. 우리 운동의 전체적인 개념, 저항의 측면이 그렇죠. 그리고 우리 세 사람 모두 트위터에 있었잖아요? 우리는 트럼프에 대해[트럼프를 비판할 때도], 또 이 이슈들에 대해 사람들이 말하는 방식에서 온갖 장애인차별적인 코멘트가 난무하는 것을 보았어요. 그것은 그것대로 문제이고, 우리가 갈 길이 얼마나 먼지 보여주는 것이죠. 하지만

우리가 장애운동에서 본 것 대부분은 정말 본질적인 것들이었다는 점이 중요한 것 같아요. ['트럼프 이 이상한 인간' 유의 이야기로 빠지면서] 개인의 기이한 점을 이야기하던 데서 벗어나 큰 그림으로 나아갔다고 생각합니다.

그레그: 그리고 우리는 그것을 정말 가까이서 볼 수 있었어요. #크립더보트는 "나는 이 정치인이 좋아, 저 정치인이 좋아"로 쉽게 전락할 수도 있었지만, 결코 그렇게 되지 않았잖아요. 거의 예외 없이 모든 사람이, 논쟁에서도 그랬고 우리가 특정 사안에 대해 조직한 트위터 채팅에서도 그랬는데, '진짜 이슈'들에 계속해서 집중했어요. 이 점은 참여해준 사람들에게 공로를 돌려야 한다고 생각합니다. 진영 논리의 헛소리로 빠지지 않고 '이것이 장애인에게 어떤 영향을 미치는가'라는 초점에서 벗어나지 않았어요.

앨리스: 네, 지금은 2017년 7월인데요. 그러니까 우리가 1년 반 넘게 존재해왔네요. 원래는 작년 11월 선거 이후에 마무리를 하려고 했는데, 그러지 않기로 해서 다행이라고 생각해요. 아직도 너무나 필요하고 계속되어야 할 일이니까요. 이 운동은 단순히 투표에 대한 것만이 아니에요. 이 운동은 정치적 참여에 대한 것이에요. 목소리를 내는 일에 대한 것이고요. 또 때로는 단지 대화를 위한 공간을 만드는 일에 대한 것이기도 합니다.

#크립더보트를 잘 모르는 청취자를 위해 말씀드리면, 우리는 대부분 트위터에서 활동하고요. 한 달에 한 번 정도, 대략 그 정도 기간을 두고 특정한 장애 이슈에 대해 트위터 채팅을 합니다.

자, 지난 네 번의 채팅에서 두 분이 기억하고 싶은 하이라이트는 무엇이었나요?

앤드루: 특정한 날의 채팅이라기보다, 저에게 인상적이었던 것은 이런 활동이 아니었다면 전면에 드러나지 않았을 주제들에 우리가 계속해서

주목했다는 점이에요. 매달 트위터 채팅에 약간의 시간을 할애해 '중요하지만 레이더에서 벗어나 있는' 토픽들을 살펴보았잖아요. 이것을 이어가는 게 정말 중요하다고 생각해요. 우리에게 중요한 수많은 종류의 이슈가 있는데 꼭 지금 그게 활황 이슈가 되고 있는 건 아니잖아요. 하지만 어떤 순간에라도 이슈로 끓어오를 수 있고요.

그레그: 저는 미디어를 주제로 다룬 채팅 때 깜짝 놀랐어요. 정말 많은 사람들이 우리 채팅에 참여해 이야기를 쏟아내는 걸 보고서 말이에요. 사람들이 진작부터 분노를 품고 있었는데, 이제서야 그것에 대해 자신의 목소리를 낼 수 있게 된 것 같았어요.

앨리스: 저도 그렇게 생각해요. 저는 사형제도에 대해 채팅했을 때 비슷한 걸 느꼈어요. 작년에 대규모 수감에 대해 진행했던 채팅에 초대 손님으로 와준 탤릴라 A. 루이스Talila A. Lewis도 그렇게 말했는데요, 저는 사형 이슈가 이른바 장애인 권리 커뮤니티에서 별반 우선순위가 아니라는 사실이 여전히 충격적이에요.

앤드루: 많은 사람들이 변화의 과정을 밟아가고 있는 것 같아요. 장애를 단순하고 협소한 이슈로만 생각하던 데서 여러 이슈가 있는 거대한 텐트와 관련된 것임을 볼 수 있게 된 진화의 과정이요.

앨리스: 네, 인종, 계급, 장애 등에서 아주 많은 이슈들이 있지요. 우리가 할 수 있는 또 다른 일은, 이런 이슈들이 우리 문제가 아닌 것처럼 보일지 모르지만 우리의 문제가 맞다고 이야기하는 것이라고 생각해요.

2. 2021년 3월 21일의 대화

앨리스: 앤드루, 그레그, 어서 오세요. 2021년 제 팟캐스트의 끝에서 두 번째 화에서 여러분과 다시 이야기하게 되어 감개무량합니다! 우리가 #크립더보트를 시작한 2016년 이래로 생긴 주목할 만한 변화가 무엇이라고 보세요? 특히 2020년인 지금과 그때를 비교해볼 때 후보들이

장애를 이야기하고 장애 이슈에 관여하는 방식에 어떤 주목할 만한 변화가 생겼을까요?

그레그: 우리가 #크립더보트를 시작했을 때는 대부분의 정치인이 장애를 일종의 체크박스 정도로 여겼던 것 같아요. 어느 정도 인정하거나 다루긴 해야 하지만 깊이 들어갈 필요는 없는 것 말이에요. 장애인 커뮤니티는 정치인들이 유권자 집단으로 생각하는 대상이 아니었지요. 그저 그들 자신의 선함을 드러내는 소재 정도였다고나 할까요. '영감을 주는 감동 스토리' 유에서 많이 볼 수 있는 방식으로요.

가령, 전에는 이랬죠. "보세요, 저는 정말 좋은 후보예요. 장애인들에게 관심을 갖는 사람이죠." 그런데 2018년 중간 선거에서 약간의 변화를 볼 수 있게 됐어요. 그리고 2020년에 더 큰 변화가 있었는데, 특히 대선 후보들 중에서 장애인 커뮤니티를 굉장히 진지하게 생각하는 사람들이 있었고 장애와 관련해 면밀하고 사려 깊은 정책들이 고안되기 시작했어요. 웹사이트 한 페이지에 이것저것 날림으로 넣어놓은 게 아니라 깊은 숙고를 거친, 상세하고 본질을 건드리는 내용을 담은 정책들이 나왔죠. 예를 들면 리드케이LEAD-K 같은 것이요. '농학생의 언어 평등 및 언어 습득 프로그램Language Equality and Acquisition for Deaf Kids' 말이에요. 전국적으로 캠페인을 벌이고 있는 작은 법안인데요, 작지만 장애인들에게는 매우 중요한 법안이고 지지도 높아지고 있어요. 저는 이런 수준의 디테일로 들어갈 수 있었다는 게 놀라워요. 4년 전에는 기대할 수 없었을 것 같거든요. 서서히 변화가 일어나고 있는 것을 우리가 분명히 보았다고 생각합니다.

2018년 중간 선거에서는 사람들이 특정 문제에 대해 정치인들을 압박해 대답을 끌어내면서 그들의 입장이 무엇인지 확인하는 것을 볼 수 있었어요. 그러니까, 정치인들이 전에는 없었던 방식으로 압박을 받게 된 구체적인 문제들이 있었던 거죠. 그리고 2020년에는 거기서 더 나

투표 접근성은 '실제로 존재합니다'! 2020년 미국 대선에서 부재자 투표 봉투를 들고 있는 나의 모습.

아가서 정치인들이 잘 구성된 공약을 가지고 나오는 것을 볼 수 있었습니다. 다른 후보들보다 좀 늦었지만 바이든 팀이 장애 공약을 내놓았을 때도 우리가 이 이야기를 했었잖아요? 장애인들이 보기에는 조금 실망스러운 공약이었는데, 그래도 2016년이었다면 그게 가장 좋은 공약이었을 거예요. '오버톤 윈도overton window'(사회적·정치적으로 대중이 받아들일 수 있는 범위 안에 있는 정책), 즉 무엇이 필요하다고 생각하는지에 대한 사람들의 인식이 달라진 것 같고, 그것을 볼 수 있어서 좋았습니다.

앨리스: 네, 그리고 제 생각에 한 가지 눈에 띈 것은, 적어도 제가 보기에는 요, 더 많은 장애인이 선거운동에 직접 참여하면서 공약과 정책 개발에 적극적인 역할을 하고 있다는 거예요. 워런Elizabeth Warren 상원의원의 선거운동에 참여했던 몰리 도리스-피어스Molly Doris-Pierce는 현재 바이든 선거팀에 있고요, 부티지지Pete Buttigieg 선거팀에는 에밀리 부어드Emily Voorde가 있어요. 많은 장애인이 자신의 전문 지식과 의견을 제공하는 데 정말로 활발히 관여했습니다. 그리고 장애인들이 지난 수십 년 동안 무대의 앞과 뒤와 중앙에서 관여해왔다는 것도 강조하고 싶어요. 그러니까, 지금 우리는 많은 사람들이 오랜 시간에 걸쳐 일궈온 것의 어느 한 정점에 있는 것일 뿐이죠. 자, 앤드루는 '그때와 지금'이라는 주제와 관련해 어떤 말씀을 해주시겠어요?

앤드루: 우리가 한 일이 가져온 영향과 우리가 한 역할을 확실히 알기는 어려운 것 같아요. 그리고, 네, 저도 그렇게 생각해요, 앨리스. 우리가 모든 진보의 원인이었던 건 아니라는 점이요. 저는 아마 누구도 알고 계획하지는 않았던 길 위에 우리가 있었다고 생각합니다. 그리고 후보들이 더 나은 공약을 내놓은 것과 관련해서 말씀드리고 싶은 것은, 여러 후보들이 내놓은 [장애 관련] 정책들에 많은 애정이 있었지만, 구체적으로 공약에 무엇이 있어야 하고 무엇이 없어야 하는지, 어느 부분이 좋고 어느 부분은 좋지 않은지에 대해 장애인들이 비판도 많이 제기했다는 거예요. 공약에 대한 반응은 종종 혼합적이었죠. 장애인들 사이에서도요. 정책을 내놓은 후보들은 구체적인 공약을 내놓았으니 칭찬만 받을 줄 알았다가 반박과 비판이 들어와서 깜짝 놀란 게 역력해 보였어요. 저는 이것도 좋은 징조라고 생각합니다. 왜냐하면 우리 안에도 [공약의 세부 내용에 대해] 의견이 일치하지 않는 부분이 있다는 의미니까요. 공허한 정책에 대해서는 의견 불일치가 있을 수 없잖아요. '장애인을 지원하겠습니다' 같은 유의 정책에는 불일치가 있을 수 없죠.

앨리스: 이번 새 바이든 행정부에서 두 분이 관심 갖고 계시는 문제는 무엇인가요?

앤드루: 네, 저는 네 가지 주요 사항이 있습니다. 일단 새 정부의 인적 구성인데, 행정부에서 장애 이슈를 다루기 위해 누구를 고용하느냐입니다. 둘째, 코로나19입니다. 코로나19 극복은 장애인에 대한 불공평을 줄이는 방식으로 이뤄져야 합니다. 셋째, 나쁜 정책을 물리는 것입니다. 아시다시피, 지난 4년 정도 동안 장애인들에게 나쁜 영향을 끼친 구체적인 일들이 있었잖아요. 아마도 행정 명령 같은 것들로 비교적 쉽게 되돌릴 수 있을 영역입니다. 마지막으로, 더 큰 문제들로 넘어가야 하는데요, 저는 이것을 '빵과 버터' 장애 이슈라고 부릅니다. 완벽한 용어인지는 모르겠지만, 변화가 있을 경우에 장애인 대다수가 그 변화를 실질적으로 체감하게 되는 종류의 이슈를 말합니다.

이 이슈로 제가 생각하고 있는 건 생활보조금Supplemental Security Income, SSI과 사회보장장애보험Social Security Disability Insurance, SSDI, 또 이것과 메디케어, 메디케이드, 그리고 고용과의 관계예요. 새 정부가 더 많은 장애인이 수급 자격을 잃지 않으면서 직장에서 일할 수 있게 해주면 좋겠어요. 이것은 수백만 명의 장애인이 아주 오랫동안 제기해온 문제이면서도 변화가 있으리라는 희망은 문자 그대로 결코 갖지 못했던 문제잖아요, 그렇죠? 우리가 바랄 수 있는 건 전문가의 도움을 받아 어떻게든 근로장려금 제도에 들어가보는 것인데, 물론 그런 수급을 받는다면 아주 좋겠지만, 우리는, 사람들은, 그것 자체를 변화시키는 것에 대해서는 거의 논의하지 못했어요. 그런데, 드디어 여기서도 이번에 후보들의 공약에서 실질적인 변화 방안에 대한 이야기가 나왔어요. 장애인들이 더 많은 지원을 더 오랜 기간 받을 수 있고, 그 지원을 잃지 않으면서 노동시장에서 돈을 더 벌 수 있도록요.

사회보장제도를 건드리는 것은 정말로, 정말로 어려운 일이기 때문에 시간이 많이 걸릴 수도 있어요. 좋은 방향으로 바뀐다고 하더라도 힘들죠. 하지만, 그래도 해야죠. 아, 그리고 물론 가정 및 지역사회 기반 활동지원 서비스HCBS에 대한 접근권, 즉 장애인들이 날마다 일상에서 도움이 필요하다는 이유만으로 시설에 수용되지 않도록 지원하는 것과 관련해 계속되고 있는 이슈들이 있지요. 이 문제에 대해서는 훨씬 더 많은 운동이 있었지만 아직 해결되지 않았어요. 그리고 이 역시 '빵과 버터' 장애 이슈죠.

그레그: 앤드루가 말한 것 모두 제가 새 행정부에서 주목하는 것 목록에도 들어갑니다. 가장 우선순위를 꼽으라면 가정 및 지역사회 기반 활동지원 서비스일 것 같고요. 팬데믹은 시설 돌봄이 갖는 문제를 드러냈어요. 장애인들은 그것을 늘 알고 있었죠. 우리는 늘 그에 대해 이야기해왔어요. 그렇지만 시설을 벗어나 지역사회로 오려면 여전히 건건이 싸워야 합니다. 옴스테드 관련 사건은 문자 그대로 한 번에 한 사람이 소송을 걸어서 싸우죠. 원하는 사람은 누구나 가정 및 지역사회 기반 활동지원 서비스를 받을 수 있게 보장하는 시스템을 우리는 아직 가지고 있지 못합니다. 그것을 얻으려면 건별로 소송을 해야 하죠. 이건 문제입니다. 제 말은, 사람들은 지역사회에서 살아갈 권리가 있어요. 요양원보다 지역사회에서 더 잘 케어받지 못할 사람은 없습니다. 아무도요. 저는 정치인들이 이 사실을 인식하는 것을 보고 싶습니다.

그리고 건강보험과 관련해 변화를 보고 싶어요. 바이든의 정책은 주로 오바마케어를 확대하는 데 중점을 두고 있기 때문에 그런 일이 일어날 것 같지는 않습니다만, 예를 들어 뉴욕에서는 뉴욕보건법안New York Health이 나와 있습니다. 올해 통과될 가능성이 있어요. 통과되면 좋겠습니다. 이 법안은 전 국민을 대상으로 하는 메디케어Medicare for All 방식을 주 정부 차원에서 시도하는 것인데, 가장 우아한 방식으로 장기 돌봄을 다루고 있고 가정 및 지역사회 기반 활동지원 서비스의 대상

범위를 확대하는 내용을 담고 있습니다. 시설 수용보다 가정 및 지역사회 기반 활동지원 서비스를 더 우선시하고 있고요. 저는 정치인들로부터 더 많은 것을 보고 싶습니다. 이번 행정부에서 볼 수 있으면 좋겠는데, 잘 모르겠어요.

저는 이 행정부가 장애 이슈에 어떻게 대응할지에 상당히 회의적입니다. 선거운동 내내 그들에게는 우리가 우선순위가 아니었던 것 같아요. 우리가 집요하게 달라붙으니 장애인 정책을 내놓긴 했습니다. 잘 만들어서 내놓았어요. 제 말은, 괜찮은 정책이 나왔습니다. 그 정책을 공격하려는 게 아니에요. 다만 장애인을 우선순위에 놓느냐에 대해 그들의 헌신이 보이지 않는다는 점을 말하는 것입니다. 행정부가 첫 임기에 우선순위로 진행할 수 있는 일이 아주 많을 수야 없겠지만, 아무튼 장애 관련 정책을 우선순위에 둘 것으로 보이지는 않습니다. 제가 틀렸으면 좋겠네요. 우리가 그들을 밀어붙여서 장애 이슈들에 대해 움직이지 않을 수 없도록 압력을 가할 수 있기를 바랍니다.

앨리스: 자, 이쯤에서 마무리할까요? 두 분 모두 지난 4년간 함께해서 고마웠어요. 일적으로도 그렇지만, 우정에 대해서도요. 고마워요, 그레그. 고마워요, 앤드루.

그레그: 고마워요, 앨리스. 즐거운 시간이었어요.

앤드루: 제 인생에서도 하이라이트였어요. 마지막 몇 년은 확실히 그랬어요. 그리고 오프라인으로 만날 날도 있어야겠죠.

앨리스: 네! 2021년이나 2022년은 아니더라도요.

앤드루: 그래요.

포용적 정치 & 장애인 커뮤니티

나는 톡톡 튀는 AF [아시아인 여성]야. 내 생각에는 포용적 정치에 대한 대화의 대부분이 수행성이 있거든.

친애하는 진보주의자들에게

장애는 다양성입니다

우리는 유의미한 참여를 원합니다

뭐든 좀 접근 가능하게 하세요

트랜스크립트

쉬운 언어   생생한 캡션

이미지

우리와 함께 지어나가고 협업을 해나가세요

수세적이 되지 말고 책임감을 가지고 적극적으로 설명하세요

모르겠으면 장애인을 고용하세요

모든 이슈는 장애 이슈입니다

당신에게 뿌리박힌 비장애중심주의를 없애세요

자 그리고 이제 핫한 장애인들께

우리는 상호의존을 강점으로 인식한다

우리는 끝내주게 창조적이고 혁신적이다 이 세계가 우리를 위해 지어지지 않았기 때문이다

접근성은 사회의 집합적 책임이다

우리는 여러 제도에 깊은 지식을 가지고 있다

우리는 생산성에 관계없이 모든 이가 내재적인 가치를 지니고 있음을 알고 있다

리자티스트리 작품

베이 에어리어
애도의 날

2015년 3월 1일 일요일에 베이 에어리어 장애인 커뮤니티는 에드 로버츠 캠퍼스에 모여 부모, 돌봄 제공자, 돌봄 제공 당국자, 법 집행자, 기타 권위자나 당국자에 의해 목숨을 잃은 장애인을 기리는 행사를 가졌다. 애도의 날 행사는 미국과 전 세계 여러 도시에서 열렸다. 아래는 그날 집회에서 발언하기 위해 내가 준비한 원고다.

안녕하세요? 저는 장애 가시화 프로젝트 창립자 앨리스 웡입니다. 저희 프로젝트의 목적 중 하나는 장애인이 말하는 장애인의 이야기를 기록하는 것입니다. 장애인 자신의 언어와 관점으로요.

그것이 왜 중요할까요? 오늘의 사건과 관련해, 우리의 삶이 너무 쉽게 잊히고 무시되고 배제되기 때문입니다. 살아 있을 때 우리는 인식되기 위해 싸워야만 하고, 죽고 나면 우리의 삶은 정형화되고 클리셰가 되어 우리가 가지고 있는 내재적인 인간성이 제거되어버립니다.

저는 벤, 맥스, 올리비아의 삶을 기억하며 짧은 말씀을 드리고자 이 자리에 섰습니다. 이들은 2014일 4월 22일에 런던에서 엄마 타니아 클래런스에게 살해된 세 명의 장애 아동입니다. 남편과 비장애인인 딸이 다른 지역에 가 있는 동안 타니아 클래런스는 세 아이를 목 졸라 죽이고 본인도 자살을 시도했습니다. 그는 아이들의 "미래에서 아무런 희망도 볼 수 없었다"며 아이들이 얼마나 오래 사는지보다 어떤 삶의 질을 가지느냐가 더 중요하다고 생각했다고 말했습니다.

클래런스는 자신이 집에서 벤, 맥스, 올리비아의 목숨을 끊었다는 것은 인정했지만 그것이 살인이었다고는 인정하지 않았습니다. 형량 조정 과정에서 살인 혐의는 기각되었고, 심신모약을 이유로 법적 책임 능력이 한정적임이 인정되어 기소 내용이 과실치사로 바뀌었습니다.

기소한 검사는 이렇게 밝혔더군요. "증거들에 따르면, 클래런스 부인이 아이들의 고통을 끝내고 싶었고 행위 시점에 그들 모두가 처한 고통에서 벗어날 어떤 다른 방법이나 대안도 볼 수 없었기 때문에 세 아이의 목숨을 끊었다는 것이 분명하다."

이 사건에 저는 큰 충격을 받았습니다. 저도 벤, 맥스, 올리비아와 비슷한 척수성 근위축증이라는 장애를 가지고 있습니다. 이 사건을 보도한 언론 기사들은 척수성 근위축증이 "근육이 쇠해서 사라지는" 질병이라고 묘사했습니다. 언론은 제가 일상에서 늘 경험하는 신체의 조건을 묘사할 때 "비정상", "고통", "기형", "삶을 제약하는"과 같은 말을 사용합니다. 사회적 지원, 적절한 서비스, 장애인의 긍지와 같은 이야기는 하지 않으면서 말입니다.

다른 세계에서였다면, 다른 상황에서였다면, 다른 부모 밑에서였다면 제게도 쉽게 일어날 수 있었을 일이었습니다. 벤, 맥스, 올리비아에게 말할 수 있다면 저는 이렇게 말하겠습니다.

그래, 너희는 개인 위생 등 기본적인 일상 활동을 하는 데 전적으로 도움이 필요했어.

그래, 너희의 근육은 계속해서 쇠약해질 거였어.

그래, 대부분의 사람들은 너희가 취약하고 '쇠해서 사라질' 거라고 생각했겠지.

하지만 그거 알아? 나는 너희가 재미를 찾는 법, 삶을 즐기는 법, 크게 꿈꾸는 법을 알게 되었으리라고 장담할 수도 있어.

사람들이 너희를 보면서 너희가 너희의 신체에 갇혀서 무력하고 고통으로만 가득 차 있는 존재라고 생각하지 않았더라면 얼마나 좋았을까.

너희 세 명이 컴퓨터를 사용해서 우리가 연결될 수 있을 나이까지 오래 살았으면 얼마나 좋았을까.

내 장애인 친구들과 내가 이 펑키한 크립의 우주에 너희들이 들어오는 것을 환영하고 너희가 원하는 길을 갈 때 멘토가 되어줄 수 있었으면 얼마나 좋았을까.

동료 장애인으로서 나는 너희가 이것을 기억했으면 해.

너는 혼자가 아니야. 죽음 속에서도 너는 혼자가 아니야.

네가 가치 있는 사람이라는 걸 우리는 알아.

우리는 너를 기억해.

우리는 너를 사랑해.

벤, 맥스, 올리비아는 자신의 미래를 스스로 써나갈 기회를 가질 수 없게 되었습니다. 의사결정을 스스로 내릴 기회를 가질 수 없게 되었습니다. 15세의, 45세의, 80세의 자신이 될 기회를 가질 수 없게 되었습니다. 그들의 엄마가 그들에게서 이 선택지를 앗아갔습니다. 그들의 삶의 질과 사회적인 가치를 엄마가 마음

미래에서 날아온 회고록

대로 판단했기 때문입니다. 타니아 클래런스는, 제 생각에 증오 범죄이자 제노사이드로 보이는 행위에 대해 형량 조정의 선처를 받았습니다.

벤, 맥스, 올리비아, 그 밖의 수많은 장애 아동과 성인이 부모, 보호자, 돌봄 제공자에게 살해당합니다. 그래서 저는 숨진 사람들을 기리고자, 또한 살아 있는 사람들을 위해 맹렬히 싸우고자 오늘 이 자리에 섰습니다.

저는 장애인이 자신도 인간다움을 누릴 자격이 있는 존재임을 증명해야 할 필요가 없고 생존할 권리를 위해 싸울 필요가 없는 세상을 상상하길 좋아합니다. 할 일이 아주 많이 남아 있고 그것은 우리 모두에게 달려 있습니다. 우리가 장애인차별적인 억압자들을 비장애중심주의의 모든 은밀하고 속속들이 퍼져 있는 형태 속에서 맹렬히 할퀴고 공격하는 데 달려 있습니다. 여기 우리가 있습니다. 우리는 잊지 않을 것입니다.

딱 잘라 말해. '아뇨'라고.

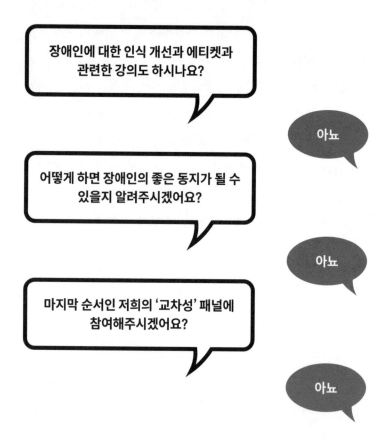

위의 내용은 내가 받은 멍청한 요구 중 일부를 재구성한 것이다. 내 결정을 전혀 이해하거나 존중하지 않는 것 같은 사람들이 마치 내게 맡겨놓은 것이라도 있는 양 말하는 희한한 요구들을 여러분에게 다 밝힐 수 있다면 참 좋으련만.

활동가의 지혜

- 좋은 일에는 시간이 걸린다. 시간을 늘리고 구부리고 크립하라.
- 당신의 일을 우선순위에 놓고, 다른 모든 것이 거기서부터 나오게 하라.
- 가능하면 자료를 백업해두라. 외장하드, 클라우드 스토리지 등을 활용하라.
- 무슨 일을 하든 처음부터 그것이 가능한 한 최대한으로 모두에게 접근 가능하게 만들라. 그리고 배우고 성장해가면서 당신의 실천을 계속해서 다듬어나가라.
- 다른 사람의 기쁜 일이나 축하받을 일에 괜히 시비 걸지 말라(그건 비공개 채팅이 하는 일이다).
- 칭찬받는 게 다가 아니다.
- 아래로 공격하지 말고 위로 공격하라.
- 준비가 되기 전까지는 잘 가려두는 것이 과도하게 공유하는 것보다 낫다.
- 당신이 옆으로 제쳐 놓고 신경 쓰지 못했거나 깜빡하는 일들이 있을 것이다. 피할 수 없는 일이니 자책하지 말라.

- 사람들의 공로를 인정해주고 가능한 한 자주 명시적으로 이야기하라. 당신이 사랑하는 사람들, 그리고 **실제로 일을 하고 일이 되게 만드는 사람들**의 노고를 다들 알도록 열심히 소리 내 말하라!
- 당신의 시간과 에너지를 좋아하는 사람에게 후하게 사용하라.
- 온전히 이해하지 못한 단어나 개념은 사용하지 말라.
- 당신의 견해나 설익은 논평이 늘 필요거나 중요한 것은 아니다. 어떤 기회가 왔을 때 당신이 정말로 그것에 대해 발언하기에 적합한 사람인지 자문해보고, 그렇지 않다면 다른 사람을 추천하라. 그리고 '마이크를 넘겨주는 것'에 대해서도 칭찬을 기대하지 말라.
- 어떤 일들은 기분 좋은 상태일 때 쿨하게 끝내고 나올 수 있다고 생각하라. 정말로 원하는 일이 아니라면 무언가를 지속해야 한다는 의무감을 갖지 말라.
- 믿을 수 있는 사람과 협업하고, 일이 잘 안 풀릴 경우에는 미래를 위한 교훈으로 삼으라.
- 나를 한 번 함부로 대하면, 나는 그것을 교훈으로 삼을 것이다. 나를 두 번 함부로 대하면, 당신은 죽었다.
- 그렇게 함부로 대한 사람들을 스크린숏 등으로 떠서 파일이나 스프레드시트에 자료화하라. 사용할 일이 있을지 모르니.
- 관계를 짓는 것이 제국을 짓는 것보다 낫다.
- 선택과 집중이 필요하다는 것을 받아들이고 과감하게 거절하라.
- '굉장히 바쁜 사람'이 되는 게 꼭 잘하는 일인 건 아니다. 자본주의의 과장 화법을 믿지 말라.
- 경계선을 확실히 그어서 비현실적인 기대와 요구를 차단하는 한 가지 방법은 이메일의 자동 답신 기능을 이용하는 것이다. 예를 들어, 2022년 현재 나는 내 이메일의 자동 답신 메시지를 다음과 같이 설정해두었다.

사적인, 또는 전문적인 조언을 구하는 모든 요청에 답을 해드릴 수는 없음을 **양지해주시기 바랍니다**. 강연 요청은, 강연 요청일 경우에 한해서만 에밀리 하트먼에게 연락을 취해주십시오(연락처:_____). 제가 요청드린 바 없는 원고나 작품을 **보내지 마십시오**. 이것은 당신을 보호하기 위한 것입니다! 장애 가시화 프로젝트는 장애인 권리운동 조직이 **아니며**, 권리옹호 정책 활동, 전문 서비스 기관으로의 의뢰, 사회서비스를 제공하지 **않습니다**. 이 프로젝트는 한 사람이 운영하고 있고, 하는 일은 미디어 제작과 컨설팅입니다. 양해 감사드립니다.

· 일상에서 즐거움과 기쁨과 돌봄을 일구라.

Fuck
You
Pay
Me

아, 됐고, 나한테 지급할 돈이나 내놔

접근성

접근이나 통합 자체만을 위한 접근성이라면
꼭 해방적이지는 않지만 사랑, 정의, 연결, 공동체에 복무하는
접근성이라면 해방적이며 변혁의 힘을 가지고 있다.

—미아 밍거스Mia Mingus

'아하!'의 순간

캘리포니아주립대학 샌프란시스코 캠퍼스UCSF 학생생활지원부 전직 부장 에릭 코니그Eric Koenig와 샌프란시스코의 스토리코프에서 2014년 10월 25일에 진행한 인터뷰. 아래 대화는 내용을 더 명료하게 전달하기 위해 요약과 편집을 거쳤다.

1987년에는 UCSF에 장애인 학생이 두 명이었는데 2013년에는 150명이 넘는 장애인 학생이 있었다. 나는 1990년대 말에 UCSF 대학원생이었고 에릭 코니그는 내가 이 학교에 오고 가장 처음으로 만난 학교 당국자 중 한 명이다.

앨리스 웡: 그때 저는 이 학교에 오고 싶어 하던 지원자였는데, 얼마나 걱정됐었는지가 생생히 기억나요. 중서부에서 여기로 이사 와서 살아야 하는 것도 그렇고, 또 대학원 과정도 그렇고, 여기에 플러스로, 명백한 장애가 있는 것도 걱정이었죠. 주거도 걱정이었고. 그러니까 말하자면, 어떻게 살지에 대한 기초적인 질문이 아주 많았어요.

그래서 학교 전화번호 목록에서 부장님 성함을 보고 다짜고짜 전화를 했는데 부장님이 저한테 회신 전화를 주셨죠. 어느 날 저녁에 인디애나에서 전화를 받고 부장님이 제 문제에 대해 열린 마음으로 너무나 기꺼이 이야기하고자 해주셔서, 그러니까 어떤 문제들이 있고 현실적으로 학교가 제공할 수 있는 것이 무엇인지 등에 대해서요. 저한테는 정말 서광이 열리는 것 같았어요. 그런 대화가 너무나 너그럽고 멋졌고, '내가 이것[UCSF 대학원에 진학해 샌프란시스코에 사는 것]을 정말로 추구해도 되겠구나' 하는 가능성의 느낌을 가질 수 있었거든요. 그다음에 학교에 직접 와서 부장님을 뵈었지요. 제 기억에, 만약 제가 합격한다면 어떤 것들이 마련되어야 하는지에 대해 이야기를 많이 나누었던 것 같아요. 우리는 꼭 합격할 거라고 가정하지는 않았지만 만약에 합격한다면 어떤 것들이 가능한지에 대해 이야기했어요, 그렇죠?

에릭 쾨니그: 우리가 여러 번 이야기를 나눈 것이 기억나요. 생각해보면, 앨리스가 연락하기 전에 이미 앨리스의 연락을 기다리고 있었던 것 같아요. 정확히 누가 전화를 해올지는 몰랐지만, 앨리스의 전화는 그전 두어 해 동안 내가 기다리고 있던 종류의 전화였어요. 어떤 면에서, 타이밍이 좋았어요. 마침 UCSF가 접근성 문제를 논의하고 있었는데 앨리스가 딱 전화를 해서 해결돼야 할 매우 구체적인 것들을 말했으니까요. 특히 주거와 관련해서요. 내 생각에, 우리 둘 다 서로를 굉장히 빠르게 이해했고, 그 덕분에 우리의 대화가 처음부터 아주 협업적일 수 있었던 것 같아요. 앨리스가 구체적으로 우려되는 점들을 착착 이야기하면 나는 구체적으로 그에 대해 학교가 제공할 수 있는 편의와 조정이 어떤 것인지를 착착 이야기하는 식으로요. 제공할 수 있는 것이 불확실할 때는 적어도 학교가 그런 편의와 조정을 제공할 의지가 있다는 점을 말할 수 있었죠.

앨리스: 네, 네.

에릭: 제 기억에, 그때 우리에게 가장 핵심적이었던 문제는 접근 가능한 주거가 없다는 것이었어요. 적합한 주거 공간이 없었던 게 사실이니까요.

앨리스: 알데아 산미겔 학생 기숙사가 건설 중일 때였을 거예요. 장애인 접근성이 있는 건물로 지어지고 있었지만, 제가 갔을 때는 완공 전이었어요. 그래서 부장님이 제게 전달하시려던 주된 메시지가 'UCSF는 꽤 작고 독특한 곳이니 [아직 마련되지 못한 것에 대해서도] 분명 우리가 함께 방법을 찾을 수 있을 것'이라는 말씀이셨죠.

에릭: 맞아요.

앨리스: 제가 원서를 냈던 때가 UCSF로서는 정말로 흥미로운 시점이었던

2014년 샌프란시스코 스토리코프에서 요스메이 델 마조가 찍어준 사진. 이때만 해도 낮에는 양압기를 착용하지 않아도 되었다. 오른쪽에 있는 사람이 에릭 쾨니그다.

것 같아요. 저는 저 한 명을 염두에 둔 맞춤 지원을 받을 수 있었고, 정말 어디서도 그런 건 얻지 못했을 거예요. 제 합격이 일단 확정되자, 본격적으로 여러 가지 일들이 진행되기 시작했죠. 부장님이 저를 주거지원 담당 부장님께 연결해주셨고, 주거지원부에서 5번가에 있는 교수용 주택을 불과 몇 달 만에 개조해주셨어요. 화장실을 접근 가능하게 바꿔서요. 메인 캠퍼스와 한 블록밖에 떨어져 있지 않았죠. 층은 다행히 원래부터 지상층이었는데, 문제는 화장실을 접근 가능하게 만드는 것이었어요. 건물에 변화를 주거나 개조를 할 때는 계획을 제출하고 예산을 따내는 데 시간이 많이 걸리니까 간단한 문제가 아니잖아요? 학교 측이 제가 입학하기 전까지 어떻게든 그걸 해내려고 노력한 것이 학생인 제게는 정말 의미가 컸어요. 그때부터도 저는 이미 뭐랄까(웃음) 제가 많은 면에서 특별하다고 느껴졌어요. 정말로요.

제가 신체장애를 가진 첫 번째 UCSF 학생은 아니었겠지만, 거의 그렇게(극소수 중 한 명이라고) 느껴졌어요. 다른 장애 학생들도 있긴 있었겠지요? 아시는 학생이 있으셨나요?

에릭: 네, 그때 UCSF는 접근성 면에서는 뒤떨어져 있었지만, 만약 학교가 아직 마땅한 준비를 갖추고 있지 못한 필요를 가진 학생이 들어오면 그게 무엇이든 간에 어떻게든 해법을 찾아내는 데서는 굉장히 앞서 있었던, 흥미로운 혼합의 시기에 있었어요. 그래서 우리가 통화를 했을 때도 '앨리스가 개척자가 될 의지가 있고 무언가의 첫 번째가 될 의지가 있다면, [일단 와서] 달라져야 할 것들을 발견하면 그 변화가 만들어질 것'이라는 점을 전달하려고 노력했던 거예요. 그때 UCSF는 접근성은 없었지만, 아, 충분한 접근성은 없었지만, 이라고 말해야겠네요(웃음), 앨리스가 일단 온다면, 그리고 임시적인 편의제공이라도 받아들일 의향이 있다면, …… 이 점에 대해 앨리스와 앨리스의 가족은 너그럽게 이해해주었죠. 앨리스는 일단 UCSF에 오면 앨리스의 접근성에 필요한 적절한 조치들을 학교가 어떻게든 취해줄 것이라고 믿어줬어요.

나는 앨리스가 사람들과 연결되는 데 뛰어난 능력이 있다고 생각해요. 제도적 환경을 분석하고, 문제점이 무엇인지 사람들에게 알리고, [시스템 차원에서] 권리를 옹호하는 능력도요. 변화에 불씨를 당기는 방법에 대해 앨리스는 놀랍도록 감이 뛰어나죠. 누가 동지가 될 수 있는지, 운영위원회나 자문위원회 등과 어떻게 연결을 일굴지 등을 알아내는 데서도 매우 융통성 있고 유연했어요. 정말 중요한 자질이죠. 합리적 편의제공이 인색한 환경에 처해 있는 장애인에게 그것이 늘 쉬운 일은 아니니까요. 앨리스의 방식이 변화를 일으키는 매우 긍정적인 모델을 보여주었다고 생각해요. 관련 당사자들과 연결을 만들어내고 그들이 관여하게 하는 법, 그들이 문제를 이해하도록 돕는 법, 그리고 실질적으로 효과가 있는 변화를 일구는 법에 대해서요. 장애인만이 아니라 모든 사람에게 도움이 되도록요.

앨리스: 네, 저는 거기에서 부장님과 제가 정말 동등한 파트너였다고 생각해요. 이런 유의 동등함이 학생과 학교 당국자 사이에서 가능하리라고 사람들은 잘 생각하지 못하잖아요? 하지만 저는 정말로 우리 둘 다 더 큰 목적을 위한 협업을 잘해나갔다고 생각해요. 마침 기회가 열리기도 했고요. 또 UCSF의 문화도 중요했다고 생각해요. 제가 온 1997년에는 여전히 문제가 많았지만, 모두 제게 분명하게 제시되었고 저는 그걸 받아들였어요. 그리고 이렇게 생각했죠. '이분들하고라면 이곳이 더 나은 곳이 되게 할 수 있을 것 같아.'

에릭: 일할 때 제 스타일은 학생들이야말로 진짜 전문가라고 생각하는 거예요. 적어도 장애인 학생을 돕는 제 분야에서는요. 학생들 각각에게서 그들이 필요로 하는 바가 무엇인지를 잘 배워야 하죠. 특히 학교가 전에 지원해본 적 없는 특정한 종류의 장애가 있거나 특정한 종류의 편의제공이 필요하거나 특정한 종류의 어려움이 있는 학생이 들어올 경우에요. 저는 그 학생에게 전에 효과가 있었던 것이 무엇이었는지 알아보는 데 신경을 썼어요. 그런 식으로 학생들에게서 많은 지침을 얻었죠. 물론 앨리스에게서도요.

미국장애인법이 어떻게 변화를 만들기 시작했는지 생각해보면 흥미로워요. 접근성 제공이 의무 사항이 됐기 때문에 관련 담당자들, 그러니까 주차, 교통, 시설 설계, 건축, 디자인 등의 담당자가 모두 모인 대규모 위원회가 학교에 꾸려졌어요. 큰 모임이 꾸려졌고, 어떤 것들은 즉각 우선순위에 올랐지요. 하지만 예산 때문에 모든 것을 할 수는 없었어요. 그리고 몇 년 뒤 앨리스가 와서 엘리베이터 버튼이 수직으로 되어 있어서 휠체어 사용자는 높은 층 버튼을 누를 수 없다는 점을 지적했어요.

앨리스: 고층 건물은 층수가 많으니까 버튼이 수직으로 몇 줄에 걸쳐 있잖아요. 그런데 (앉은 상태로는) 다 닿지가 않거든요. 우리가 시설관리부였던가 건축부였던가의 어느 분과 만나 이야기했던 것이 기억나요. 제가 수평으로 된 패널을 하나 더 추가하면 어떻겠냐고 했죠. 그랬더니 그분이 "오, 할 수 있을 것 같아요!"라고 하셨어요. 그래서 지금은 방문객, 환자, 직원, 학생 모두가 사용하는 엘리베이터에 수평 패널이 다 생겼죠. 볼 때마다 미소 짓게 돼요. 저의 개인적인 필요에서 시작됐지만 이 간단한 조정이 정말로 모든 사람들의 생활에 변화를 가져왔으니까요.

에릭: 그게 바로 유니버설 디자인universal design[성별, 연령, 국적, 문화적 배경, 장애 유무 등과 관련 없이 누구나 접근 가능하게 만드는 설계와 디자인]이죠.

앨리스: 비장애인들이, 가령 엘리베이터가 꽉 찼을 때, 옆에 달린 수평 패널 버튼을 사용하는 걸 봤어요. 문의 왼쪽에 서 있던 사람들이 앞으로 가서 버튼을 누를 수가 없었거든요. 저는 모든 사람들이 수평 패널을 사용하는 걸 보고 기분이 좋았어요.

에릭: 엘리베이터 버튼 이야기는 우리가 캠퍼스에서 한 일 중 가장 훌륭한 사례로 꼽을 만하죠. 저도 캠퍼스에서 엘리베이터를 탈 때마다 앨리스 생각이 나요. 변화가 어떻게 일어나는지에 대한 정말 아름다운 이야기에요. 제가 정확히 기억하고 있다면, 그때 일이 이렇게 되었었어요. (아르겔로 대로와 어빙가에 있는) 뮤니Muni[경전철] 정류장이 장애인 접근성을 갖추고 있어서 앨리스가 대중교통을 이용해 자립적으로 이동하는 데 훨씬 나은 옵션이 생겼죠. 그런데 문제는, 그 정류장이 어느 건물 지하의 어두운 구석에 있는 엘리베이터와 가까이 있었다는 거였어요. 어느 날 밤 10시 30분인가 11시에 (엘리베이터 안의 버튼이 닿지 않으니까) 앨리스가 혼자 한참을 기다리고 있었어요. 이건 안전에 대

한 문제이기도 했죠. 즉시 이런 생각이 들었어요. 일단 첫째, 이건 달라져야 해. 하지만 그다음에 둘째, 이런 생각이 들었지요. 우리 캠퍼스의 구성원, 환자, 혹은 방문객의 안전이 희생되고 있는 거라고 말이에요. 이 사실을 근거로 우리는 핵심 관계자들을 모았죠. 그리고 아마 다 같이 엘리베이터를 타러 갔을 거예요, 그렇죠?

앨리스: 그때 그래야[직접 보여주어야] 한다고 생각했던 것 같아요. 실제 사용하는 사람의 상황을 본 게 엔지니어분들에게 확신을 주었다고 생각합니다. 그리고 그분들이 "오, 그렇군요, 할 수 있을 것 같아요!"라고 말했죠. 그분들은 직접 눈으로 보았고, 이해했어요.

에릭: 맞아요. 설계나 유지보수를 담당하는 사람들로서는 이전에 생각조차 못해봤던 점을 깨달은 '아하!'의 순간이었겠죠.

저는 이 이야기가 정말 좋아요. 캠퍼스에는 엘리베이터가 많고, 우리가 가서 이야기했던 사람들이 문제를 직접 보았어요. 그리고 일이 굴러가기 시작했죠. '그러네요, 우리가 무언가를 해야겠네요'라고 깨달은 거죠. 그리고 자금이 들어오기 시작했고요. 그다음에는 그들이 앨리스가 주로 다니는 동선을 물었어요.

그들은 예산 문제를 해결하고 앨리스에게 맞게 정당한 편의를 제공할 의지가 있었어요. 이 이슈 자체의 해결에 진심으로 관심이 있었지요. 그 이후로는 엘리베이터 유지보수 작업 때마다 수평 버튼이 추가됐어요. 저는 이게 제도적 변화의 아름다운 예라고 생각해요. 학교가 캠퍼스의 한 구성원이 자립적으로 캠퍼스를 돌아다닐 수 없다는 것을 인식했고, 그래서 앨리스가 다니는 곳들의 목록을 제공할 수 있게 했어요.

앨리스: 맞아요.

에릭: 그리고 학교는 필요한 변화를 실행했어요. 사실 그들은 엘리베이터 유지보수가 필요할 때까지 기다리지도 않았어요. 모든 곳에 곧바로 수평 버튼을 설치하기 시작했죠. 다시 이야기하지만, 앨리스는 바뀌어야

샌프란시스코 파나수스가 400번지, UCSF 외래진료센터 건물의 엘리베이터 내부. 층을 누르는 버튼이 수직 패널과 수평 패널 두 가지 방식으로 되어 있다.

할 것이 무엇인지 짚어낼 수 있는 위치에 있었고, 부드러우면서도 확실하게 주장을 각인하는 방식으로 문제를 짚어냈어요. 그리고 딱 맞는 사람들을 불러모으는 역량이 있었어요.

앨리스: 바로 여기가 멋진 파트너십이 작동하는 지점인 것 같아요. 부장님이 저를 동료들에게 연결시켜주셨고 이런 대화와 모임을 할 때 저와 함께 있어주셨잖아요. 그래서 [제 말에] 무게가 실릴 수 있었어요. 단지 한 학생이 엔지니어나 설계사를 찾아가 문의를 한 그런 경우가 아니었죠. 장애 학생을 지원하는 부서는 진정으로 그 학생의 동지이자 권리옹호자가 되어야 한다는 개념이 그것을 가능하게 했던 것 같아요.

장애인은 왜 자퇴하는가

:2019년 4월 24일의 트위터 타래

Alice Wong 王美華 ✔ @SFdirewolf · Apr 24, 2019
'#장애인은왜자퇴하는가WhyDisabledPeopleDropout' 해시태그에 감동적인
이야기들을 나눠주신 여러분들께 감사드립니다. 저도 그리 짧지 않은 제 이야기를
들려드릴게요. 저는 고등학교 때부터 내내 사회학을 좋아했고, 제가 인문학과
사회과학을 좋아한다는 것을 분명히 알고 있었어요.

💬 7   ↻ 163   ♡ 348   ⬆   ⅲ   **W**

Alice Wong 王美華 ✔ @SFdirewolf · Apr 24, 2019   ···
Replying to @SFdirewolf
대학 첫해에 심각한 건강 위기를 겪었고 한동안 학교 다니는 것을 중단해야 했어요.
그런데 어느 정도 회복이 되어 학교에 돌아갈 수 있게 되었을 때 주 정부가 메디케이드를
삭감하는 바람에 방문 활동지원사 지원 시간이 줄어버렸어요.

💬 1   ↻ 10   ♡ 75   ⬆   ⅲ   **W**

Alice Wong 王美華 ✔ @SFdirewolf · Apr 24, 2019   ···
학비에 더해 활동지원사까지 자비로 비용을 대는 건 너무 비싸서 현실적으로 가능하지
않았어요. 그래서 집 근처의 다른 대학으로 옮겨 집에서 통학을 하기로 했습니다.
그다음에는 기를 쓰고 인디애나를 벗어날 궁리를 했어요. 힘든 시기였지만 학부 시절에
좋은 선생님과 친구들도 만났습니다.

💬 1   ↻ 9   ♡ 78   ⬆   ⅲ   **W**

Alice Wong 王美華 ✔ @SFdirewolf · Apr 24, 2019   ···
저는 제 교수님처럼 되고 싶었어요. 글을 쓰고 연구하고 가르치는 생활을 하고 싶었죠.
지식을 창조하는 생활요. 어빙 K. 졸라나 바버라 왁스먼 피두치아 같은 장애인 학자들은
소수였지만 이미 그렇게 하고 계신 분들이었고 저에게 희망을 주었습니다. 역사학자 폴
롱모어도 그렇고요.

💬 1   ↻ 12   ♡ 86   ⬆   ⅲ   **W**

Alice Wong 王美華 ✔ @SFdirewolf · Apr 24, 2019

저는 전략적으로 캘리포니아에 있는 박사 과정에 지원했어요. 그리고 의료사회학 전공 과정에 합격해서 정말 기뻤습니다. 장애사회학 분야의 질적 연구를 하고 싶었어요.

💬 1　　🔁 9　　♡ 90　　⬆️　　📊　　W

Alice Wong 王美華 ✔ @SFdirewolf · Apr 24, 2019

히유우우…… 학교에 와보니 촌에서 온 얼뜨기가 된 기분이었어요. 제 동기는 일곱 명이었는데 모두 뛰어나고 똑똑한 사람들이었고 이미 상당한 커리어와 여러 개의 학위를 가진 사람도 있었어요.

💬 1　　🔁 8　　♡ 63　　⬆️　　📊　　W

Alice Wong 王美華 ✔ @SFdirewolf · Apr 24, 2019

저는 보건대학원 캠퍼스에서 몇 안 되는 장애 학생이었고 접근성 등 장애인 지원과 관련해서 말하자면 기니피그였어요(1990년대 말 이야기예요).

💬 1　　🔁 11　　♡ 86　　⬆️　　📊　　W

Alice Wong 王美華 ✔ @SFdirewolf · Apr 24, 2019

첫해에 두 가지가 곧바로 분명해졌어요. 저는 학업에서 고전했고 제가 전혀 깊이 들어가지 못하고 있다고 느꼈어요. 둘째, 말하자면 벽에 부딪혔는데, 중학교 이래로 얼마나 제 신체정신을 몰아쳐오기만 했는지를 깨닫지 못하고 있었어요. 저는 완전히 방전됐고 따라갈 수 없었죠.

💬 2　　🔁 9　　♡ 100　　⬆️　　📊　　W

Alice Wong 王美華 ✔ @SFdirewolf · Apr 24, 2019

저는 학점을 'I'['미이수'를 뜻하는 'incomplete'의 약자. 해당 학기에 학점에 필요한 사항을 모두 충족하지 못했다는 표시로, 이후에 빠진 부분을 충족해야 제대로 학점이 부여된다]로 두고 그걸 계속 연장했어요. 끔찍한 심정이었어요. 죄책감이 들었고 늘어지는 시간이 길어질수록 죄책감은 커졌어요. 급기야 지도교수님이 저를 불러 최후통첩을 하셨어요. 빨리 코스워크를 끝내고 논문 자격 시험을 치르라고요.

💬 2　　🔁 9　　♡ 85　　⬆️　　📊　　W

Alice Wong 王美華 ✔ @SFdirewolf · Apr 24, 2019

친애하는 독자 여러분, 저는 교수님께 약속한 일정대로 [코스워크 등] 필수 사항들을 어찌어찌 마쳤어요. 문제는, 논문 단계로 들어갈 수 있을 것인가였어요. 첫 2년을 정말 간신히 마친 것을 생각하니, 학위는 못 마칠 것 같더라고요. 저 자신이 실패작이 된 것 같았어요.

💬 1　　🔁 11　　♡ 95　　⬆️　　📊　　W

Alice Wong 王美華 ✔ @SFdirewolf · Apr 24, 2019

비장애중심주의가 제게 내면화돼서, 박사학위를 따야만 더 많은 문화자본과 기회를 얻을 수 있을 거라고 생각했던 것 같아요. 하지만 제 건강과 삶의 질이 우선이라는 게 명확해졌죠. 또한 교수가 아니더라도 연구진 스태프로서도 얼마든지 연구할 수 있다는 사실도 깨달았어요.

◯ 2　⟲ 20　♡ 126　⬆　⭡　Ｗ

 Alice Wong 王美華 ✔ @SFdirewolf · Apr 24, 2019

그래서 학교에서 '최종 석사'라고 부르는 학위를 받았어요. 원래 그 프로그램은 석사에서만 끝나는 과정이 없는데, 제가 무언가를 받고 나갈 만큼은 했다는 의미에서 석사학위를 준 거예요. 이건 지금도 제 성취 목록에서 일종의 '비고란'처럼 느껴지고, 제가 저 스스로의 기대에 못 미쳤다는 생각이 들어요.

◯ 1　⟲ 10　♡ 88　⬆　⭡　Ｗ

 Alice Wong 王美華 ✔ @SFdirewolf · Apr 24, 2019

한참 나중에 그때 박사과정을 담당하시던 교수님 한 분이 저에게 사과를 하셨어요. 그때 학과가 저를 더 지원했어야 했는데 그렇지 못했다고요. 학과는 저를 받아들일 준비가 되어 있지 않았고, 저는 제 신체정신이 말하는 것을 귀담아듣지 않았죠. 가차 없는 속도로 밀어붙이는 것을 지탱할 수 없었어요.

◯ 1　⟲ 21　♡ 134　⬆　⭡　Ｗ

 Alice Wong 王美華 ✔ @SFdirewolf · Apr 24, 2019

저는 10년 넘게 그 학교에서 연구원으로 일하고 있고 보람을 느끼며 지내고 있습니다. 프로젝트를 하면서 연구자로서 성장하고 있어요. 또 사회운동과 지역사회 활동에도 더 많이 관여하게 됐어요.

◯ 1　⟲ 14　♡ 116　⬆　⭡　Ｗ

 Alice Wong 王美華 ✔ @SFdirewolf · Apr 24, 2019

박사과정을 그만둔 걸 후회하지는 않아요. 그건 해방의 행동이었고, 저를 오늘 제가 있는 곳에 있게 해주었어요. 정확히 제가 있고자 했던 곳이죠. 하지만 고통, 외로움, 불안정, 걱정, 부족한 지원 등의 기억은 아직도 저를 괴롭게 합니다.

◯ 4　⟲ 24　♡ 188　⬆　⭡　Ｗ

 Alice Wong 王美華 ✔ @SFdirewolf · Apr 24, 2019

때로 저는 제가 학계에 있었다면 무엇을 기여할 수 있었을까, 생각해요. 장애학과 의료사회학에 무엇을 기여할 수 있었을까, 하고요. 물론 엄청난 기여를 했겠지만, 그건 그들의 손실이고요. 아무튼 결코 알 수는 없겠죠.

이상 #장애인은왜자퇴하는가 저의 이야기였습니다.

로봇으로 지낸
나의 하루

'어빌리티 툴스Ability Tools' 블로그, 2018년 5월 1일

보조공학 테크놀로지에 저항하는 것은 무용하다. SF 덕후로서 나는 테크놀로지와 장애인에 대해 이야기할 때면 늘 〈스타트렉〉에 비유하곤 하는데, 장애인은 지금 가장 깜깜한 암흑의 타임라인을 살고 있다. 적어도 미국 트럼프 행정부 아래에서는 그렇게 느껴진다. 하지만 그와 동시에 우리는 인터넷, 소셜미디어 등 우리가 연결되고 소통하고 사회적인 삶에 참여하는 방식을 혁명적으로 바꿔준 테크놀로지의 시대를 살고 있기도 하다.

활동가들은 장애인 권리를 위해, 또 사회안전망과 주변화된 집단에 대한 공격에 맞서 계속 싸우고 있다. 하지만 잠시 멈춰서 우리 모두에게 얼마나 놀랍고 흥미로운 일들이 일어났는지를 생각해보는 것도 중요할 것 같다. 나의 이야기 한 토막을 여기에 소개한다.

미래에서 날아온 회고록

2015년에 나는 미국장애인법 25주년을 맞아 백악관에서 열리는 기념식에 초청을 받았다. 그때 나는 국가장애위원회National Council on Disability에서 활동하고 있었고 그 직전 해에 장애 가시화 프로젝트를 시작한 상태였다. 여러 이유에서 나는 더 이상 비행기를 탈 수 없기 때문에 행사에 참석하지는 못할 예정이었다. 이것은 내 삶에서 그저 현실이고, 시간은 좀 걸렸지만 나는 적응하고 받아들였다. 장애 때문에 (그리고 더 큰 시스템적 요인들 때문에) 행사, 기회, 모임을 놓치는 것은 너무나 아쉬운 일이지만, 원격으로 참여할 수 있는 일이나 뒤에서 조력할 수 있는 일에 더 초점을 두기로 하는 정도의 내공은 쌓였다. 포모 증후군Fear of Missing Out, FOMO[자신만 뒤처지거나 소외되는 것 같은 두려움을 느끼는 증상]도 내면화된 비장애중심주의의 한 형태다! 이것이 접근성 부족 때문에 행사와 모임을 놓쳐야 하는 서러움을 수십 년 겪고 나서 내가 도달한 결론이었다.

그런데 백악관 대외협력실 선임 부디렉터였던 마리아 타운Maria Town이 참석 여부를 확인하기 위해 내게 연락을 해와서 빔 프로 텔레프리센스 로봇Beam Pro telepresence robot으로 내가 참석하도록 준비할 수 있다고 알려주었다. 나는 참석을 못하겠거니 하고 있었고 온라인으로 편의제공이 가능하리라는 점은 생각하지 못하고 있었다. 나는 정말 감동했고 마리아를 비롯해 이런 편의제공이 가능할 수 있게 해준 행사 관계자분들 모두가 정말 고마웠다. 이것이 백악관에서 더 확산되었으면 좋겠다.

텔레프리센스 로봇은 다리 달린 컴퓨터 스크린처럼 생겼다.

백악관에 있는 텔레프리센스 로봇을 조종하면서 내 노트북을 스크린숏으로 찍었다. 창이 세 개 떠 있는데, 하나는 로봇의 시야로 본 백악관 블루룸으로, 흰 정복 차림의 해병대원이 나를 버락 오바마 대통령에게 소개하고 있고 대통령이 정면으로 나를 바라보고 있다. 그 아래에 있는 작은 창은 로봇이 돌아다니다 장애물을 만나지 않도록 로봇의 바퀴 부분을 보여주는 창이다. 오른쪽에 있는 세 번째 창은 로봇의 스크린에 등장하는 내 모습으로, 현장에서 사람들이 로봇을 볼 때 보게 되는 내 얼굴이다. 집의 내 방에서 이가 다 드러나게 활짝 웃고 있는 내 모습이 보인다.

발 쪽에는 받침대가 있고 그 아래에 바퀴가 달려 있다. 나는 집에서 로봇의 웹캠을 통해 내 노트북 화면에 나타나는 행사장을 볼 수 있고, 행사장의 사람들은 로봇을 통해 나를 보고 내 목소리를 들을 수 있다. 내 컴퓨터 키보드의 화살표를 조정해 물리적인 공간을 스스로 돌아다닐 수도 있다. 사용법은 굉장히 간단하다.

당연히 나는 라이브 트윗으로 행사를 중계했고 행사 도중 보이는 것들을 스크린숏으로 저장했다. 굉장한 모험이었던 만큼 기록으로 남겨야 했다! 나는 대통령과 만날 순서를 기다리면서 블루룸과 그린룸을 '걸어서' 돌아다녔다. 대통령과 만날 시간을 갖

미래에서 날아온 회고록

게 될 줄은 예상하지 못했다. 나는 행사에 참석한다는 것만으로도 이미 엄청 신나 있었다.

대통령과 어떤 대화를 나눴는지는 기억이 선명하지 않다. 우리의 대화는 5분이 넘지 않았을 것이다. 하지만 대통령이 내가 로봇의 모습으로 참석한 것에 큰 관심을 보였던 것은 분명하다. 나는 로봇으로서 행사 현장을 돌아다니는 방법을 시연했고 마지막에 대통령과 사진을 찍었다. 그 사진은 액자에 넣어 거실에 고이 걸어두었다. 잊을 수 없는 경험의, 무한히 소중한 기념물이다.

지금 이 순간에도 많은 장애인이 보조공학 기기를 사용해 사회에 온전하게 참여하는 데 도움을 받고 있다. 테크놀로지 접근성과 관련해, 나는 내가 가진 특권에 대해 많이 생각하고 고민한다. 나는 스마트폰, 노트북, 브로드밴드 인터넷을 구매하고 사용할 수 있는 금전적인 여력이 있다. 유튜브, 트위터, 페이스북을 사용할 때도 접근성에 장벽이 없다. 나는 꽤 쉽게 온라인 콘텐츠에 접근할 수 있고 그것을 다룰 수 있다.

나는 모든 장애인이 자신이 원하는 삶을 사는 데 필요한 것을 가질 수 있기를 바란다. 빈곤, 비장애중심주의, 디지털 격차 등 현실의 많은 요인 때문에 보조공학 기기와 서비스에서 가장 크게 도움을 받을 수 있을 사람들이 정작 그것에 접하지 못하곤 한다. 이상적인 사회에서라면 나는 내 전용 빔 프로를 사겠지만 그것은 내가 감당할 수 있는 가격대를 훨씬 넘어선다. 그리고 장만했다 해도 내가 참석해야 할 장소에 물리적으로 그것을 옮기고 세팅하고 충전하고 다시 집으로 보내줄 누군가가 필요하다. 나

[백악관 사진가] 피트 수자가 찍은 백악관 공식 사진. 2015년 7월 20일에 백악관 블루룸에서 버락 오바마 대통령이 텔레프리센스 로봇으로 참석한 나와 인사를 나누고 있다.

피트 수자가 찍은 백악관 공식 사진. 2015년 7월 20일에 백악관 블루룸에서 버락 오바마 대통령이 텔레프리센스 로봇으로 참석한 나와 나란히 서서 사진 포즈를 취하고 있다.

미래에서 날아온 회고록

는 텔레프리센스 로봇이 업무나 학업에 필요할 경우에 요청하면 누구에게나 제공될 수 있는 합리적 편의제공의 범위에 포함되길 바란다. 또 친구를 만나거나 여행을 하거나 아웃도어 생활을 즐기는 것 등 업무나 학업 이외의 다양한 맥락에서도 텔레프리센스 로봇이 사용될 수 있다.

모든 테크놀로지는 보조공학 테크놀로지다. 보조공학이라는 용어 자체가 언젠가는 낡은 것이 될 것이다. 지금 장애인들이 사용하는 많은 것들이 장애인만을 위해 개발된 것이 아니다. 나는 이 경계를 흐트러뜨리고 싶고, 포스트-로봇 세계를 고대하고 있다.

망 중립성, 접근성, 장애인 커뮤니티

'미디어 정의Media Justice' 블로그, 2017년 11월 22일

직시하자. 소셜미디어는 트롤들이 드글거리고 악취가 진동하는 쓰레기장의 불길일 수 있다. 요즘 같으면 정말이지 온라인에 있기가 싫다. 하지만 [중독] 자가치료를 해보려 아무리 애를 써도 어쩔 수 없이 인터넷으로 돌아오게 된다. 이곳이 내게는 제2의 고향이고 놀이터이고 일터이기 때문이다.

인터넷과 소셜미디어가 나의 활동과 사회적 참여에 필수적인 도구이기 때문에 내게는 망 중립성net neutrality이 정말 중요하다. 나는 장애미디어와 장애문화 콘텐츠를 창조하고 공유하고 증폭하기 위해 활동하는 온라인 커뮤니티 장애 가시화 프로젝트 창립자다. 장애 가시화 프로젝트를 하면서 트위터 채팅, 팟캐스트, 블로그 등을 통해 공동체를 일굴 수 있었고, 우리 미디어를 대중에게 알릴 수 있었다. 또한 나는 #크립더보트의 공동 파트너로서

해시태그가 운동과 대화의 공간을 창조해내는 힘을 직접 목격하기도 했다. 망 중립성이 없었다면 이 같은 도달 범위와 플랫폼과 목소리를 가질 수 없었을 것이다.

또한 인터넷은 시공간을 넘나들며 지지와 연대와 우정을 발견할 수 있는 공간이기도 하다. 나 같은 장애인들은 밖에 나가면 장벽에 직면하고, 장벽을 피하려 하면 사회적으로나 지리적으로 고립된다. 하지만 침대를 벗어나지 못하는 장애인이면서도 인터넷 덕분에 소셜미디어로 믿을 수 없이 활발히 활동하는 기깔나게 멋진 활동가들도 있다. 나를 포함해 많은 사람에게 이것은 말 그대로 생명줄이다. 내게 망 중립성은 민권이다.

인터넷을 사용하기 전에는 늘 사회적으로 고립되었다고 느꼈고, 나와 비슷한 사람을 미디어에서 거의 보지 못했다. 온라인에서 나와 비슷한 사람들을 보기 전에는, 특히 유색인종 장애인들을 보기 전에는 내가 굉장히 강력하고 생기 있는 커뮤니티의 일원이라는 것을 알지 못했다. [나의 신체 상태로] 시위나 행사에 직접 참가하기는 어려웠기 때문에, 내게는 소셜미디어가 시민적·정치적 참여의 주된 방식이었다. 내게 인터넷은 공동체를 창조하고, 우리의 이야기를 공유하고, 장애에 대한 주류 내러티브를 밀쳐내는 도구다. 허세를 좀 부려보면, 자유롭게 이용할 수 있는 인터넷이 없다면 내가 쓴 블로그 글과 내가 제작한 팟캐스트 에피소드들이 사람들에게 닿을 수 없을 것이고, 사람들은 나의 영광스러운 지식을 알지 못하는 커다란 손실을 겪을 것이다.

[물론] 자유롭게 이용할 수 있는 인터넷이 있다 해도, 우리

가 그것을 온전히 사용하면서 우리의 역량을 다 발휘하지 못하게 가로막는 중대한 문제들이 있다. 2016년 퓨 리서치 센터Pew Research Center가 진행한 설문조사에 따르면, 장애인은 비장애인에 비해 브로드밴드 서비스 사용율이 일관되게 낮고 스마트폰, 컴퓨터, 태블릿 소유 비중도 그렇다. 장애인에게 디지털 격차는 현실이며 만연해 있다. 경제적 요인도 있지만, 개인, 기업, 제도가 망 접근성 표준을 비롯한 중요한 기준들을 따르지 않으려 하는 것 역시 중요한 요인이다.

여러분이 유튜브 동영상과 팟캐스트 중 극히 일부에만 접할 수 있다고 생각해보라. 바로 그것이 농인 등 장애인이 경험하는 현재의 미디어 풍경이다. 자막이 없는 동영상, 트랜스크립트가 제공되지 않는 라디오, 대체텍스트alt-text 없는 이미지, 내가 쓰는 보조공학 기기에서는 작동하지 않는 앱 등으로 구성된 풍경인 것이다. 여러분이 장애 때문에 온라인으로 입사 원서를 낼 수 없거나 정부 서비스를 신청할 수 없다고 생각해보라. 미국장애인법을 준수하지 않는 대학에서 다른 학생들과 동일한 온라인 수업을 듣기 위해 고전해야 하는 상황을 상상해보라.

모두에게 말한다. 접근성 없는 미디어와 테크놀로지의 제작 및 생산을 중단하라. 장애인도 다른 모든 사람과 동일한 정보, 서비스, 콘텐츠에 접할 권리가 있다. 장애인에 대한 차별을 멈추라.

뮤지컬 〈해밀턴Hamilton〉에 나온 노랫말을 빌려 말하자면, "나는 일이 벌어지는 그 방 속에 들어가고 싶다". 자유롭게 이용할 수 있는 개방된 인터넷은 내가 이사회실, 교실, 본부, 뒷방, 놀이

방 등 모든 방에 들어갈 수 있게 해준다. 자유롭게 이용할 수 있는 개방된 인터넷은 내가 괜히 미안해하지 않고 당당하게 공간을 점유할 수 있게 해준다. 자유롭게 이용할 수 있는 개방된 인터넷은 내가 나로 존재할 수 있게 해준다. 우리 모두, '일이 벌어지는 어느 곳에든' 들어갈 가치가 있다.

인터넷 접근성은 권력이며, 이 권력은 소수의 기업이 아니라 모두의 것이다.

참을 수 없는
빨대의 무거움

《이터Eater》, 2018년 7월 19일

나는 샌프란시스코 미션지구에 산다. 맛있는 타코집, 빵집, 카페, 바가 도처에 있는 곳이다. 하지만 어디를 가든 휠체어를 타고 호흡기를 달고 다녀야 하는 장애인이다 보니, 내게는 먹고 마시는 즐거움을 누리는 데 수많은 요인이 끼어든다. 라테나 부리토를 먹으려고 집을 나설 때면 머릿속에 여러 고려 사항과 계산이 지나간다. 내가 들어갈 수 있게 가게 문이 활짝 열려 있을까? 그렇지 않으면 안에 있던 누군가가 나오다가, 아니면 누군가가 들어가다가 문을 잡아줄까? 카운터는 직원이 나를 볼 수 있을 만큼 충분히 낮을까? 안이 너무 시끄러우면 나잘 마스크를 쓰고 주문하는 내 목소리를 직원이 잘 들을 수 있을까? 카운터가 너무 높지 않아서 계산할 때 터치스크린이나 계산서에 무사히 서명을 할 수 있을까?

내가 즐겨 가는 동네 매장 중 하나인 사이트글라스 커피에서는 주문할 때 도움을 청하고 도움을 받는 것이 불편하지 않다. 나는 바리스타에게 음료를 테이블로 가져다달라고 부탁한다. 카운터 높이에 내 손이 닿지 않거나 음료가 든 무거운 컵을 들 수 없기 때문이다. 단것이 당기면 시럽을 넣어달라고 부탁하기도 한다. 쭉 짜는 유리 시럽병이 내가 들기에는 너무 무겁기 때문이다. 음료를 주문할 때 내가 늘 부탁하는 두 가지 아이템은 뚜껑과 플라스틱 빨대다. 플라스틱 빨대에서 방점은 '플라스틱'에 찍혀야 한다. 뚜껑은 울퉁불퉁한 인도나 경사로를 갈 때 음료가 넘치지 않게 해주고, 빨대는 내가 음료수 잔을 들어 올려서 마실 수 있는 팔힘과 손힘이 없기 때문에 필요하다. 뜨거운 음료를 마실 때는 플라스틱 빨대가 최고다. 생분해 가능한 빨대는 흐물흐물 풀어져버리기 때문이다.

식당 같은 공공장소에서 도움을 청하는 것은 쉬운 일도 아니고 유쾌한 일도 아니다. 상대방이 어떤 반응을 보일지 알 수 없기 때문이다. 무관심, 동정, 아니면 그냥 노골적인 거절. 나는 이런 종류의 도움이 식당에서 내게 특별 대우를 해주는 것이라고 보지도 않고, 누군가가 그것을 보고 감동해서 소셜미디어에 [내 양해는 구하지도 않고] 올려서 뿌듯한 느낌의 '좋아요'를 받게 해주는 유의 행동이라고 보지도 않는다. 이것은 환대 산업[호텔, 숙박, 식음료 서비스 업종]에서 제공하는 훌륭한 서비스일 뿐이다.

플라스틱은 값싸고, '안티-럭셔리'이고, 낭비적이고, 환경에 해롭다고 여겨진다. 다 맞는 말이다. 하지만 이에 더해 플라스틱은 내 건강과 삶의 질에 필수적인 부분이기도 하다. 나는 신경근육장애가 있어서 수분과 영양을 섭취하는 데 플라스틱 빨대가 꼭 필요하다. 현재 일회용 플라스틱 빨대는 제로 웨이스트 운동에서 환경주의자들의 공격 대상이다. 유니언 스퀘어 호스피털리티 그룹 같은 큰 레스토랑 그룹이나 스타벅스 같은 기업, 또 여행업계의 여러 회사가 일회용 플라스틱을 단계별로 퇴출시키겠다는 계획을 내놓았다.

스타벅스의 발표는, 그리고 밴쿠버와 시애틀이 최근 플라스틱 빨대를 금지했고 뉴욕, 샌프란시스코 등 다른 도시들도 이를 고려하고 있다는 뉴스도, 여러 이유에서 내 신경을 정통으로 때렸다. (나는 아직 재활용 가능한 플라스틱이나 그린워싱 문제로는 들어가지도 않았다).

❶ 환경주의자들 사이에서 플라스틱 빨대는 불필요한 물건으로 여겨지고, 폐기물과 관련해 더 큰 이슈로 사람들을 이끌어오기 위해 가장 먼저 이야기 소재로 삼기 쉬운 '관문 플라스틱gateway plastic'으로 여겨진다. 외로운 고래 재단Lonely Whale Foundation의 사무총장 듄 이브스Dune Ives는 "플라스틱 빨대는 사회적 도구이고 대화를 시작하기에 완벽한 소재"라고 말했다. 하지만 누군가의 사회적 도구가 다른 누군가에게는 영양 공급줄이다. 나는 그러한 말이 빨대에 의존하는 사람들(노인, 아이, 장애인 등)은 중요하지 않고 우리의 필요가 환경보다 덜 중요하다고 말하는 것만 같다. 그런 태도들이 나를 지워버리는 것만 같다.

❷ 우리가 좋아하든 아니든 플라스틱 빨대는 도처에 있다. 무언가가 일단 접근성을 가지고 있을 때, 그것에 의존하는 취약 집단 사람들에게서 그

것을 갑자기 제거하면 그들은 매우 힘겹고 유해한 상황에 처하게 된다. 나는 나를 위해 지어지지 않은 세상에 살고 있으며, 작은 접근성 하나하나가 다 귀하고 힘들게 싸워서 획득한 것이다. 플라스틱 빨대 금지는 진보적이라기보다는 퇴행적이다.

장애인 권리와 장애정의를 위해 벌어지고 있는 지속적인 싸움의 관점에서 볼 때, 플라스틱 빨대 금지는 더 큰 시스템상의 문제를 상징적으로 보여준다. 미국장애인법은 다음 주인 7월 26일이면 스물여덟 살이 된다. 하지만 장애인들은 여전히 식음료 매장에서 장벽에 직면한다. 많은 소상공인이 (그리고 전미레스토랑협회National Restaurant Association가) 미국장애인법을 욕심 많은 고객과 변호사 때문에 툭하면 소송에 휘말리게 만드는 위험 요인으로 여긴다. 장애인을 '사기꾼'이나 '불평꾼'으로 여기는 장애인혐오적 태도는, 자유롭게 먹고 마실 수 없는 매우 실질적이고 고통스러운 장애인들의 경험을 가려버린다.

플라스틱 대신 대체 물질을 사용하라는 요구가 높아지고 있는 한편, 플라스틱 금지가 불러오게 될 추가적인 노동과 허들과 어려움에 대해 우려를 제기하는 장애인들의 목소리도 높아지고 있다. 소셜미디어에서 많은 장애인이 자신의 경험을 공유했고, 이것은 순도 100퍼센트짜리 진짜 이야기다. 나는 미세공격부터 노골적인 차별까지 이들이 온라인에서 이야기한 모든 것을 목격했고 직접 겪기도 했다.

사람들은 나더러 스타벅스가 여전히 생분해 가능한 빨대를 제공할 테니 그것을 사용하면 되지 않느냐고 말한다. 내가 '플라스틱' 빨대를 사용해야 하는 이유가 있는데도 말이다. 또 사람들은 나더러 재사용 가능한 빨대를 직접 가지고 다니면 되지 않느냐고 말한다. 그에 수반되는 추가적인 노동은 생각하지 않고서 말이다. 비장애인인 고객은 공짜로 제공되는 것을 편리하게 이용할 수 있는데 왜 장애인인 고객은 음료를 마시기 위해 무언가를 직접 가지고 다녀야 하는가? 이것은 공평하지도, 평등하지도 않으며, 환대 업종의 서비스에 걸맞지도 않다.

이것이 당신을 위해 지어지지 않은 세상에서 살아가는 경험이다. 자신이 장애가 없는 상태로 누리고 있는 특권을 인지하지 못하는 비장애인들의 요구 때문에 우리[장애인]는 무한한 추가 노동을 하면서 자신을 설명하고 변명해야 한다. 어떤 날에는 정말이지 다음과 같은 말을 녹음해서 틀고 다니고 싶다. "장애인이 하는 말을 믿으세요, 쫌!" 나는 내 신체가 작동하는 방식에 대해 미안해하거나 부끄러워하지 않기로 했다. 누구나 물건을 소비하고 폐기물을 내놓는다. 우리 모두 폐기물을 줄이고 재사용하고 재활용하기 위해 할 수 있는 일을 해야 한다. 동시에, 사람마다 필요가 다르므로 폐기물을 줄이는 데도 서로 다른 해법이 필요하다는 것을 인식해야 한다. 플라스틱 빨대나 산소 튜브처럼 나를 살아 있을 수 있게 해주는 플라스틱 물건들을 사용한다고 해서 내가 괴물인 것은 아니다.

레스토랑은 무대다. 레스토랑들은 매우 정치적이고 투쟁적인 공간이다. 나는 웨이터가 나 말고 내 옆의 일행에게 내가 무엇을 주문할지 대신 묻는 경우를 많이 겪는다. 나는 그저 매장 안에 들어가기 위해서만도 지저분하고 칙칙한 옆문으로 가야 한다. 매장 입구의 직원들은 자리를 너무 많이 차지할 나를 어느 테이블에 앉혀야 할지 자기들끼리 난감해하면서 나를 "저 휠체어분"이라고 부른다. 나는 내가 환영받고 존중받는다고 느껴지는 공간이 좋다. 그들이 사려 깊고 진정성 있는 환대로 서비스를 제공할 때, 나는 그곳에 간 것을 유쾌한 경험으로 느끼게 해주는 작은 것 하나하나에 감사하는 충성스러운 고객이 된다.

시애틀의 플라스틱 빨대 금지 조례에는 장애인 면제 조항이 있다. 의료상의 필요에서 고객이 요청하면 매장은 플라스틱 빨대를 제공할 수 있다. 하지만 이것이 의무가 아니라 '선택' 사항이기 때문에 식당들은 플라스틱 빨대를 굳이 구비해두지 않는 쪽을 택할 것이다. 그리고 이런 유의 금지 조례에 대해 사람들이 잘 모르는 점은, 플라스틱 빨대를 별도로 요청해야만 한다는 사실이 장애인 고객에게 불공정하게 부담을 가중시키고, 그들을 불공정하게 [질병 유무의 진위에 대해] 조사를 당하는 상황에 처하게 만든다는 것이다. 장애인은 친구와 즐거운 저녁을 보내러 간 자리에서 의료상의 이유를 입증해야 할 필요가 없어야 하고 장애를 드러내야 할 필요 자체가 없어야 한다. 그것은 환대가 아니다.

그렇다면, 지금 여기에서 우리는 어떤 방향으로 나아가야 하는가? 어떻게 쓰레기도 줄이면서 접근성도 있고 환대해주는 서비스 환경을 만들 수 있을까? 언젠가는 누군가가 생분해도 되면서 기능적으로도 현재의 플라스틱과 다를 바 없는 신물질을 개발할지도 모르지만, 그전까지는 플라스틱 빨대를 금지한 매장과 금지하려고 고려 중인 매장에 다음과 같은 소박한 제안을 하는 바이다.

- 당신의 매장이 카운터에 빨대를 놓아두는 곳이라면 분명하게 표시해서 두 종류를 모두 놓아두시기 바란다. 당신의 매장이 카운터에 놓아두지 않고 요청시 빨대를 주는 곳이라면 플라스틱과 생분해 빨대 둘 다 구비해두어야 한다. 이는 특정한 집단을 통째로 소외시키지 않기 위해 모든 고객에게 '일반 생수를 드릴까요, 탄산수를 드릴까요'라고 물어보는 것과 다를 바 없다. 고객은 자신에게 가장 좋은 것을 선택할 수 있어야 한다.
- 당신의 매장에서 사용하고 있는 플라스틱 물건들, 가령 플라스틱 랩, 플라스틱 용기 등을 재점검해보고 플라스틱 소비를 줄일 수 있는 추가적인 방법들을 찾으시기 바란다.
- 환대와 접근성의 개념을 확장해야 한다. 이 둘은 하나이고 동일한 것이다.
- 매장의 세팅이 의도적으로, 또는 의도하지 않았더라도 부지불식간에 만들고 있는 장벽이 없는지 점검해보시기 바란다. 그런 장벽이 사람들이 당신의 매장을 찾는 것을 가로막고 있는지도 모른다. 고객의 비판을 귀 기울여 들으시기 바란다. 장애인 고객도 포함해서 말이다. 저항이나 보이콧이 발생하기 전에 장애인들과 함께 해나가시기 바란다. (지켜보겠다, 스타벅스.)

카페들이 에스프레소 음료에 네 종류의 우유 옵션을 제공하고 레스토랑들이 50가지의 와인과 맥주를 제공한다면, 거대 식음료 기업도, 또 소규모 매장도, 두 종류의 빨대를 제공하는 것쯤은 얼마든지 할 수 있을 것이다. 핵심은 모든 물품에 대해 장애인과 비장애인에게 동일한 수준의 접근성을 제공해야 한다는 것이다. 쓰레기를 줄이면서도 모든 고객에게 합리적으로 편의를 제공할 수 있다. 고객은 그런 선택지와 유연성에 화답할 것이다.

결국 이런 일 모두가 당신의 공간을 진정성 있고 포용적인 환대로 모든 사람을 환영하는 공간으로 만들기 위한 것 아니겠는가?

✲
✲✲

샌프란시스코 의회 서기실, 토지 사용 및 교통 위원회 담당 부서기실, 샌프란시스코시 및 카운티 의회 앞으로 보낸 서신(2018년 7월 31일)

코언 의장님, 브라운, 퓨어, 킴, 맨델먼, 페스킨, 로넨, 사파이, 스테파니, 탕, 이 의원님,

안녕하십니까?

제 이름은 앨리스 웡입니다. 제9지구 주민이며, 집 밖에서 음료를 마실 때 플라스틱 빨대를 사용하는 장애인입니다. 오늘 의회 안건 제29호에 반대 투표를 해주시기를 간절히 청합니다.

아마 저는 저희 시에서 식품 서비스 폐기물 저감 조례Food Service Waste Reduction Ordinance를 지지하지 않는 몇 안 되는 사람 중 하나일 것입니다. 여기에서 그 이유를 설명드리고자 합니다.

현재의 장애인 면제 조항은 명료하지 않고 부적절합니다.

"상기 제16장이 정한 사항은 의료상의 필요가 있는 사람에게 합리적 편의를 제공해야 하는 상황에서는 엄격한 준수가 요구되지 않는다"(11쪽, 6~7째줄).

여기에서 말하는 '엄격한 준수'가 식음료 매장 운영자들에게 의미하는 바는 정확히 무엇입니까? '준수'와 '엄격한 준수'는 어떻게 다릅니까? 대부분의 매장이 이것을 헷갈려하지 않을까요?

장애인 면제 조항에는 고객의 요청이 있을 시 제공할 수 있도록 매장이 플라스틱 빨대를 반드시 구비해두어야 한다는 의무 조항이 추가되어야 합니다. 조례 자체에 명시적으로 포함하지 않으면 매장으로서는 고객이 플라스틱 빨대도 쓸 수 있도록 준비해두는 것이 의무가 아니게 됩니다. 조례 자체에 넣는 것과 시행 계획에 넣는 것은 다릅니다.

'의료상의 필요'라는 표현은, 고객이 자신의 필요를 병리학적 용어로 드러내고 입증하고 설명해야 한다는 뜻인가요? 이 표현은 매장을 운영하는 사람이 저와 같은 고객은 특정한 방식으로 보이거나[명백히 장애인처럼 보이거나] 의료적인 진단명을 말해야만 플라스틱 빨대를 받을 수 있다고 생각하게 만듭니다. 하지만 그렇게 명백하게 말할 수 없는 필요도 존재합니다. 이상적으로는 누구도 의구심이나 추가적인 탐문에 처하지 않고, 요청만 하면 언제나 플라스틱 빨대를 받을 수 있어야 합니다. 전에는 존재하지 않았던 허들을 소비자 앞에 세운다는 점에서 이 조항에는 약점이 있습니다.

저는 탕 의장님과 의원님들이 음료를 드실 때 재사용 가능한 빨대를 사용하시려 하는 것에 박수를 보냅니다. 하지만 우리 공동체에는 생분해와 재사용이 가능한 물품을 사용하게 되면 위험하고 위생상의 문제를 겪어야 하는 사람들이 있습니다. 이것은 특권과 평등의 문제입니다. 모든 사람이 돌봄 제공자나 식기세척기가 있어서 재사용 가능한 개인 빨대를 소독할 수 있는 것이 아닙니다. 소득이 충분치 않은 사람은 먹을 것을 사고 집세를 내는 비용만으로도 고전합니다. 전에는 공짜로 널리 구할 수 있었던 것을 갑자기 구매해야 하는 비용은 말할 것도 없겠지요. 게다가, 비장애인은 그래야 할 필요가 없는데 왜 장애인은 자신의 식기를 가져가야 합니까?

지속 가능성과 제로 웨이스트라는 목표는 취약 집단을 배제하는 대가를 치르지 않도록 충분히 유연성을 가져야 합니다. 현재 상태로 이 조례는 노인과 장애인에게 그들이 음료와 영양분에 접근하는 것은 중요하지 않고 그들의 동네 카페가 더 이상 플라스틱 빨대를 제공하지 않는다면 그냥 그들이 ×× 운이 없는 것이라는 메시지를 줍니다. 저의 필요는 '의료상의 필요'가 아니라 접근성이 부족해서 생긴 [접근성상의] 필요'입니다. 저는 의원님들이 한 걸음 뒤로 물러서 이 조례가 통과될 경우 악영향을 받게 될 모든 집단의 당사자들과 협력해 조례안을 재검토하시기를 강하게 청하는 바입니다.

장애 가시화 프로젝트 창립자 겸 디렉터,
앨리스 웡 배상

*
**

2018년 8월 27일

TO: 케이티 탕, 의원님
애슐리 서머스, 탕 의원실 입법 보좌관님
데비 라파엘, 샌프란시스코 환경국장님
니콜 본, 샌프란시스코 장애인국장님

FROM: 앨리스 윙(제9지구 장애인 주민)
RE: 식품 서비스 폐기물 저감 조례 수정안

안녕하세요! 8월 23일 장애인 커뮤니티 이해당사자 모임에 전화로 참여할 수 있어서 기뻤습니다. 장애인들이 실제 삶에서 경험하는 바에 대해, 그리고 왜 저희에게는 플라스틱 빨대 사용이 사회에 참여할 수 있는 역량과 관련되는지에 대해 이해하실 수 있는 기회가 되었기를 바랍니다. 이 편지 말미에 장애인들의 이야기를 조금 더 덧붙이겠습니다. 여유 있으실 때 그것도 읽어주시면 감사하겠습니다.

탕 의원님께서 이번 수정안의 면제 조항 부분을 고치실 때 포함하셨으면 하는 점 몇 가지를 말씀드리고자 합니다.

❶ 모든 식품 서비스 제공자는 요청이 있을 시 플라스틱 빨대를 제공할 수 있게 플라스틱 빨대를 구비해두어야 한다는 의무 조항이 포함되어야 합니다. 이것이 의무 조항으로 포함되지 않으면 식품 서비스 제공자

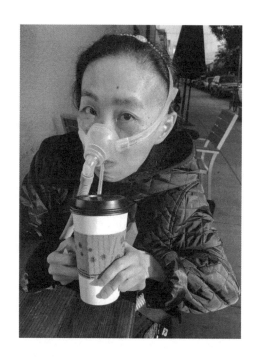

친구 앨리 캐닝턴이
찍어준 사진.
야외 카페에서 테이크아웃
커피 컵과 빨대를 들고
있다니 악마처럼 보인다.

들은 플라스틱 빨대를 제공하지 않는 쪽을 택할 것이고 일부 장애인들
을 사실상 배제하게 될 것입니다.

② '의료상의 필요'라는 표현은 '접근성상의 필요'라는 표현으로 바뀌어야
합니다. 샌프란시스코 환경국이 식품 서비스 제공자를 위해 내놓을 모
든 공지문에서도 마찬가지입니다.

③ [두 종류의] 빨대에 접근성이 '나란하게' 적용되어야 합니다. 핵심은,
플라스틱 빨대를 필요로 하는 사람에게 추가적인 허들을 놓아서는 안
된다는 것입니다. 예를 들어, 어떤 카페에서 고객이 요구할 때만 생분
해 빨대를 제공한다면 플라스틱 빨대도 마찬가지여야 하고, 생분해 빨
대를 카운터에 놓아둔다면 플라스틱 빨대도 마찬가지여야 합니다.

④ 고객이 요청을 해야 플라스틱 빨대가 제공되는 매장에서는 식품 서비

스 제공자가 명확하게 그것을 표시해야 합니다.

❺ 플라스틱 빨대를 요청하는 고객이 스스로를 장애인으로 인식할 필요 혹은 장애인임을 드러내거나 입증해야 할 필요가 없도록 식품 서비스 제공자에게 분명하게 지침을 주어야 합니다. 고객이 달라고 요청하면 추가적인 질문 없이 플라스틱 빨대를 제공해야 합니다. 이 지침이 모든 안내문, 샌프란시스코 환경국 공지문, 미디어 캠페인에 포함되어야 합니다.

다음 단계로 이해당사자 회의를 한 번 더 여시면 어떨까 합니다. 이 안건에 대해 토지사용위원회 공청회가 열리기 전에 새 조례안의 더 구체적인 내용들을 논의하는 자리로서요. 어떤 공청회에 대해서라도 저희가 공적으로 의견을 제출할 준비를 하려면 진행 상황을 잘 알 필요가 있습니다. 저희는 저희가 전문성과 노력을 들여 제안한 내용이 조례안에 어떻게 반영되었는지 알 자격이 있습니다.

저희에게 직접적으로 영향을 미치는 정책에 저희가 영향을 미칠 수 없다면 경청 세션에 참여하는 게 다 무슨 의미겠습니까?

존경을 담아

장애운동가, 커피 애호가, 미션지구 주민, 앨리스 웡 배상

타구에 바치는 송가

《바디 토크: 우리의 급진적인 신체를 탐구하는 37명의 목소리Body Talk: 37 Voices Explore Our Radical Anatomy》 (켈리 젠슨Kelly Jensen 엮음)에 수록.

침, 타액, 가래……. 우리 신체는 이 투명한 액체를 날마다 많게는 2리터나 생성한다. 수분 섭취량, 식단, 약 복용 여부 등 여러 요인에 따라 침은 물처럼 묽을 수도 있고, 거품이 있을 수도 있고, 점성이 있을 수도 있다. 그리고 침은 그 순간 입에 있는 것들과 섞인다. 신체가 분비하는 이 액체는 무한히 매력적일 수 있다. 침을 삼키기가 점점 더 힘들어지면서 나는 침에 새로이 존경심을 갖게 되었다.

내게 전동휠체어는 내 신체의 연장선이다. 전동휠체어는 내 개인 공간의 일부이고 자아 감각의 일부다. 그런데 지난 몇 년 사이 신체의 연장선이 하나 더 생겼다. 바로 타구 컵이다.

타구 컵이 뭐냐고? 간단히 말하면, 침을 삼키기보다는 뱉을 수 있도록 내가 늘 곁에 지니고 있는 도구다. 나는 신경근육장애를 가지고 태어났다. 몸의 모든 근육이 점점 쇠약해진다는 의미다. 시간이 지날수록 내 신체의 방향은 계속해서 더 아래를 향했고 지금도 그렇다. 변화의 속도는 알 수 없다. 나는 일곱 살 때 걷지 못하게 되었고, 열네 살 때 심각한 척추측만증으로 등을 절개하고 척추에 봉을 삽입하는 수술을 했다. 이동 능력이 쇠퇴한 것에 더해 수술로 생긴 합병증은 또 다른 문제를 불러왔다. 횡경막 근육이 약해지면서 '자는 동안 숨 쉬기'가 중대 이슈가 되었다. 나는 네뷸라이저와 간헐적 양압 호흡기를 사용하는 호흡 치료를 처방받았고, 밤에는 산소기계를 사용했으며, 그 외에도 여러 의료 조치가 내게 취해졌다. 이 방식은 열여덟 살 때까지 계속되었다. 열여덟 살 때 호흡부전이 왔는데, 심각한 수면 무호흡증 때문에 밤에 바이팹 기계를 달고 자야 했다. 그러지 않으면 호흡부전으로 죽을 수도 있었다.

음식은 여전히 삼킬 수 있지만 하루가 끝날 무렵이면 너무나 피로해진다. 바로 이 대목에서 타구 컵이 등장하는데, 타구 컵은 음식물이 기도로 잘못 들어가서 사레들리는 사태를 선제적으로 예방해준다. 타구 컵은 내 새로운 친구이자 기발한 임기응변책이고 경이로움의 원천이다.

이제 나는 상호연결된 두 개의 신체 기능을 지극히 민감하게 감지한다. 하나는 숨 쉬는 기능이고 다른 하나는 삼키는 기능이다. 전에는 숨 쉬는 게 최우선이었다. 지금도 감기에 걸려 분비물을 내보내려 애쓰면서 기침으로 컥컥거려야 하는 상황에 대해 막대한 두려움을 가지고 있다. 또 밖에 오래 있어야 하는 날이나 정전이 되는 날이면 바이팹 기계의 배터리 수명이 이만저만 걱정이 아니다. 식사를 할 때는 편안하게 말을 하거나 숨을 쉴 수 없다. 이 모든 고민과 고려와 변화를 거치면서 나는 적응했다. 독감 시즌에는 사람 많은 곳을 피하고 바이팹 기계가 하루 종일 필요한 날에는 바이팹을 휠체어 배터리에 연결해 배터리가 닳지 않게 한다. 음식도 내가 삼키는 한 입 한 입에서 최대치를 뽑아내기 위해 고단백, 고지방으로 바꾸었다. 복부 팽만감을 줄이기 위해 양과 횟수도 적은 양씩 자주 먹는 방식으로 바꾸었다.

바이팹 기계는 설정된 대로 1분당 정해진 횟수의 호흡을 내게 불어넣는다. 이 호흡은 내가 주도하는 것이 아니고, 내 리듬은 기계에 의해 명령된다. 이야기를 할 때면 기계가 들여보내는 숨 때문에 말이 '부자연스러운' 자리에서 뚝뚝 끊긴다. 또한 외부 기계의 시간표에 맞춰 숨을 쉬어야 하면, 무언가를 삼키는 것도 굉장히 복잡한 문제가 된다. 나는 침을(그 밖의 다른 음식물도) 그때그때 그냥 삼킬 수가 없고 숨을 쉰 직후로 타이밍을 맞춰야 한다. 간혹 미처 못 삼킨 상태에서 숨이 들어오기도 하는데, 그러면 질식이 발생해 엄청나게 고통스럽다. 물론 나는 바이팹이 호흡을 엄청나게 지원해주는 기계이고 그것 덕분에 내가 에너지를 굉장히 많이 아끼면서 생존 가능성을 늘릴 수 있다는 사실을 잘 알고 있다. 하지만 내 몸에서 그것을 떼어낼 수 없으므로, 병이 진행되고 내 몸 상태가 변화하는 와중에도 나는 늘 이 기계적 생태계 안에서 운신해야 한다.

호흡 능력을 유지해야 한다는 절체절명의 과제는 내 삶의 모든 활동에 방향을 지우는 기저의 조류와 같다. 그런데 지난 5년 사이, 내 세계에 방향을 지우는 또 하나의 주요한 과제가 생겼으니, 바로 삼키기다. 인간이 24시간 동안 음식, 음료, 침을 얼마나 여러 번 삼켜야 하는지 생각해보라. 씹기, 삼키기, 숨 쉬기는 대부분의 사람들에게 의식적인 노력 없이 이뤄지는 활동이지만, 여기에는 수많은 근육과 신경이 관여된다.

몸이 점점 더 쇠약해지면서 나는 숨 쉬기-삼키기-먹기-말하기의 리듬을 더욱더 신경 써서 타게 되었다. 나는 이 기능들 각각이 어떻게 다른 기능들과 정교하게 연결되어 있는지에 늘 감탄하고, 이러한 신체 기능들이 자동으로 이루어지지 않을 때 우리가 얼마나 취약할 수 있는지를 너무나 절감한다. 나는 음료수, 아주 적은 양의 침, 먹는 도중에 웃는 것 등 아주 간단한 것 때문에도 질식하곤 했다. 사레가 들리면 생사가 달린 상황까지 치닫는 연쇄 작용으로 이어질 수 있다. 숨을 쉬려고 미친 듯이 애를 쓰지만 공기가 들어오지 않는다. 눈알이 부풀고 눈물이 난다. 내 필멸성을 붙들고 멱살 잡고 할퀴면서 꺽꺽대며 기침을 하는 동안 얼굴은 새빨개진다. 모든 것이 경직되고 긴장되었다가, 이윽고 서서히 횡경막이 풀려 목이 다시 열리면서 안정을 되찾는다. 그때쯤이면 얼굴은 땀범벅이고 숨은 거칠고 불규칙하며 젖은 티슈가 사방에 나뒹굴고 있다. 그래도 살아 있다는 안도감이 밀려온다.

침은 나의 적인가? 나는 그렇게 생각하지 않는다. 침은 늘 존재하며 소화 과정에서 매우 중요한 역할을 한다. 하지만 사레가 들리면 내 신체 시스템이 충격을 받고, 이는 내게 생명의 허약함

미래에서 날아온 회고록

과 인간의 취약성을 상기시킨다. 이때 나는 침에 진저리를 내면서 맞서 싸우려 하거나, 침을 줄이려고 약을 먹거나, 또 하나의 주요한 신체 기능이 쇠퇴한 것에 대해 우울해하기보다, 잦은 질식에 대처하는 방법으로 셀프 제작 타구 컵을 사용하기 시작했다. 타구 컵은 식도 근육을 아주 약간이나마 쉴 수 있게 해주었다. 타구 컵은 내가 나에게 준 선물이고, 문자 그대로 생활의 꿀팁이다.

나는 어느 공간에서든 이 새로운 액세서리를 늘 지니고 있는 법을 터득해나갔다. 우리의 문화적 기준에서 볼 때, 신체 밖으로 나온 침은 더럽고 지저분해 보인다. 공공장소에서 침이나 가래를 뱉는 것은 배우지 못한 행동이다. 혹은 침 흘리는 것은 아기들의 행동으로 치부된다. 그렇다 보니, 침 뱉는 것을 부끄러운 일로 여기면서 비장애중심주의를 내면화하기 쉽다. 나는 친구들과 함께 있을 때 온갖 촉각을 세워 의식한 채로 타구 컵을 옆에 두고 조심스럽게 다루면서 중간중간 침을 뱉었다. 실수로 쏟을까봐도 걱정이었고(네, 그런 일이 두어 번 있었어요), 사람들이 컵 안에 든 것을 알아볼까봐도 걱정이었다. 하지만 내가 직면해야 할 가장 큰 난관은 내가 내놓은 상당량의 침을 볼 때 나 자신이 느끼게 되는 역겨움이었다.

컵 안에서 내 침은 날마다 다른 모양을 한다. 끈적이고 기분 나쁘게 보일 수도 있지만, 내 신체가 그렇듯이 내 침도 궁극적으로 아방가르드 예술이다. 음식물과 함께 소용돌이치기도 하고 커피나 국물 같은 액체와 섞여 무지개 색의 다채로움을 보이기도

투명 플라스틱 컵에 티슈를
채운 타구 컵. 티슈가 침을
흡수하면서 초콜릿색 같은
갈색 줄무늬가 생겼다.

한다. 누군가와 신나게 이야기하고 나면 카푸치노 거품 같은 침을 생성할 수도 있고, 콧물이 뒤로 넘어가 입으로 나오면 끈적한 점액의 형태를 띨 수도 있다. 컵이 넘어져도 쏟아지지 않도록 안에 넣어둔 티슈에 스며들어 추상적인 모양의 조각 작품이 되기도 한다. 침은 내 신체에서 규칙적으로 생성되는 것이지만, 바깥에서 그것을 보는 건 침을 완전히 다른 맥락에 놓는 것이다. 혹시내가 타액 예술계의 쿠사마 야요이Kusama Yayoi[설치 미술가]?

내 침을 보는 것, 날마다 내 침과 접촉하는 것은 인간 신체의놀라운 아름다움을 보게 해준다. 침은 내게 유용한 기능을 해주지만 내 생명을 위협하기도 한다. 내 타구 컵은 내 장애의 진전을보여주는 표식이다. 또한 내 타구 컵은 내 신체정신bodymind[신체와 정신을 별개의 실체로 보는 이분법 대신 통합적인 실체로서 이 둘의 관계에 주목하기 위해 고안된 용어]이 겁나 창조적임을 보여주는 기표다.

상호의존이라고 하면 흔히 우리는 사람들 사이의 관계나 공동체와의 관계를 생각한다. 하지만 내 신체가 달라지면서 나는 사물과 점점 더 많이 엮이게 되었고 그것들을 내 생존 인프라의 복잡한 망을 구성하는 일부로 여기게 되었다. 내 사이보그적 신체는 위성처럼 내 주변 궤도에 자리하고 있는 사물들에 연결되어 있다. 이 하드웨어, 기계, 사물들은 살아 있는 생명체가 아니고 숨을 쉬지 않지만 나의 일부다. 그것들은 나를 결박하는 동시에 해방시킨다. 그것들은 나를 중심에 놓고 돌면서 내가 내 삶을 최대한으로 누릴 수 있게 해준다.

숨 쉬기처럼 침 삼키기도 대부분의 사람들에게는 딱히 지각되지 않은 채 늘 당연하게 수행되는 신체 활동일 것이다. 내 장애는 내가 내 신체에 유심히 귀 기울일 수밖에 없게 만들었고, 기발함을 최대로 발휘해 무엇이건 임기응변으로 만들어내는 '맥가이버'적 자아를 내 안에서 끌어냈다. 나는 듬직한 타구 컵에 감사하는 것만큼이나 내 사이보그적 존재에 감사한다.

골수의 맛을 향해

우리 집에서 나는 악명 높은 찬페이饞坯다. 찬페이는 산둥 사람인 우리 부모님이 '너무 까다로워서 손사래 치게 만드는 식도락가'를 부르는 말이다. 정확한 번역어가 무엇이 되어야 할지는 모르겠지만 내 방식으로 해석해보면, 늘상 먹는 것을 생각하고, 이런저런 먹고 싶은 것을 상상하고, 먹는 것을 좋아하고, 언제 무엇을 어떻게 먹어야 하는지에 몹시 까다로운 사람을 뜻한다. 까탈스러운 식도락가에 수억 배를 곱했다고 생각하면 될 것이다. 한마디로, 음식에 관한 한 왕짜증 왕재수라고나 할까?

나는 스콘을 반으로 갈라 버터를 바르고 황금색이 될 때까지 구운 뒤 딸기잼이나 복숭아잼을 듬뿍 발라 먹는 것을 좋아한다. 나는 간장 양념에 졸인 삼겹살이나 돼지족발을 좋아하고, 구운 오리의 껍데기와 비계 부분만 먹는 것을 좋아한다. 머핀이나 쿠

미래에서 날아온 회고록

키의 바삭한 테두리를 좋아해서 까탈스러운 다람쥐처럼 돌려가며 가장자리를 갉아 먹곤 한다. 오리 기름에 두 번 튀긴 감자튀김을 아이올리소스나 랜치소스(진짜 허브와 버터 밀크로 만든 것이어야 한다)에 찍어 먹는 것을 좋아한다. 피자 도우가 과자처럼 바삭한 얇은 피자를 좋아하는데, 토핑에서 나온 물기로 도우가 눅눅해지지 않아야 한다. 남은 음식은 전자레인지에 돌리는 것도 괜찮지만 오븐이나 스토브에서 데우는 게 더 좋다(노동이 추가되긴 하지만). 내가 왕짜증 왕재수라고 이야기했던가?

우리 집에서 나는 새 조리법을 발견하고 온라인으로 식품을 주문하고 장 볼 목록을 만드는 일로 기여한다. 내 안에는 보스 기질의 고양이가 있어서, 냉장고를 열고 서서 저녁에 뭐 먹나 망연히 고민할 일이 생기지 않도록 미리 계획하고 필요한 것들을 챙겨놓는다. 부모님은 건강에 좋은 저탄수화물 식사를 하셔야 하는데, 나는 그와 완전히 정반대로 해야 하기 때문이다. 다음 끼니 때 먹을 것을 생각하며 너무 신이 나 있을 때면, 가령 곧 도착할 일본 스타일의 바스크 치즈케이크('바수쿠 치즈케이크Basuku Cheesecakes'라는 브랜드 제품인데, 정말 최고다)를 극도의 흥분 상태로 기다리고 있을 때면, 부모님은 내가 위장 크기에 비해 눈이 너무 커진다고 말씀하시곤 한다. 열정은 무한한데 위장 크기에 한계가 있다는 비극 역시 찬페이가 의미하는 바 중 하나다.

나는 하루의 꽤 많은 시간을 먹는 것 중심으로 조직하며, 찬페이가 되는 것은 한 가지 이상의 방식으로 나의 생존을 가능하게 해준다. 어렸을 때는 거의 모든 것을 게걸스럽게 먹었다. 등을 절개하는 수술을 하기 전에는 자세를 곧게 유지하기 위해 강화유리로 된 지지대를 착용했는데, 꽉 조이는 틀에 배를 욱여넣어야했다. 거하게 식사를 하고 나면 부모님께 지지대를 좀 느슨하게해달라고 했다. 그러고 나면 달콤하디 달콤한 편안함을 느낄 수있었다. 그때는 1980년대였고, 아마도 인디애나주 무어스빌의그레이 브라더스 카페테리아에서 바비큐립, 그레이비소스를 뿌린 으깬 감자, 옥수수, 애플파이를 먹었거나, 인디애나폴리스의샤피로스 델리에서 귀리에 올린 콘비프와 머스터드, 감자 팬케이크(채 쳐서 만든 게 아니라 제대로 갈아서 만든 것)와 애플소스, 마카로니 앤드 치즈 같은 것을 먹었을 것이다. 집으로 돌아오는 차안에서 지지대를 느슨하게 풀고 있으면 숨을 더 편하게 쉴 수 있었고 빵빵해진 배가 소화도 더 잘 시킬 수 있었다. 정말 기분 최고였다! 내가 먹는 것에 대해 자격지심을 갖거나 '말 안 듣는' 환자가 되는 것을 너무 의식하지 않게 해주신 부모님께 감사드린다. 두 분 모두 배 곯으며 가난하게 사는 게 무엇인지 잘 알고 계셨고, 어린 시절의 그런 경험 때문에 잘 먹는 것을 무척 중요하게여기셨다.

진행성 신경근육장애인으로 산다는 것은 현실에서 다음과같은 몇 가지를 의미한다. 근육에서 점점 더 힘이 빠진다. 변화는 점진적일 수도 있고 급작스러울 수도 있다. 미래의 경로는 예측 불가능하다. 다른 한편으로, 이것은 내가 계속해서 적응성과창조성의 힘을 발견하고 감사히 여기는 법을 알아가게 되었다는의미이기도 하다.

30대에서 40대로 넘어가던 시기에 나는 낮에도 보조 기기 없이는 숨을 쉬기가 어려워졌다. 밤에는 이미 바이팹과 산소기계를 사용하고 있었지만, 말하고 먹고 삼키는 것이 점점 더 심하게 피로한 일이 되었다. 나도 모르는 사이에 허리 통증도 악화되어 있었다. 만성 통증은 처음이라서 그것이 활력, 영양, 식욕에 어떻게 영향을 주고 있는지를 알아차리지 못했다. 음식 때문에 질식할 수 있다는 생각도 무서웠고, 그렇다 보니 심각하게 체중이 줄고 근육량이 크게 떨어졌다. 구조적인 장벽도 있었다. 가령, 집에 두기에는 휠체어로 접근 가능한 체중계가 너무 비쌌다. 병원에는 휠체어를 타고 잴 수 있는 체중계가 있었지만 자주 이용하기는 어려워서 몸무게조차 규칙적으로 잴 수 없었다. 바로 이것이 당신을 위해 지어지지 않은 세상에서 살아가는 삶이다.

소견서를 받아 영양전문사에게 상담을 받았는데 결정하기 애매한 결과가 나왔다. 나는 위루관gastronomy tube, G-tube 삽입(수술로 위에 관을 연결하는 것이다)을 고려하기 전에 비침투적uninvasive 조치를 먼저 하고 싶다는 생각이 분명했다. 하지만 영양전문사는 위루관의 장점을 강하게 주장했고 나의 근육량이 감소하는 것에 대해 무섭게 경고했다. 위루관을 삽입하면 음식과 수분 섭취와 약 복용이 한결 쉬워지리라는 것은 나도 알고 있었다. 위루관을 삽입한 다른 장애인들과도 이야기해보았는데 위루관 삽입을 하고 나니 더 좋고 입으로 먹거나 마시는 것도 여전히 가능하다고 했다. 언젠가는 나도 위루관 삽입을 (그게 아니면 경정맥 영양 공급을) 하긴 해야 할 것이다. 하지만 그래도 나는 내 일상에 또 한 차례의 대대적인 변화가 오기 전에 좀 더 시간을 갖고 싶었다.

전문 의료인이 어떤 치료법이나 조치를 제안하기는 쉽다. 하지만 그들은 종종 그것을 유지하기 위해 어떤 노력을 추가로 들여야 하는지는 잘 고려하지 않는다. 다른 의료 장비가 이미 가득한 내 방 벽장에 위루관과 관련된 새 장비들을 넣을 공간이 충분한가? 나와 내 활동지원사가 새 장비를 사용하고 관리하는 법을 잘 익힐 수 있을까? 물론 위루관 삽입이 주는 장점이 있겠지만, 감염 위험이나 피부가 쓸려서 아픈 것, 위액이 흐르는 것 등의 문제를 내가 기꺼이 감당할 준비가 되어 있는가? 고민 끝에 나는 신체에 대한 자율성과 지금 이 순간 내게 의미 있는 삶의 질에 우선순위를 두면서 내 기준대로 건강을 돌봐나가기로 결정했다.

음식 접근성은 주로 돈, 자원, 지리적 인접성의 문제로 이야기된다. 또한 음식 접근성은 정책과 시스템적 문제로도 이야기할 수 있다. 나에게 음식 접근성은 이 모든 것의 문제이고, 이에 더해 안전하고 쉽고 맛있게 음식을 먹을 수 있는 법과 관련해 제기되는 온갖 어려움의 문제다. 음식 접근성은 즐거움, 맛, 기쁨과 분리된 개념이어서는 안 된다. 나는 심각한 상황에 새로이 직면하게 될 때마다 이 점을 놓치지 않으려고 노력한다.

변화해가는 몸에 귀를 기울이고 그 몸을 존중하는 것은 실험과 적응의 과정이다. 내가 내 몸에 대해 알아낸 것 몇 가지를 여기에 소개한다.

- 나는 바이팹을 낮에도 사용하기 시작했고, 그 덕분에 식사와 간식 사이

시간에 에너지를 아낄 수 있게 되었다. 또 먹고 나서 숨찰 걱정을 하지 않게 되었다. 보너스로 물도 더 많이 마신다.

- 최근 새 영양전문사를 통해 초고칼로리 부스트Very High Calorie Boost라는 게 있다는 것을 알게 되었다. 영양전문사가 처방할 수 있고 메디케이드 보장 범위에도 포함된다! 전에 마셨던 고단백 음료와는 차원이 다른 제품이다.

- 나는 한 번에 많이 먹기보다 조금씩 자주 먹고 중간중간 군것질을 하도록 계획한다.

- 사고를 예방하기 위해 먹을 때는 말도 하지 않고 다른 데 정신이 팔리지 않게 집중한다. 힙한 사람들은 이것을 '마인드풀 이팅mindful eating'[눈앞에 있는 음식을 온전히 집중해서 먹는 명상적 식사법]이라고 부르겠지만, 나는 '질식해 죽지 않으려는 노력'이라고 부른다.

- 질식을 막는 또 하나의 방법은 삼킬 때 턱을 앞과 아래로 최대한 쭉 빼는 것이다.

- 무언가를 먹다가 삼키기 어려운 게 들어 있다는 것을 깨달았을 때를 대비해 타구 컵을 가까이에 둔다. 가끔은 고기를 씹어 육즙만 즐긴 뒤에 뱉기도 한다. 불행히도 컵이 넘어져 쏟아지는 일이 종종 있는데, 적응해야 한다(하아).

- 부드럽고 크리미하고 지방이 많고 액체 기반인 음식이 삼키기에 더 좋다. 그래서 나는 맛을 이러한 질감으로 조정하는 법을 터득했다. 질기거나 섬유질이 많거나 끈적이지 않는다면 감자칩, 튀긴 닭껍질, 고구마 튀김처럼 바삭한 질감도 아직까지는 즐길 수 있다. **지방은 맛도 있고 질식을 막는 데도 요긴하다.**

팝콘이 너무 그립지만 숙성한 화이트 체다치즈가 들어간 파이어리츠 부티Pirate's Booty[입에서 녹는 질감의 옥수수 뻥튀기 과자 이

친구 미아 밍거스가 찍어준 사진. 캘리포니아주 버클리에 있는 스위트 애들라인 베이크숍에서 찍었다. 테이블에는 디저트 세 조각이 놓여 있다. 휘핑크림을 넉넉히 올린 초콜릿크림파이 두 조각과 생딸기를 올린 옐로케이크다. 초콜릿크림은 굉장히 진하고 커스터드 느낌이 많지 않아서 휘핑크림과 함께 먹기에 딱 좋았다. 사실 나는 휘핑크림이 이날의 주인공이라고 생각했다. 나는 내킬 때면 커피에 휘핑크림을 얹어 먹는 것도 좋아한다. 이게 사는 거지!

름]면 대체품으로 충분하다. 가재 초밥 대신 가재 비스킷을 먹는다. 소고기나 양고기는 더 이상 먹을 수 없지만 번들번들하고 섹시하고 지글거리는 골수를 파커하우스 롤빵에 얹고 블랑 드 블랑 샴페인(슈램스버그 빈야드 제품)을 곁들여 먹을 수는 있다. 아니면 아주 뜨거운 사골 육수 한 컵을 유리 빨대로 조금씩 마실 수도 있다. 바비큐립은 더 이상 내 메뉴에 존재하지 않지만 베이크드 빈을 오래 익히고 그을려 불맛을 내면 고소한 훈제 고기 느낌이 난다. 그리고 알갱이 없는 땅콩버터, 요거트, 두부, 달걀, 아이스크림, 치즈, 죽, 퓨레의 존재에 대해 하나님께 감사드린다.

많은 장애인과 만성질환자가 상실, 슬픔, 분노, 비참함을 겪는다. 급진적인 신체를 사랑하기란 쉽지 않다. 하지만 그 신체는 우리가 가진 것과 아직 우리에게 남아 있는 것을 충분히 누리고 감사하게 만들어주기도 한다. 나는 과거에 먹었던 훌륭한 식사의 따뜻한 추억을 음미할 수 있고, 내 욕망의 골수를 향해가는 새로운 음식 모험을 기대할 수 있다.

삶의 이 단계에서 내가 먹을 수 있는 것에 제약이 있다는 생각은 내가 마음껏 찬페이가 될 수 있게 해주었다. 나는 음식을 통해 스스로에게 영양분을 공급하고 즐거움을 느낄 수 있는 역량을 가능한 한 오래 지킬 것이다. 머지않아 위루관을 삽입해야 하리라는 생각에 두려워하지 않을 것이다. 그리고 아직 먹을 수 있을 때 휘핑크림이나 펌킨파이 한 조각을 더 먹는 것을 자제하지 않을 것이다! 적응은 돌봄의 노동이다. 적응은 생존이다. 적응은 과거와 현재 사이의 협상이다. 적응은 과학이고 예술이다. 적응은 경계선을 밀어서 넓히고 새로운 미래를 창조하는 행위다.

SOONDUBU JJIGAE WITH SEAFOOD
해물순두부찌개

FOOD

POTATO CHIPS & CHAMPAGNE
감자칩과 샴페인

O-TORO NIGIRI
참치 초밥

生煎包
PAN-FRIED BUNS
셩젠바오(팬에 구운 왕만두)

韭菜鱼水饺
FISH & CHIVE DUMPLINGS
생선살과 파를 넣은 교자

蛋撻
EGG CUSTARD TARTS
단타(중국식 에그 타르트)

PEACHES & MANGOES
복숭아와 망고

CHAWANMUSHI
자완무시[컵에 담긴 일본식 달걀찜]

HEAVEN

卤猪蹄
BRAISED PIG TROTTERS
돼지족발찜

FRENCH FRIES WITH AIOLI
감자튀김과 아이올리소스

펠리시아 량 작품

왜 '#접근성은사랑'인지
깨닫자

'권리에 뿌리를 내리다Rooted in Rights' 블로그, 2019년 2월 14일

나는 어린 시절과 젊은 시절의 많은 시간을 내 자아와 내가 속할 수 있는 공동체를 찾으려 애쓰며 보냈다. **비장애중심주의**나 **교차성** 등 오늘날의 나를 구성하는 데 도움이 된 어휘나 개념들을 그때는 알지 못했다. 장애인의 자긍심과 장애인 정체성이 생기기까지는 시간이 오래 걸렸다. 하지만 다른 장애인들을 찾아보고 만나보려 노력하기 시작하자 이 과정에 속도가 붙었다. 그들이 꼭 나와 같은 종류의 장애를 가지고 있어서나 내 절친이 되어서는 아니었다. 그렇지 않더라도 나는 그들에게서 우리 삶의 실제 경험에 대해 '그래, 무슨 말인지 알아'라는 이해와 인정의 느낌을 받을 수 있었고, 그것이 내가 계속해서 나아갈 수 있게 해주었다.

22년 전 샌프란시스코 베이 에어리어로 이사왔을 때, 나는 꼭 크립 컬처의 심장부에 당도한 중서부 교외의 시골쥐가 된 것 같

세 명의 아시아계 미국인 장애 여성. 왼쪽부터 미아 밍거스, 나, 샌디 호.

앉다. 하지만 장애 여성, 유색인종 장애인들이 따뜻하게 맞아주
었고 자신의 생활과 시간과 문화를 기꺼이 내게 나눠주었다. 장
애정의에 대해 알게 되고 베이 에어리어라는 독특한 지역 밖의
사람들과도 온라인으로 연결되면서 나의 배움은 더욱 깊어졌다.

나 자신을 인정하고 받아들이기 시작했을 때, 나는 앞으로도
내게 계속 존재할 혼란, 부끄러움, 내면화된 비장애중심주의를
인정해야 했다. 내가 이 세상에서 존재하고 생각하고 움직이는
새로운 방식에 눈을 뜨게 된 것은 수많은 장애인들이 베풀어준
사랑과 너그러움 덕분이다. 사랑과 친절의 행동 하나하나가 모두
를 상호의존의 유대로 묶어주는 집합적인 힘을 구성한다.

모든 공동체에는 크건 작건 갈등이 있고 지지고 볶는 드라마
가 있으며 역기능적인 부분도 많다. 하지만 모든 공동체는 변화

를 일구고 창조하고 동원해내는 세대 간의 지혜, 활력, 사랑의 보고를 가지고 있기도 하다. 여러 [소수자] 커뮤니티에 속한 사람으로서 나는 그 모두를 사랑한다. 당당하고 유쾌하게 물장구를 치며 돌아다니고 다른 사람들과 함께 새로운 공간을 만들고 확대해갈 자유를 갖게 해주면서도, 동시에 단단히 닻을 내리고 있을 수 있게 해주기 때문이다.

지난 가을, 오랜 기간 우정을 나눠온 미아 밍거스Mia Mingus와 샌디 호Sandy Ho를 대면으로 만나 시간을 보낼 수 있었다. 우리는 (샌디가 기획하고 공동 조직한 행사인) 2018 장애와 교차성 정상회담Disability and Intersectionality Summit 때 미아가 했던 기조연설에 대해 이야기했다. 그 연설의 제목은 〈장애정의는 사랑의 또 다른 이름일 뿐이다Disability Justice is Simply Another Term for Love〉였다. 아래는 내 마음에 정말 깊은 울림을 남긴 미아의 연설 중 일부다.

저는 이렇게 주장하고 싶습니다. 장애정의, 이 단어는 그저 사랑을 부르는 또 다른 이름이라고요. 연대, 접근성, 접근 친밀성도 그렇습니다. 모두 사랑을 말하는 다른 방식일 뿐입니다. 저는 해방을 위한 우리의 노력이 그 자체로 사랑의 실천이라고 생각합니다. 사랑의 매우 깊고 심오한 실천이지요. …… 그리고 이런 공간을 창조하는 것도 사랑의 행동입니다.

뛰어난 장애인들이 한데 모이면 마법이 일어난다. 미아 밍거스가 말한 개념을 창조적이고 재미있는 방식으로 발전시킬 방법을 이야기하다가 새로운 프로젝트가 탄생했다. 바로 #접근성은 사랑#AccessIsLove 프로젝트다. 미아와 샌디와 내가 만든 이 프로젝트는 다음과 같은 목적을 가지고 시작되었다.

- 접근성 개념을 법 준수와 장애인 권리 프레임 너머로 확장한다.
- 사람들이 접근성을 일상에서의 실천과 생활에 포함하도록 독려한다.
- 장애인 커뮤니티 외부와 내부의 여러 운동을 아우르며 활동가들과 연대하고 그들을 지지한다.

우리는 접근성과 장애정의에 대한 자료 목록을 만들었고, 사람들이 접근성에 대해 의식적으로 생각하고 실천하기 시작할 수 있도록 10단계의 가이드도 만들었다. 또한 이 이슈를 다른 이들과 공유하기 위해 굿즈도 디자인했다. 이런 점들을 염두에 두고, 여러분들도 다음의 질문들을 생각해보시면 좋겠다.

- 당신은 누구를 사랑하는가? 누가 당신의 사람들인가?
- 당신은 당신의 공동체에 어떻게 사랑을 보여주는가?
- 다른 이들을 위해 그 자리에 나타나주는 것의 의미는 무엇인가?
- 어떤 의미에서 접근성, 연대, 장애정의가 사랑의 형태라고 말할 수 있는가?

우리가 누구를 사랑하고 어떻게 사랑하는지는 본질상 정치적이다. 우리는 행동과 활동을 통해 명시적으로, 또 은밀하게 우리가 동류이고 동지임을 선언한다. 쉬운 일도, 간단한 일도 아니지만 모두가 날마다 자신의 공동체를 위해 자신의 사람을 찾고 사랑을 표현할 수 있는 방법을 알아낼 수 있기를 바란다.

시금치 퓨레와 버섯 수프

재료(4인분)

- 올리브유 1~2티스푼
- 구운 마늘 4~8개
- 미니 시금치 크게 3~4줌
- 깍둑썰기 한 표고버섯(다른 버섯도 됨) 반 컵
- 양파 반 개, 깍둑썰기
- 짙은 휘핑크림 8온스[약 227그램] 또는 코코넛 밀크
- 닭 육수나 채수 3~4컵
- 간할 때 쓸 소금(후추 애호가들은 후추도)

조리법

1. 소스 팬을 불에 올리고 중강불에서 가열한다. 올리브유를 두른다.
2. 기름이 뜨거워지면 시금치, 버섯, 양파를 넣는다. 5분간 익힌 뒤 중불로 낮추고 뚜껑을 덮는다. 채소가 무를 때까지 5분간 더 익힌다.
3. 육수나 채수를 넣는다. 뚜껑을 덮고 중불로 10~15분 정도 끓인다.
4. 구운 마늘을 넣고 불을 끈다.
5. 너무 뜨겁지 않을 때 전동 믹서로 적당한 질감이 될 때까지 갈아준다. 중불에 올리고 휘핑크림을 넣는다. 부드럽게 저으면서 다시 10~15분간 데운다. 소금(그리고 후추)으로 간한다.
6. 손잡이가 달린 도기 그릇에 담아낸다. 장애가 있다면 유리 빨대도 함께 낸다.

SUCK IT, ABLEISM

망할 비장애중심주의!

문화

나는 뮤턴트가 맞아요. 그리고 사람들이 내가 누구이고
무엇인지 알았으면 좋겠어요. 내가 이것을 알리는 이유는요, 그러니까,
그것 때문에 문제가 있다면……, 문제를 알고 싶어요.
—키티 프라이드Kitty Pryde, 〈올-뉴 엑스맨All-New X-Men〉 #13 등장인물

공동체 없이는 해방도 없다.
—오드리 로드Audre Lorde

장애인계의 상위 1퍼센트

2016년 1월 21일 W. 카마우 벨W. Kamau Bell과 〈덴젤 워싱턴은 모든 시대를 통틀어 가장 위대한 배우다Denzel Washington Is the Greatest Actor of All Times〉 팟캐스트 63화에서 나눈 대화. 아래 대화는 내용을 더 명료하게 전달하기 위해 요약과 편집을 거쳤다.

W. 카마우 벨: 어서오세요, 앨리스 윙. 〈덴젤 워싱턴은 모든 시대를 통틀어 가장 위대한 배우다〉에 와주셔서 고마워요.

앨리스 윙: 불러주셔서 고맙습니다. 너무 기대돼요.

카마우: 네, 고마워요. 청취자 여러분들이 앨리스를 잘 모르실 수도 있으니 말씀드리면, 저희는 제가 버클리에서 하던 스탠드업 쇼 〈10시까지는 집으로Home by 10〉에서 만났어요. 그 쇼에 오셨고, 나중에 이야기도 나누고 함께 사진도 찍었죠. 그런데 최근에 우리 팟캐스트에서 〈본 콜렉터〉를 리뷰했을 때, 아, 그 리뷰는 케빈[케빈 에버리Kevin Avery]하고 저하고 했었는데요. 케빈하고 저하고 둘이서만 리뷰를 하다가 중간에 이런 생각이 들었어요. '이 영화에서 그 부분을 진짜로 이해하기에는 장애인에 대해 내가 정말 잘 모르는데……'라고요. 〈본 콜렉터Bone Collector〉의 매우 중요한 부분이라서 장애인에 대한 이야기를 꼭 해야 했어요. 주인공이 장애를 가지고 있다는 것이 영화 플롯에서 핵심적이니까요. 그러던 중에 애덤 하첼Adam Hartzell[트위터 계정 @

W. 카마우 벨과 나.
2015년 캘리포니아
버클리에서
〈10시까지는 집으로〉
쇼를 마치고 찍은 사진.

FireEssaying]이 트위터에서 찾아보더니 앨리스를 초대 손님으로 모셔야 한다고 하더라고요. 앨리스의 사진을 봤는데, 이런 생각이 들었어요. '왜 낯이 익지?' 그러고 있는데, 앨리스가 〈10시까지는 집으로〉 때 함께 찍은 사진을 보내줬어요. 여름에 버클리에서 찍은 거요.

앨리스: 제 증명이죠.

카마우: 네, 증명이요(웃음).

앨리스: 저를 언급해주신 애덤에게 감사해야겠네요. 그리고 장애인이 그 부분을 어떻게 보았는지 이야기할 수 있어서 기뻐요.

카마우: 네네, 정말 감사하게 생각해요. 아, 잠깐, 청취자 여러분이 아시도록요, 트위터 계정이 @SFdirewolf 맞으시죠?

앨리스: 넵.

카마우: 와 이름이…… 정말…… 트위터 이름이네요. '다이어울프'. 슈퍼히어로나 뭐 그런 것처럼 들리는데요?

앨리스: 〈왕좌의 게임Game of Thrones〉에 나와요. 보셨는지 모르겠지만요.

카마우: 아, 그거군요. 저는 〈왕좌의 게임〉을 예로 들어 이야기하면 잘 못 알아들어요. 혼자만 못 알아들어서 소외되죠.

앨리스: 아……

카마우: 그런데 그게 늘……

앨리스: 승부욕이 생기죠!

카마우: 오, 앨리스, 저는, 저는 그쪽 아니에요! 제 사촌이 N. K. 제미신N. K. Jemisin 팬인데요, 유명한 판타지 작가 있잖아요. 2015년 《뉴욕 타임스》의 주목 도서 100선에 오른 작품도 있고요.

앨리스: 와우!

카마우: 저는 하나도 안 읽었지만요. 그러니까 저는……

앨리스: 나쁜 사촌이군요.

카마우: 네, 제 사촌은 판타지 유전자가 있어요. 저는 없고요.

앨리스: 카마우는 블러드Blerd[흑인Black과 너드nerd를 합한 말] 아니세요?

카마우: 맞지만, 저는 슈퍼히어로 쪽 블러드예요, 풀세트 검을 휘두르는 쪽보다는.

앨리스: '사이보그'[캐릭터 이름] 들어보셨어요?

카마우: 네, 들어봤어요. 〈틴 타이탄Teen Titans〉.

앨리스: 맞아요.

카마우: 그것 보세요. 저는 옛날 사람이에요. 〈틴 타이탄〉은 알잖아요.

앨리스: 그는 흑인이기만 한 게 아니라 장애인이기도 해요.

카마우: 아, 그거 재밌네요. '사이보그'는 청취자분들 중에 모르시는 분도 계실 텐데, 자, 여기서 이야기가 덕후 분위기로 가는군요.

앨리스: 네네.

카마우: 자, 기본적으로 그는 사이보그예요(웃음). 정확히 그래요. 그는 사이보그예요. 흑인인데, 부분적으로는 기계이기도 하죠. 아, 이거 정말

짱이네요. 이래서 앨리스를 초청하길 정말 잘했다니까요? 방금 제 머리를 한 방 때리셨거든요. 저는 그를 장애인이라고 생각해본 적이 없었어요.

앨리스: 아이고, 맙소사. 저와 제 친구들 여럿이 날마다 테크놀로지를 사용해요. 우리 중 상당수가 몸에 부착된 테크놀로지를 가지고 있죠. 신체 안, 우리 몸 안에 부착되어 있는 거예요. 그래서 늘 저는 친구들에게 우리가 이미 사이보그라고 농담하죠.

(카마우 웃음)

앨리스: 우리가 이미 SF와 미래 소설의 세계에 살고 있다고 말예요. 이미 우리는 거기 가 있어요.

카마우: 네, 우리는, 아직 우리 피부에 완전히 통합되지는 않았지만, 오고 있어요. 오고 있지요.

앨리스: 그래요!

카마우: 자, 오늘 우리가 이야기할 것은……. 앨리스, 세상에나 앨리스는 제가 〈본 콜렉터〉를 한 번 더 보게 만들었어요. 그걸 두 번 보다니.

앨리스: 제가요? 아니죠, 카마우 때문에 제가 그걸 두 번 봤죠.

카마우: 그건 그래요, 네네. 그리고 덴젤 워싱턴 영화니까요. 지난 번에 제가 매긴 평점을 보니 '길을 잃음'이더라고요. 그건 덴젤 영화 중 별 두 개라는 뜻이죠.

앨리스: 네.

카마우: 이 팟캐스트 시작하고서 초창기 때 리뷰한 영화였는데, 이 영화는, 글쎄, 모르겠어요, 제가 의식적으로 피하고 있었는지도요. 저는 그런 절차물procedural[수사 과정의 기술적인 절차를 세밀하게 따라가는 장르]에 별로 흥미가 없었어요. "우리는 어쩌고저쩌고 사건의 살인자를 찾았어." 그러니까, 우리 때 다들 그랬듯이 저는 〈로 앤드 오더Law & Order〉는 다 뗐거든요.

앨리스: 그렇군요.

카마우: 자, 이 영화는 링컨 라임이라는 주인공이 나오는 제프리 디버Jeffrey Deaver의 연작 범죄소설이 원작이죠. 덴젤 워싱턴이 링컨 라임 역을 맡았고 젊은 시절의 안젤리나 졸리가 그가 팀에 받아들인 부하 경찰로 나오고요. 링컨 라임 못지않게 예리한 눈이 있어서 그가 사건을 해결하는 데 큰 도움을 줘요. 링컨 라임은 사지마비 환자고, 전직 형사죠. 살인 사건 해결을 의뢰받게 되는데, 연쇄 살인마의 복잡한 사건이에요. 자, 이게 영화 내용이고요, 기본적으로 90년대 말 수사 절차물이고, 극장에 〈세븐Seven〉 보러 가던 사람, 다들 영화는 이렇게 만들어야 한다고 생각하던 시절 사람들이 만든 작품이죠.

앨리스: 맞아요.

카마우: (웃음) 피칠갑하는 슬래셔 영화이기도 해요. 끔찍한 장면이 나오죠. 〈세븐〉처럼 매 장면마다 우웩 소리를 내게 될 거예요. 모든 장면에서 누군가가 한숨 돌리는가 싶다가 갑자기 두려움에 질리고, 하지만 다 무서워해야 할 사람인 건 아니에요.

앨리스: 네.

카마우: 아무튼 줄거리는 그래요. 제가 약간 가치판단을 했군요.

앨리스: 괜찮아요, 계속하세요.

카마우: 네네, 질문 드릴게요. 전에 이 영화 보신 적 있으셨어요?

앨리스: 네, 본 적 있어요.

카마우: 저희 엄마가 이런 이야기를 하신 적이 있는데, 앨리스가 그 입장이라면 어떤 느낌인지 듣고 싶어요. 엄마는 한때는 흑인이 나오는 영화가 너무 적었기 때문에 흑인이 나오는 영화는 다 보셨다고 하셨거든요. 그리고 흑인이 나오는 것만으로도 기뻐하셨어요. 그 영화 자체를 좋아하는지와 별개로요.

앨리스: 네네.

카마우: 이건 좀 다르긴 하죠. 덴젤 워싱턴은 사지마비가 아니니까요. 하지만 영화에서는 그가 사지마비를 연기했으니까…….

앨리스: 그게 제가 그 영화를 본 주된 이유였다고는 기억하지 않아요. 하지만 제가 그걸 기억하고 있는 것 자체가 장애인의 삶을 나타낸 영화이기 때문인 건 맞죠. 저 자신의 삶과 공명하는 부분을 보는 거예요. 그가 사용하는 장비, 그의 침대에서 보는 카메라 시각, 사람들이 그를 대하는 작은 태도들……. 그래서, 제 생각에는 매우 드문 관점을 취하고 있는 것 같아요. 주인공이 장애인인 영화는 아직도 많지 않잖아요.

카마우: 네, 그러니까 배우로서의 덴젤에 대해 말하자면, 연기 폭을 크게 확장하는 도전을 한 거라고 생각해요. 알려져 있듯이, 그는 [장르에 국한되지 않는 배우라서] …… 꼭 액션 영웅인 것도 아니고요. 전에도 이야기했지만 그는 특유의 걸음걸이로 유명하죠. 그런데 이 영화에서도 '여기서는 그가 걷는 걸 많이 못 볼 거야'라고 말하는 것 같아요. '그 걸음걸이'가 등장하긴 하죠. 첫 장면에서 '덴젤 걸음걸이'가 나오잖아요. 하지만 그다음부터는 영화 내내 침대에서만 생활하는 배역이죠. 맨 마지막에만 침대에서 나오게 되고요. 아, 이건 스포일러가 되겠네요. 아무튼 저는 그것이 그가 연기 도전을 한 한 가지 이유가 아니었을까 해요.

앨리스: 네, 하지만 이번에도요, 그 점에서 제 장애인 친구 몇몇은 비장애인이 그런 배역을 맡은 것에 화가 난다고 했어요. 그건 따놓은 오스카감이기도 한데요.

카마우: 네, 그렇네요.

앨리스: 제 말은, 장애인 역을 하는 배우는 배우로서 놀랍게 연기의 폭을 크게 확장하는 도전을 한 사람이 된다는 거예요.

카마우: (웃음)

앨리스: (풍자적인 톤으로) "정말 뛰어난 연기! 사지마비가 되어보니 어떠시던가요? 연기를 할 때 두 다리로 걷지 않는 것이 어떠셨나요? 어떻

게 그렇게 하실 수 있으셨나요?"

카마우: (웃음)

앨리스: "그토록 낯선 것을 어떻게 체화하셨어요? 진짜로 비슷해지기에는 불가능할 만한 것인데 말이에요." 이런 건 그 자체로 좀 모욕적이에요. 비장애인인 배우들은 자신의 경계를 밀어붙여 폭을 넓힌 것에 대해 칭송을 받죠. 〈나의 왼발My Left Foot〉도 그렇고 최근에 나온 스티븐 호킹에 대한 영화 〈사랑에 대한 모든 것The Theory of Everything〉도 그렇고요.

카마우: 그렇네요.

앨리스: 그런 건 '도전'을 하고 싶은 비장애인에게에만 유용할 뿐이지 않은가에 대해 많은 논의가 있어요.

카마우: 그러니까 기본적으로, 앨리스, 방금 저에게 무엇을 하셨냐면요, 아, 이 부분 강조하고 싶은데요, 제가 덴젤이 이 영화를 통해 연기의 폭을 크게 확장했다고 했더니 앨리스가 개소리라고 했어요. 고마워요, 앨리스(웃음).

앨리스: 아이고, 그게…….

카마우: 아니 아니, 정말로 고마워요.

앨리스: 새로운 모습을 보여주고 싶고 창조적이고 싶은 배우로서는 흥미로운 배역 선택이라고 저도 생각해요. 덴젤이 전에 했던 것들과는 정말 다르고, 그로서는 흥미로운 배역 선택이죠. 그게 잘못된 건 전혀 아니에요. 하지만 장애인 배우에게는 기회도 안 주면서 비장애인이 장애인의 끔찍한 현실을 상상하면 용기 있다고 칭찬해주는 희한한 개념이 있다는 생각이 종종 들어요.

카마우: 네, 그게, 그런 게 있지요. 그 영화에 다른 장애인은 없는 것도 흥미롭고요.

앨리스: 없죠, 아마도요. 하지만 이 영화는 기본적으로 링컨 라임과 그의 젊은 파다완[〈스타워즈〉에 등장하는 제다이 기사의 제자]에 대한 것이

니까요.

카마우: (웃음) 그의 젊은 파다완! 앨리스가 보기에 영화에서 덴젤의 사지마비 연기는 어땠나요?

앨리스: 음, 저도 사지마비는 아니에요.

카마우: 아…… 네…….

앨리스: 하지만 저는 호흡기를 사용하죠. 그도 호흡기를 사용해요. 제가 보니 마우스피스 호흡기인 것 같아요. 침대에 연결된 작은 빨대 있잖아요? 그걸로 들이마셔서 호흡을 하는 거예요. 이건 좋은 것 같아요. 다른 영화에서는 자주 못 보는 거니까요. 이건 좋은 것 같아요.

카마우: 네.

앨리스: 그의 병원용 침대를 볼 수 있고, 영화 뒷부분에 그의 휠체어도 나와요. 그는 휠체어 사용자죠. 휠체어가 아주 진짜 같아서 점수를 주고 싶어요.

카마우: (웃음) 아, 그들이 폐차 수준의 고물을 주었나요?

앨리스: 아니에요.

카마우: 근사한 세단을 주었군요.

앨리스: 그리고 그가 컴퓨터를 사용하는 방식도 좋았어요.

카마우: 네.

앨리스: 음성으로 활성화하는 보조공학 기기는, 90년대로서는 정말 시대를 앞서간 것 같아요.

카마우: 네, 지난번에 그 이야기를 했었어요. 이 영화가 테크놀로지 면에서 얼마나 앞서갔는지요. 그리고 저번에 이 영화에 대해 이야기했을 때 가장 좋았다고 말한 부분과 관련이 있는데……. 그, 있잖아요, [다른 드라마에서] 알 번디 역 했던 사람요, 알 번디 역을 했던 배우가 누구더라?

앨리스: 에드 오닐Ed O'Neill이요.

카마우: 에드 오닐, 에드 오닐. "찾아야 할 것을 찾으려면 모든 것을 샅샅이

뒤져봐야 해"라고 말하니까 그가 "인터넷 들쳐봐"라고 말했죠. 그게 사물인 것처럼요(웃음). 그러니까요.

앨리스: 저는 그가 온라인으로 체스 게임을 한 게 생각나요.

카마우: 네.

앨리스: 지금 생각하니 고릿적으로 보이네요.

카마우: 그러게요.

앨리스: '아우……' 이런 반응이 나오죠.

카마우: (웃음)

앨리스: 너무 옛날이에요. 그러면 궁금해지죠. 링컨 라임이 온라인으로 포르노를 봤을까요?

카마우: (웃음) 자, 다시 영화는 그가 어떻게 하다 그렇게 되었는지 이야기하는 것으로 시작하죠. …… 지난번에 리뷰할 때는 이런 이야기는 하지 않았는데, 이 영화를 다시 보니 다른 관점으로 보게 된 것 같아요. 영화가 정말 어둡고 우울하게 시작하잖아요. 기본적으로 그가 그 장면에서 준비하던 게…….

앨리스: 네!

카마우: 그는 조력 자살을 준비하고 있었어요. 살아야 할 이유가 없어서요.

앨리스: 여기 제가 적어놓은 메모의 문제적인 점 목록에 그게 있어요.

카마우: (웃음)

앨리스: '문제적인 점'과 '좋은 점' 목록을 만들었거든요.

카마우: 2주 연속 덴젤 워싱턴의 문제적인 영화를 다루고 있군요. 그러니까 앨리스의 말은…….

앨리스: 그걸 이 팟캐스트의 유행어로 삼으세요.

카마우: 네. 그런데 무엇이, 무엇이 문제적이었나요? 짐작은 가지만…….

앨리스: 그는 아주 최근에 부상을 입었거나 아주 최근에 장애인이 된 사람과 매우 비슷해요. 미래를 정말로 상상하지 못하는 사람이요. 이렇게는

살고 싶지 않다고 생각하는 사람.

카마우: 네.

앨리스: 자신의 신체에 갇혀 있다고 생각하죠.

카마우: 네.

앨리스: 그리고 '나는 존엄을 원해'라고 생각하고, 삶에 대한 통제를 잃었다고 생각하죠.

카마우: 네.

앨리스: 그런데 링컨 라임은 많은 특권을 가지고 있어요.

카마우: 네.

앨리스: 재능도 겁나 많죠. 에드 오닐이 연기한 등장인물이 링컨에 대해 누군가에게 이렇게 말하잖아요. "이 사람은 천재야. 책도 썼어. 강연도 했고." 그런데 제 생각에 그는 여전히 그런 일들을 할 수 있거든요.

카마우: 아하, 네.

앨리스: 맞죠?

카마우: 맞아요.

앨리스: 법정에서 전문가 증언을 하거나 책을 쓰는 데 두 다리가 있어야 한다고 아무도 말하지 않았어요.

카마우: (웃음) 네.

앨리스: 컨설팅을 하는 데도요. 그러니까, 많은 면에서, 그가 자신의 삶이 살 가치가 없다고 생각하는 건 슬픈 일이에요. 그리고 많은 면에서 사람들이 장애를 어떻게 보는지 말해주는 것이기도 하죠.

카마우: 아!

앨리스: "세상에나, 보조 도구 없이는 숨을 쉴 수 없다면, 보조 도구 없이는 움직일 수 없다면, 삶은 살 가치가 없을 거야"라고요. 이건 정말 비장애인의 시각이에요. 제 이야기를 해볼게요, 카마우. 사람들은 제게 이렇게 말해요 "세상에나, 늘 휠체어를 타고 있어야 한다는 게 어떤 건지 저는

상상도 못하겠어요." 그럼 저는 "아, 네네……" 이렇게 말할 수밖에요.

카마우: 어우, 사람들이 앨리스에게 그렇게 말한다고요?

앨리스: 아주 전형적인 일이에요.

카마우: (웃음)

앨리스: 사람들은 생각조차 하지 않아요. 당연히 모두가 장애 없는 신체를 원할 거라고 가정하죠, 그렇죠?

카마우: 그래요.

앨리스: 그리고 사람들은 장애를 가진 사람은 다 장애가 없기를 원해야 할 거라고 생각해요. 이 가정이 왜 문제인지를 생각하는 사람 자체가 거의 없죠.

카마우: 네, 무슨 말씀이신지 알겠어요. 그러니까……. 왜 그가 그렇게 깊은 우울증을 겪고 있는지에 대한 빌드업이 없네요. 사고 때에 대한 악몽을 꾸는 오프닝에서 약간 드러나지만요.

앨리스: 네, 분명히 그는 트라우마를 겪었겠죠.

카마우: '자기 삶이 너무 좋지 않아서 그는 자살을 하고 싶어 해'에 대한 개연성이 빌드업되지 않았어요.

앨리스: 맞아요. 그의 아파트 보셨어요?

카마우: 네, 집 좋던데요?(웃음). 〈프렌즈〉에 나오는 것 같은 곳에 살더군요. 맨해튼에서 그런 공간을 어디서 구한답니까?

앨리스: 그러니까요. 무엇보다 그는 자신에게 필요한 모든 장비를 가지고 있어요. 또 충실하고 뛰어난 간호사가 24시간 붙어 있죠. 무려 누가 연기했냐면,

앨리스와 카마우 동시에: 퀸 라티파Queen Latifah.

앨리스: 이것도 '문제적인 점' 중 하나예요. 그는 아직 돈을 벌고 직업도 있고 그들이 말하는 바에 따르면 좋은 의료보험도 가지고 있죠.

카마우: (웃음) 파이팅!

앨리스: 게다가 비번인 날이 없는 듯한 간호사가 있어요.

카마우: 네, 교대해주는 다른 간호사가 없어요. 24시간 그 사람이 늘 있더라고요.

앨리스: 그러니까요. 저기요? 현실은 아니거든요? 그는 장애인계의 상위 1프로예요.

카마우: 네.

앨리스: 그리고 세상에 1퍼센트는 많지 않죠.

카마우: 와우, 생각도 못해봤어요. 그가 사는 방식에 대해서요······. 그러니까, 이게 우리 비장애인이 생각하는 방식이네요. 저도 포함해서요. 장애인인 그의 삶이 장애가 없는 대부분의 사람보다 낫다는 건 생각도 못해봤어요.(웃음).

앨리스: 그러니까요. 그런데 그는 자신이 부자고 똑똑하고 훌륭한 지원을 받고 있어서 자살하고 싶어 하죠.

카마우: 네.

앨리스: 오오, 링컨 라임, 너무 안됐네요. 마음이 아파요.

카마우: 오오, 링컨 라임!(웃음)

앨리스: 오오, 링컨 라임. 심지어 그는 메디케이드 수급자도 아니에요. 오오, 링컨 라임!

카마우: 네, 이건 메디케이드 수급 장애인 이야기가 아니죠. 극중에 장애인이 나올 때 이런 경우가 많은 것 같아요. 이런 사람이라면 의료비 지출이 많겠지요?

앨리스: 당연하죠. 그리고 그의 집은, 누구라도 그렇게 접근 가능한 공간을 가지려면······.

카마우: 네, 아, 그런데 그의 집이 워터뷰는 아니에요. 앨리스, 그거 못 알아차리셨어요? 워터뷰가 아니에요. 오오, 어떻게 그가 그 꼭대기층 아파트에서만 내내 지낼 수 있었을까요?

앨리스: 하지만 기억하세요. 그는 그를 찾아오는 매가 있어요.

카마우: 아, 맞네요. 그에겐 (웃음) 매가 있죠.

앨리스: 이 상징은 매우 무겁죠.

카마우: 매는 하늘을 날 수 있다는 상징이요! 아, 앨리스.

앨리스: 그리고 마지막에 그는 매가 되죠.

(카마우, 흡, 하고 숨을 들이쉼)

앨리스: 이제 비장애인인 파트너 덕분에 날개를 가졌으니까요.

카마우: 그리고 더 좋은 휠체어요. 영화 마지막에요, 음, 저는 이 부분이 영화가 우리를 속이고 있는 또 다른 지점 같더라고요. 그와 안젤리나 졸리가 성희롱으로 여겨질 수 있을 만한 작업을 걸잖아요. 하지만(웃음),

앨리스: 아, 경찰서에서요? 그래요.

카마우: 네, 그가 허벅지에서 무언가를 꺼내려고 하고 안젤리나가 그걸 도와주잖아요. 그러니까 그가 "천천히 해요" 그러고요. 이런 생각이 들었어요. '아이고, 아서요. 클린턴 대통령님.'

앨리스: 아, 그리고 이것도 너무 급작스런 전환처럼 보였어요. 영화 도입부에서 그는 죽을 준비를 하고 있는 사람이었는데 갑자기 세련된 차림이 되더니 사건 해결에 의지를 갖잖아요.

카마우: (웃음) 그래요.

앨리스: 안젤리나 졸리 캐릭터를 만나기도 전에요.

카마우: 네네.

앨리스: 그에게 그런 의지를 갖게 해준 게 범죄 현장 사진들이었죠. 어떤 면에서 연쇄 살인마가 링컨 라임을 살렸네요.

카마우: (웃음). 영화팀이 포스터에 쓸 문구를 지을 때 앨리스를 고용했어야 해요. 재밌네요. 만약 제가 우울증인데 안젤리나 졸리가 우리 집에 매일 오기 시작했다면, 아, 저는 결혼을 했으니 좀 다르군요. 하지만 제가 싱글이고 안젤리나 졸리가 매일 우리 집에 오기 시작했다면, 그리고

"오늘은 무엇을 하고 싶으세요?"라고 묻는다면, 저는 금방 호전될 것 같은데요?

앨리스: 네. 그런데 그것과 관련해 좋았던 점은, 제가 '좋은 점' 목록에 적어 놓은 건데요. 안젤리나가 그의 태도에 전혀 관심을 보이지 않는다는 거예요. 그에게 측은하다는 느낌도 갖지 않는 것 같죠.

카마우: 네.

앨리스: 그가 재수 없게 굴면 가차 없이 지적하고요. 그게 좀 좋았어요. 어떤 사람들은 장애인을 보면 당황하고 어쩔 줄 모르거든요. 과도하게 친절하기도 하고요.

카마우: 네.

앨리스: 아니면 아기 다루듯이 지나치게 어르고 잘해줘요. 그런데 안젤리나는 그러지 않죠

카마우: 전혀요.

앨리스: 그래서, 저는 그게 좋은 터치라고 생각했어요. 둘 사이에 케미가 있다는 건 꽤 명백하죠. 지성적으로도 그렇고 신체적으로도요.

카마우: 네.

앨리스: 그리고 엄청 친밀감이 있죠. 그가 그녀에게 말하는 방식, 이어피스를 통해서요.

카마우: 네, 그래요. 친밀함이 있어요. 제가 그 장면에 설득이 되는지는 모르겠지만요. 마지막까지도요, 그게……

앨리스: 맞아요!

카마우: 영화 마지막의 암시 말이에요……

앨리스: 네, 좀 암시가 많죠.

카마우: 네, 그래요, 시간이 점프를 하는데, 모르긴 해도 아마 5년 뒤쯤이려나요? 아무튼 마지막 장면에, 안젤리나가 크리스마스에 그의 집에 있어요.

앨리스: 그렇죠.

카마우: 그리고 그의 여동생을 건너오라고 불렀죠. 그리고 그의 손 위에 살그머니 손을 올려요. 그들이 무언가를 하고 있다는 암시인데요. 이런 기분이었어요. 이 영화가 그런 것이었으면 좋겠다고, 그러니까 연애에 대한 것이었으면 재미있겠다고는 생각했지만, 내가 원한 결말은 이게……. 속편이라면 몰라도요. 속편은 안 나오겠지만요.

앨리스: 저는 〈블루 데블Devil in a Blue Dress〉 속편이 더 좋겠어요.

카마우: (웃음)

앨리스: 〈본 콜렉터〉보다요.

카마우: 다들 그럴 것 같아요.

앨리스: 네.

카마우: 〈본 콜렉터〉2탄이 나와야 한다고 주장하는 사람은 저밖에 없어요. 네, 속편이 나온다면 〈본 콜렉터〉보다는 〈블루 데블〉이겠죠.

앨리스: 네네.

카마우: 앨리스가 쓴 문제적인 점 목록에 다른 건 더 없나요?

앨리스: 그의 부와 어마무시한 재능, 특권, 그리고 도처에 존재하는 것처럼 보이는 간호사요.

카마우: 네.

앨리스: 제게는, 아, 저런, 저건 완전 부정확한데, 이런 생각이 들었죠.

카마우: 그러니까 기본적으로 앨리스는 그가 델마를 부르는 장면에서……. 아, 여기서 잠깐 흑인 이야기를 해야겠는데요……. 정말 역사상 가장 고전적인 흑인 이름이에요, 델마라니. 델마는 리로이의 여성 버전이죠. 아무튼, 앨리스는 그가 "델마!"라고 부르는 장면에서 델마가 아닌 다른 돌봄 제공자가 오는 장면이면 더 좋았을 거라는 거죠? 못됐고, 세심하게 돌봐주지도 않고, 주의를 기울이지도 않고, 그의 매에는 관심도 없는 사람요(웃음).

앨리스: 음, 네. 델마는 간호사이기도 하지만 다른 일도 많이 하잖아요. 다른 일도 많이 하는 거 알아차리셨어요?

카마우: 네.

앨리스: 그것도 일종의 자기 역할의 폭을 너무 넓히는 것 같아요.

카마우: 네. 앨리스의 돌봄 제공자, 앨리스의 간호사가 이렇게 말하는 셈이죠. "제가 드라이클리닝도 맡겨드릴게요. 또 제가······."

앨리스: 델마가 안젤리나 졸리에게 온라인 파일에 접근하는 방법을 알려주죠.

카마우: 네.

앨리스: 그 부분 기억나세요?

카마우: 네, 기억해요. "저 사람이 컴퓨터 다루는 속도 좀 높이게 해줘요."

앨리스: "아, 그럴게요. 이거 하려고 제가 간호학교에 갔죠?"

카마우: 네네.

앨리스: 거봐요.

카마우: "무척 전문성 있는 분야인데, 거기에 더해 저는 컴퓨터도 잘하고 소프트웨어 추적도 잘해요."

앨리스: 영화에 너무 까다롭게 굴고 싶지는 않지만······.

카마우: 괜찮아요, 그러려고 우리가 이걸 하는 건데요 뭐. 중요한 건, 제가 오늘 앨리스를 초청한 이유는 과거의 제 생각에 한 방을 날려주기 때문이거든요.

앨리스: 네.

카마우: 이런 것처럼요. '와우, 덴젤, 이 역할로 연기의 폭을 정말 넓히셨네요.'

앨리스: 아.

카마우: "영화 내내 다리를 움직이지 않다니 대단해요. 정말 훌륭한 배우예요."(웃음) 저는 그저 일종의 그런 데에······. 그리고 줄거리에만 집중했

죠. 일종의 슬래셔 영화고, 또 일종의 수사 절차물이고, 이렇게요…….

앨리스: 네, 그게 거의 가장 재미없는 부분이죠.

카마우: 네.

앨리스: 얼마나 끔찍하게 피칠갑을 할 수 있느냐로 볼 때, 〈세븐〉이나 〈양들의 침묵The Silence Of The Lambs〉 라인으로 가려고 노력한 것 같아요. 전체적으로 살인자는 그리 흥미롭지 않지만요.

카마우: 네, 영화가 청중이 무엇을 예상하도록 몰아가는가의 부분인 것 같아요. 이 영화는, 보다 보면 저 사람이구나 싶은 사람은 꼭 범인이 아닌 고전적인 영화예요. 영화를 만든 사람이 보는 사람들이 그 사람일 거라고 예상했으면 하는 사람은 범인이 아니니까요. 비열하고 화난 형사, 그 경찰서에서 일하는 또 다른 사람 말이에요. 하지만 전혀 몰랐던 사람이 범인이에요. 그 사람일 거라고는 상상도 못했던 사람요(웃음).

앨리스: 네, 저는 그 사람이, 아, 약간 스포일러가 되겠네요. 호흡기 치료사이거나 아무튼 그의 장비를 다루는 사람이어서 매우 슬펐어요.

카마우: 아아, 네.

앨리스: 하지만 그가 델마를 죽이죠! 아, 안 돼!

카마우: 안 돼! 그 영화에서 정말 마음이 힘든 부분이었어요. 델마의 죽음이요. 네.

앨리스: 너무 슬펐죠.

카마우: 이렇게 되었어야 해요. 제목 '본 콜렉터', 부제 '델마의 죽음'.

앨리스: 네.

카마우: 퀸 라티파가 영화에서 죽는 모습은 보고 싶지 않아요.

앨리스: 맞아요!

카마우: 그리고 또 하나는 싸움 장면이 있지요, 덴젤이 침대에서 떨어지고요. 그리고 덴젤이 그 남자의 목을 물어 뜯죠. 으르르르.

앨리스: 맞아요!

카마우: 장애 있는 신체, 장애 없는 신체 이야기는 조금 제쳐 놓고요. 글쎄요, 모르겠어요. 저라면 싸우다가 누군가의 목을 물어뜯을지⋯⋯. 제 내면에 그런 것이 있는지 모르겠어요. '싸움이라면 그냥 두들겨 패세요' 이런 마음이에요. 하지만 책에서는 명백히 그가 그 남자의 목을 물어뜯고 그 남자는 피를 흘리다 죽죠. 그런데 영화에서는 안젤리나가 덴젤을 도우러 들어와요.

앨리스: 네, 저는 거기서 좀 실망했어요. 일단, 링컨 라임 캐릭터에 점수를 주겠어요. 그 두려움은 진짜니까요. 저는 병원용 침대를 사용하고 저런 장비들에 연결되어 있어요. 그런데 정전이 되거나 누군가가 저를 아래로 끌어당기면, 저한테 그건⋯⋯. 네, 저는 그 두려움을 느낄 수 있었어요.

카마우: 음음.

앨리스: 제게 그건 정말 현실적이었어요.

카마우: 오, 와우.

앨리스: 제가 정말 좋아했던 건요. 만약 당신이 신체장애로 이미 취약한 상태인데 거기 더해 숨을 쉬기 위해 전자 장치에 의존하기까지 하고 있다면 말이에요. 그 장면, 그가 능청스럽게 무방비 상태인 척한 장면은 장엄한 승리의 장면이라고 생각해요.

카마우: 네.

앨리스: 그가 속삭여서 그 남자를 가까이 오게 하잖아요. 자신이 가지고 있는 주된 신체 능력인 목소리와 입을 사용하는 거예요. 그리고 물어뜯죠!

(카마우 웃음)

앨리스: 그래서 정말로 그 부분에서 피를 많이 보고 싶었어요.

카마우: (웃음)

앨리스: 목동맥을 물어뜯어! 피가 사방으로 더 튀었어야 해요.

카마우: 네, 좀 아끼는 피칠갑이 매우 끔찍하고 역겹다고 하셨는데요. 이제는 이 장면에서 피가 더 많아야 한다고 생각하시는군요?

앨리스: 약간 더 승리적인 엔딩을 위해서요. 왜냐하면요, 장애인은 스스로를 지킬 수 없다고들 생각하는 고정관념을 역이용하고 있잖아요.

카마우: 맞아요.

앨리스: 장애인은 너무 무력해. 장애인은 너무 약해. 링컨 라임이 그를 물어뜯는 건 그런 가정들을 이용하는 것이라서 그걸 볼 때 좋았어요.

카마우: 네, 그리고 극중에서도 그 남자가 덴젤은 무력하고 방어 수단이 없으리라고 가정하고 있는 것을 이용해서 덴젤이 그를 가까이 오게 만들고 경동맥을 물어뜯죠(웃음). 그러니까, 기본적으로 덴젤이 이렇게 생각하는 거죠. '너는 내가 무력하다고 생각하지? 좋아, 그럼 내가 그걸 역이용해주지.'

앨리스: 그리고 저는 우리가 〈워킹 데드Walking Dead〉의 선혈이 낭자한 시대를 살고 있다고 생각해요.

카마우: 네.

앨리스: 아무튼 피가 충분하지 않았어요. 저는 (범인을) 총으로 쏘는 사람이 안젤리나여서 속상했어요.

카마우: 네, 그러니까, 그들이 수집가용 에디션으로 〈본 콜렉터〉 리턴스를 제작하면, 앨리스 웡이 편집을 맡고 말이에요, 그러면 피를 더 많이 나오게 하고 씹어 먹는 와그작 소리도 나게 하고 목동맥에서 피도 더 튀게 할 수 있어요. 더 낭자하게. 그리고 안젤리나가 범인에게 총 쏘는 장면도 편집해서 날릴 수 있어요. 전체가 덴젤이 그의 목을 씹어 먹는 것만으로 이뤄지게 할 수 있죠.

앨리스: 으음, 으으음……. 그리고 그는 피에 맛을 들이기 시작해요.

카마우: 아, 시리즈 2탄이로군요. '본 콜렉터 II: 피의 맛'.

앨리스: 맞아요, 그리고 골수로 넘어가죠.

카마우: 으아아아!

앨리스: 아아!

카마우: 본 매로우bone marrow['골수'라는 뜻으로, '본 콜렉터'와 운을 맞춘 언어유희다]! 그거죠! 좋아요. 자, 잠깐만요, 그러니까 오늘의 영화 리뷰 전체는 본 매로우 농담을 향한 것이었군요(키득거리는 웃음). 고마워요 앨리스, 고마워요.

앨리스: 뭘요, 제 할 일을 했을 뿐인데요.

카마우: 앨리스, 정말 할 일을 충실히 다하셨어요. 오늘 나와주시고 이 영화에 대해 이야기해주셔서 고마워요. 영화를 보는 또 다른 관점을 알려주셔서요. 우리가 같이 봐야 할 영화 후보가 아주 많아요. 그리고 아마 저는 〈왕좌의 게임〉을 보기 시작할 것 같아요.

DISABILITY FIGHT CLUB

장애 파이트 클럽

The time is

MEOW.

야옹의 시간이 왔다.

Ableism won't stand a chance.

비장애중심주의는 발붙일 곳이 없을 것이다.

고양이의 삶 샘 셰이퍼 작품

나는 고양이를 사랑한다.
고양이는 나를 즐겁게 하고
경탄하게 한다.

어떻게 살아야 하는지를
고양이가 알고 있다는 것은
사실이고 보편적으로
받아들여지는 진리다.

인간은 고양이로부터
배울 것이 많다.

고양이는 자신이
좋아하는 것과 싫어하는
것이 분명하고, 그에 대해
목소리를 낸다.

미래에서 날아온 회고록

고양이는 대부분의
시간을 쉬고 놀고
탐닉하면서 보낸다.
자기애의 귀감이라
할 만하다.

고양이는 쭈뼛대지
않고 당당하게 장소를
장악한다. 그들은 모든
곳에 속해 있다.

고양이는 비밀스럽게 전략을 짜고, 모의를 하며,
자신이 원하는 것을 위해 싸운다. 적들이여, 조심하라.

고양이는 권위에
도전하고,
모든 음침한 것을
날카롭게 째려본다.

미래에서 날아온 회고록

고양이는 자기가 그러고 싶을 때면
사고뭉치가 되기도 한다.

고양이에게는
경계선이 있다.
동의 없이 만지면
당신에게 경계선을
분명히 알게 해줄
것이다.

고양이는 후하게
애정을 주고받지만,
늘 자신의 방식으로
그렇게 한다.

고양이는 주변 환경을
잘 파악하고 이상한
분위기를 민감하게
알아차린다.

'자기 몸 긍정하기body positivity'와 '자기돌봄self-care'은 해롭고 공허하고 상업화된 개념이 되었다. 나는 둘 모두를 위해 고전하는데, 이와 관련한 가장 맹렬한 롤모델을 집고양이 펠리스 캐투스Felis catus부터 야생고양이 판테라 티그리스Panthera tigris에 이르기까지 고양이들에게서 발견한다. 하루하루를 진정으로 음미하고 모든 좋은 것을 자신에게 허락하는 방법에 대한 지침을 얻을 수 있다. 햇빛 아래 몸을 말고, 자신에게 만족스러운 것을 먹고, 숙적들에게 날을 세우라. 고양이의 삶을 사는 데는 연습이 필요하지만, 나는 언젠가 그 경지에 도달할 것이다.

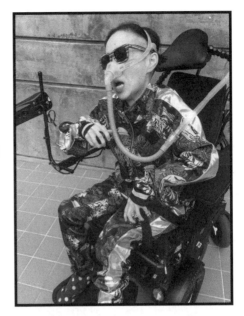

근사한 운동복을 입고 멋진 호랑이처럼 앞발톱을 세우고 앉아 있는 내 모습.

그러니, 설령 당신이 고양이 인간이 아니더라도 당신 안의 고양이를 일깨우시라!

집에서 보내는
나의 캣요일 일과

1. 침대에서 나와 변기에 20~30분가량 충분히 앉아 있는다

바이팹을 틀고 입을 벌리고 자면 위장에 공기가 고이는 경향이 있다. 일어나면 더부룩한 느낌이 들어 거북하기 때문에 곧바로 내가 '가스 배출 과정'이라고 부르는 것을 시작한다. 아기들이 그렇게 신경질적인 것은 놀라운 일이 아니다. 트림으로 빼내야 하든 방귀로 빼내야 하든 간에, 가스는 악마다. 가스와 변비…….인간은 너무나도 섬세한 존재인지라 쉽게 거북하고 불편해진다. 변기에 앉아서 보내는 달콤한 시간은 내게 명상과 가장 비슷한 시간이다. 정신이 마음껏 돌아다니는 와중에 에세이의 글귀나 제목, 새로운 프로젝트 아이디어들이 맥락 없이 무작위로 떠오른다. 계속 앉아서 조금 더 상상력이 발휘되게 두면 좋겠지만 곧 머리를 받치고 있는 목에 무리가 오고 다리가 저린다. 이제 휠체어로 돌아가라는 적절한 신호다.

2. 일어나! 일어나!

옷을 입고 준비를 마치면 세 가지로 구성된 첫 끼니를 먹는다. 내게 연료가 되어줄 신성한 삼위일체는 이렇다. 1) 왕따시 커다란 머그컵에 담은 다크로스트 혹은 미디엄로스트 커피, 2) 큰 스푼으로 푹 퍼낸 땅콩버터, 3) 쿠키, 도넛, 케이크, 빵 같은 단것 한 종류다.

요가를 하듯이, 커피를 마시면서 차분히 집중한다. 가장 뜨거울 때 마시는 첫 세 모금에서는 시간이 정지한다. 나는 우주와 하나이고 하루의 나머지를 보낼 준비가 된다. 뜨거운 액체가 배 속에서 아래로 내려가는 느낌은 내가 스스로에게 주는, 카페인 가득한 포옹이다. **앨리스, 이거 마셔. 그리고 가보자고!** 나머지 커피는 20분에 걸쳐 점점 안 좋아진다. 따뜻하거나 상온 정도의 커피여도 괜찮기는 하지만 말이다(내가 까다롭긴 해도 불합리한 사람은 아니다). 그러는 동안 숟가락을 막대사탕마냥 물고 고양이처럼 땅콩버터를 핥아 먹는다. 커피로 뜨거워진 혓바닥 덕분에 그것은 쉽게 부드러워진다('그것' 자리에 당신이 생각하는 엄청 야한 것을 넣으시오). 이렇게 하면 삼키는 게 조금 편해져서 내게 지극히 중요한 단백질원을 섭취하기가 더 쉽다. 단 과자나 빵류는 우유나 휘핑크림만 넣은 커피와 '단쓴'의 대조를 이룬다. 나는 TV 앞에서 식사를 하면서 뉴스도 보고 세상 소식도 따라잡는다. 자, 이제 본격적으로 하루가 시작된다.

3. 트위터, 줌 미팅, 문자메시지 등등

나는 늦게 일어나는 사람이라서 온라인 회의를 연이어 해야 하는 경우가 잦다. 혹은 다른 참가자들이 시간을 유연하게 써줄 수 있다면 회의 하나는 저녁 시간 이후에 하기도 한다. 줌 미팅이나 구글 미팅 시작 전에 트위터 알림과 문자메시지, 왓츠앱 WhatsApp 채팅을 확인한다. 때로 페이스북 메신저와 인스타그램도 훑어본다. 내 소셜미디어에 무언가를 공유해달라는 메시지가 보통 날마다 두어 건씩은 온다. 답신을 기대한다면 기다리셔야겠지만, 트위터에서는 내가 관심 있는 내용에 대해 나를 태그하거나 내게 DM을 보냈을 때 곧바로 리트윗을 하기도 한다.

4. 미팅 이후 업무

미팅 후에는 후속 조치나 이메일 체크, 일정 체크 등 해야 할 일이 산더미다. 이런 일들은 바로바로 해치우려고 노력한다. 안 그러면 관심에서 사라지기 때문이다. 나는 맥북 프로와 아이폰에서 스티키 앱과 노트 앱을 사용해 내가 까먹어도 일정을 상기시켜주게 하고 우선순위에 따라 할 일 목록을 계속 재조정한다. 또 구글 캘린더와 아이폰 캘린더 앱 알림까지 사용해 이중 삼중으로 일정을 관리한다. 그런데도 때로 일을 헷갈리거나 잊곤 한다. 젠장, 인생이란.

5. 중국 스타일

첫 끼니를 먹고 한두 시간 뒤에 뜨거운 물을 적어도 한 사발

미래에서 날아온 회고록

마신다. 나는 뜨거운 물을 좋아하며, 뜨거운 물 마시기의 가치가 충분히 널리 인정받지 못하고 있다고 생각한다. 이 글을 쓰는 현재, 뜨거운 물 마시기는 아직 식민화되지 않았고 계속 그랬으면 좋겠다. 뜨거운 음료를 즐길 때 수반되는 위험 중 하나는 혀나 목구멍을 데는 것이다. 한번은 아주 뜨거운 모카를 빨대로 마시다가 나도 모르는 사이에 윗입술을 데었다. 그리고 나중에 '대체 윗입술이 왜 부었지?' 하고 의아해했다. 으으으. 그래도 뜨거운 것을 마셔서 몸을 데우는 것은 그런 위험을 감수할 가치가 있고, 지금은 훨씬 조심성이 생겨서 아주 뜨거울 때는 귀여운 아기 고양이처럼 조금씩 홀짝인다.

6. 미적대기

저녁을 먹고서 이 프로그램 저 프로그램 돌려가며 몇 시간 동안 TV를 본다. 먹고 나서는 소화를 시키면서 쉬어야 한다. 나는 서두르는 것을 싫어한다. 우리 집에는 기본 케이블 채널에 더해 추가로 몇 개의 프리미엄 채널이 있고 DVR도 있으며 스트리밍 서비스도 몇 개 구독하고 있다. 노트북, 휴대전화, TV 등 어느 것으로든 볼 수 있지만, 홈 엔터테인먼트에 대해서라면 나는 공룡이나 마찬가지고 아직 TV를 끊을 생각이 없다. 배달 음식 주문을 즐기는 것과 더불어, 방대한 TV 프로그램과 영화에 접할 수 있다는 것은 내 일상에 즐거움을 보태주는 사치품이다.

7. 받은메일함 지옥

기다리고 있는 중요한 답신이 있거나 한 날에는 메일함을 더 일찍 확인하기도 하지만, 딱히 기다리고 있는 중요한 메일이나 시간에 민감한 일이 있지 않는 한 보통은 '업무 종료'로 여겨지는 시간이 한참 지난 다음에야 이메일을 본격적으로 처리한다. 전에는 며칠간 이메일을 안 보기도 했었는데, 메일함이 부풀어오른 사체처럼 건드리기도 싫은 상태가 되어버렸다. 스트레스를 줄이려고 한 일이 의도와 반대의 결과를 가져온 것이다. 메시지에 따라 어떤 것들은 스팸으로 등록하거나 삭제하고, 다른 메일들은 종류에 따라 여러 폴더로 각기 보낸다. 이메일을 깔끔하게 관리해야 일을 잘 관리할 수 있다. 하루에 두어 시간씩이나 잡아먹는 일이긴 하지만 말이다. 날마다 이메일에 얼마나 많은 시간을 쓰는지 생각하면 소름이 끼친다. 아무튼, 메시지 유형별로 내가 이메일을 처리하는 방식을 여기에 소개한다.

- **콘퍼런스 초청, 에세이 기고 요청, 프로젝트 컨설팅 요청**

대략 다음과 같은 범위 안에서 답신을 한다.

나보다 더 나은 사람이 있을 경우, 예의 바르게 사양하면서 그 사람을 추천한다. 관심이 약간 있을 경우, 보수, 접근성, 일정, 목적 등 궁금한 점들을 우루루 보낸다. 내가 기여할 수 있는 바가 있겠다고 여겨지고 휠체어를 타고서도 가능하겠다고 생각될 경우, 즉각 수락한다.

강연은 일정 관리를 담당해주는 에이전트가 있다. 스티븐 바클레이 에이전시의 에밀리 하트먼Emily Hartman이 내 에이전트다. 현재 나의 모든 강연 일정은 에밀리가 관리하며, 에밀리를 고용한 것은 2021년에 내게 일어난 일 중 가장 좋은 일이었다. 보수를 흥정해야 하는 일이나 대학, 비영리기구, 기업체 등의 일회성 행사에 참석하고서 사례금을 받기 위해 오만 가지 서류를 제출하는 일이 나로서는 너무 많은 에너지가 소모되는 일이다. 에이전트 없이 활동했을 때를 돌아보면, **보수를 받기 위한 무보수 노동**이라는 제목으로 책 한 권은 너끈히 쓸 수 있을 것이다. 견딜 수 없을 정도로 에너지를 쪽쪽 빨아먹는 일이다. 강연 일정을 관리하는 에이전트를 두다니 호사스럽거나 엘리트주의적인 일로 보일지도 모르지만, 활동지원사나 그 밖의 행정적인 일에 시간을 덜 쓰게 도와주는 다른 형태의 지원과 다르지 않다. 우리 모두 자신의 삶을 좀 더 견딜 만하게 만드는 데 필요한 도움을 받을 수 있어야 한다.

• 정보나 조언을 청하는 갑작스러운 요청이나 질문

대략 다음과 같은 범위 안에서 답신을 한다.

내 에너지 수준과 기분에 따라, 간단히 검색을 해서 몇몇 링크나 제안을 보내기도 하고, 내가 전문성 있는 분야가 아니니 다른 사람을 찾아보라고 하기도 하고, 내가 관여하고 있는 일에 대한 것일 경우에는 그들이 필요로 하는 답을 보내기도 한다(행사에 내가 갈 수 있는지, 이런저런 문서를 보내줄 수 있는지 등). 때로는 내 견해가 그들이 생각하는 것만큼 중요하지 않고 내가 할 만한 조언이 딱히 없다고 말하면서 부드럽게 거절하기도 한다. 또 때로는 내가 직접 답신을 쓰지 않고 자동 답신 메시지를 통해 내가 할 수 있는 일이 어디까지인지 알린다. 그런데 사람들은 자동 답신 메시지를 안 읽는다!

- 반가운 개인적인 메시지

대략 다음과 같은 범위 안에서 답신을 한다. 만날 날짜를 잡거나, 연락을 해서 안부를 묻고 일과 관련되지 않은 무언가에 대해 누군가와 이야기하는 즐거움을 누린다.

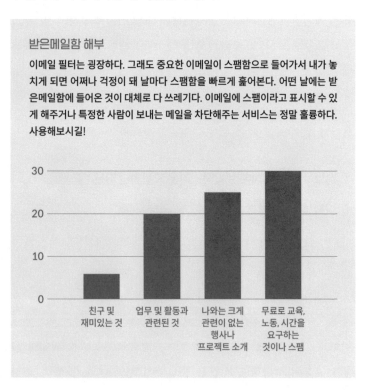

받은메일함 해부

이메일 필터는 굉장하다. 그래도 중요한 이메일이 스팸함으로 들어가서 내가 놓치게 되면 어쩌나 걱정이 돼 날마다 스팸함을 빠르게 훑어본다. 어떤 날에는 받은메일함에 들어온 것이 대체로 다 쓰레기다. 이메일에 스팸이라고 표시할 수 있게 해주거나 특정한 사람이 보내는 메일을 차단해주는 서비스는 정말 훌륭하다. 사용해보시길!

미래에서 날아온 회고록

8. 두 번째 식사와 세 번째 식사

두 번째 끼니로는 삼키기 쉽고 칼로리가 높은 반유동식이나 단단한 질감의 음식을 먹으려고 노력한다. 행사나 모임에서 오래 말을 해야 하는 날은 식도가 피로해지고 먹다가 질식할 위험이 높아진다. 그런 날에는 수프처럼 액체 기반의 음식을 준비해둔다. 세 번째 끼니로는 고단백 음료인 초고칼로리 부스트를 한 병 마신다. 여기에 맛을 들이기는 쉽지 않다. 나는 단것을 좋아하는데, 이건 맛있는 음료는 아니다. 하지만 22그램의 단백질과 530칼로리가 들어 있어서 내 몸이 필요로 하는 것을 제공한다. 섬유질이 많은 야채나 과일, 질기고 두꺼운 고기 같은 것을 씹거나 삼키지 못하는 사람은 이런 음료 덕분에 영양의 부족분을 채우고 체중을 유지할 수 있다. 나는 근위축증 때문에 몇 년 동안이나 체중을 유지하기가 정말 힘들었다. 그리고, 영양에 대한 조언은 **사양한다**.

9. 조금 더 미적대다가 관리 업무

하루 종일 틈틈이 트위터를 쭉 스크롤해가며 보는데, 그러다 보면 수많은 토끼굴로 빠지곤 한다. 유튜브 동영상, 온라인 쇼핑, 사두거나 챙겨두더라도 영영 읽지는 못할 책이나 기사 등등……. 틈틈이 하는 또 다른 활동은 친구들이나 동생들과 여러 채팅룸에서 시답잖은 이야기와 가십을 나누며 수다를 떠는 것이다. 줌으로 만나는 것과 더불어 트위터와 그룹 채팅이 내게는 주된 사회적 상호작용의 형태다.

10. 더 이상 빈둥대면 안 된다

이메일 처리 외에 내가 챙겨야 하는 일의 일부를 소개하면 다음과 같다.

- 인터뷰 질문 답변과 강의나 발표용 메모 작성.
- 장애 가시화 프로젝트에 초청할 사람에게 인터뷰 질문 발송. 사람들이 내 웹사이트나 팟캐스트(팟캐스트는 2021년 4월에 끝났다)에 나오고 싶다고 요청할 때 진행자로서 내가 몇 가지 인터뷰 질문들을 던지는 것이 간단한 일인 줄 아시는 경우가 간혹 있는데, 그렇지 않다. 나는 질문을 구성하기 위해 아주 많은 시간과 노력을 들인다. 때로는 사람들이 질문을 보고 질려서 답을 안 하기도 한다. 부드럽게 재차 질문을 보내줘도 말이다!
- 장애 가시화 프로젝트에 새 기고문을 올리고, 트윗덱TweetDeck으로 그 기고문의 트위터 홍보 일정 잡기.
- 장애 가시화 서브스택Substack 뉴스레터 업로드와 일정 조율. 장애인 작가들의 책을 여러 곳에 보내기 위해 여기에서 여러 출판 관계자들과 조율한다.
- 일종의 부업으로, 리뷰나 컨설팅.
- 이사회, 실무위원회 등 업무 관련 모임 참석.
- 내 소셜미디어와 웹사이트에 쓸 그래픽과 이미지 설명 만들기.
- 캐시 서버 비우기 등 기타 웹사이트 관리(웹사이트를 너무 자주 꽉 차게 만드는 망할 놈의 캐시 서버).
- 모임 일정 정하기와 일정 확인 메일 발송.
- 다른 사람들의 작품 공유하고 널리 알리기.
- 저술 제안서, 에세이, 책(**가령, 지금 이 책**) 원고 작성.
- 공과금 납부, 가계부 정리, 은행 잔고 확인 등 돈과 관련된 일들(으으으).

이 모든 일에 더해, 나는 '장애인으로 사는 것이 수반하는 노동'(내가 만든 표현이다)을 해야 한다. 그런 '장애의 노동'에는 아주 많은 관료제적 요구사항, 식사 계획, 의료 장비와 의약품 주문, 정보 검색, 장애인 서비스와 활동지원사 일정 관리, 의산복합체와의 상호작용 등이 있으며, **마음을 써야 하는 감정노동과 머리를 써야 하는 정신노동도 상당하다!**

11. 늦은 밤의 야식과 휴식

뜨거운 물을 조금 더 마시고 간단한 간식을 먹는다. 땅콩버터를 또 한 숟갈 푹 퍼 먹는다든지, 저지방이 아닌 요구르트 한 사발에 복숭아잼을 넉넉하게 넣어 먹는다든지, 자른 바나나를 먹는다든지, 애플소스를 한 포 먹는다든지, 아이스크림을 한 접시 먹는 식이다. 아이스크림은 바닐라맛, 초콜릿맛, 커피맛, 땅콩버터 퍼지맛 등 여러 맛을 돌려가며 먹는 것을 좋아한다. 다양성은 중요하니까. 그런 뒤 느그으으으으웃하게 휴식을 취하기 위해 TV를 또 본다.

12. 졸린 시간

하루를 마무리할 시간. 치실질을 하고 이를 닦고 깊은 생각을 위해 변기에 앉아 충분한 시간을 보낸다. 다음 날 몇 시에 일어나야 하는지 등 일정표를 다시 살피고 할 일 목록을 업데이트한다. 그리고 침대에 누워 전기 담요를 머리 끝까지 뒤집어쓰면, 누군가의 악몽에 나타날 준비 완료다.

장애의 얼굴들

'장애 가시화 프로젝트' 블로그에 올리기 위해 예술가이자 저자인 리바 레러Riva Lehrer와 2020년 12월 9일에 나눈 대화. 아래 대화는 내용을 더 명료하게 전달하기 위해 요약과 편집을 거쳤다.

앨리스 웡: 안녕하세요, 리바. 자기소개와 약간의 배경 설명 부탁드려요.

리바 레러: 네, 저는 62세이고, 백인이고, 유대인이고, 키가 작아요. 150도 안 되죠. 이분척추증을 앓고 있어서 척추측만이 있고, 아주 커다란 교정용 신발을 신어야 해요. 이건 제 인생에서 내내 지속되는 주제죠. 그리고 백발이고, 빨간 줄무늬 염색을 했어요. 네, 제가 어떤 모습인지 약간 설명을 드렸어요. 제 책[《골렘 걸: 회고록Golem Girl: A Memoir》(2020)]에서 제 모습에 대해, 또 그것이 어떻게 받아들여지는지에 대해 많이 이야기했어요. 저는 여러 가지 이유에서 저를 묘사하고 있습니다. 저는 신시내티 출신이지만 40년 넘게 시카고에서 살고 있고요, 초상화 작가입니다. 사람들을 그리죠. 거의 모두 낙인을 가지고 살아가는 사람들이에요. 신체장애, 성적 표현이나 성적 지향, 또 그 밖의 어떤 이유 때문에 자기 신체나 존재 양식이 사회에서 받아들여질 수 없다는 메시지를 받는 사람들이죠. 저에게는 이 작업이 아름다움으로 가는 길이에요. 25년 넘게 초상화를 그렸어요. 장애인분들을 많이 그렸습니다. 그때는

이런 작업을 하는 사람이 거의 저밖에 없었거든요. 지금도 많지 않죠. 때로 저는 이것이 의료적이거나 정치적인 관점이 아닌 또 다른 방식으로 장애 경험을 이야기하는 길이라는 생각이 들었어요. 장애문화 모두가 그렇듯이, 이것은 우리의 삶으로 들어가게 해주는 길이고 그 길은 우리를 또 다른 장소로 데려다주죠.

앨리스: 2020년 10월 6일에 첫 책 《골렘 걸》을 내셨죠? 먼저, 축하드립니다! 책이 나오고 어떠셨어요?

리바: 이상했어요. (출판사는) 명백히 베스트셀러가 될 거라고 보고 있었어요. 꽤 대형 출판사였고요. 그런데 책이 나오기 직전에 트럼프와 코로나19가 겹치고 루스 베이더 긴즈버그Ruth Bader Ginsburg 대법관님이 사망한 데다 책이 막 나왔을 때는 에이미 코니 배럿Amy Coney Barret 대법관 지명 건도 있었고 그다음에는 팬데믹이 심해지고, 아무튼 아주 많은 복잡한 일들이 있었어요. 기본적으로 전국 매체에서 관심을 얻기가 아주 어려웠죠. 놀랍게도 유대인 매체가 다른 어느 매체보다도 많은 관심을 보여주었어요. 실망하고 속상하기도 했지만, 아마도 이 책은 꾸준히 오래 갈 그런 책이지 않을까 희망합니다.

그보다, 제가 정말 화가 난 건요. 우리가 팬데믹의 한복판에 있는데도 어쩐 일인지 장애는 공적인 대화에서 여전히 빠져 있다는 거예요. 저는 그게……. 그게 이해가 가지 않아요. 제 편집자는 "이제 이 책이 매우 중요해질 거예요. 모든 사람이 질병, 신체, 권리, 의료에 대한 권리 같은 것들을 다뤄야 하는 상황이 되었으니까요. 이 책은 사람들이 논의를 하는 데 정말 도움이 될 거예요"라고 말했었어요. 하지만 그렇게 되기는커녕 거의 완전히 간과되었죠……. 공적인 논의의 장에 들어가는 것이 얼마나 어려운지에 대해 말도 못하게 놀랐어요.

앨리스: 출간과 프로모션의 부침 외에, 장애인들의 반응은 어땠나요? 이 책은 우리에 의해, 우리를 위해 쓰여진 책이기도 하잖아요.

리바: '우리를 위해, 우리에 의해' 맞아요.

앨리스: 이 책을 읽은 장애인 독자들에게 어떤 이야기들을 들으셨어요?

리바: 대체로 무척 긍정적인 이야기였어요. 아직까지는 많은 이야기를 듣지는 못했어요. 비판적인 평가도 곧 나오겠지요. 비판받을 지점도 분명히 있을 거고요. 하지만 지원과 지지의 말씀들이 좋았습니다. 대화도 정말 좋았습니다. 페이퍼백이 나오고 학교에 들어가기 시작하면 곳곳에서 이 책을 읽고 있는 사람들과 정말 흥미로운 진짜 대화들을 많이 할 수 있을 거라고 기대해요. 책을 읽으신 분들이 전화나 이메일로 좋은 말을 해주시거나 책을 다른 데 소개해주시거든요. 너무 행복하죠. 믿을 수 없을 정도로 기운이 나요. 책을 쓸 때 어려움이 있었어요. 왜냐하면, 책을 쓸 때 이 질문이 늘 있었거든요. 그러니까, 단지 우리(장애인)만을 위한 책을 썼다면 다른 책이 되었을 거예요. 저는 '장애학 개론' 같은 책을 제가 써야 하는 건 아닐 거라고 생각했어요. 그런 책은 이미 많이 있고, 네, 저는 책을 써야겠지만 일반 독자를 위한 부분을 더 채워넣지 않으면 아무도 제가 하는 말을 이해하지 못할 거라고 생각했어요. 하지만 그와 동시에, 대체로 일반 독자들은 이 주제에 대해서는 너무 많이 알지 못하고 있다고 여겨졌죠. 그래서 우리에게 말하고, 그들에게 말하고, 우리에게 말하고, 그들에게 말하고, 하면서 무척 가느다란 선 위를 조심스럽게 걸어야 했어요. 그 걸음이 어디에 도달할지는 시간이 말해주겠죠, 네.

저 자신으로서는, 이 책이 우리의 존재를 긍정하는 것이어서 좋았어요. 전국 곳곳에서, 또 해외에서도 저는 커뮤니티로서, 운동으로서, 문화로서 우리에 대해 더욱, 더욱, 더더욱 많이 이야기해야 한다고 생각하게 되었어요. 그런 것들 말고 제 개인적인 삶에 대한 이야기만 하라고 말하는 사람들도 있지만, 저는 이렇게 대답하겠어요. "아뇨. 제 개인적인 삶을 통해 당신이 이 문화를 이해할 수 있게 된다는 것이 핵심인데요?" 저는 그것이 제 개인적인 삶이라는 것 자체에는 사실 크게 관심이 없어요. 제가 관심이 있는 것은, 제 개인적인 삶이 제가 지금 하고 있는 일까지 오게 된 경로를 어떻게 설명해주는가예요. 저는 우리에게 독창성과 아름다움과 유연성이 있다는 걸 늘 볼 수 있었고, 다른 사람들도 그걸 보도록 우리를 그들의 관심 범위 안에 가져다놓는 활동의 일부가 된다는 것이 저에게는 중요했어요.

앨리스: 다른 사람의 얼굴, 특히 장애인의 얼굴을 그리는 과정에서 어떤 점이 좋으세요?

리바: 아, 전부 다요! 사람들의 얼굴과 신체는 너무나 시적이에요. 특히 우리가 시간을 거쳐가면서, 그리고 정말로 우리 신체를 점유하면서 우리가 누구인지가 점점 더 밖으로 드러나게 되면 더욱 그래요. 저는 사람들의 젊었을 때 사진을 보고, 그다음에 저와 만났을 때 그 사람을 보면서 그 사람의 원형을 생각해보길 좋아해요. 그 원형과 지금 내가 보고 있는 사람을 생각하는 거죠. 그리고 장애를 가진 신체에 대해 말하자면, 제가 마침내 이제서야 알게 돼서 인터뷰할 때마다 사람들에게 이야기하는 것이 하나 있어요. 제가 새로이 발견하게 된 아름다운 점은······. 그러니까, 우리 장애인들은 너무 자주 사람들이 우리를 쳐다보니까, 또 우리의 신체정신이 필요로 하는 바를 굉장히 민감하게 의식해야 하기 때문에 거기서 나오는 모종의 삶의 방식이 있잖아요? ······ 제가 보기에 소위 '정상인'들이 신체를 작동하는 방식은 마치 깜깜한 데서 운전하고 있는 것처럼 보여요. 공간 안에서 자신이 어디에 있는지 모르는 채로 그냥 달리는 것처럼요. 그들은, 잘 모르는 채로 ······ 투박하게 **우당탕거리면서** 그저 세상을 지나가고 있는 것 같아요. 이런 유의 깜깜함이 그들에게 있는 것 같아요······. 모두가 그런 건 아니겠지만요. 그리고 장애 안에서, 음······. 우리는 힘겹게 얻어낸 것들이 있어요. 뭐랄까, 고색창연한 녹청 같은 것이랄까요. 아주 많이 만지고 만지고 만

져서 색이 바래고 윤이 나게 된 것처럼요. 말로는 정말로 표현할 수 없는 그런 것들이 있어요. 그렇게 그윽하고 고색창연한 멋으로 존재하는 사람들에게서 저는 무언가를 발견하게 되고, 그게 너무 좋아요.

앨리스: 그 말씀 너무 감사하네요. 자, 오늘 인터뷰를 위해서 저와 하시는 초상화 작업에 대해 말씀해주시겠어요? 여기에서는 어떤 작품이 나오게 될까요?

리바: 음, 마일러 벨럼mylar vellum이라고 부르는 데다가 그려요. 17~22인치 크기고요. 우리는 구글 미트를 통해 여러 차례 대화를 나누며 그림 그리기를 진행하죠. 그러니까, 구글 미트로 이야기하면서 제가 그림을 그려요. 앨리스는 나를 보고 있고요. 매우 강렬하고 소통적인 눈이에요. 사람들한테서 당신의 눈이 너무나 매혹적이라는 말을 여러 번 들었어요. 그림 속 당신의 눈을 보면 멈춰서 계속 보게 된다고요. 그 말을 듣고 정말 기뻤는데, 제가 느낀 앨리스가 딱 그랬기 때문이에요. 사람들이 정확하게 제가 '이렇게 봐주었으면 좋겠다'고 바랐던 대로 봐준 것이죠. 앨리스는 흰색과 검정색의 지퍼 달린 운동복을 입고 있고 바이팹 호흡기를 착용하고 있어요. 아름다운 밀크빛 화이트에 푸른 톤이네요. 그리고 호스가 연결된 곳에 약간 보랏빛이 도는 고리가 있어요. 전체적으로 호흡기는 사랑스러운 파스텔 톤이에요. 배경인 금빛 그리고 분홍빛 색조가 도는 앨리스의 얼굴색과 대조를 이뤄요. 거의 붉은 기가 도는 갈색의 깊은 눈하고도요. 앨리스의 뒤로는 머리 받침대가 약간 보이고, 집 안쪽으로 이어지는 방문이 보여요. 벽에는 앨리스가 가지고 있는 그림이 몇 점 걸려 있어요. 그리고 저는 구글 미트 프레임을 제 노트북으로도 볼 수 있도록 가지고 와서, 그 화면 자체도 그렸어요. 화면상에 시간이 표시되어 있는 곳까지 그대로요. 제 노트북과 연결되는 부분도 오른쪽에 화면 그대로 나오고요. 우리가 무엇을 하고 있는지가 드러날 수 있게 하기 위한 거예요. 그러니까, 이건 단지 그냥 그림이 아니

미래에서 날아온 회고록

라 우리가 원격으로 소통하고 있다는 것과 그런 소통의 과정을 우리가 새로이 탐험하고 있다는 것을 드러내는 것이죠.

앨리스: 네, 재밌는 일이 하나 있었는데요. 몇 달 전 페이스북에 그 초상화를 올리셨을 때 리바의 페친 중 한 명이 그걸 보고 "너무 피곤해 보여요"라고 말한 것이 생각나요. 그것이 저에 대한 그 사람의 첫인상이었던 거죠. "와우, 그들이 본 게 그게 다인 거야?"라는 생각이 들었어요. 이것이 주는 교훈이 있다는 생각도 들었어요. 몸에 대해, 몸이 나이 들어가는 것에 대해 모두가 각기 다른 관점을 가지고 있고, 결국 몸은 우리가 거쳐온 것들의 반영이니까요. 아무튼 굉장히 흥미로운 반응이라고 생각했어요. 제 눈 주위의 다크서클을 보고 한 말이었을 것 같은데요. 정말 이렇게 말하고 싶었어요. "아유, 선생님, 얼마나 피곤한지 말도 못해요." 하지만 아무 말도 안 했어요. 페이스북에 댓글을 달기에 인생은 너무 짧으니까요.

리바: 저는 그런 현상을 '고통 포착하기'라고 불러요. 제가 그린 초상화와 관련해 그런 반응을 계속해서 접한답니다. 무슨 말이냐면, 누군가가, 즉 그림을 보는 사람이 그림에서 휠체어나 목발이나 보조 장비 같은 것을 보면 말이에요, 이 비장애중심주의적인 사회에서는 장애인의 삶은 당연히 고통과 비참함으로 가득하리라는 개념이 즉각 떠오르게 되는 거예요. 제가 장애인이 행복하거나 섹시하거나 즐거워하거나 아니면 그저 복잡한 사람으로 보이게 묘사하기라도 하면, 비장애중심주의적 사고로는 이것이 장애인의 진정한 고통을 가린다고 여기는 거죠! 보는 이가 앨리스의 보조 기기를 볼 수 있기 때문에(말씀하신 제 페친처럼) 앨리스 자체를 볼 수 있는 능력이 그에게서 없어지게 되는 것 같아요. 그래서 실제로 당신의 얼굴을 보고 거기에 드러난 평화로운 태도를 보기보다(저는 앨리스의 초상화에 이것이 매우 잘 드러난다고 생각하는데도요), "어머, 목발이 있네!(흐익!)"라는 반응을 보이는 거죠.

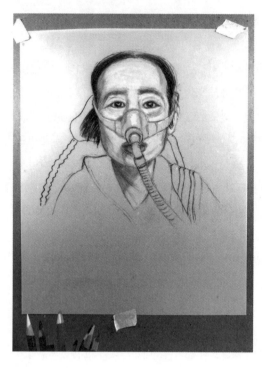

내 초상화 스케치.
리바 레러의 2020년 작품.

제가 그린 초상화들에 대해 제가 너무나 많이 겪은 반응이에요. 그렇게 보는 사람들에게는 목발이 그 그림의 전부인 거죠. 하지만 저는 사람들이 다른 것을 보게 하려고 여전히 노력하고 있어요.

앨리스: 그런 면에서, 이것처럼 다른 종류의 초상화들이 많이 있어야 하는 것 같아요. 왜냐하면, 그들에게 늘 다 설명해야 할 필요는 없어요. 리바가 표현하고자 한 것을 보는 사람은 늘 있을 테니까요. 물론 내 다크서클만 보는 사람도 늘 있겠죠! 저는 그건 괜찮다고 생각해요. 각자 자신의 방식대로 보는 거요. 자, 그러면 이제 리바의 작업 과정이 어떻게 달라졌는지 좀 더 말씀해주시겠어요? 이번 여름에 저와는 온라인으로 초상화 작업을 하셨잖아요. 아마 그렇게 하신 건 처음이실 것 같은데요.

리바: 맞아요.

앨리스: 그것이 초상화를 그리는 과정이나 대상자와의 관계에 대해 리바의 생각이 달라지게 한 점이 있나요? 대상자와 관계를 맺는 방식에서 확장된, 혹은 고양된 무언가가 있었나요?

리바: 처음 장애인 초상화를 그리기 시작했을 때부터, 그들의 신체가 나의 것이 아님을 인식하고 사람들에게 자율성을 주어야 한다는 것이 제게는 정말 중요했어요. 우리(장애인) 중 많은 이들이 다른 이들에게 보여지는 것을 상당히 고통스럽고 모멸적인 일로, 적어도 곤란한 일로 경험하잖아요. 우리가 외부로 보여질 때, 그래서 특정한 대우나 태도에 맞닥뜨릴 때 말이에요. 그 상황을 제가 다른 장애인에게 되풀이하지 않는 것이 저에게는 너무 중요했어요. 하지만 방법을 알고서 시작한 것은 아니에요. 이야기를 잘 들어주는 사람이 되는 데는 시간이 많이 걸렸어요. 누구나, 언제나 이야기를 잘 들어주는 사람이 될 수 있어요. 저도 형편없을 때가 있지만, 그래도 정말 노력해요. 그리고 사람들에게 선택의 여지를 주기 위해 저는 누구에게도 특정한 이미지를 강요하지 않아요. 제 그림은 무엇보다 당사자의 마음에 들어야 해요. 저는 사람들에게 최대한의 권력을 주기 위해 다양한 윤리적 관점들을 적용합니다.

이번에 앨리스와 구글 미트로 작업한 것과 관련해 말하고 싶은 점은, 그리고 이 작업에 대해 글도 더 많이 쓰고 싶은데요, 우선 접근성에 대해 더 많이 생각하게 해주었다는 거예요. 그전까지는 제 스튜디오에 직접 와서 저와 함께 있을 수 있는 사람, 즉 이곳의 물리적 구조 안에 있을 수 있는 사람으로만 대상자가 한정되어 있었어요. 그런데 제가 아는 많은 장애인에게 제 스튜디오는 충분히 접근 가능하지 않거든요. 가령, 여기 화장실은 접근 가능하지 않고 건물 엘리베이터는 좁고 전동휠체어로 들어올 수 없어요. 그래서 제가 초상화를 그릴 수 있는 대상자가 제한적이었어요. 에둘러 갈 수 있는 길을 딱히 생각하지 못하고 있었

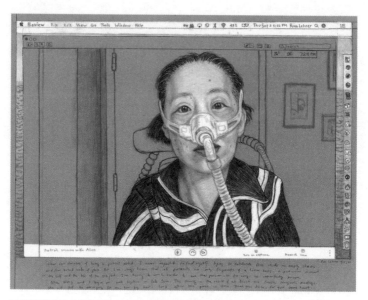

프레임에 담긴 〈앨리스 웡, 2020〉이라는 제목의 내 초상화. 리바 레러의 작품이다. 그림 아래에 그가 손으로 다음과 같은 글을 썼다. "40년간 초상화 작가로 활동하면서도 텅 빈 스튜디오에서, 유리벽 뒤에서 협업을 시도할 수 있으리라고는 예상하지 못했습니다. 하지만 저는 모든 초상화는 어떤 사람의 일부에 불과하다는 것, 그 사람의 삶과 자아의 특정한 한 순간이라는 것을 늘 알고 있었습니다. 저는 멀리 있는, 그리고 제가 불완전하게만 알고 있는 이 사람을 보기 위해 더 열심히 노력하고 있습니다. 앨리스 웡과 저는 지난 6월에 이 작업을 시작했어요. 이 그림은 적어도 여섯 차례의 구글 행아웃 미팅의 결과입니다. 이 작품이 완성되고 한참이 지나서도 앨리스는 계속해서 저에게 새로이 떠오릅니다. 열린 마음으로 함께해줘서 고마워요, 앨리스.

는데, 그런 길이 이번에 처음으로 생긴 거예요. 저는 이렇게 생각했죠. '오! 모든 초상화가 같은 방식일 필요는 없어. 상황에 따라 방법은 얼마든지 바꿀 수 있는 거였어!' (코로나19 상황이) 끝난 다음에도 이 방식을 계속 이어가고 싶어요.

한편으로는 갈망, 분리, 외로움에 대해서도 생각했어요. 모든 사람이 줌이나 구글 미트 등 동영상 콘퍼런스에 대해 불평을 하잖아요? 네, 그래요, 종일 거기에 있어야 한다면 저도 지칠 것 같아요. 하지만 여기에 앉아서 앨리스를 보고 있고, 저는 그게 너무 기뻐요. 앨리스를 볼 수 있고 앨리스가 저를 볼 수 있어서 기뻐요. 그래서 이런 느낌이 들죠. '으이구, 저 징징대는 불평꾼들!' 저는 혼자 살고 있고, 동영상 콘퍼런스는 마스크나 거리두기 없이 제가 누군가를 보고 또 누군가가 저를 보는 유일한 시간이에요. 저는 이것을 고맙게 생각합니다.

가세, 서쪽으로, 호!

2020년에 그레이스 보니Grace Bonney가 세대 간 대화에 관한 책《집합적 지혜Collective Wisdom》(2021)를 집필하기 위해 '장애와 교차성 정상회담' 기획자 겸 공동 조직가였던 샌디 호와 나를 인터뷰했다. 우리는 샌디와 내가 경험한 우정에 대해 이야기를 나눴다. 아래 대화는 내용을 더 명료하게 전달하기 위해 요약과 편집을 거쳤다.

그레이스 보니: 두 분은 어떻게 만나서 친구가 되셨나요?

샌디 호: 오래전인데요(키득거리는 웃음), 2011년인가 2012년인가였던 것 같아요. 확실하게 기억은 안 나지만요. 어쨌든 그때 저는 매사추세츠주 이스터실스에서 진행하던 멘토링 프로그램 '번성하라Thrive'의 담당자였어요. 매사추세츠주에서 14~26세의 젊은 장애 여성에게 나이가 더 많은 장애 여성이 멘토가 되게 해주는 프로그램이었죠. 이런 종류로는 처음이었어요. 이 부분은 독특했죠. 제 말은, 대개 장애인을 위한 멘토링 프로그램이라고 하면 비장애인인 성인을 연결시켜주잖아요. 그 프로그램에서 제가 진행한 활동 중 하나가 참가자들이 젊은 날의 자신에게 편지를 쓰게 하는 것이었어요. 그 편지를 읽고 서로를 더잘 알 수 있게요. 또 편지에 대해 이야기를 나누다 보면 곧바로 꺼내기 어려운 이슈들도 이야기할 수 있잖아요. 이 활동을 진행하면서 구글 검색으로 장애 여성들을 찾아봤어요.

그때가 저 역시 장애인인 여성, 장애인인 젊은 여성으로 살아가는 것의 의미를 알아가기 시작한, 그 정체성을 갖기 시작한 시기였어요. 그때 앨리스 윙이 하고 있는 일에 대해 알게 되었어요. 오, 예! 제가 무턱대고 경계를 침입해서 다짜고짜 이메일 보내볼 생각을 어떻게 했는지 모르겠어요(웃음). 장애인 커뮤니티에서 이제 막 일을 시작한, 말 그대로 듣도 보도 못한 사람이 무턱대고 이메일을 보낸 거죠. 앨리스에게 그냥 이렇게 이메일을 보냈어요. "저희는 '번성하라' 프로젝트에서 [텀블러 플랫폼을 통해] 이러저러한 편지 쓰기를 하고 있습니다. 당신을 만나고 싶어요." 그런데 놀랍게도 앨리스가 답장을 해주었어요.

앨리스 윙: 그 뒤는 말 안 해도 다 아시는 내용이죠. 요즘이었으면 무턱대고 온 이메일에 답신을 했을 가능성이 훨씬 적었을 거예요. 샌디는 타이밍이 좋았어요. 그해에, 제가 더 수용적이던 시기에 연락을 했으니까요(키득거리는 웃음).

샌디의 이메일을 받고 편지 프로젝트 이야기를 듣고서 정말 사랑스러운 프로젝트라고 생각한 게 분명히 기억나요. 젊은 친구들을 고양시켜주는 프로젝트여서도 그랬지만, 우리의 희망과 꿈이 무엇인지 생각해보게 하는 계기이기도 했고, 우리의 과거와 대화를 하는 기회이기도 했으니까요. 이렇게 생각했어요. 와아, 텀블러에 '번성을 위한 편지 쓰기' 프로젝트가 있다니 선물과도 같다고요. 아, 텀블러라니, 우리 연식이 드러나네요? 아무튼 저는 이것이 우리 자신에게 발렌타인이 되어준다고 생각했고, 사람들이 자신의 이야기를 나눌 수 있는 기회를 주어서 정말 사랑스러운 선물이라고 생각했어요.

샌디가 저에게 무언가 글을 쓸 의향이 있는지 물었고, 제가 "마침 아시아계 미국인 연구 저널인 《아메라시아 저널》에 쓴 에세이가 있어요"라고 말했죠. 2017년인가에 아시아계 이민자인 장애인으로서 제가 누구인지에 대해 처음으로 쓴 글이었어요. 그 저널의 '장애와 노년' 특별호에 게재되었고요.

거기서부터 우리의 우정이 시작된 것 같아요. 정보를 교환하고, 샌디가 하는 일에 대해 알아가고, 그러는 과정에서요. 그리고 샌디가 장애 청년들을 진심으로 생각하는 방식에 감명받았어요. 샌디는 많은 젊은 장애 여성 및 장애 청소년과 일하고 있었고 정말 멋진 사람 같았어요. '어머, 이 사람은 내가 친구하고 싶은 사람이야'라고 생각했어요. 거의 대번에 떠오른 느낌이었죠. 샌디는 어땠어요?

샌디: 네, 저는 텀블러에 그렇게 많은 반응이 들어오는 것을 보고 놀랐어요. 우리 프로그램 참가자인 젊은 여성들과 멘토들이 자신의 편지를 게시해도 된다고 허락해주었고, 처음에는 정말로 우리 프로그램 차원에서만 한 거였어요. 우리끼리 서로의 편지를 보면서 더 잘 알아가보자는 취지였죠. 그런데 전국에서 장애 여성들이 그렇게 많이 글을 보내주실 줄은 정말 몰랐어요. 해외에서도요. 앨리스의 글도 포함해서 그들이 보내온 글들은 우리가 정말로 '연대감과 자긍심이 있고 서로를 지원하는 커뮤니티'를 보유하고 있다는 사실을 우리 모두에게 알려주는 신호 같았어요.

저에게 앨리스는 진정으로, 그리고 유의미하게 친구가 된 첫 아시아계 장애 여성인 것 같아요. 그러니까, 사회복지사나 생활지도 교사나 선생님에 의해, 혹은 부모에 의해 주어진 우정이 아니고 말이에요. 매우 자연스러웠어요. 저는 이 공간에 들어올 준비가 되어 있었던 것 같아요. 저로서는 정말 운이 좋게도, 앨리스는 굉장히 수용적이었고 많은 도움을 주었어요. 그리고 제가 젊은 친구들에게 늘 강조하는 건데요. 그들이 준비되어 있다면 언제나 그들의 커뮤니티가 저기에 있다는 거예요. 멘토로서, 더 나이가 든 사람으로서, 그 커뮤니티가 되어서 거기 있어주는 것은 우리의 책임이겠죠.

그레이스: 두 분 중 아무 분이나 말씀해주세요. 두 분의 우정이 삶에서 정말 유의미한 것이 되겠구나 싶었던 순간이 있으셨어요? 기억나시는 순

간이 있나요?

앨리스: 음, 그러니까 저는 우리가 꽤 오랫동안 친구였다고 생각하는데, 그 중에서도 특히 올해가 저에게는 그래요. 저만 그런지도 모르지만요. 올해 팬데믹도 있었고, 우리가 함께 관여한 활동들이 서로에게 정말 중요했던 것 같아요. 진짜로 서로를 위해 거기 있어주었죠. 문자메시지를 보내고, 잘 지내고 있는지 안부를 묻고, 서로에게 긴장 풀고 머리 풀어헤치고 있을 수 있는 공간을 주었어요. 꼭 운동이나 장애에 대해 이야기할 필요 없이, 가십을 나누거나 뒷담화를 하거나 할 수 있었죠. 그리고 저는 거기에 많이 의지했어요. 이번 팬데믹은 제가 정말로 의지할 수 있는 사람이 누구인지 알게 해주었고, 그 점에서 저의 인간관계를 아주 많이 강화해주었어요. 그 부분에 대해 감사하게 생각해요.

아, 아까 잘못 말한 게 있었네요. 《아메라시아 저널》 글은 2013년이에요. 샌디가 저에게 연락한 건 그보다 한두 해 뒤였군요.

샌디: 저의 경우에 그 순간은, 음, 그러니까, 앨리스가 제게 인맥이라기보다 친구라고 부를 수 있는 사람이라고 느낀 순간을 말하자면, 앨리스는 우리 커뮤니티에서 다른 사람은 아무도 이야기해주지 않는 질문에 대해서도 언제나 이야기해주기 위해서 거기 있어줄 사람이라는 확신을 주었어요. 무슨 말이냐면, 이른바 '커리어'의 대부분을 적은 소득을 벌면서 활동가로 지낸 사람으로서 일반적인 9시 출근 5시 퇴근은 가능하지 않잖아요. 그리고 교육을 맡아달라거나 어느 자리에서 발표를 해달라는 요청이 올 때, 앨리스는 제가 단지 다양성의 측면에서 구색 맞추기로 들어가는 사람이거나 포용성 교육을 진행할 수 있는 사람이 아니라 그보다 더 가치 있는 존재라는 것을 계속해서 상기시켜주었어요. 제가 하고 있는 일이 내용의 측면에서도 의미 있지만 우리가 지어 올리고자 하는 것을 그 내용에 더하는 것도 의미 있다고요.

어렵고 곤란한 일들이 굉장히 많이 있잖아요. 가령, 사례비로 얼마를 요구해야 할까, 부모님께 대학원에 갈 생각이 없고 활동가로 살겠다고 어떻게 말해야 할까, 이런 건 정말 어려운 대화이고 장애인 커뮤니티에서 활동하려는 사람의 초기 커리어에 영향을 많이 미치는 것 같아요. 그리고 장애인 중에 지금 이 순간에도 그런 사람을 아직 알고 있지 못한 사람들이 많이 있겠죠. 그들이 그런 사람을 찾으면 좋겠어요. 내 입장에서 꾸준히 나를 응원해주고, 시답잖은 개소리가 아니라 나에게 정말 필요한 답을 말해주는 사람이 핵심적으로 중요해요.

앨리스: 네, 많은 부분이 전략과 관련이 있다고 생각해요. 지평을 알아내고 항해해갈 방법을 알아내는 것처럼요. 그리고 이 지구에서 제가 샌디보다 조금 더 오래 살았고 실수를 더 많이 했으니까요, 저는 저의 몇몇 경험을 끌어올 수 있었고, 이런 식의 세대 간 대화가 중요하다고 생각해요. 하지만 신뢰하는 사람들하고여야지 아무나하고는 아니에요, 그렇죠? 이건 멘토링이지만 저는 우리 관계가 멘토/멘티 관계라고만 보지는 않아요. 우리는 동등한 두 명의 사람이니까요. 때로는 샌디가 저를 왕언니라고 부르긴 하지만요. 보스 스타일 왕언니요! 맞아요. 저는 왕언니가 될 수 있죠. 실제로 여동생이 두 명 있기도 하고요. 그래서 왕언니처럼 구는 게 저로서는 자연스러워요.

하지만 저는 절대적으로 샌디를, 저보다 윗사람으로까지는 아니라 해도 적어도 저와 동등한 사람으로 여깁니다. 왜냐하면 샌디를 미래라고 생각하거든요. 이건 저에게 정말 중요해요. 다음 세대의 장애인 활동가들이 이 세계에서 어떻게 자리를 잡을 수 있는가? 저는 저의 필멸성을 생각하고, 제가 무엇을 줄 수 있을까를 생각합니다. 어떤 유용한 것을 나누어줄 수 있을까? 특히 밖으로는 말하지 않는 내부자들의 것들을요. 밖으로는 말할 수 없지만 적어도 샌디에게는, 그리고 제가 아끼는 사람들에게는 지지대가 되어주는 것 말이에요……. 이건 제가 가지고 있는 소명의식의 일부예요. 진심으로 기여하고 싶어서 하는 거지 의무

감에서 나오는 게 아니에요. 진부해지고 싶지는 않지만, 이건 정말 사랑에 대한 거예요. 우리 장애인들의 사랑, 그리고 장애인들이 세상에서 보이고 들리고 지지받는다고 느끼게 하는 거요.

왜냐하면 많은 장애인이, 많은 장애 청소년과 청년들이 지금까지도 무척 고립되어 있잖아요? 그들은 아직 정치적으로 의식화되지 않았어요. 아직은요. 그들은 운동에 관여하거나 정체성을 갖는 데 관심조차 없을지도 몰라요. 물론 그래도 괜찮아요, 그렇죠? 누구도 이것을 의무로 여겨서는 안 되죠. 하지만 관심이 있는 사람이라면 연결에 굶주려 있을 것 같아요. 그리고 둘 다 아시아계라고 해서 자동적으로 서로를 준거점으로 삼을 수 있는 건 아니라고 생각해요. 우리끼리도 다 같지는 않으니까요. 그런 면에서 저와 샌디가 성격이 맞았던 건 정말 운이 좋았던 거죠. 먹는 거 좋아하는 거나 그런 것들요. 정체성을 단순한 범주로 끼워맞추는 것도 제가 저항하고 싶은 것 중 하나예요. 샌디와 저는 이 이야기를 하면서 웃은 적이 있어요. 아시아계 미국인 장애인들은 서로서로 다 알 거라고들 생각하는 희한한 가정에 대해서 말이에요. 우리가 다 서로 잘 아는 친구일 거라는 식으로요. 그런데 그렇지 않잖아요? 하지만 샌디와 저의 이야기라면 맞아요, 우리는 서로 잘 아는 친구죠.

그리고 샌디가 장애와 교차성 정상회담에서 리더십을 발휘하며 성장하는 걸 보면서 정말 자랑스러웠어요. 그건 기본적으로 샌디가 기획하고 조직한 행사예요. 2016년에 시작됐고 격년으로 열려요. 2016년에 있었고, 2018년에 있었고, 2020년은 취소되었는데 2021년에 사전 녹화를 해서 온라인 행사로 진행됐어요. 저는 이 행사가 가장 놀랍고 강력한 커뮤니티 조직화 사례라고 생각해요. 그리고 샌디의 스타일과 리더십을 정말 존경해요. 샌디가 2018년과 2021년 행사 때 운영위원회에 합류해달라고 저에게 요청했어요. 그래서 샌디가 다양한 사람들과 일하면서 합의를 이끌어내고, 협업을 하고, 온갖 갈등과 골치 아픈 일들을 다루는 과정을 직접 볼 수 있었어요. 샌디는 장애정의에 정말 헌신적이었어요. 그리고 중층적으로 주변화된 장애인들의 역량을 강화했지요. 보는 제가 다 마음이 좋았어요. 그 옆에 있는 것만으로도 정말 좋았습니다.

샌디: 고마워요, 앨리스! 저에게 가장 강렬했던 순간 중 하나는 2018년이었어요. 장애와 교차성 정상회담은 원래 매사추세츠주에서 열리는데, 그해에는 샌프란시스코에서 자매 콘퍼런스를 열었어요. 그때 열린 행사 중 하나가 앨리스가 편집하고 전자책으로 나온 에세이집 《저항과 희망Resistance and Hope》 출간을 축하하는 것이었어요. 우선 그 행사를 조직하는 사람이 될 수 있었다는 것이 좋았고, 그뿐만 아니라 앨리스의 친구들이 쓴 글이 담긴 작품의 출간을 모두가 기뻐하는 것, 그리고 '그래, 이래서 우리가 친구지'라고 느낄 수 있게 서로를 북돋워주는 것이 좋았어요. 이것 때문에 우리가 커뮤니티로서 일하는 것 같아요. 우리는 서로의 계획에서 서로를 동료 기획자로 여기죠.

저도 샌프란시스코에 있었으면 좋았겠지만……. 저는 물론 보스턴에 있었죠. 하지만 콘퍼런스가 끝나고 얼마 뒤에 비행기로 시카고에 들렀다가 다시 [장거리 기차] 캘리포니아 제퍼를 타고 샌프란시스코로 갔어요. 첫 번째로, 시카고의 장애인 커뮤니티를 방문하고 싶었고요. 시카고에 '접근성이 확보되는 삶Access Living'을 위한 운동을 하는 멋진 사람들이 있거든요. 하지만 두 번째로, 샌프란시스코도 늘 가보고 싶었어요. 샌프란시스코는 자립생활운동과 장애인 권리운동의 탄생지잖아요. 그래서 저 자신을 위해서도 정말 가보고 싶었어요. 물론 장애와 교차성 정상회담 일을 하면서 알게 된, 하지만 대면으로는 만나보지 못한 많은 친구들을 직접 만나보고 싶기도 했고요.

그래서 콘퍼런스 끝나고 앨리스를 직접 만났을 때 너무 좋았어요. 저를 굉장히 반겨주면서 집으로 초대해주었죠. 이게 앨리스의 방식이에요.

한 가지 일을 하면 그다음에 그걸 100배로 레벨-업 시키죠. 그리고 앨리스는 정말로 친구들, 다른 장애인들과 함께 실제로 그 자리에 나타나 줘요. 꼭 이렇게 말하는 것 같아요. "이게 우리야. 이게 우리가 하는 일이지. 이런 게 바로 우리야." 일 이야기만 하는 게 아니라 그렇게 함께 있는 게 정말 좋았어요.

앨리스: 네, 저는 사람들을 즐겁게 해주는 것을 좋아해요. 제 생각에, 우리의 우정이 준 선물은 우리가 이런 공간을 가질 수 있게 되었다는 것 같아요. 저는 3월 이래로 집 밖으로 나오지 못했는데요, 파티나 아니면 그냥 모임이라도 갈 수 있었던 좋았던 시절에 대해 많이 생각했어요. 그러고는 깨달았죠. '와우'. 샌디가 여기 왔을 때 샌디와 저는 적어도 한 번은 직접 만났고, 미트업으로는 여러 번 만났어요. 저에게는 정말 정말 특별한 순간이었어요.

샌디가 이 이야기를 하고 싶은지 모르겠는데, 2016년 10월에 장애와 교차성 정상회담이 예정되어 있었고, 샌디와 질의응답 세션을 할 기회가 있었어요. 사람들에게 행사를 홍보하고 참석을 독려하기 위한 것이었죠. 그리고 그때가, 제가 잘못 알고 있는 거면 말해주세요, 그때가 샌디가 처음으로 퀴어 장애 여성으로서의 정체성을 갖게 된 때였을 거예요. 그래서 그것이 샌디에게 중요했으리라고 짐작이 가는데요, 그게 샌디에게 무엇을 의미했는지, 아니면 무언가를 의미했는지 아닌지 이야기해줄 수 있나요?

샌디: 네, 일적인 측면에서뿐 아니라 개인적인 삶에서도 응원해줄 누군가가 있는 것이 정말 중요하다고 생각해요. 그것도 우리 우정의 핵심이었죠. 장애인 공간에서 퀴어로 정체성을 갖는 순간, 그리고 그게 알려지는 게 편안하게 느껴진 것, 분명히 상당 부분 이것은 제가 앨리스를 알고 있다는 사실 덕분이었어요. 앨리스의 플랫폼을 알고 있었고 인간으로서 앨리스가 어떤 사람인지도 알고 있었어요. 그 신뢰는 우정이나 공

동체 조직화에서 더 강조되어야 해요. 그 신뢰가 없으면 그런 위험 부담을 지려고 할 활동가가 아무도 없을 거예요. 저는 그게 우리가 계속해서 나아가도록 해주는 우리 커뮤니티의 소중한 도움 같아요. 저는 그 순간이 오래전부터 오고 있었다는 생각이 들었어요. 문제는 그것에 불이 켜지기에 딱 맞는 공간과 사람, 플랫폼을 발견하는 것이었죠. 저는 그것이 단지 기다란 페이스북 글이나 트위터 타래의 형태가 아니었으면 했어요. 저에게는, 제가 존중받으면서 그 정체성을 밝힐 수 있겠구나 싶어서도 의미가 있었고(앨리스였으니까요), 그런 사람을 찾고 싶은 사람에게 저 역시 하나의 사례가 되었겠구나 싶어서도 정말 의미가 있었어요.

앨리스: 그리고 제 생각에, 그게 우리의 우정이 어떻게 발전해왔는지도 보여주었다고 생각해요. 샌디가 그렇게 하는 것이 편안하고 안전하다고 느껴졌다는 점에서요. (샌디의 정체성은) 제가 질문했던 것이 아니고, 왜냐하면 저도 몰랐으니까요, 단지 샌디를 인터뷰하고 싶었던 건데, 샌디가 먼저 그 이야기를 할 수 있을 정도로 편안하고 안전하게 느꼈다는 사실이 저에게 정말 의미가 커요. 저는 그게 궁극적으로 우리가 창조하고자 하는 세상이라고 생각합니다. 모두가 자신의 온전한 자아가 될 수 있고, 그에 대해 아무것도 설명하거나 걱정할 필요가 없다는 감각 말이에요. 그게 미래예요. 우리가 추구하는 방향이고요. 아직 진정으로 도달하지는 못했지만, 정의를 향해 지어나간다는 생각을 지속적으로 가지고 있어요. 그리고 이건 그렇게 하는 한 가지 방법일 뿐이죠. 집합적인 노력으로 우리가 서로를 지원할 수 있는 수많은 방법을 세상에 보여주는 하나의 사례요. 그리고 그건 그냥 아름다움이기도 해요. 우리가 서로를 위해 크고 명백한 방식으로도, 또 그리 명백해 보이지는 않는 암묵적인 방식으로도, 이렇게 수많은 방식으로 나타나줄 수 있다는 것 말이에요. 저는 그게 다른 많은 우정에서도 일어나는 일이라고

생각해요. 조수의 간만처럼요.

그레이스: 그거 너무 사랑스럽네요. 대답하기 어려운 질문이라고 생각합니다만, 여러분의 우정이 서로에게 어떤 것을 가져다주기를 바라나요? 궁금하네요.

앨리스: 제가 샌디보다 나이가 많으니, 우리의 지속적인 우정과 관련해 제가 정말 원하는 것 하나는 제가 그저 샌디가 자신의 모든 꿈과 목표를 실현하도록 돕고, 정말로 샌디의 야망을 격려할 수 있었으면 하는 거예요. 저는 샌디가 자신이 원하는 것에서 성공하는 걸 보고 싶어요. 샌디가 자신에게 아주 많은 선택지와 재능이 있다는 걸 깨닫고 그게 무엇이건 자신이 원하는 것에 많은 재능과 선택을 쏟았으면 좋겠어요. 제 개인적인 목표 중 하나예요. 그것을 제가 은근하게, 또 적극적으로 독려할 수 있겠지요. 제게는 이것이 우리 우정의 일부예요. "여기 한번 지원해봐. 이걸 해보면 어때? 이건?" 이렇게 찔러주는 거요. 이건 저의 왕언니 기질인데요. 하지만 우리 모두에겐 다른 관점을 가진 누군가가 필요하잖아요, 아닌가요? 때로 우리는 '아, 난 아니야. 나는 안 맞나봐'라든가 '내 능력 밖이야' 같은 생각으로 무언가를 주저하곤 하잖아요. 저는 그럴 때 몰래 귀에서 이렇게 속삭이는 사람이 되고 싶어요. (잘 들리는 귓속말로) "해봐, 해봐"라고요. 소름 끼치나요? 소름 끼쳐야 한다면 그래야죠. 저는 그런 거 좋아해요. 저는 샌디에게 소름 끼치는 사진 파일을 보낼 거예요. 필요하다면 뭔들 못 보내겠어요. 저는 샌디가 세상을 접수할 준비가 되었다고 생각해요. 그리고 그 준비 작업을 하는 데 제가 도움이 되고 싶어요.

샌디: 네, 준비 작업이요. 그런데 왠지 그 준비 작업에는 #가세_서쪽으로_호 같은 해시태그 운동도 있을 것 같아요. 앨리스는 저더러 캘리포니아로 이사 오라고 막무가내네요.

앨리스: 네, 나중에 샌디는 결국 서부로 오게 될 거예요. 제가 불쑥 이런 문

자메시지를 보낼지도 몰라요. '가세, 서쪽으로, 호! 잊지 마. 가세, 서쪽으로, 호!' 아직은 안 해봤어요. 아마 우주가 알아서 해주겠지만, 그래도 #가세_서쪽으로_호는 저의 게릴라 캠페인 중 하나가 될 거예요. 가세, 서쪽으로, 호! 2024년에 꼭.

낱말 퀴즈

번들번들하고 지글지글하는 ○○

나에게 ○○는 핫요가

○○○은 사랑의 한 형태

우리 부모님은 [중국] 북부 ○○ 사람

내게 가장 소중한 사람은 ○

○○○○ 신체, 저항은 무용하다

#○○더보트

○○○는 스토리텔러로서의 크로스 트레이닝

○○○은 아직도 살아 있다

카산드라적인 ○○ 예언자

내가 하루 일과를 보내는 요일은 ○○○

돌봄은 ○○○다

망할 ○○○○○○

○○○○○○○는 후지어Hoosier의 도시

모크 인사를 합시다, "○○○○"

쉽지 않은 두 가지 신체 기능, 삼키기와 ○ ○○

내가 제일 잘 쓰는 단어는 ○○

○○○은 사기다

복숭아 인연, ○○○○

쇼 미 더 머니, ○○○○

음력설의 기억

문득문득 궁금해진다. 1970년대에 홍콩에서 아무 연고도 없는 인디애나로 건너와 익숙하지 않은 미국 문화 속에서 살아야 했던 부모님의 삶은 어땠을까? 부모님은 인디애나에 도착하고 2년 뒤에 처음으로 부모가 되었다. 그러니까, 나를 낳으셨다. 그리고 여동생 에밀리와 그레이스가 태어났다. 고향에 대한 그리움의 핵심을 이루는 것은 중국 음식에 대한 갈망일 것이다. 내가 초등학생이었을 때, 한번은 우리 식구가 몇 주 동안이나 긴 휴가를 내서 홍콩에 음력설을 쇠러 간 적이 있다. 친척들이 산둥 지방 말로 이야기하는 소리, 복닥대는 거리에서 풍겨오던 향 냄새와 디젤 연료 냄새, 그리고 최고로 맛있는 음식을 배 터지게 먹은 것이 내게 각인된 가장 강렬한 홍콩의 기억이다.

미래에서 날아온 회고록

일주일간의 명절 연휴 내내 할아버지와 할머니가 사시는 노스포인트의 방 두 칸짜리 아파트에는 과일이나 술, 아이들에게 줄 홍바오紅包(금박 장식이 그려진 붉은 행운의 봉투) 같은 선물을 들고 손님들이 끊임없이 찾아왔다. 아이들에게 주는 돈의 액수는 일단 친족관계에서의 거리에 기반한 복잡한 사회적 계산에 따라 정해지고, 여기에 더해 주는 사람이 구두쇠냐 퍼주는 사람이냐가 추가적인 변수로 작용한다. 나와 동생들은 이와 같은 잭팟을 그때껏 경험해본 적이 없었다. 우리는 받은 봉투들을 다음에 쇼핑할 때 펑펑 쓰려고 신발 상자에 잘 모아두었다. 독자들이여, 쇼핑 때 돈을 펑펑 쓰는 일은 실현되지 못했다. 엄마가 우리에게 말하지도 않고 우리의 빨간 봉투를 모조리 가져가서 '텍사스 인스트루먼트 말하기와 글자 공부'라는 '장난감'을 사오신 것이다. 정의의 영어 단어 철자가 j-u-s-t-i-c-e인 거 아시는지? 나는 정의의 철자를 쓸 줄 알지만, 아직 정의가 실현되지는 않았다. 영화 〈헤더스Heathers〉에 나오는 대사를 빌려 말하자면, "아, 인간이란"! 오늘까지도 배신의 쓴맛이 생생하다.

손님들이 끝없이 오고 가는 동안 생선살과 파를 넣은 만두 접시도 끝없이 나왔다. 뭐든 뚝딱 만드시는 포포婆婆[할머니]의 솜씨였다. 중국 음식은 뜨거울 때 바로 내야 하며, 마지막 손님이 갈 때까지 만두가 떨어지지 않고 계속 나오게 하는 것이 중국식 환대의 원칙이다. 혼잡한 작은 주방에서 할머니가 요리하시는 것을

음력설을 쇠러 홍콩에 가서 찍은 가족 사진. 우리가 있는 곳은 이 섬에서 가장 높은 언덕인 인기 관광지 빅토리아 피크다. 왼쪽부터 아빠, 엄마, 나, 할머니 린구오펀林國芬 여사, 여동생 에밀리.

본 기억이 난다. 나중에는 너무 지치셔서 정작 본인은 입맛이 없다고 하셨다. 가부장제의 영향으로 할머니는 대개 늘 마지막에 식사를 하셨다. 계속 불 옆에서 음식을 만드셔야 했기 때문이다 (그리고 당시에 에어컨은 사치였다). 나는 육즙이 터지는 갓 쪄낸 만두는 아이였을 때만 드셨을, 아내와 엄마가 된 다음에는 뜨거울 때 만두를 즐기지 못하셨을 할머니를 생각한다. 초간장에 찍어드실 수나 있으셨을까? 곁들인 생마늘은 드실 수 있으셨을까? 더 나중에는 누가 할머니에게 상을 차려드리고 더 드시라고 말해드렸을까?

우리 집에서도 엄마가 만두 만들다가 피곤해하시는 걸 보긴 했지만, 그래도 우리 식구들은 (나만 빼고) 모두가 만두 빚는 일에

미래에서 날아온 회고록

동참한다. 전에는 나도 새우 껍질을 깠지만 이제는 은퇴했다. 엄마는 반죽과 만두소 만들기를 진두지휘하신다. 만두소는 가장 중요한 부분이다. 아빠는 반죽을 밀대로 밀고 잘라서 만두피를 만드신다. 동전 만하게 떼어낸 반죽을 회전시켜가며 밀대로 밀어서 만드는데, 한 손은 손목을 날렵하게 움직여 반죽을 돌리고 다른 손으로 밀대를 민다. 그렇게 해서 만든 만두피를 밀가루를 뿌린 조리대에 한 장씩 올리면 엄마와 동생들이 만두피끼리 눌어붙기 전에 얼른 집어들고 만두소를 넣은 뒤 접어서 가장자리를 조개모양으로 눌러붙인다. 나는 다큐멘터리 제작자를 자처하며 사진과 영상을 찍는다. 더 이상 어린아이가 아닌 우리가 이 기억을 오래도록 간직할 수 있도록 말이다.

2015년 아시아계 미국인 미디어센터Center for Asian American Media가 음력설에 대한 구술사를 수집했을 때 나는 엄마를 인터뷰했고(엄마는 우리 집에서 두 번째로 외향적인 사람이다), 그 덕분에 우리의 중국계 이민자 가족 이야기가 미래까지 보존될 수 있게 되었다. 무언가를 보존한다는 것은 과거의 덫에 갇힌다는 의미가 아니다. 조리법이나 음식 전통을 보존한다는 것은 무엇이 '정통'인지 아닌지 판단하는 심판관을 만드는 것이 아니라 방향성과 지침을 전해주는 것이다. 발효시켜 만든 장류처럼, 이야기들도 시간이 풍미와 깊이를 더해준다. 이야기들은 살아 있고, 우리 곁에 존재하면서 우리에게 영양분을 준다.

어떤 가족은 스키를 타러 가거나 캠핑을 간다. 웡씨 가족은 음식을 만들고, 먹고, 다음 끼니는 뭘 먹을까 들떠서 계획하고 꿈꾸고 이야기하고, 과거에 먹었던 음식을 추억한다. 우리에게는 이것이 사랑의 언어이고 문화적 지혜이고 역사이고 가족의 전통이다.

앨리스 웡: 제 이름은 앨리스 웡입니다. 40세이고 오늘은 2015년 2월 12일입니다. 우리는 샌프란시스코 공공도서관의 스토리코프에 있습니다. 저는 저희 엄마 바비 웡Bobby Wong을 인터뷰하러 여기에 왔습니다.

바비 웡: 제 이름은 바비 웡입니다. 65세이고 오늘은 2015년 2월 12일입니다. 저도 샌프란시스코 도서관에 있습니다.

앨리스: 그리고 저랑 이야기하러 오셨죠(웃음).

바비: 네, 제 딸이요. 큰딸 앨리스 웡.

앨리스: 네네, 오늘 우리는 음력설에 대한 기억이라는 주제로 이야기할 거예요. 과거와 현재, 우리가 음력설을 쇠는 여러 가지 방법에 대해서도요.

바비: 좋아.

앨리스: 어디서 태어나셨는지 말해주세요. 어렸을 때 신년과 음력설은 어땠는지도요. 설날은 엄마에게 무엇이었나요?

바비: 네, 저는 홍콩에서 아주 오래전에 태어났어요.

앨리스: (키득거리는 웃음)

바비: 1949년에 홍콩에서. 미국으로 오기 전에 우리는 음력설을 쇠었는데, 중국에서는 아주 중요한 명절이야.

앨리스: 가장 큰 명절이죠.

바비: 가장 큰 명절.

앨리스: 가을에 있는 중취에지에中秋節[중추절]보다 더 큰 명절이죠.

바비: 그래 맞아, 가족들이 다 모이는 날이거든. 그래서, 뭐라 그래야 하나……. 크리스마스보다도 크다고 말할 수 있을 것 같아. 의미는 비슷하고. 하지만 전체 일가친척, 마을이 다 모이지.

샌프란시스코의 스토리코프에 있는 작은 녹음실에서 엄마(왼쪽)와 나. 이곳의 스토리코프는 2018년에 문을 닫았다.

앨리스: 네.

바비: 그리고 성^省, 주, 도시, 국가가 모두 같은 날을 기념해.

앨리스: 정말 연중 가장 크고 중요한 명절이네요. 적어도 중국인에게는요.

바비: 맞아.

앨리스: 그러면, 어렸을 때는 음력설을 어떻게 쇠셨어요? 신년과 관련해 가장 좋은 기억은 뭐예요?

바비: 응, 아이였을 때는 신년에 내가 준비해야 할 일이 아무것도 없었어.

앨리스: (웃음)

바비: 모든 건 우리 엄마가 하셨지. 나는 신나게 놀기만 하면 되었고. 내가 가장 좋아한 건 동전만두를 먹는 거였어. 1년에 한 번, 음력설에만 먹을 수 있거든.

앨리스: 중국어로는 뭐라고 해요?

바비: 치앤쉬에쟈오錢水餃[전수교].

앨리스: 다른 사람들도 동전만두를 많이들 했어요? 아니면 엄마 집에서만 한 건가요?

바비: 중국 북부 지방에서만 하는 것 같아.

앨리스: 아!

바비: 북부의 다른 사람들도 하는지는 모르겠다.

앨리스: 네.

바비: 하지만 북부에서 거기 사람.

앨리스: 산둥.

바비: 응, 산둥 사람. 산둥 사람들은 해.

앨리스: 엄마랑 아빠 두 분 다 산둥 사람인데 홍콩에서 만나신 게 재미있어요.

바비: 그러게.

앨리스: 홍콩에는 북부 사람은 정말 적었을 테니까 홍콩에서 북부 전통을 갖는 게 꽤 독특했을 것 같아요. 그렇죠?

바비: 그렇지.

앨리스: 동전만두가 무엇이고 어떻게 하는 건지, 그리고 동전만두와 관련된 재미있는 기억들 이야기 좀 해주세요.

바비: 좋아. 동전만두는, 뭐라고 설명해야 하나, 음력설에 무언가를 10개 준비해. '10'은 완벽함을 뜻하는 숫자지. 과자 같은 것들이야. 물론 돈도 중요하지. 그리고 10센트 동전이 든 만두를 10개 만들어.

앨리스: 네.

바비: 만두는 전체 사람들이 다 먹어야 하니까 개수가 아주 많잖아? 5~10명 이상 되니까. 그런데 그중에 동전 든 만두는 딱 10개뿐이지. 그래서 안에 단단한 게 들었나 보려고 만두를 젓가락으로 쑤셔보는 게 재미있었어(키득거리는 웃음). "여기 동전 든 게 확실해. 금속이 있어." 그러면

냉큼 그걸 집는 거지.

앨리스: 보물찾기의 음식 버전이네요.

바비: 맞아 맞아. 음식 버전 보물찾기.

앨리스: 가족들 다 먹으려면 몇백 개는 만드셨겠네요? 만두를 한 끼에 몇 개나 빚으셨어요?

바비: 식구가 여섯이라면 엄마는 150~200개 정도 빚으셨을 거야.

앨리스: 세상에!

바비: 하루 이틀 더 먹을 것까지 만들려고. 동나지 않게. 그래서 더 넉넉하게 만들어.

앨리스: 정말 신년같이 들려요. 1년에 한 번 번영을 나누는 날. 가난해도 말이에요. 새 옷도 있고요

바비: 응.

앨리스: 그리고 아주 많이 먹고, 손님들이 오고, 축하를 하고, 맞지요?

바비: 그래.

앨리스: 가난한 사람들도 일반적으로 매년 설빔을 하나요?

바비: 오, 그럼 그럼.

앨리스: 신년에 또 다른 건 뭘 하셨어요? 가족 모두가 새옷을 가졌나요?

바비: 그래. 이건 뭐랄까, 나는 가난한 집에서 자랐지만 신년에는 아이들 모두 설빔을 입었어. 한번은 부모님이 돈을 빌려다가 설 음식과 설빔을 장만하셨어. 우리 주시려고.

앨리스: 와우. 가난한 사람들 사이에서 그게 꽤 일반적이었나요?

바비: 그래, 음.

앨리스: 전통을 지키기 위해 그렇게 한다는 거죠?

바비: 응.

앨리스: 약간 빚을 내야 하는데도요?

바비: 그래 그래. 다음 신년 전에 갚으려고 노력하지. 갚고서, 다시 신년을

위해 얼마를 또 빌리는 거야.

앨리스: 지난해 신년 빚을 갚고 이번 신년을 위해 또 빌리고.

바비: 그래(웃음), 새해를 위해서. 돈이 좀 여유가 있으면 우리는 늘 붉은색
의 무언가를 얻어 입었어. 붉은색 옷, 붉은 꽃무늬 옷. 그런 거.

앨리스: 중국 문화에서 붉은색에 담긴 문화적 상징이 뭔데요?

바비: 행복인 것 같아.

앨리스: 네.

바비: 결혼식 때 모든 것이 붉은색이지. 신년에 글을 써 붙이는데, 그 종이
도 붉은색이고. 붉은 옷을 입고. 완전히 다 붉게 입는 건 아니고, 한두
개만 포인트로. 빨간 모자나 빨간 블라우스, 이렇게.

앨리스: 음, 중국 문화에서 의미 있는 색이로군요.

바비: 응, 그래.

앨리스: 그리고 신년을 알리는 글귀들이 여기저기 나붙잖아요. 거기 쓰인
한자에 대해 이야기해주세요.

바비: '쌍희 희囍' 자. 행복을 나타내는 글자 '기쁠 희喜'를 두 개 붙여 쓴 거
야. '공시파차이恭喜发财'라고 써 붙이기도 하고. 이건 번영과 행운을 빌
어준다는 뜻이야.

앨리스: 네.

바비: 우리도 몇 개 써서 붙여놓곤 했어. 시를 쓰기도 하고, 그렇게 해서 문
양쪽에 붙여놓았지.

앨리스: 서예로요?

바비: 그래.

앨리스: 그것도 전통이죠? 그러니까, 예술……, 미술인데, 붓글씨로 써서
붙여놓잖아요. 기본적으로 누구나 할 수 있는 거죠? 잉크랑 종이만 있
으면 되잖아요. 아무나 할 수 있죠?

바비: 아니야 아니야. 어떻게 말해야 하나……. 그건 집안의 교육 수준을

보여주는 거야. 교육이 짧은 사람들은 직접 쓰지 않고 구매를 하지.

앨리스: 아.

바비: 아니면 붓글씨 잘 쓴다고 알려진 사람에게 부탁을 하거나.

앨리스: 와우. 이건 정말 밖으로 내보이는 것이로군요. 모두에게 내가 누구인지를요. 그러니까, 지위 상징?

바비: 꼭 그렇지는 않아. 모두가 똑같이 하니까. 모두가 다 하거든.

앨리스: 하지만 차이를 알 수 있잖아요. 실제로 서예를 잘하는 사람이 한 건지 아닌지.

바비: 그렇지.

앨리스: 어떤 사람들은 가게에서 사 오고요.

바비: 맞아, 가게에서.

앨리스: 그러면 차이가 있잖아요.

바비: 그래 그래. 글자에 차이가 있지. 집안의 지위를 볼 수 있어, 맞아.

앨리스: 교육 수준 같은 거.

바비: 그래 그래.

앨리스: 그 종이가 늘 굉장히 예뻤던 기억이 나요. 붉은색에 금박 점이 있어서요.

바비: 늘 그렇지.

앨리스: 아이였을 때 항상 본 기억이 나요. 너무 예쁜 종이야! 그렇지만 매우 흔하고 싼 거죠? 아니면……

바비: 아니야 아니야. 금박 있는 붉은 종이는 제일 비싸. 대부분은 그 종이를 쓰지 않지.

앨리스: 정말요?

바비: 응, 비싸.

앨리스: 예예爺爺[할아버지]가 집에서 만든 아름다운 붉은 종이에 붓글씨를 쓰시곤 하셨던 게 기억나요. 크게 쓰셔서 집에 걸어두곤 하셨죠. 늘 너

무 우아했어요.

바비: 너희 할아버지는 서예를 표현하기에, 서예 작품을 보이기에 가장 좋은 종이를 사용하셨지.

앨리스: 네네. 부엌 탁자에 붓이랑 제구일습을 준비하시고요. 먹 냄새를 맡을 수 있었어요. 굉장히 독특한 냄새인데. 그리고 할아버지는 방해받기를 싫어하셨어요. 한번은 제가 할아버지를 화나게 해서 할아버지가 야단을 치셨어요.

바비: 음.

앨리스: 휘익 구부러진 획을 긋는 부드러운 동작. 할아버지는 팔을 멈추지 않으셨어요. 아주 강렬하게 집중해야 하는 거죠?

바비: 그래 그래.

앨리스: 그러니까, 어떤 거냐면……. 엄마랑 아빠가 말씀하신 게 생각나요. 서예에서 글의 에너지를 느낄 수 있다고요. 정말 쿨하다고 생각했어요.

바비: 그래 그래. 서예를 할 때 기공氣功을 사용해야 하거든. 생명의 에너지라는 뜻이야. 숨을 참고 붓을 들고서, 속으로 모든 것을 준비해.

앨리스: 마음속으로요.

바비: 마음속으로 어떻게 할지, 어디서 행을 내릴지, 어디로 갈지. 공간도 딱 맞아야 해. 안 그러면……

앨리스: 옳게 보이지 않죠.

바비: 그래, 옳게 보이지 않아. 그래서 100프로 집중해야 해. 그래서 할아버지가 서예 하실 때 주위에 누가 돌아다니는 걸 싫어하셨던 거지.

앨리스: 특히 성가신 손주가 끈덕지게 귀찮게 굴 때요.

바비: 그래.

앨리스: 제 기억에, 매우 영적으로 보였던 것 같아요. 명상처럼요. 그 차원으로 들어가야만 서예가 되는 거예요. 많은 사람들이 갖지 못한 거죠.

바비: 그래 그래.

앨리스: 대부분의 사람들에게는 그 전통이……

바비: 사라졌지.

앨리스: 간체자가 더 많이 쓰이니까요.

바비: 그래.

앨리스: 서예는 절대 간체자로는 안 될 것 같아요. 서예에는 많은 상징과 예술성과 역사가 담겨 있으니까요.

바비: 맞아 맞아. 그리고 컴퓨터 시대잖아. 우리는 이제 글을 컴퓨터로 쓰잖아. 한자를 손글씨로조차 쓸 필요가 없지. 왜냐하면……

앨리스: 시간이 너무 오래 걸려서요.

바비: 그래, 오래 걸리지.

앨리스: 획도 너무 많고.

바비: 그래(웃음).

앨리스: 하지만 동전만두 전통은 잘 지키고 있는 것 같아요. 제가 가장 좋아하는 기억이, 엄마랑 아빠가 홍콩 출신, 아니 사실은 산둥 출신이라서 우리가 어렸을 때 인디애나에서도 10센트 동전으로 동전만두를 만들어주셨잖아요.

바비: 맞아.

앨리스: 그리고 우리가 동전 든 만두를 찾으려 했던 것도 기억나요. 엄마가 이것저것 찔러보지 못하게 하셔서, 일단 찔러봤으면 그 만두를 먹어야 했죠.

바비: 맞아.

앨리스: 찔러보기만 하면 안 되고요.

바비: 그래 그래.

앨리스: 때로는 뚫어져라 쳐다보기도 했어요. 동전 윤곽이 비치거나 크기가 더 크거나, 그런 걸 알아내려고요. 하지만 맞추기가 쉽지는 않았죠.

바비: 그래.

앨리스: 먹는 것을 독려하는 한 가지 방법 같기도 해요.

바비: 그렇지.

앨리스: 중국 문화에서는 먹으라고 권하는 게 큰 부분이잖아요.

바비: 맞아, 내 생각도 그래. 미국으로 이민 와서 우리는 핵가족이 됐잖아. 그래서 의식적으로 만두를 덜 만들려고 했어. 그래서 아이들이 동전 든 걸 찾기는 더 쉬웠겠지. 전에는 아주 많은 만두 중에서 골라야 했다면 이제는 아니니까. 경품은 돈이 든 붉은 봉투고.

앨리스: 음.

바비: 그리고…… 맞아, 너 더 먹이려고. 네가 더 먹을수록 더 좋단다(웃음).

앨리스: 제 기억에, 요즘도 그렇지만, 정말 분업이 잘되었던 것 같아요. 엄마는 만두소를 만들고, 중국 파 지우차이韮菜를 넣어서요. 긴 풀잎 같이 생긴 거요. 한번은 뒤뜰에서 키우기도 했잖아요. 잔디 깎는 사람이 잔디인 줄 알고 밀어버렸죠. 엄청 매운데 맛있어요. 그건 정말 중국 북부 사람들이 먹는 거 같아요, 그렇죠?

바비: 그래.

앨리스: 만두소에는 간 돼지고기, 새우, 파, 생강이 들어가고요. 엄마의 조리법을 공짜로 공개하고 싶지는 않지만 간장, 생강, 참기름 약간, 이렇게 들어갔던 것 같아요.

바비: 음.

앨리스: 엄마랑 아빠는 반죽도 직접 하셨잖아요. 반죽을 두 덩어리로 등분하고 길게 말아서 작게 자른 다음에……

바비: 동글동글하게 만들어서……

앨리스: 동글동글하게요. 그리고 하나씩 돌려가며 밀어서 만두피를 만들었죠. 가게에서 파는 것 같은 모양이었지만 다 엄마랑 아빠가 손으로 만드셨어요. 우리가 크면서 우리도 거들었죠. 이제는 에밀리와 그레이스가 하고요.

바비: 배우는 중이지.

앨리스: 네, 에밀리와 그레이스는 아직 배우는 중이에요. 만두소 만드는 경지에는 못 갔지만 만두피는 만들 줄 알죠.

바비: 그래.

앨리스: 그거 어려워요. 얇고 넓적하게 반죽을 펴는 게 정말 기술이 필요하잖아요. 거기에 소를 넉넉히 넣고 손가락으로 꾹꾹 눌러서 예쁜 모양으로 만들죠.

바비: 만두가 충분히 뚱뚱해야 해.

앨리스: 딱 놓았을 때 3차원으로 서 있게요.

바비: 기술이 충분하지 않으면 납작하게 누워버린다고.

앨리스: 맞아요.

바비: 그래.

앨리스: 그리고 충분히 뚱뚱한가는 맛있는 만두의 징표죠. 그래야 먹을 때 속이 꽉 찬 느낌이 나잖아요. 밀가루 부분만 많이 먹고 싶지는 않죠. 손님들도 와서 만두를 빚곤 했던 것 같아요. 중국인 친구들이요. 각자 자신만의 만두 빚는 방식이 있었어요.

바비: 그래.

앨리스: 때로는 미니 대회를 했잖아요 누가 예쁘게 빚나.

바비: 그리고 누가 제일 빨리 빚나(웃음).

앨리스: 더 빨리. 엄마가 빚은 게 늘 제일 예뻤어요. 언제나 잘 서 있고, 무척 귀엽고, 마무리 부분 이음매도 좋고.

바비: 그래 그래.

앨리스: 각자 자기 스타일이 있었던 것 같아요.

바비: 맞아.

앨리스: 최악은 끓다가 물속에서 터지는 거. 그건 불행이죠.

바비: 그래.

앨리스: 그리고 그건 대체로 엄마…….

바비: 나 아니야(웃음).

앨리스: 엄마 아니에요, 엄마 아니에요.

바비: 난 전문가지(웃음).

앨리스: 맞아요. 에밀리와 그레이스에게도 정말 잘 가르쳐주셨고요.

바비: 그래.

앨리스: 걔네들 이제 꽤 잘해요.

바비: 매번 발전하지.

앨리스: 이제 그건 통달했어요. 에밀리와 그레이스요. 통달해가고 있어요.

바비: 반죽 미는 거.

앨리스: 반죽 미는 거랑 속 채우는 거랑 가장자리 눌러서 붙이는 거. 언젠
가는 걔들도 만두소를 만들 수 있게 될 거예요.

바비: 단계 상승(웃음).

앨리스: 만두 만들 때 가장 힘든 부분이나 가장 어려운 부분은 뭐예요? 맛
의 균형을 맞추려면 경험이 많이 필요할 것 같아요.

바비: 음, 내 생각에는 반죽, 그리고 딱 맞는 소의 조합, 이게 제일 어려워.

앨리스: 양념.

바비: 그래, 양념 중요하지. 그리고 반죽도. 딱 맞는 질감이 돼야 하거든. 너
무 묽지도 않고 되지도 않게. 그것도 중요해.

앨리스: 그러니까 에밀리와 그레이스는 초급 단계네요. 바라건대, 빨리 진
짜 훈련을 시작했으면 좋겠어요.

바비: 그래 그래.

앨리스: 왜냐하면 이민자인데 전통 방식을 잘 아는 부모를 둬서 우리가 정
말 운이 좋다고 생각하거든요.

바비: 음, 음.

앨리스: 우리가 또 아래로 전해줄 수 있는 거고요.

2017년 닭띠 해의 신년에 붉은 봉투 세 장을 들고 있는 내 모습. 훙바오를 갖기에 너무 많은 나이란 없다.

바비: 그래.

앨리스: 이 문화는 우리 거예요. 음식을 통한 문화죠.

바비: 그래 그래. 나는 만두 빚기를 40년 넘게 했어. 그리고 이제 두 딸이 이 전통을 이어가는 데 흥미를 보이고 있고. 그러니까 시간이 가면 솜씨도 나아질 거고 전통도 이어지겠지.

앨리스: 네. 우리를 위해서요. 이건 가족과 관련된 일이니까요. 그리고 우리는 연중 다른 때도 만두를 먹잖아요. 하지만 좋은 일이 있을 때만 먹죠.

바비: 그래.

앨리스: 노동이 너무 많이 드니까.

바비: 그리고 온 가족이 참여해야 하고.

앨리스: 네, 누군가는 물을 끓여야 하고.

바비: 그래.

앨리스: 누구든 늘 무언가 할 일이 있었어요. 누군가는 반죽을 준비해야 하고……. 만두는 정말 모두가 참여해야 하는 일이죠.

바비: 맞아 맞아.

앨리스: 찍어 먹는 장도 있었어요.

바비: 초간장.

앨리스: 양념간장.

바비: 그래 그래.

앨리스: 일반적으로 북부 사람들은 다진 마늘하고 먹는 것 같아요. 제가 아주 좋아하죠. 아빠가 생마늘을 으깨고 소금을 섞어서 일종의 페이스트처럼 만드셨어요. 아주 짜고 아주 강한 맛이었죠. 아빠는 만두랑 같이 마늘 한 송이를 다 드시곤 했잖아요. 큰 식칼의 평평한 면으로 내리쳐서 오이를 으깨고 식초 절인 거랑 생마늘 다진 거랑(또 마늘!)……. 중국 북부의 특징 같아요. 우리 모두 마늘을 너무 좋아하죠.

바비: 그래.

앨리스: 하지만 만두랑 같이 조금씩만 먹어야 해요. 그리고 다른 양념도 있었어요. 간장 반 식초 반. 더 강렬한 맛이 나는데, 만두가 꽤 담백하고 풍부한 맛이라 톡 쏘는 식초 맛이 약간 있으면 좋죠.

바비: 그래.

앨리스: 누가 엄마한테 만두 빚는 걸 가르쳐줬나요?

바비: 당연히 우리 엄마지. 일단, 엄마한테는 일손을 도와줄 사람이 필요했어.

앨리스: 아아.

바비: '아동 노동' 덕분에 우리 엄마가 할 일을 할 수 있으셨지. 만두 빚는 노동 중 일부도.

앨리스: 어렸을 때 엄마가 맡은 일은 뭐였어요?

바비: 반죽 미는 것부터 시작했지. 동글동글한 작은 조각을 미는 거야. 그게 제일 처음 배우는 거야.

앨리스: 아하.

바비: 그다음 두 번째는 빚는 거. 이 두 가지 테스트를 통과하고 나면 반죽

우리 집 식탁에 대나무발을
펴고 만두를 올려놓았다.
대나무발은 할머니에게서
가져온 것이다. 여섯 줄의
만두가 끓을 준비를 하고 있다.
금박 장식이 있는 행운의 빨간
봉투가 한 줄로 붙어 있다.
만두 안에서 10센트 동전을
찾을 때마다 하나씩 떼어간다.
봉투마다 금액이 다른데,
100달러짜리를 집는 행운이
올 수도 있다.

하는 거, 그다음에 속재료에 양념을 넣어서 섞는 거.

앨리스: 네.

바비: 그게 마지막 테스트야.

앨리스: 가장 어려운 거.

바비: 맞아 맞아.

앨리스: 외할머니한테 만두소 만드는 비법을 어떻게 배우셨어요? 어깨너머로?

바비: 그래, 대부분은 어깨너머로 보면서. 일단 충분히 보고 나면 무엇을 얼마나 넣어야 하는지 기억이 나고, 직접 만들어야 할 때쯤이면 비슷하게 할 수 있게 되지. 그리고 빚기 전에 만두소 맛을 먼저 보고.

앨리스: 엄마가 아직 어렸을 때, 그래서 외할머니가 만두를 만드셨을 때 외

할머니가 소 만드는 건 다 하셨어요? 식구들 먹을 것의 소를 엄마가 만들어보신 적은 없으세요?

바비: 없어, 없어.

앨리스: (키득거리는 웃음)

바비: 엄마만 하실 수 있었어. 내가 하면 소를 망칠 수 있으니까.

앨리스: 맞아요. 외할머니는 그 리스크는 피하고 싶으셨던 거군요.

바비: 그래.

앨리스: 소 만드는 건 늘 외할머니 책임이셨네요.

바비: 응, 반죽도 그랬어. 여기로 오고 나서야 내가 했지. 그럭저럭 이런 식으로도 해보고, 저런 식으로도 해보고. 이번에는 너무 짠가? 그러면 다음에는 소금을 줄이고.

앨리스: 엄마랑 아빠가 인디애나폴리스로 오셨을 때 1970년대 중반이었잖아요. 작은 중국인 커뮤니티가 있었고, 성경 모임이 있었죠. 엄마도 거기 나가셨고요. 중국인 상당수는 대학에 다니는 학생이었고요.

바비: 그래.

앨리스: 대개 신년에 사람들을 초대하셨죠?

바비: 그랬지.

앨리스: 고향에서 그렇게 멀리 떨어진 곳에서 사람들과 고향 음식을 먹는 건 어떤 기분이에요?

바비: 나는 교회에서 외국인 학생들에게 연락하고 챙기고 하는 팀에 속해 있었거든. 학생들은 명절에, 특히 설날에 가족이 여기 없으니까, 집으로 불러서 만두랑 이것저것 준비해서 재미있게 시간을 보냈어. 학생들이 향수병에 안 걸리게.

앨리스: 네, 신년이 큰 명절이니까 향수병에 걸리기 쉬웠을 것 같아요.

바비: 그래 그래.

앨리스: 학생들이 만두를 좋아하던가요?

바비: 그럼.

앨리스: 캠퍼스에 진짜 중국 음식은 없었을 거 아니에요.

바비: 없었지.

앨리스: 만두는 꽤 훌륭한 특식이었을 것 같아요.

바비: 그렇지. 그 시절에 인디애나에는 인구가 아직 많지 않았고 맛있는 중국 음식을 먹을 수 없었거든. 특히 북부 음식. 우리 집에 오는 학생들 대부분은 북부 사람이었어. 남부 사람들은 또 다른 집이 있어서 그 집으로 갔고, 우리 집에는 북부 사람들이 왔지. 그래서 같은 전통을 가진 사람들끼리 같은 음식을 먹었어.

앨리스: 네.

바비: 학생들이 그걸 즐기고 좋아했어.

앨리스: 네, 일가친척과 그렇게 멀리 떨어져 있다면 정말 슬플 것 같아요. 그 점에서는 엄마 아빠도 마찬가지셨겠지요. 특히 처음에는요. 나중에는 우리 친척 중에도 미국으로 온 사람이 많이 있었지만요.

바비: 그래.

앨리스: 이제는 주위에 친척이 많아졌어요. 하지만 처음에는 엄마, 아빠, 저, 에밀리, 그레이스가 다였잖아요.

바비: 맞아.

앨리스: 다른 친척들은 다 홍콩에 있었고요.

바비: 응.

앨리스: 소수끼리만 모여서 신년을 맞는 게 느낌이 이상하셨어요? 아니면 그냥 해야 해서 하신 건가요?

바비: 그건, 그러니까 새 장소에 왔을 때는 물론 조정을 해야지. 나는 내가 꽤 빠르게 적응했다고 생각해. 가장 좋은 것들을 최대로 끌어내면서.

앨리스: 네.

바비: 그리고 교회 공동체가 있었잖아. 거기서 중국인들을 볼 수 있었지.

덕분에 고향을 너무 많이 그리워하지는 않으면서 새로운 장소에서의 삶으로 더 수월하게 전환할 수 있었던 것 같아.

앨리스: 네, 어떤 면에서 중국인 교회가 우리의 친척이었네요.

바비: 그래.

앨리스: 제가 정말 좋았다고 생각하는 건, 제가 어렸을 때요, 1학년 아니면 2학년 때, 엄마랑 아빠가 우리를 4주나 학교를 빼먹게 해주신 거였어요.

바비: 기억나니?(웃음)

앨리스: 오, 그럼요. 요즘은 그렇게 못해요.

바비: 못하지.

앨리스: 하지만 엄마는 하셨죠. 우리가 일곱 살인가 여섯 살인가, 2월에 학교를 한 달 통째로 빠지게 하셨어요.

바비: 음, 그래.

앨리스: 그리고 홍콩에 갔지요. 음력설 쇠러.

바비: 그래.

앨리스: 그게 정말 좋았던 게, 중요한 명절에 엄마 아빠가 가족들을 다시 만나러 가는 것이기도 했고, 아이들을 전통에 노출시키는 기회이기도 했잖아요.

바비: 그래, 그게 목적이었지. 너희가 유치원 때, 1학년 때, 2학년 때는 해외에서 숙제를 하도록 조정하는 게 어렵지 않았어.

앨리스: 으으, 숙제.

바비: 나중에는 학교를 빠질 수 없었지만.

앨리스: 설날에 아주 많은 손님, 친구, 친척이 오면 어떻게 했어요? 모두에게 반갑게 어서 오라고, 어서 들어오라고 하고 먹을 것을 대접했잖아요. 할머니가 어떻게 그 만두를 다 찌셨는지 모르겠어요.

바비: 맞아 맞아.

앨리스: 방이 두 칸뿐이었는데 그 많은 만두를 다 어디다 두셨을까요?

외할머니 치우슈핑邱淑萍 **여사.**

바비: 그러게.

앨리스: 하지만 매번 누가 오면,

바비: 새로 오면 그때마다

앨리스: 갓 찐 만두를 내와야 하죠.

바비: 그래.

앨리스: 할머니가 그걸 하루 종일 하셨겠어요.

바비: 그래 그래. 일주일 동안.

앨리스: 하루라고 기억하고 있었는데 그게 일주일이었군요.

바비: 그래.

앨리스: 그러면 일주일 내내 파티였네요.

바비: 응.

앨리스: 나중에 밤에 나가서 큰 파티를 하지 않았어요? 마작도 하고요.

바비: 응.

앨리스: 제가 아이일 때 재미있었던 건, 인디애나에서는 받지 못했던 건데요.

바비: 응.

앨리스: 모든 손님이 아이들에게 홍바오를 준 거였어요. 돈이 든 붉은 봉투를요!

바비: 그래.

앨리스: 어렸을 때 미국에서 자라면서 이렇게 생각했어요. "뭐라고? 명절에 '공시공시파차이恭喜恭喜發財[새해 복 많이 받으세요]라고 말만 하면 돈을 받는다고?" 그렇게 말만 하면 빨간 봉투를 받았잖아요. 재미난 기억 중에, 오신 손님 중에 홍콩달러 10달러를 넣은 분이 있었어요. 환율이 1.5달러였던 때인데.

바비: 음.

앨리스: 누군가는 동전 하나를 주고요. 받으며 이랬죠. "에계, 동전……."

바비: (키득거리는 웃음)

앨리스: 50홍콩달러가 있으면 이랬죠. "우와아아!"

바비: 그래, 그건 관계에 따라 달라지는 거야.

앨리스: 네! 저한테는, 그분들은 저를 알지도 못했으니까요. 우리가 할머니와 할아버지의 손주라서 준 거잖아요. 다들 봉투를 아주 많이 준비했어요. 다른 집도 방문하니까.

바비: 각각 다른 금액이 든 걸 따로따로 한 무더기씩 준비했겠지.

앨리스: 아!

바비: 방문하는 집 사람과 어떤 관계인지를 고려해서 정확한 봉투를 꺼내야 해.

앨리스: 섞여서 뒤죽박죽되면 안 되죠?

바비: 그래 그래.

파가 붙어 있는 10센트 동전을 들고 있는 내 모습. 오래전 설날, 만두에서 10센트 동전을 찾았다. 이것이 행운의 돈이라는 것을 알기 때문에 웃고 있다. 이 스릴은 나이가 들어도 없어지지 않는다. 이제는 돼지고기와 새우가 든 만두는 먹지 못하지만 그렇다고 여기에 참여해 동전을 딸 수 없다는 건 아니다. 나는 여전히 동전을 찾고 만두를 고른다. 그러고 나면 동생 중 한 명이 나 대신 먹는다. 나는 이것을 '합리적 편의제공이 적용된 보물찾기'라고 부른다.

앨리스: 왜 빳빳한 새 돈으로 하는 게 중요한지 말해주세요. 인디애나에서도 우리가 어렸을 때 홍바오를 은행에 가서 새 돈을 가져다가 준비하셨잖아요.

바비: 그랬지.

앨리스: 왜 그런 거예요?

바비: 모든 것이 새로워야 하니까. 설빔도 새 옷, 새로운 시작. 돈도 새것. 특히 동전만두는 새 동전이어야지. 새것이어도 소독을 했어.

앨리스: 네.

바비: 만두피에 넣고 빚기 전에.

앨리스: 걱정 마세요, 여러분. 더러운 돈이 아니에요.

바비: (웃음) 맞아.

앨리스: 어렸을 때 15개, 10~15개는 먹을 수 있었던 것 같아요. 동전 찾으려고.

바비: 그래.

앨리스: 많죠. 하지만 아빠랑 사이면 삼촌은 그때

바비: 각자 30~40개는 먹었지.

앨리스: 한자리에서요.

바비: 그래.

앨리스: 하지만 아빠는 이제 그렇게 못하셔요.

바비: 그렇지. 비밀 하나 알려줄까? 만두 익힐 때, 나는 동전 든 게 어떤 건지 아니까 일부러 아이들 접시에 그걸 올려놨어. 너희들이 쉽게 찾으라고.

앨리스: 아아아!

바비: 안 그러면 너희는 아빠나 삼촌이랑 상대가 안 되지.

앨리스: 안 되죠.

바비: 10개 대 40개. (키득거리는 웃음) 비교가 안 되잖아.

앨리스: 그러니까 엄마는 우리에게 접시를 주실 때 아셨던 거네요.

바비: 돈을 딸 기회가 더 많다는 걸(웃음).

앨리스: 아, 엄마 최고예요.

바비: 엄마들은 원래 다 그래(웃음).

앨리스: 제 생각에는, 만두가 가장……. 그러니까, 중국계 이민자로서 사는 것을 생각하면 저는 늘 음식이 생각나고, 늘 만두가 생각나요.

바비: 그래.

앨리스: 우리 식구의 생활 중에서 가장 산둥적인 것이어서요. 이 전통은 우리가 실제로 자주 행하는 몇 안 되는 전통이잖아요. 제 말은, 우리 식구는 그리 전통적인 사람들은 아니니까요. 그런데도 식사에서는 반복적으로 전통을 지키죠.

바비: 그렇지.

앨리스: 그렇게 해서 전통이 계속 살아 있게 하는 것 같아요.

엄마(오른쪽)와 나. 2015년
샌프란시스코에서 아시아계
미국인 미디어센터가 진행한
〈음력설의 기억〉 스토리텔링
프로젝트의 녹음을 마치고
찍은 사진. 요스메이 델 마조가
찍어주었다.

바비: 응, 응.

앨리스: 앞으로 원하시는 건 뭐예요? 엄마의 희망? 우리 집안의 음식 전통
을 잇는 것에 대해서요.

바비: 나이 든 중국 사람들, 특히 북부 산둥 사람들은 '사랑해'라는 말은 잘
안 하거든?

앨리스: 맞아요.

바비: 그 단어를 말하진 않지만 너희를 먹이는 행동으로 보여주지. 좋은 것
을 먹여서 너희들이 건강해지고, 그런 거. 내 할 일은 너희들을 계속 먹
이는 거야. 그리고 너희들이 내가 하는 이 일을 배워서 너희 가족에게
이어줬으면 좋겠다.

앨리스: 네, 정말 그러면 좋겠어요. 미래를 생각하면……. 언젠가는 정말
중요한 연결고리인 엄마 아빠를 잃게 될 거잖아요. 중국 문화에 대해
우리가 배운 모든 것, 산둥 문화에 대해 우리가 배운 모든 것은 다 엄마

아빠에게서 온 거니까요. 그리고 엄마 아빠에게 배운 무척 특별한 관점도요. 30~40년 지나면 그건 잃어버리겠지만, 그렇게 되지 않게 계속 이어가느냐는 우리에게 달렸죠.

바비: 간단하게 해도 돼. 100프로 다 따라 할 필요는 없어. 나도 우리 엄마가 한 것을 100프로 다 따라 하지는 않았어. 요즘 젊은 사람들은 사는 게 너무 정신없고 빠르고 바쁘니까. 너도 약간만 이어가면 돼. 만두피를 손으로 반죽해서 밀 필요는 없어. 만두피는 사오면 되지.

앨리스: 안 돼요, 집에서 민 것만큼 맛있지 않아요!

바비: (웃음) 거기에 조금 더 하든지.

앨리스: 가장 좋은 음식의 기억은 정말 특별해요.

바비: 같이 먹는 것도. 그게 핵심이지.

앨리스: 나누는 거. 우리는 사랑을 먹는 거예요. 사랑이라는 말은 하지 않아도요.

바비: 그래 그래, 네 말이 맞아.

앨리스: 중국 스타일.

바비: 좋아!

앨리스: 오늘 이야기해줘서 고마워요, 엄마.

바비: 천만에. 새해 복 많이 받아라.

앨리스: 네, 신니엔 콰이라이新年快乐[새해가 빨리 오기를]!

바비: 신니엔 콰이라이!

미래에서 날아온 회고록

프루스트적인 앙케이트
:앨리스 윙이 하는 앨리스 윙 독점 인터뷰

❶ 완벽한 행복이 무엇이라고 생각하십니까?

군것질하면서 여동생 에밀리와 그레이스, 그리고 우리 친구 라니와 함께 크게 웃는 것. 작은 샌드위치, 따뜻한 스콘, 꾸덕한 크림, 잼을 곁들여 멋진 애프터눈 티를 즐기는 것. 친구들 만나서 커피 마시는 것. 상다리 휘어지게 차린 식탁에서 식구들이랑 밥 먹는 것.

❷ 가장 두려운 것은 무엇입니까?

거미. 익사. 일상생활에서 지원과 도움을 얻지 못하는 것. 정전. 긴급 상황으로 건물에서 대피해야 하는 것. 의료 위기나 사고 때 그것에 대해 알리거나 소통할 수 없는 것.

❸ 현재 가장 좋아하는 입술 색은?

샤넬의 르 루쥬 듀오 울트라 뜨뉘 라인 중 '대어링 레드Daring Red'[대담한 빨강], 립바의 '메를로Merlot' 립스틱, 입생로랑의 루쥬 쀠르 꾸뛰르라인의 '루쥬 언어폴로제틱Rouge Unapologetic'[당당하게 빨강], 나스의 파워매트 립 피그먼트 라인의 '돈트 스톱Don't Stop'[멈추지 마].

④ **어떤 고양이가 당신의 성격을 가장 많이 닮았습니까?**

팔라스의 고양이(오토콜로부스 마눌Otocolobus manul). 작은 야생 고양이로, 밝은 회색 털, 작은 귀, 땅땅한 몸을 가지고 있음. 공격적이고 싸가지도 없어 보임.

⑤ **가장 좋아하는 인터넷 고양이는?**

트위터의 '고양이 조르츠Jortz the Cat'.

⑥ **TV 등장인물이 한 말 중 가장 좋아하는 말은?**

"이것이 저의 구상입니다."

─윌 그레이엄Will Graham, [미국 드라마] 〈한니발〉(2013) 등장인물

⑦ **당신의 사랑의 언어는?**

고양이 같은 길고 느린 깜빡임. 작은 스티커와 우표를 붙여 편지나 엽서를 쓰는 것. 친구에게 별 이유 없이 선물을 주는 것. 사람들을 웃게 하는 것. 사람들에게 먹을 것을 주는 것.

⑧ **좋아하는 소리는?**

천둥 소리, 세찬 바람 소리, 창문을 때리는 강한 빗소리.

⑨ **최근에 가장 좋아한 팟캐스트는?**

매트 로저스Matt Rogers와 보웬 양Bowen Yang의 〈라스 컬투리스타스Las Culturistas〉. 딩동!

⑩ 지금 꽂혀 있는 음악가는?

브루노 마스. 왜 이제야 알게 되었을까? 이 사람 정말 재능 있다.

⑪ 당신의 가장 큰 강점이라고 생각하는 것은?

호기심. 은근하지만 신랄한 비판. 내가 무엇을 좋아하고 무엇을 안 좋아하는지 아는 것.

⑫ 가장 경멸하는 사람은?

'바람직하지 못한 인간 폴더'를 참고하시오. 너무 많아서 여기에 다 적을 수 없음.

⑬ (우리 사회에서) 과대 평가되고 있는 미덕이라고 생각하는 것은?

시간 엄수. 깔끔함. 연습. 일상의 루틴.

⑭ 어떤 경우에 거짓말을 하는지?

아주 많은 경우.

⑮ 외모에서 가장 싫어하는 것은?

잘 벗겨지는 두피와 피부. 뼈가 다 드러나는 것.

⑯ 외모에서 가장 좋아하는 것은?

입술. 내 입술은 내가 가진 최고의 신체적 자산임.

⑰ 가장 많이 사용하는 단어나 구절은?

풍성함, 기쁨, 역량, 비장애중심주의, 울림이 있다, 문제적인.

⑱ **삶에서 누가, 혹은 무엇이 가장 큰 사랑의 대상인가?**

나!!!!!!

⑲ **일과 관련해 앞으로의 야망은?**

후원자나 투자자를 찾아 장애문화 콘텐츠를 작업하고 또 기념할 공간을 만들 수 있게 사무실을 낼 돈을 지원받는 것. 그리고 행정 업무 담당 비서를 고용하는 것. 정말 필요해!

⑳ **스스로에게서 한 가지를 바꿀 수 있다면?**

새 언어를 배우는 것. 스페인어나 본토 중국어.

㉑ **가장 큰 성취라고 생각하는 것은?**

살아 있는 것. 농담 아님.

㉒ **죽어서 사람이나 사물로 다시 태어난다면 무엇이 되고 싶은지?**

작은 유령이 되어서 나한테 나쁘게 군 모든 사람들 주위를 떠돌면서 심술을 부리고 싶음.

㉓ **커피 마시러 가는 곳은 어디? 거기서 무엇을 주문하는지?**

사이트글라스 커피. 샌프란시스코에 있음. 보통 라테를 테이크아웃으로 시킴.

㉔ **가장 살고 싶은 곳?**

도쿄나 뉴욕(겨울 빼고).

미래에서 날아온 회고록

㉕ **가장 귀한 소유물?**

추억. 내가 부르는 말로는 '츄오옥냐옹'.

㉖ **비참함의 바닥이 어디라고 생각하는지?**

메디케이드 같은 자산 심사 복지 프로그램의 대상자가 되어 절차를 밟는 것. 지역사회 안에서 자율적으로 살면서 그에 필요한 것을 충족시키고 처방된 약을 받고 서비스와 내구적인 의료 장비를 승인받으려고 애쓸 때, 그보다 더 무력하고 국가에 의존적이라고 느껴지는 때가 없음. 메디케이드는 생명줄이지만, 유일한 생명줄로서 관료제가 갖고 있는 비장애중심주의의 비참함을 의미하기도 함.

㉗ **[인생] 모토는?**

개자식에게는 개지랄을.

㉘ **가장 감사하는 것은?**

이 시기에 살고 있는 것. 내가 맺고 있는 우정과 인간관계들. 창조적인 자유. 내 시간을 사용하는 것에 대한 유연성.

㉙ **어떻게 죽고 싶은지?**

친구와 가족들에게 둘러싸여 불타는 난로가 있는 방에서 커피 아이스크림 한 숟갈 먹고 전기 담요를 둘둘 감은 채 고양이들에게 둘러싸여 공기에서 레몬 향을 느끼며 깊은 잠으로, 고통 없는 최후의 휴식으로 들어가는 것.

스토리텔링

Story Telling

너는 너 자신의 세계들을 만들어야 한다.
너는 그 안에서 너 자신을 써나가야 한다.
—옥타비아 E. 버틀러

우리는 우리의 작은 활동이 어떻게 보이지 않는 연결을 직조해낼지,
또 그 연결을 통해 어떻게 다른 이들에게 영향을 미치게 될지 결코 알 수 없을 것입니다……
경이롭게 연결된 이 세계에 '임계질량critical mass'의 문제란 없습니다.
문제는 늘 임계연결critical connections입니다.
—그레이스 리 보그스Grace Lee Boggs[미국의 배우]

기억하는 것은 삭제당하는 것에 저항하는 한 방법이다.
—미히 킴-코트Mihee Kim-Kort[한국계 미국인 작가이자 종교학 연구자]

운동으로서의 스토리텔링

2018년 4월 3일 롱모어 연구소 소장 캐서린 커들릭Katherine Kudlick과 제5회 연례 롱모어 장애학 강연Longmore Lecture on Disability Stuies에서 나눈 대화. 아래 대화는 내용을 더 명료하게 전달하기 위해 요약과 편집을 거쳤다.

샌프란시스코스테이트대학에 있는 폴 롱모어 장애학 연구소Paul K. Longmore Institute on Disability는 고故 롱모어 박사의 이름을 따 지어졌다. 롱모어는 장애인 역사학자이자 운동가로, 책 인세 수입 때문에 사회보장 혜택이 끊길 위기에 처하자 저서 《조지 워싱턴의 발명The Invention of George Washington》(1988)을 불태운 것으로 유명하다. 이후 사회보장국은 [소득 상한 등] 비장애중심주의적이고 징벌적인 규정을 롱모어 수정안Longmore Amendment을 통해 개정했다. 오늘날 롱모어 연구소는 대중 교육, 학술 연구, 그리고 가장 오래된 국제장애인영화제인 슈퍼페스트Superfest 같은 행사를 통해 장애인의 경험, 역사, 문화를 보여주고 있다.

캐서린 커들릭: 와주셔서 너무 감사합니다. 인터뷰어를 인터뷰하는 자리에 있게 되어 영광이에요. 겁도 나는데 신도 납니다.

앨리스 윙: 저는 아직 준비가 안 됐어요!(웃음)

캐서린: 저와 앨리스가 45분 정도 이야기를 나누고요, 그다음에 질문을 받겠습니다. 폴 롱모어 교수님을 어떻게 만나게 되셨는지, 그리고 그가 어떻게 앨리스를 여기까지 오게 했는지에 대해 조금 이야기해주세요.

앨리스: 우선, 이곳에 현장 참여로, 또 온라인 참여로 함께해주신 모든 분들과 롱모어 연구소의 모든 분들께 정말 감사드립니다. 폴 롱모어 교수님을 알게 되어 너무 행운이었어요. 아주 오래전인 1990년대에 저는 인디애나대학 인디애나폴리스 캠퍼스의 학부생이었습니다. 인디애나폴리스 교외에 살고 있었는데, 중서부에 살면서 제가 너무 고립되어 있고 연결되어 있지 못하다고 느꼈어요. 그러던 중 장애학이라는 것에 대해 알게 되었고 자립생활권리운동에 대해서도 알게 되었습니다. 그러면서 서부로 가고 싶다는 생각이 들었어요. 베이 에어리어가 제가

소속감을 느낄 수 있는 곳일 것 같았습니다. 그래서 대학원 진학을 알아보고 있었는데, 저의 사회학 교수님 중 한 분인 캐럴 B. 가드너_{Carol B. Gardner} 교수님이 롱모어 교수님을 알고 계셨어요. 제게 다짜고짜 전화번호를 주시더라고요. 롱모어 교수님 자택 전화번호를요!(웃음) 그래서 저는 중서부 교외의 시골 쥐가 된 느낌으로 쭈뼛거리면서 전화를 했어요. 롱모어 교수님께요. 그리고 대화를 나눴죠. 이렇게 여쭤보았어요. "저는 장애 학생이고 캘리포니아대학의 여러 캠퍼스에 지원했습니다. 샌프란시스코 캠퍼스, 버클리 캠퍼스, 산타크루즈 캠퍼스 등등이요. 그리고 지금 샌프란시스코를 염두에 두고 있는데, 어떻게 생각하세요? 제가 할 수 있을까요?" 그랬더니 "할 수 있을 거예요. 오기만 하세요. 여기를 좋아하게 될 겁니다"라고 말해주셨어요.

그 당시에 저는 정말 확신이 없는 상태였거든요. 너무 엄청난 리스크 같았고 제가 할 수 있을지 어떨지 알 수 없었어요. 그런데 롱모어 교수님이 최대한의 확신을 담아 그렇게 말해주신 거예요. 저를 모르면서도 환영해주셨고요. 제게는 그게 장애인 커뮤니티의 힘을 보여주는 하나의 신호 같았어요. 인디애나에서 장애인으로 자라면서는 그런 커뮤니티를 가져본 적이 없었으니까요. 이게 바로 제가 찾고 있는 것이었다는 걸 깨달았죠. 그래서 항상 감사드려요. 여러모로 제게 베이 에어리어 장애인 커뮤니티를 처음 접하게 해주신 분이니까요.

캐서린: 너무 좋네요. 고마워요. 앨리스, 모두가 그런 순간이 있잖아요. 활동가가 되는 맨 처음 순간이요. 그때를 기억하세요?

앨리스: 음, 그 질문에 답하기 전에, 장애를 가지고 태어난 사람으로서, 원했든 원하지 않았든 저는 늘 활동가였다고 생각해요. 비장애인의 세계에서 그저 살아가고 존재하기 위해서 말이에요. 전에도 몇 번 말했지만, 저는 저를 '어쩌다 활동가'라고 말해요. 그것을 전제로, 제가 정말로 운동에 진입하게 된 첫 순간을 말하자면 샌프란시스코로 대학원을 왔

을 때 같아요. 여기에서 세 명의 장애인(미셸 고메즈Michele Gomez, 마리아 로페즈Maria Lopez, 데이나 오덤Dana Odom)이 만든 학내 조직에 관여하게 됐거든요. 장애 이해관계 모임Disability Interest Group이라는 이름이었고, 교직원과 학생들이 함께 활동하는 모임이었어요. 1990년대 말에는 정말 이런 모임이 처음 생긴 거였어요. 우리는 아무도 이야기하지 않는 이슈가 정말 많다는 걸 알게 됐어요. 장애인들은 각자 알아서 해법을 만들어야 했죠. 시스템 수준에서 문제를 바라보는 경우는 별로 없었어요. 그러다 그 모임을 통해 몇 년간 행정 당국과 유의미한 대화가 오가고 나서, 대학 차원에서 장애인 사안에 대한 공식적인 자문 그룹 설립을 이끌어내는 굉장한 결실을 맺을 수 있었어요. 이제 그곳에서 UCSF 차원의 정책과 절차를 살펴보는 업무를 담당하고 있지요. 저는 이 과정이 연합을 일구는 것이 갖는 힘을 보여주었다고 생각해요. 하지만 그것만이 아니라 전략적이어야 할 필요성과 정말로 인내심이 있어야 한다는 것도 보여주었죠. 이런 변화 중 아주 많은 것들이 곧바로 일어나지는 않거든요.

캐서린: 굉장해요. 장애 가시화 프로젝트 활동은 어떤가요? 거리로 나가 시위를 하는 게 아닌, 또 다른 종류의 활동인데요. 그 일을 결정하시게 된 배경과 어떻게 해서 그런 개념을 구상하시게 됐는지 말해주세요.

앨리스: 네, 장애 가시화 프로젝트는 제가 장애인의 대표성과 관련해 너무 좌절해서 만들어진 것 같아요. 역사에서도 그렇고, 미디어와 대중문화에서도요. 우리[장애인]의 역사는 어디 있죠? 왜 우리의 이야기는 주류가 아니죠?

그래서 저는 늘 스토리코프의 팬이었어요. 스토리코프는 구술사를 수집하는 전국적인 비영리기구인데요, 당시에 샌프란시스코에 있었어요. 저는 어느 행사에 갔다가 스토리코프가 베이 에어리어에 있는 단체들과 공동으로 진행하는 지역사회 파트너십에 대한 이야기를 듣게 되었어요. 그래서 나중에 베이 에어리어의 장애인 커뮤니티와도 파트너십으로 진행하고 있는 일이 있는지 물어봤어요. 그랬더니 그때까지는 없었다고 하더라고요. 그래서 제가 "저희 장애인 커뮤니티가 얼마나 풍성하고 놀랍고 강력하다고요"라고 말했죠. 아직 장애인 커뮤니티와는 진행 중인 파트너십이 없다고 하니, 그걸 제가 할 수도 있겠다고 생각했어요. 제가 스토리코프를 활용하는 방식이 될 수 있을 것 같았어요. 그곳에는 이미 인프라가 있었으니까요. 누구든 거기 가서 이야기를 할 수 있었거든요. 무료였고, 원하면 의회도서관에 아카이브로 보관되게 할 수도 있었어요. 정말 제게 확 꽂히는 일이었죠. 우리의 중요성을 역사학자가 발견해주길 기다리는 게 아니라 우리 이야기를 우리 자신의 언어로 할 수 있다는 거잖아요. 시대정신을 포착해서 미래 세대에게 넘겨준다는 건 정말로 흥분되는 개념이었어요.

목표는 소박했어요. 1년짜리 프로젝트로 기획했고, 친구들, 제가 멋지다고 생각하는 사람들, 널리 알려지지 않은 사람들을 만나 인터뷰할 생각이었죠. 정말 이런 이야기들을 다 포착하고 싶었어요. 왜냐하면 명사나 대가의 이야기가 아니라 평범한 사람들 이야기니까요. 제게는 이게 운동의 한 형태예요. 우리 삶의 경험을 정말로 증폭시켜주니까요.

들으실 클립은 장애 가시화 프로젝트 구술사에서 가져온 건데요. 저희 지역의 공영 라디오 방송국인 KALW에서 제작했고, 해당 방송국의 〈크로스커런츠Crosscurrents〉라는 프로그램에서 방송됐습니다. 프로그램 진행자는 해나 바바Hanna Baba고요. 504조 시위504 sit-in를 소개하고, 초대 손님으로 나온 제시 로렌즈Jessie Lorenz와 허브 르빈Herb Levine이 이야기를 들려줍니다. KALW의 앨리슨 리Allison Lee가 제작했습니다.

⁎⁎

해나 바바: 〈크로스커런츠〉입니다. 저는 해나 바바고요. 저항은 오랫동안 베이 에어리어 문화의 일부였습니다. 최근 벌어지고 있는 '흑인의 생명도 소중하다Black Lives Matter' 시위, 1990년대의 에이즈 운동, 그리고 60년대와 70년대의 반전 시위까지요. 그리고 장애인 권리를 위한 싸움도 있었습니다. 1973년 재활법Rehabilitation Act은 장애인 민권 보호가 연방 법이 되게 했습니다. 하지만 법의 시행이 너무 더뎠어요. 그래서 1977년에 활동가들이 전국에서 연방 건물들을 점거해 시위를 벌였습니다. 샌프란시스코에서는 점거 농성이 25일 동안 지속되었고, 연방 정부의 자금 지원을 받는 프로그램이 장애인을 차별하면 불법이 되게 만드는 성과를 거두었죠. 기본적으로 그 시위는 1990년 미국장애인법의 전신이라 할 만합니다. 허브 르빈은 1977년에 친구와 샌프란시스코에서의 점거 농성을 우연히 보고 거기 머물기로 하면서 곧바로 시위에 참여했어요. 경비가 촘촘하게 통제하고 있었는데도 르빈과 두 명의 또 다른 시위 참가자들은 어찌어찌해서 건물 밖으로 빠져나왔다가 다시 들어갈 수 있었습니다. 르빈이 친구이자 전 직장 동료인 제시 로렌즈와 함께 그 이야기를 들려줄 거예요. 르빈과 로렌즈는 샌프란시스코 공공도서관에 있는 스토리코프 녹음실에서 이 이야기를 나누었습니다.

제시 로렌즈: 그 성직자 이야기 좀 해주세요.

허브 르빈: (웃음) 네, 경비가 있어서 시위대 숫자가 점점 줄어들고 있었어요. 사람들이 집에 다녀올 일이 있거나 볼일을 보러 가거나 옆 블록으로 잠시 바람을 쐬러 가려고 하거나 해서 건물에서 나갈 때마다 경비가 이렇게 말했어요. "활동지원사와 성직자 말고는 다시 못 들어옵니다." 거기에 진짜 성직자도 있었어요. 노엄이라는 목사님이 계셨는데, 부활절 때쯤 들어오셨죠. 얼마 후에는 경비들이 활동지원사도 못 들어오게 했어요. "이제 들어올 수 있는 사람은 성직자뿐"이라고 했죠. 우

리는 사람들이 쓸 면도칼과 면도 크림 같은 것을 사러 나갔어요. 그날은 집에 가서 잤고요. 다음 날 아침 농성장에 돌아와 문을 두드렸더니 경비가 "못 들어옵니다 어쩌고저쩌고" 말하기 시작하더라고요. 그래서 제가 말했죠. "아, 저는 지금 들어가려는 게 아니에요. 저는 르빈 목사입니다. (로렌즈 웃음) 저희 성가대가 왔는지 물어보러 왔어요. 이분들을 위해 부활절 예배를 하러 왔거든요." 그 경비가 다른 경비들이 모여 있는 데스크로 갔고 경비들이 웅성웅성하는 소리가 들리더라고요. "몰라요, 어떤 목사래요" 이러면서요. 그들은 위층에 연락을 하더니, "여기 성가대는 없는데, 들어와서 기다리시겠어요?"라고 묻더군요. 그래서 저는 "아니, 괜찮아요. 밖에서 좀 더 기다릴게요"라고 말하고 밖에서 기다렸어요. 그런데 휠체어를 탄 누군가가 길을 따라 내려오는 게 보이더라고요. 짐Jim하고 지나 앤Gina Ann이었어요. 저는 생각했죠. '이 사람들은 어떻게 들어가려고 한 걸까?' 그리고 제가 이렇게 말한 게 생각나요. "아무 말도 하지 마시고 저를 따라오세요." 저는 문을 두드리고서 말했어요. "저희 성가대 두 명이 왔네요. 들어가서 준비를 해야겠어요." 그랬더니 들어가게 해주더라고요.

제시: (웃음) 세상에, 굉장하네요. 굉장한 이야기예요.

(음악)

⁂

캐서린: 아, 좋네요.

앨리스: 저는 이 이야기를 정말 좋아해요.

캐서린: 정말 굉장한 이야기예요. 앨리스는 이 이야기에서 묘사된 활동과 앨리스의 활동이 어떻게 연결된다고 보세요? 분명히 무언가 생각하시는 게 있을 것 같은데요. 그 이야기를 좋아하시는 것도 좋아하시는 거

지만, 그것과 연결점도 있으실 것 같아요.

앨리스: 저는 이런 종류의 이야기가 모든 사람이 역사에 온전하게 알려져 있는 것은 아니라는 사실을 보여주는 사례라고 생각해요. 모든 집단은 아주 많은 사람들로 이루어져 있죠. 온전히 인정되지는 못하고 있는 사람들이요. 그리고 이런 이야기들은 사람들이 모일 때, 그리고 사람들에게 의지가 있을 때 나타나게 되는 유머와 기쁨과 노동과 독창성을 보여준다고 생각해요. 저는 이것이 정말 아름답다고 생각합니다. '아 맞아, 장애인 커뮤니티의 일부가 되는 것을 내가 이래서 좋아했지' 하는 걸 다시금 상기시켜줘요. 사람들은 우리가 얼마나 혁신적이고 기발하고 수완이 있는지 잘 모르잖아요. 우리는 진정으로 '파괴적 혁신가 disruptor'예요. 장애인들은 사회의 진정한 해커입니다. 저에게는 이것이 운동의 한 형태이기도 하고, 존재하는 방식이기도 해요. 공간을 만들어 가고 협상하고 이 세상을 헤쳐나가면서요.

캐서린: 네, 우리 앞에 던져지는 것들을 헤쳐나가는 거요. 그것들이 어디서 오는지도 모르고 무엇인지도 모르는 상태로도 말이죠. 그리고 갑자기 무언가 새로운 것을 해야만 하게 되죠.

앨리스가 해온 모든 일을 보면, 인정받지 못하고 있는 사람들을 위한 '새로운 형태의 운동'을 보면, 앨리스가 중심에 있는 것처럼 보이겠지만, 아니에요. 앨리스는 다른 사람들이 빛나고 돋보이고 그 사람들의 활동이 보일 수 있게 판을 짜요. 그들의 이야기와 경험이 보일 수 있게요. 이건 놀랍도록 강력해요. 왜냐하면, '앨리스 윙은 당신들이 이것에 대해 생각하기를 원해'라는 방식이 아니거든요. 그보다는 '세상은 이것을 알아야 해'의 방식이죠. 그리고 이건 무척 섬세하고 경이로워요. 정말 경이롭습니다.

마지막으로요 앨리스, 청중들께 남기시고 싶은 질문 하나를 말씀해주세요. 청중들이 어떤 것을 생각하시면 좋을 것 같나요?

앨리스: 생각했던 것보다도 더 즐거웠어요(웃음). 그리고 너무 친절히 대해 주셔서 고맙습니다. 너무 너그러우셨어요, 캐시.

고# 해리엇 맥브라이드 존슨Harriet McBryde Johnson이 이렇게 말한 적이 있어요. 스토리텔링은 생존 도구라고요. 해리엇은 저서 《요절하기에는 너무 늦었지Too Late to Die Young》에서 "이야기는 우리가 공유하는 경험과 가장 가까운 것"이라고 말했습니다. 저는 스토리텔링은 우리 자신을 더 잘 아는 기회라고 생각합니다. 우리가 누구인지, 우리가 어디에 있었는지, 우리가 무엇이 되고 싶은지를 질문해볼 수 있죠. 모든 사람은 자기 안에 이야기들의 우주 전체를 담고 있어요. 제가 여러분 모두에게 드리는 질문은요, '여러분의 이야기는 무엇입니까'입니다. 그리고 '어떻게 세상과 그것을 나누고 싶습니까'라는 질문도요. 아직 나눌 준비가 되지 않았다면 여러분의 이야기를 여러분 자신에게 해주시고, 그것이 여러분에게 양분을 주고 지침을 주게 하세요. 더 중요하게, 여러분의 이야기는 여러분을 즐겁게 해주어야 합니다. 다른 누구도 아닌 여러분을요. 그리고 언젠가 여러분 자신의 이야기를 나눌 준비가 되면, 그 이야기는 다른 장애인들의 이야기들과 함께 현 상태를 밀쳐내는 힘이 될 거예요.

BIG PUSSY POWER

큰 고양이 파워

장애의 목소리들로
라디오의 다양성을 높이자

'트랜섬Transom' 블로그, 2016년 5월 10일

나는 늘 라디오 듣는 걸 좋아했다. 하지만 내가 라디오 프로그램이나 기사의 제작자나 크리에이터가 될 수 있을 거라고는 생각해본 적이 없었다.

그러다 [비영리 미디어 단체] 메이킹 컨택트Making Contact에서 커뮤니티 스토리텔링 펠로우로 활동하게 되었을 때, 트랜섬 Transom[다양한 방식의 청각적 스토리텔링을 모색하는 인터넷 기반의 미디어 단체]과 독립 라디오 제작인 연합Association of Independents in Radio, AIR에 나와 있는 인터뷰 기법, 스토리텔링 기법, 프로듀싱 방법 등을 읽으면서 공부를 했다. 그런데 '라디오 방송을 하는 법'을 읽을수록 더 겁이 났다. 특히 상당한 신체적 활동이 수반되는 일(가령 상당 시간 동안 누군가의 앞에 마이크를 들고 있어야 하는 것)이 많아 보여서 더욱 그랬다. 나는 궁금해졌다. **나 같은 장애인은 라디**

미래에서 날아온 회고록

오 커뮤니티에 어떻게 맞아들어갈 수 있을까? 왜 라디오에서의 다양성에 대한 글에서 장애인에 대한 언급은 찾아볼 수 없을까? 알 릿슨Al Leetson은 2015년에 트랜섬 선언이라 할 만한 글에서 백인 남성 이성애자의 목소리가 늘 기본 설정값이라는 점을 지적했다. 이 지적은 내게도 즉시 울림을 주었다. 하지만 나는 여기에 라디오에서의 기본 설정 인간형이 비장애인이라는 점도 덧붙여야겠다.

1. 좋은 목소리와 나쁜 목소리

라디오는 익숙한 친구, 지식의 원천, 시간과 장소의 표식일 수 있다. 하지만 라디오를 일종의 문화적 제도로 볼 때, 무엇이 라디오에서 '좋은 목소리'로 여겨지는지에 대한 판단은 문화적 규범과 구조를 반영하고 또 전승한다. 장애 없는 신체에서 나오는 유쾌하고, 명료하고, 또렷하고, 어떤 장애의 흔적도 지니고 있지 않은 목소리를 '좋은 목소리'의 표준으로 삼는 것은 장애인을 제거하는 것과 같다. 이것은 장애인을 타자(더 근사한 용어로는 '서발턴')로 치부하고 밀어내는 것이다. 미디어학 및 문화학 연구자 빌 커크패트릭Bill Kirkpatrick은 2013년에 출간된 책[《라디오 뉴웨이브Radio's New Wave》]의 한 챕터인 〈듣기 싫은 목소리들: 목소리를 크립하자 Voices Made for Print: Crip Voices〉에서 라디오에서 장애를 가진 목소리와 신체가 비가시화되는 것의 문제점에 대해 이렇게 언급했다.

왜 장애가 없는 목소리가 라디오를 전적으로 지배하고 있는지에는 여러 자명한 이유들이 있을 수 있다. 상업적인 측면에서의 필요성도 중요한 이유일 것이다. 방송을 하는 사람들은 청취자가 채널을 돌리지 않고 계속 듣기를 원할 테고, 따라서 청중이 듣고 싶어 할 만한 발성 스타일과 화법을 가진 사람을 찾으려 할 것이다. 듣는 사람이 쉽게 이해할 수 있고 귀에 착착 감기게 들리는 목소리 말이다. 명백히 합리적인 자본주의적 논리이긴 하지만, 우리는 청취자 중심적 접근이라고들 부르는 이 접근의 기저에서 작동하는 미학적 논리를 살펴보아야 하고, '귀에 착착 감기게 들리는'이라는 개념이 장애를 가진 목소리가 라디오에 존재하지 않는 현실에 대해 충분히 납득 가능한 이유가 되는지도 생각해보아야 한다. …… 애초에 그런[장애인의] 목소리들은 자격이 없다고 판단하는 장애와 비장애의 이데올로기를 해체하지 않는다면, 라디오에서 허용되는 목소리의 범위를 확장할 수 없을 것이다.

미디어에서의 다양성에 대한 더 폭넓은 논의에서는 유색인 장애 여성으로서 나의 일부가 포함되곤 한다. 그런데 너무나 자주, 여기에 장애 부분은 포함되지 않는다. 많은 사람들이 장애를 문화의 일부로 여기지 않기 때문이다.

하지만 라디오에서 이건 정말 개소리다. 라디오는 공공 미디어이고, 장애를 가진 목소리는 라디오라는 심포니에서 빠져 있는 악기다. 알 릿슨은 [공공 미디어의 다양성에 대한] 자신의 트랜섬 선언에서 이를 다음과 같이 지적했다. "[소수자의] 이야기들은 불완전하다는 이유로, [소수자의] 문화들은 [주류 문화에] 부합하지 않는다는 이유로 배척된다. 지금 우리 사회에 존재하는 것은 하나의 악기가 모든 파트를 연주하는 교향악단이다. 이 교향악단이 가능한 한 다이내믹해지려면 다른 연주자들에게도 악기가 주어져야 한다."

다양성에 대한 담론은 첫째, 장애인 및 그 밖의 주변화된 집단들을 포함시키고 그들의 문화적 기여를 인정함으로써, 둘째, 다양성을 구색 맞추기로 사람들을 안배하는 수준의 개념이 아니라 제도, 실천, 구조를 교란하는 것으로 개념화함으로써 여러 방식으로 확장되어야 한다.

다양성은 자주 사용되는 단어다. 이것이 사회적 선善이라는 것은 모두가 알고 있다. 하지만 다양성은 [구색 맞추기를 넘어 정말로] 의미를 지녀야 하며 배제되고 비가시화되어온 사람들을 다시 중심에 놓는 것이 되어야 한다. 나는 샤넬 애덤스Chanelle Adams가 2016년 '위험한 흑인 소녀Black Girl Dangerous, BGD' 블로그[유색인 퀴어 및 트랜스젠더의 목소리를 담아내는 비영리 웹진]에 쓴 글에서 밝힌 대학 캠퍼스에서의 다양성에 대한 비전을 정말 좋아한다. 그리고 이 비전은 다른 모든 곳에도 적용된다. "이러한 '넣고 젓기만 하세요' 식의 인스턴트-다양성 모델에는 오류가 있다. …… 나는 다양성이 우리 주위를 둘러싸고 있는 얼굴을 백인에서 황인종이나 흑인으로 바꾸는 것 이상을 의미하게 되기를 바란다. '우리의 커뮤니티에 영향을 미치는 이슈들이 전면으로 나와야 한다'고 요구하는 것이 다양성의 의미가 되기를 바란다." 이것은 다양성 논의에서 어렵고 본질적이고 구체적인 부분이다. 나라고 해서 답을 가지고 있는 것은 아니지만, 장애인이자 신참 라디오 방송인으로서 내 이야기와 경험을 나눌 수는 있을 것이다.

2. 나의 목소리 이야기

나는 2015년 장애인의 이야기를 기록하는 구술사 프로젝트를 위해 스토리코프와 지역사회 파트너십을 맺으면서 라디오에 관심을 갖게 되었다. 음성 위주라는 구술사의 속성 때문에 배제될지 모를 사람들이 우려되었다. 시각적으로, 비음성적으로 소통하는 사람들을 위한 선택지와 접근성을 제공하는 법을 알아가면서, 나는 라디오라는 매체에 대해, 그리고 장애인의 삶, 목소리, 신체가 공공 미디어를 이루는 한 부분으로 여겨지고 있는지에 대해 더 깊이 생각하게 되었다.

나는 폐 자체는 건강하지만 호흡에 관여하는 횡경막 근육이 쇠약해지면서 폐 기능이 점차 떨어졌다. 수면 무호흡으로 호흡부전이 와서 심각한 위기를 겪기도 했다. 내 기관지에는 보조 장치가 필요했고, 비침투적 호흡기인 바이팹 기계를 사용하기 시작했다. 정해진 양만큼의 공기를 규칙적으로 폐에 불어넣어주는 장치로, 공기가 코를 통해 몸에 들어가도록 튜브가 달린 나잘 마스크를 착용해야 한다. 나는 다스베이더가 되었다.

내 정체성, 자아, 자기 이미지의 상당 부분은 내 목소리와 글쓰기를 중심으로 형성되어 있다. 나는 내 불편함에 직면해야 했고, 나의 새로운 목소리와 점점 더 사이보그가 되어가는 나의 신체를 받아들여야 했다. 나처럼 바이팹을 사용하는 여성인 로라 허시Laura Hershey의 시구 "자꾸 하다 보면 자랑스러워질 거야"를 조금 바꿔 표현하자면(허시는 장애인 작가이자 활동가이며 이 시는 장애인들 사이에서 인기가 많다), 나는 자꾸 시도하고 해보면서 자부심의 감각을 다시 획득하고자 노력하고 있다.

　정치적으로 의식화된 장애인 정체성을 지니고 있음에도, 나는 문제가 전적으로 내 몸에 있는 것이 아니라는 것을, 문제는 사회에 있고 내가 내면화한 비장애중심주의에 있다는 것을 계속해서 스스로에게 되뇌어야 한다. 내가 혼자가 아니라는 사실, 내가 음성적 차이vocal difference를 가진 장애인 커뮤니티의 일부라는 사실도 계속 스스로에게 상기시켜야 한다. '더듬는다'는 개념에 깔려 있는 가정에 도전하는 온라인 프로젝트 '내가 더듬었나요?Did I Stutter?'도 그런 커뮤니티 중 하나로, 이곳의 웹사이트는 다음과 같이 선언하고 있다.

　　우리는 장애와 말 더듬기가 개인의 결함이 아니라고 생각한다. 무엇보다 우리는 그것이 특정한 형태의 인간 발화 방식에 대한 사회적 차별이라고 생각한다. …… 말 더듬기는 효율성과 자기 장악력에 매우 큰 가치를 부여하는 우리 문화에서만 문제가, 아니 비정상이 된다. 어떤 속도로 말하고 어떤 정도의 유려함으로 말해야 사람들이 진지하게 들을 것인지를 비장애중심주의적인 개념이 이미 정해버린 탓에, 말 더듬기는 의사소통을 방해하고 깨뜨리는 것으로 여겨진다. '정상적인' 말하기 주위에 자의적인 경계선이 그어졌고, 그 선은 강력하게 지켜진다.

　모든 문화적 제도가 그렇듯이 라디오도 정상성을 강요한다. 라디오에서의 정상성은 들을 수 있고 '잘' 말할 수 있는 신체를 중심으로 한다. 장애인이 진행하는 소수의 라디오 방송(KPFA의 〈한계를 밀다Pushing Limits〉, 보이스 아메리카Voice-America의 〈장애는 중요하다

[왼쪽 사진은] 아빠에게 녹음기를 대고 있는 나(오른쪽)다. 인터뷰를 하러 가기 전에 나는 늘 장비를 테스트한다.
[오른쪽 사진은] 얼래나 테리올트가 메이킹 컨택트 라디오에서 내 첫 번째 오디오 기사를 위해 인터뷰에 응하고 있는 모습이다. 그 기사의 제목은 〈돌봄의 안무〉다. 오른쪽에서 녹음기를 들고 있는 팔은 내 공동 제작자이자 멘토인 로라 플린의 팔이다.

Disability Matters〉 등)과 요즘 늘어나고 있는 팟캐스트 프로그램들을 제외하면 공공 라디오에서 장애로 인해 목소리가 다르게 들리는 사람의 소리를 우리는 많이 듣지 못한다. 라디오 방송에서 일하는 사람들은 자신의 프로그램에서 특정한 목소리와 삶의 경험을 배제함으로써 자신들이 알게 모르게 내보내고 있는 메시지가 무엇인지에 대해 비판적으로 생각해보아야 할 것이다.

3. 장애를 가진 목소리들의 교향곡

라디오에서 나는 다음과 같이 말하는 사람들의 소리를 듣고 싶다.

- 혀짤배기 소리
- 더듬거리는 소리
- 그릉그릉 소리
- 띄엄띄엄 말하는 소리
- 쌕쌕거리는 숨소리
- 계속 반복하기
- 숨 쉬기 위해 말을 중단하기
- 말할 때 소음 내기
- 침 뱉는 소리와 가래 끓는 소리 내기
- 소통, 발음, 표현을 다른 방식으로 하기
- 다른 방식의 말하기 패턴이나 리듬을 사용하기
- 호흡기나 그 밖의 보조공학 도구를 사용하기
- 수어통역사나 그 밖에 발화를 도와주는 사람을 활용하기
- 컴퓨터 생성 음성을 사용하기

　나는 우리가 공공 라디오의 목소리라고 하면 으레 떠올리는 표준 목소리를 교란하고 싶다. 나는 청취자들이 지하철을 탈 때, 러닝머신을 뛸 때, 통근할 때, 그들에게 도전하고 싶다. 우리가 내는 소리와 단어가 더 집중해야만 들을 수 있는 것일지라도, 우리의 이야기는 그런 노력을 기울여 들을 가치가 있다고 나는 믿는다.

4. 라디오 도구를 크립하기

　장애인들이 등장하고, 제작하고, 프로그램 기획과 행정 업무

를 책임지는 포용적인 라디오 환경을 어떻게 만들 수 있을까? 첫째, 자신이 표방하는 바를 실제로 실천하는 조직과 함께 시작해야 한다. 메이킹 컨택트는 사회정의와 주변화된 목소리들을 증폭시키는 일에 헌신하는 단체로, 라디오 프로그램 제작을 처음 시도하는 사람들을 지원하는 활동에서 그들의 지향이 잘 드러난다. 메이킹 컨택트의 제1회 커뮤니티 스토리텔링 펠로우 래티프 맥리오드Lateef McLeod는 장애인이고 보완대체의사소통augmentative and alternative communication, AAC[상징적 그림, 전자식 보조 기기 등의 수단을 통해 말하기나 쓰기에 어려움이 있는 사람들의 의사소통을 지원하는 접근 방식] 도구를 사용한다. 그의 이야기와 그가 제작한 프로그램을 듣고서 나는 계시를 얻은 것만 같았다. 그건 내가 듣고 싶은 종류의 이야기였고, 실제로 그 이야기를 들으면서 2015~2016년의 제2회 펠로우십에 지원해볼 용기를 낼 수 있었다. 나는 2015년 10월에 10주간의 펠로우십 활동을 시작했다.

어떻게 장애인들이 이러한 도구를 우리의 문화로 '크립'할 수 있을까? 장애인이 어떤 공간을 '크립'한다고 할 때, 이는 그 공간을 장애인들의 존재, 문화, 신체, 사고로 변모시킨다는 뜻이다. 나는 라디오 방송의 구체적인 실무를 어떻게 할 수 있을지는 확실히 알지 못했지만, 나 자신에게 도전하고 기꺼이 그 어려움을 감수하고 싶었다. 샌프란시스코 베이 에어리어의 장애인들을 만나 그들의 삶에 대한 프로그램을 만드는 일은 내가 정말 중요하다고 생각하는 주제를 새로운 포맷으로 이야기할 수 있는 기회와 새로운 기법을 배울 수 있는 기회가 되어주었다.

미래에서 날아온 회고록

펠로우십 활동을 하면서 나는 라디오 도구를 크립하는 현실적이고 실용적인 방법을 몇 가지 사용했는데, 그것들을 여기에 소개한다.

- **기존의 자원과 인프라 활용하기**: 내게 큰 걱정거리 중 하나는 인터뷰와 사운드를 녹음하는 데 필요한 신체 활동이었다. 당신이 라디오 제작자라면, 헤드폰을 쓰고 벗을 때마다 누군가의 활동지원이 필요하다고 상상해보라. 펠로우십이 시작되기 전에 나는 인터뷰 대상자들을 미리 생각해서 정해두었고, 스토리코프에서 녹음을 했다. 이곳은 무료로 이용할 수 있고, 도와주는 스태프가 있어 사운드 모니터링과 장비 작동을 맡아준다. 덕분에 인터뷰에만 집중할 수 있었다. 그뿐 아니라 고음질 오디오 파일을 받을 수 있어서 내 라디오 기사에 사용할 수 있었다.
- **접근 가능하고 무료로 쓸 수 있는 도구들**: 펠로우십을 하기 전에는 오대서티Audacity 앱을 사용해 음성으로 기록된 이야기를 편집했다. 무료이고 사용하기 쉬운 오픈소스 오디오 편집 프로그램들은 소프트웨어와 하드웨어에 접근할 수 있는 기술력과 자금을 갖춘 전문가만이 아니라 모든 사람들이 라디오를 실험하고 제작하는 데 꼭 필요하다.
- **융통성 있는 이동과 실무**: 나의 멘토이자 공동 제작자인 로라 플린Laura Flynn은 매주 회의 때 기꺼이 우리 집에 와주었다. 덕분에 나는 샌프란시스코에서 오클랜드까지 낑낑대며 가지 않아도 되었고, 시간과 에너지를 크게 절약할 수 있었다. 내게 너무나 큰 혜택이었고, 그렇지 않았더라면 라디오 제작에 참여하는 것이 굉장히 어려웠을 것이다.
- **도움 청하기**: 녹음에는 신체적으로 어려운 일이 많이 필요하다. 녹음기를 들고 있어야 하는데 휠체어에 앉은 채로는 불가능한 경우가 많다. 장시간 녹음기를 들고 있는 것 자체도 내게는 너무 힘든 일이다. 나는

로라에게 두 번의 인터뷰에 동행해서 마이크를 들고 있어달라고 부탁
했다. 그래서 현장에서 '좋은 소리'를 딸 수 있었다.

처음으로 현장 사운드와 인터뷰를 녹음하기 시작했을 때는
식구들도 다양한 방식으로 도움을 주었다. 녹음을 할 때 사운드
를 켜고 끄는 것도 해주었고, 사운드 레벨을 체크할 수 있게 내
귀에 이어폰도 꽂아주었다. 그리고 인터뷰 장소에 나를 데려다주
었고, 그 밖에도 많은 일을 해주었다. 이를테면, 나는 USB 포트에
코드를 꼽는 것은 할 수 있지만 오디오 파일을 내 노트북에 연결
하고 업로드하는 데서는 종종 고전한다.

나는 일상의 활동에서 지원을 청하는 것에는 익숙해졌지만,
내게는 또 다른 필요한 것들과 할 일들도 있으므로 이 모든 것 사
이에서 균형을 잡는 것이 중요하다.

5. 라디오 방송국, 미디어 기관, 뉴스 편집국이 할 수 있는 일

라디오 방송국과 미디어 기관들은 [포용성을 갖추도록] 적응과
조정을 하고 창조성을 발휘해야 할 책임이 있다. 이와 관련해, 장
애인들을 방송에 나오게 하거나 제작에 참여시키면 유용한 관점
과 전문 지식을 얻을 수 있다.

알 릿슨은 공영 라디오의 다양성을 촉구하는 선언문에서 조
직이 다양성을 높일 수 있는 방법을 제시했는데, 참여가 그 시작
이다. "그들[주변화된 사람들]이 자신이 가치 있다는 것을 알게 하
고, 자신이 사는 지역의 프로그램에서 자신의 목소리를 들을 수

있게 해야 한다. [미디어 기관은] 물리적으로 그들의 커뮤니티 안으로 들어가야 하고 그곳에 실제로 존재해야 한다. …… 어떤 방송국이 더 높은 다양성을 갖게 되느냐 아니냐는 그러한 커뮤니티 안으로 들어가느냐 아니냐에 달려 있다." 라디오는 지금보다 더 높은 수준의 다양성과 접근성을 갖출 수 있다. 또한 다양성과 접근성 모두에서 직원과 청취자 모두 이득을 얻을 수 있다. 다음 단계로 할 수 있는 일 몇 가지를 여기에 소개한다.

- 라디오 아카데미, 워크숍, 인턴십, 펠로우십 등을 뽑을 때 과소대표되고 있는 집단으로서 장애인을 포함할 것.
- 접근성 관련 예산을 확보해 모든 오디오 클립을 트랜스크립트와 함께 올릴 것. 트랜스크립트가 없으면 청각장애인이나 그 밖에 문서 등 시각적 형태로 정보를 더 잘 처리할 수 있는 사람들을 배제하게 된다. 캐나다의 방송 접근성 기금Broadcasting Accessibility Fund은 독립적이고 당파적이지 않은 자금 지원 기관으로, 방송 콘텐츠의 접근성 향상을 위한 지원금을 제공한다. 예산과 관련해 좋은 모델이 될 것이다.
- 채용 공고에 다양성이라는 단어만 언급할 게 아니라 구체적으로 접근성과 합리적 편의제공이 가능하다는 내용을 포함할 것.
- 해당 지역의 장애인들을 프로그램에 등장시킬 것. 적어도 한 달에 한 번이나 일주일에 한 번은 장애인이 주요 인물로 등장하는 프로그램을 내보내고, 특히 장애인의 관점에서 다양성을 논의하는 코너를 내보낸다는 원칙을 세울 것.
- 다양성 운동의 일환으로 지역사회 기반 프로젝트를 후원하고 파트너십을 맺어 장애인 권리옹호 단체들의 활동에 관여할 것.
- 이미 지역사회 라디오나 팟캐스트를 운영하고 있는 장애인들과 협업

하거나 그들에게 의뢰할 것.

다양성을 옹호한다고 말로 선언하는 것과 별개로, 그것을 실제로 실행하는가와 기저의 의도가 무엇인가의 문제는 매우 복잡하며 위험으로 가득 차 있다. 다양성 수준이 높고 '장애인 친화적인' 일터는 장애인 한 명을 고용한다고 해서, 아니 여러 명을 고용한다고 해도, 그것만으로 간단히 달성되는 것이 아니다. 제니퍼 리사 베스트Jennifer Lisa Vest 박사는 2013년 《시애틀 사회과학 저널 Seattle Journal for Social Science》에 실린 글에서 학계에서의 경험을 이야기하며 이렇게 경고했다.

이제 **다양성**이라는 용어는 공격의 의도가 없는 용어로, 불평등을 짚어 내려는 의도가 없는 용어로, 역사적 불의를 지적할 의도가 없는 용어로, 비난하거나 책임을 지적할 의도가 없는 용어로 쓰인다. 그렇게 중립적이 되면서, **다양성**이라는 단어는 거슬리지 않고 듣기 좋은 단어가 되었다. …… 억압과 특권을 없애기 위해 명시적으로 논의와 행동이 이뤄지지 않는다면, 다양성[을 표방하는] 프로그램들은 인종주의적이고 성차별주의적이고 동성애혐오적이고 비장애중심주의적인 생각과 관행을 바꾸지 못할 것이다.

행동, 대화, 그리고 지역사회에의 관여는 성공적인 사회변화를 일구는 데 핵심이다. 메이킹 컨택트에서 내가 했던 경험에는 이 세 가지가 모두 포함되어 있었고, 그것은 나의 첫 번째 라디오 기사로 결실을 맺었다. 그 기사의 제목은 〈돌봄의 안무Choreography of Care)다. 공공 라디오는 서서히 다양성을 높여가고 있다. 장애인의 목소리와 장애인의 이야기는 이 과정에 내재적인 부분으로서 포함되어야 한다.

돌봄의 안무

2016년 4월 13일 〈메이킹 컨택트〉 팟캐스트의 한 회로 방송된 '돌보는 관계: 의미를 협상하고 존엄을 유지하기Caring Relationships: Negotiating Meaning and Maintaining Dignity' 중 일부.

앨리스 웡: (하품 소리, 산소기계 소리) 엄마, 저 일어날 준비 됐어요.

바비 웡: (앨리스의 엄마, 중국어로) 잘 잤니?

앨리스: 괜찮았어요.

바비: 그래.

앨리스: 산소기계랑 병원 침대 좀 꺼주세요.

(기계에서 나오는 삐 소리)

***
****

앨리스 웡(내레이션): 일어나기 싫어요. 하지만 일어났고요, 아직 침대에 있어요. 몸을 일으키고 휠체어로 가는 데는 도움이 필요하거든요. 눈 뜨는 순간부터 저는 사람들과 연결됩니다. 벗어나고 싶다고 해도 벗어날 수 없어요. 샌프란시스코에 사는 예술가 켄지 로비Kenzi Robi는 도움을 주는 사람이 여러 명 있어요. 저처럼 로비도 활동지원사가 도착했을 때 여전히 침대에 있죠.

켄지 로비: 저는 다리를 못 써요. 그래서 돌봄 제공자에게 크게 의존하죠. 아침에 돌봄 제공자가 오면 그가 가장 먼저 해야 할 일은 손을 씻고 장갑을 끼고 내 청결 상태를 확인하는 거예요. 저는 요도 삽관을 해서 방광에 연결하지 않으면 소변을 보지 못해요. 하루에 몇 차례 해야 하죠.

앨리스: 생활의 거의 모든 면에서 도움이 필요할 때는 다른 이들과 관계 맺는 방식이 달라지게 됩니다. 저는 베이 에어리어의 장애인 친구들과 이 문제에 대해 이야기할 기회를 가질 수 있었어요. 일상의 활동에서 그들이 그들을 도와주는 사람들과 어떻게 관계를 맺고 있는지 탐구했죠. 켄지는 새 활동지원사에게 필요한 것들을 알려줄 때 매번 참 다르다고 했어요.

켄지: 필요한 내용과 지침을 숙지하는 데 30분 걸리는 사람부터 2시간 걸리는 사람까지 다양하게 있었어요. "왜 그렇게 까다롭게 구세요? 왜 장갑을 갈아야 해요? 물자 낭비 같은데요?"라는 식으로 반응하는 사람들도 있었고요. 그러면 저는 "장갑은 처분 가능하지만 나는 그렇지 않기 때문"이라고 말해야 하죠.

앨리스: 배우자 등 식구가 활동지원사 역할을 하는 사람도 있어요. 무급이든 유급이든요. 잉그리드 티셔Ingrid Tischer는 버클리에서 남편과 함께 사는데, 여기 그들의 전형적인 아침 모습이 있어요.

잉그리드 티셔: 저희 집에서는 일어난 다음에 커피 내리고 아침을 준비하고 하면서 하루를 시작하는 사람이 남편이에요. 음, 저는 잘 때 바이팹 기계를 사용하거든요.

앨리스: 바이팹은 숨 쉬는 것을 도와주는 기계예요.

잉그리드: 그래서 저는 일어나자마자 바이팹 기계와 관련해 할 일이 좀 있어요. 재미있는 건, 결혼 이후의 시간이 저로서는 성인이 되고 처음으로 제가 입고 싶은 것을 마음대로 입을 수 있게 된 때인 것 같아요. 머

리도 원하는 대로 하는 게 그렇게 큰일이 아니게 되었고요. 남편이 단추 채우는 것, 옷 걸치는 것, 지퍼 올리는 것을 해줄 수 있으니까요. 그리고 제가 원하면 머리를 뒤로 묶어주기도 해요. 그는 이런 일을 정말 잘해요. 그러니까, 이런 일들이 유쾌한 일이 되게 하는 방식으로요.

(앨리스가 얼래나와 만나는 소리)

앨리스: 이번에도 버클리에 사는 사람인데요, 얼래나 테리올트Alana Theriault예요. 34년째 자립적으로 살고 있어요. 일주일에 여섯 명의 활동지원사에 더해 예비 활동지원사까지 고용해서 교대로 일하게 합니다. 활동지원사들은 얼래나가 가는 곳이면 어디든 함께 가요. 집 안에서건, 집 밖에서건요.

얼래나 테리올트: 저는 고속도로 달리는 걸 싫어하지만 다들 힘들어도 내색하지 않고 제가 가고자 하는 곳은 어디든 데려다줘요. 그리고 다시 집으로 데려와주고요. 간식을 차려주고 우편물 여는 걸 도와주고 필요한 서류 작업이 있으면 도와주고 저녁을 차려주고 6시에 퇴근을 해요. 그 시점이면 저도 약간 느긋해지는데, 참 좋아요.

앨리스: 개인적인 활동을 하는 데 지원이 자주 필요할 때는 프라이버시를 갖기가 쉽지 않지요.

얼래나: 지금은 혼자 있는 시간이 많지 않아요. 지금 저는 제게 필요한 돌봄이 제공되는 시간을 가지고 있고 그게 정말 좋지만, 혼자 있는 시간이 그립기도 해요. 지금은 그런 시간이 그립습니다.

앨리스: 활동지원사를 쓰고 있는 사람은 연출가이자 안무가이자 배우나 마찬가지에요. 패티 번Patty Berne은 버클리의 공연팀인 신스 인밸리드의 감독인데요, 공연 감독으로서 하는 일과 (장애인으로서) 자신의 필요를 충족시키는 일의 비슷한 점을 이렇게 설명했어요.

패티 번: 사람들은 제게 "이런 (공연 관련한) 기술들을 다 어디서 배우셨어요?"라고 물어요. 저는 "글쎄요, 날마다 제가 옷을 입을 때 무엇이 필

요할지 생각해보셨어요?"라고 말하죠. 이것도 프로덕션이니까, 공연을 감독하는 것처럼 감독하고 관리할 수 있는 거죠. 옷을 입고 음식을 먹고 몸을 편안히 하는 것 등 날마다 일상에서의 이벤트들을 공연처럼 감독하는 거예요.

앨리스: 안무 같아요, 그렇죠?

패티: 네! 와아, 그래요!

앨리스: 장애인으로서 간병과 활동지원을 받는 건 솔로 공연이 아니에요. 이건 앙상블의 프로듀서가 되는 일이고 성공적인 공연이 되느냐의 핵심은 사람들과의 관계에 있죠.

(앨리스가 엄마에게 말하는 소리)

제 일상의 드라마에서 핵심 장면 중 하나는 매일 오후 집에서 일할 때 어떻게 커피를 마시느냐예요.

(커피메이커가 커피 콩을 가는 소리)

저는 혼자서 커피를 내릴 수 없는데 커피 맛에는 또 무척 까다로워서, 엄마에게 아주 분명하게 알려드렸어요. 엄마는 제 활동지원사 중 한 명이세요. 저는 커피 중독이라 커피가 꼭 필요하거든요. 얼래나는 이 모든 게 팀워크라고 말했어요.

얼래나: 저는 일하는 사람들 사이에 인간관계를 일구려고 노력해요. 해야할 일들을 알려주는 데 보통 2~3일의 시간을 들여요. 그리고 기존의 한두 명이 새로 온 사람을 교육하는 데 관여하죠. 그래서 곧바로 그들이 서로서로를 알게 돼요. 그러면 그들은 즉각 이런 식으로 이야기하게 되죠. "자, 우리 호칭은 이렇게 부를까요? 이 문제는 어떻게 다루는 게 좋을까요?" 또 자신의 일을 잠시 대신 맡아줄 사람이나 도와줄 사람이 필요할 때 저는 그들이 서로 전화를 해서 부탁하도록 독려합니다. 그러니까, 다 이메일로만 이뤄지는 게 아니에요.

앨리스: 장애인이 활동지원사에게 감사를 표할 수 있는 길은 아주 많아요.

감사를 표현하면 많은 일이 잘 굴러가기도 합니다.

얼래나: 1년에 한 번 감사의 뜻으로 저녁 식사를 대접해요. 다 같이 외식을 하죠. …… 우리의 관계를 일궈나가는 데서 저도 그들을 돌보고 그들도 저를 돌봅니다.

앨리스: 물론 활동지원과 간병이라는 노동에서 돌봄은 뗄 수 없는 부분이지만, 권력관계 또한 무시할 수 없어요. 앨러미다에서 살고 일하는 레이철 스튜어트Rachel Stewart는 이 관계가 갖는 기브 앤드 테이크적인 속성에 대해 이렇게 설명했어요.

레이철 스튜어트: 저도 아직 다는 모르고, 알아가는 중이에요. 그리고 앨리스가 말했듯이 매우 가느다란 선 위를 걷는 일이에요. 또한 언제가 선을 넘는 것인지 알려주는 과정이기도 하지요. 이렇게요. "나한테는 당신이 정시에 오는 게 정말로 꼭 필요해요. 그렇지 않으면 내가 바지에 오줌을 싸게 되니까요." 정말로 솔직해져야 하고, 이슈를 돌리지 않고 이야기하는 것이 정말 중요합니다. 하지만 솔직하면서도 감사함을 보여야죠. 네, 그래요, 항해해나가기가 쉽지 않죠.

앨리스: 이런 경계선들 사이를 항해하는 건 어렵고 까다로울 수 있어요. 특히 당신의 활동지원사가 가족일 때요. 잉그리드는 남편 켄과 어떻게 서로를 이해하는지에 대해 이렇게 말했어요.

잉그리드: 저는 우리가 싸운 뒤에 둘 중 한 명이 뒤끝이 있어서 상대를 지원해줘야 하는 맥락(주로는 그가 저를 지원해주는 맥락이죠)에까지 전에 싸운 일을 끌고 와서 나쁘게 굴지 않을까 하는 걱정은 할 필요가 없었어요. 건강한 관계가 되려면 이게 중요하다고 생각해요. 어떤 시점이 되면 켄은 지금보다 저로부터 도움을 더 필요로 하게 될 거예요. 저는 우리가 상대방의 선이 어디인지, 넘으면 안 되는 선이 어디까지인지를 아는 토대는 쌓았다고 생각해요. 그건 건강한 관계의 초석이에요.

앨리스: 감사하고, 신뢰하고, 소통하고, 책임의식을 함께 갖는 건 돌봄 제

공자와 장애인이 서로 탄탄한 관계를 유지하는 데 매우 중요합니다. 또한 당신의 행동과 당신의 신념 사이에서 균형을 유지하는 것도 매우 중요합니다. 패티가 활동지원사를 도와준 이야기를 들어볼까요?

패티: 제 활동지원사 중 한 명이 최근에 손목을 다쳤어요. 그때 저는 "자, 당신은 언제든 처분 가능한 존재니까 저는 다른 사람을 고용하겠어요" 라고 하지 않고 그 사람을 위해 보조 인력을 고용했어요. 손목 때문에 못하는 일들을 도와줄 사람으로요. 합리적이잖아요? 이건 어떻게 우리의 필요를 집합적으로 충족시키느냐의 문제예요. [사실] 그 사람은 (장애정의) 운동의 이런 미묘한 의미를 깨닫지 못하고 있었어요. 저 또한 루틴에 기여하고 있었다는 걸 그가 깨닫지 못하고 있었으니까요. 하지만 한 손밖에 쓰지 못하게 되었을 때 그도 깨달았죠. '아, 저게 패티가 자신의 균형을 지탱하는 방법이구나'라고요.

앨리스: 패티에게 이건 장애정의 '실전편'의 사례예요. 우리의 커뮤니티는 집합적으로 접근성을 창조할 수 있고, 우리 커뮤니티의 그 누구도 처분 가능하지 않습니다. 샌프란시스코의 노인과 장애인 행동Senior and Disability Action 사무총장 제시카 레먼Jessica Lehman은 장애정의를 가사노동자의 권리와 처음으로 연결지었을 때의 이야기를 해주었어요.

제시카 레먼: 저희 집에서 있었던 일은 제가 이야기하고 실천하는 큰 그림의 작은 조각이라고 할 수 있죠. '개인적인 것이 정치적인 것'이라는 말의 가장 좋은 사례 같아요. 그리고 저는 정말 좋은 기회를 가지고 있는 것 같아요. 저 자신이 추구하는 가치가 무엇인지 알아나가고 그 가치대로 살 수 있는 기회, 저에게 소중한 것들을 한데 엮어낼 수 있는 기회, 제가 이 세상에서 실현시키고 싶은 가치들을 불러올 수 있는 기회, 그리고 제가 진정으로 저 자신의 집과 신체에 있다고 느낄 수 있고 다른 사람들과 함께 일할 수 있는 기회 같은 것들요.

앨리스: 엄마, 저 잘 준비 됐어요

바비: (중국어로) 그래, 너 지금 자야 돼. 늦었어.

앨리스: 병원 침대 좀 켜주세요.

바비: (중국어로) 침대? 그래.

(에어 매트리스 켜지는 소리)

앨리스: 산소기계도요.

★
★★

앨리스: 이제 잘 시간이에요. 엄마가 산소기계랑 에어 매트리스를 켰어요. 마지막으로, 여러분께 이런 생각을 전하며 마치겠습니다. 장애인과 그들을 돌보는 사람 모두 취약성과 회복력을 동시에 가지고 있습니다. 삶의 질은 우리의 관계와 연결되어 있어요. 우리가 서로를 어떻게 대하느냐는 우리가 살고 싶은 세상이 어떤 종류의 세상인지를 반영합니다. 우리의 노동은 가치가 있어요. 우리는 함께 더 강해집니다.

호랑이가 알려주는
인터뷰 요령

1. 인터뷰 전에

시간을 충분히 들여서 누구를 인터뷰하고 싶은지 정하세요. 그들의 작업을 살펴보고, 그들에 대한 링크를 수집하고, 그들의 연락처를 찾고, 호칭과 이력 등 세부사항을 알아보세요.

소설은 쓰지 말고요, 구체적인 내용을 충분히 전달하면서 그 사람을 초청하세요. 인터뷰의 목적, 논의하고 싶은 내용, 예상 소요 시간, 일시 등을 알리면서 시간이 가능할지 물어보세요. 이메일, 동영상, 전화 등 대면 이외에 참여할 수 있는 다른 방법이 있다면 그 사람 쪽에서 물어볼 필요가 없도록 미리 분명히 알려주세요. 또한 접근성 및 합리적 편의제공과 관련해 필요한 것이 있는지 물어보세요. 연구 프로젝트나 행사에 초청하는 것이라면 사례비가 얼마인지도 미리 이야기하세요. 고려해줘서 고맙고 궁금한 것은 언제든 문의해달라는 인사와 함께, 당신이 누구인지 확인할 수 있도록 당신의 웹사이트나 전에 썼던 글 등의 링크를 포함하세요.

그가 거절하면, 답신해주셔서 감사하다고 인사를 전하세요. 그가 응답을 하지 않으면, 그냥 두세요. 저는 1~2주 뒤에 다시 연락을 취해보기도 하지만, 부담을 주거나 장광설을 늘어놓지 않으려고 조심합니다. 왜 거절하냐고 묻거나 죄책감을 일으키지 마세요. 이번 건에 진상처럼 굴지 말고 다음으로 넘어가세요.

그가 수락을 해오면, 으샤! 이제부터 일이 시작이지요. 날짜, 시간, 소통 방식, 그가 요구하는 합리적 편의제공 등을 확인하세요. 질문지나 인터뷰 주제를 미리 받길 원하는 분들도 있어요. 저는 이것 역시 접근성의 한 형태라고 생각합니다. 인터뷰 대상자가 된다는 것에 대해 긴장하는 사람들도 있고, 그래서 할 말을 미리 준비할 시간을 갖고 싶어 할 수 있거든요. 모든 사람이 자기 자신에 대해 말하는 데 익숙한 것은 아니에요. 인터뷰 진행자로서 상대방을 최대한 편안하게 해주는 것은 매우 중요합니다. 당신이 기자이고 질문지를 미리 보내지 않는다는 회사의 방침이 있다면, 그것을 분명하게 알려야 합니다. 또한 당신이 대화를 녹음할 것인지, 최종적으로 게재되는 형태에서 내용을 축약할 것인지 등도 알려야 합니다.

캘린더의 초대하기 기능을 이용해 참가 방법, 링크 등 필요한 정보와 함께 초대장을 보내세요. 그리고 하루나 이틀 전에 확인 메일을 보내세요.

인터뷰 당일이 될 때까지 당신에게 맞는 방식으로 인터뷰를 준비하세요. 당신이 그 사람을 얼마나 잘 아는지에 따라 다르겠죠. 다음 항목들을 스스로에게 물어보면서 질문지나 인터뷰 주제를 미리 작성하세요.

- 그 사람에 대해 내가 알고 있는 것을 바탕으로, 내가 그에게 가장 관심 있는 것이 무엇인지.
- 그 사람이 전에 인터뷰를 한 적이 있다면 내 질문이 반복적이거나 지겹다고 느끼지는 않을지.
- 내 질문이 그가 자신의 관심사를 이야기할 자유를 가질 수 있을 만큼 충분히 폭넓게 열려 있는지.
- 내가 구체적인 부분을 더 깊이 이야기하고 싶을 경우에는 어떤 자료를 참고하고 언급해야 할지.

2. 인터뷰 할 때

인터뷰를 시작할 때 시간과 노고에 감사드린다고 먼저 이야기하세요. 혹시 우려되는 지점이 있는지, 녹음을 해도 될지 등에 대해 허락을 받으세요. 그의 긴장을 풀어주고, 언제든 인터뷰를 멈추고 쉬었다가 할 수 있으며 발언을 수정할 수 있고 빼고 싶은 부분을 빼달라고 요구할 수 있고 도중에 언제라도 중단할 수 있다는 것을 알려주세요.

자, 이제 호기심 넘치는 고양이 모드를 발동시키세요! 저는 간단히 자기소개를 해달라고 부탁하는 것으로 인터뷰를 시작합니다. 그가 자신의 정체성을 스스로 어떻게 생각하는지는 당신이 기사에서 그 사람을 어떻게 묘사할지 정하는 데 도움이 되죠. 대화를 수월하게 여는 방법이기도 하고요.

물론 당신은 사전 조사를 많이 했겠지만, 이제는 들을 시간입니다. 그리고 흐름에 맡겨야 해요. '힘내라 고양이 짤'을 떠올리세요. 인터뷰는 진행자인 당신이 당신의 견해를 이야기하거나 대화를 주도하는 시간이 아닙니다. 인터뷰 대상자의 시간이죠. 당신의 역할은 그가 자신의 이야기를 안심하고 할 수 있도록 분위기를 만드는 것입니다. 다음을 명심하세요.

- 당신의 호기심에 당신을 맡기세요. 하지만 그가 관심이 없는 것 같으면 당신이 한 질문에 집착하지 마세요. 그가 꼭 하고 싶어 하는 말에 당신이 진심으로 관심을 기울이면 그는 그것을 느낀답니다.
- 주의 깊게 듣고, 그의 반응을 토대로 추가적인 세부사항이나 관련 이슈를 물어보세요. 완벽한 답변이라는 것은 존재하지 않습니다. 예기치 못한 답변이라서 당신이 더 알고 싶은 부분이 있다면 그것을 물어보세요. 익숙하지 않은 내용이 있으면 더 설명해달라고 하세요. 용어, 약어, 명칭, 개념 같은 것이요. 그가 말하고 있는 것에 대해 모르는데 아는 척하지 마세요.
- 그가 너무 길게 말하면 타이밍을 잘 봐서 끼어드세요. "말씀 감사드려요. 이제 모드를 좀 바꿔서 이것을 여쭤볼게요"라든가 "시간 관계상 몇 가지만 더 여쭤보고 싶은데요"라는 식으로요.
- 그가 당신의 질문을 좋아하지 않거나 당신에게 짜증이 난 것 같으면 잠시 쉬고, 당신이 어떻게 조정해야 할지, 실수했거나 잘못된 가정을 하고 있었던 부분을 어떻게 고칠 수 있을지 물어봐야 할 시간입니다. 사과하고, 그가 더 이상 진행하고 싶지 않으면 중단해도 된다고 알려주

세요.

- 귀 기울여 집중하는 것은 좋은 인터뷰 진행자의 자질에서 핵심입니다. 그가 이끄는 방향에 따라 당신이 의도하지 않았던 장소들에 갈 수 있다는 것은 탐험과 상호작용의 일부입니다. 바로 그런 미지의 것들이 대화를 통찰력 있고 흥미롭게 만들어주는 요소입니다.

인터뷰가 거의 끝나가면 그의 시간을 존중하면서 괜찮았는지, 더 하고 싶은 이야기가 없는지 확인하세요. 여기 몇 가지 예시가 있습니다. "이제 거의 시간이 다 되었네요, 어떠셨는지요? 조금 더 길게 이어가고 싶으신가요?" "이제 마무리를 해야 하니 마지막 질문을 드리고 싶어요." "끝내기 전에 더 이야기하고 싶으신 것이 있으신가요?"

3. 인터뷰 후에

응해주셔서 감사하다고 인사하고 기사가 나갈 준비가 되면 연락드리겠다고 하세요. 추가하고 싶은 것이나 바꾸고 싶은 것, 빼고 싶은 것이 있으면 언제든지 연락하라고 하세요. 대략 언제쯤 기사가 나갈지 알려주세요.

기사를 내기 전에 연락해서 세부사항이 맞는지 다시 확인하세요. 스펠링, 이름이나 용어의 발음, 가장 최신의 정보로 업데이트된 그의 이력, 그가 공유하고 싶어 하는 링크 등등이요. 또 소셜미디어에 태그를 해도 될지, 기사가 게재되기 전에 기사를 먼저 읽어보고 싶은지도 물어보세요.

기사가 게재되면 링크를 보내고 수정해야 할 부분이 있는지 물어보세요. 그리고 다시 한번 감사를 표하세요.

글을 편집하는 일과 마찬가지로, 인터뷰도 저를 더 나은 작가가 되게 해주었습니다. 인터뷰는 제가 선택한, 스토리텔러 '크로스 트레이닝' 중 하나예요. 운동복을 입고 땀을 흘릴 필요는 없지만요. 인터뷰를 통해서 저는 대상자와 저 모두가 상호작용을 통해 듣고 성장할 수 있는 공간을 만드는 법을 알게 되었어요. 누군가에게 진정한 관심과 열정이 있으면 인터뷰의 독자와 청취자도 그것을 알아봅니다. 누군가를 인터뷰해서 알게 되는 발견의 희열은 계속해서 이어집니다. 그 에너지가 나의 내면으로도 흘러오게 해서 내 안에도 그런 공간을 만들면서, 내가 정말로 누구이고 진짜로 말하고 싶은 게 무엇인지 알아나가는 거죠. 저는 제가 글쓰기 기법에 대해서만큼이나 인터뷰 기법에 대해서도 자신 있었으면 좋겠습니다. 제 글쓰기 과정의 상당 부분은 저 자신에게 좋은 질문을 던지는 것이거든요. 그리고 이건 연습하면 누구나 계발할 수 있어요.

스토리텔링으로서의
팟캐스트

2021년 4월 3일 〈장애 가시화〉 팟캐스트 제100화에 초대 손님으로 나와준 제럴딘 아-수Jeraldine Ah-Sue, 셰릴 그린Cheryl Green, 사리카 메타Sarika Mehta와의 인터뷰. 아래 대화는 내용을 더 명료하게 전달하기 위해 요약과 편집을 거쳤다.

사리카 메타: 있잖아요, 앨리스. 이 주제에 대한 대화를 여러 번 했고, 여기 나온 초대 손님 모두하고 한 것 같은데요, 장애를 가진 목소리가 방송에 나오게 하는 것에 대해서, 그것이 여유가 되면 넣을 수도 있는 사치품 같은 게 아니라는 것에 대해서 말이에요. 라디오와 팟캐스트에서 일하려면 라디오용 목소리를 가져야 한다는 생각, 또 이런 생각, 저런 생각 등등요⋯⋯. 사람들은 더 이상 자기 목소리가 자기 목소리처럼 들리지 않게 될 정도까지 목소리 훈련을 하잖아요. 하지만 정작 핵심은 스토리텔링인데, 우리가 우리 이야기를 할 때 목소리가 특정한 방식으로 들려야만 한다는 것이 무엇을 뜻하죠? 그게 무엇을 의미하나요? 우리가 진정한 자신이 아니라는 것을 의미하죠. 그래서 저는 사람들이 자기 자신일 수 있는 역량을 가진 채로 자신의 이야기를 한다는 개념이 너무 좋아요. 통렬하고 마음 아픈 이야기일 수도 있고, 문화와 역사가 많이 담긴 이야기일 수도 있고, 가족을 이해하게 된 것이나 자기 자신을 이해하게 된 것, 주변의 일들을 이해하게 된 이야기일 수도 있죠.

관련해서, 청각만으로 제공되는 것에 접근하지 못하는 사람들이 분명히 존재해요. 영어가 모국어가 아닌 사람, 청각장애가 있는 사람, 아니면(웃음) 너무 시끄럽게 구는 아이가 있는 사람……. 이 팟캐스트는 모든 이야기에 트랜스크립트를 제공해서 너무 좋아요! 우리는 우리가 만드는 라디오와 팟캐스트의 매체가 모두에게 접근 가능하게 만들어야 합니다. 그리고 그건 정말로 제가 열정을 가진 부분이기도 했어요.

앨리스: 네, 그 말씀 감사해요. 제가 처음 시작했을 때, 그러니까 2016년, 2017년 초에 이 팟캐스트에 대해 계획을 세우고 생각하기 시작했을 때, 정말로 트랜스크립트를 꼭 함께 제공하고 싶었어요. '저는 돈이 없어요. 시간도 없고요. 그런데 어떻게 그걸 해요?' 등등 독립 팟캐스트 운영자들이 제기할 법한 이슈들이 많다는 건 저도 알아요. 하지만 저는 계획과 예산을 짤 때 의식적으로 신경을 썼고, 개인적으로도 노력을 들여 실천을 했어요. 트랜스크립트를 제공하지 않고서 장애인을 주제로 한 팟캐스트를 한다는 건 엄청나게 멍청하고 기본적으로 위선적인 일이니까요.

그리고 셰릴의 팟캐스트는 제 롤모델 중 하나예요. 셰릴은 제가 거의 가장 처음 연락해서 도움을 청한 분이기도 하죠. 시작할 때 장비에 대한 기술적인 부분과 제작 과정 등을 이해하는 데 정말 도움을 많이 받았어요. 그래서 셰릴에게 특별히 감사의 말씀을 드리고 싶어요. 제 팟캐스트 이전에도 장애인 팟캐스트 진행자들이 있었다는 의미에서요. 저는 아직도 잘 몰라서 계속 배우고 연마해가는 중이지만, 아무튼 셰릴이 경험과 전문 지식을 정말 너그럽게 나눠주었어요. 너무 감사합니다.

셰릴 그린: 아이고, 이건 음성으로만 나가는 방송이니까 제가 눈을 질끈 감고 얼굴 빨개진 건 안 보이시겠지요? 앨리스가 이 팟캐스트를 기획하고 있었을 때, 제 생각에는 비밀리에 하고 계셨던 것 같아요. 앨리스를 제 프로그램에 초청한 적이 있는데, 음, 이 이야기는 사리카가 방금 했

던 이야기로도 돌아가게 되는데요. 그 화를 '장애를 가진 목소리'라는 주제로 꾸렸었거든요. 제가 어떤 프로그램에 나오면 저는 '이 프로그램에 장애인이 포함되어 있구나'라고 생각하겠죠. 왜냐하면 (장애인인) 제가 거기 있으니까요. 하지만 저는 장애를 가진 것이 티가 나는 목소리를 가지고 있지는 않거든요. 제 목소리만으로는 저한테 장애가 있는지 아닌지 알 수 없어요. 어떤 날에는 알 수도 있지만 일반적으로 그런 날에는 제가 녹음을 하지 않거든요. 그래서 그날 앨리스를 초대 손님으로 불렀던 거예요. 사리카가 말한 것처럼 진짜로 장애를 가진 목소리를 방송에 내보낼 때 생기는 아름다움과 경이로움과 힘을 다루는 화였으니까요. 그런데, 제가 앨리스를 인터뷰하던 시간 내내 앨리스는 이미 자신의 팟캐스트를 계획하고 계셨던 거네요? 저는 몰랐어요. 그리고 그다음에(웃음) 그다음에 앨리스가 …… 너무 멋졌어요. 제 팟캐스트가 나왔고, 그다음에 앨리스의 팟캐스트가 나왔고……. 저는 정말 멋있다고 생각했고, 언제든 앨리스를 위해 무언가를 하는 건 늘 완전히 기쁘고 행복하다고 생각했어요.

[……]

제럴딘 아수: 저는 사리카와 셰릴이 한 이야기와 앨리스의 질문[이 팟캐스트 제작에 참여하면서 기억에 남는 것 등에 대한 질문]에 대해 생각하고 있는데요, 여러분을 만나고서 라디오에 대해, 이 매체에 대해, 장애 이야기와 콘텐츠에 대해, 어떻게 우리가 그 콘텐츠를 소비하는지에 대해, 우리가 누구를 청중으로 가정하는지에 대해, 그리고 장애를 가진 것이 티 나는 목소리를 라디오나 팟캐스트처럼 대규모 청중을 대상으로 하는 방송에 내보내기가 정말 얼마나 어려운지에 대해 많은 생각을 했던 게 기억나요. 그 여정을 여러분과, 또 저 자신의 내면과 함께 해나가는 것은 정말 신나는 일이었어요.

앨리스가 신참 라디오 제작자로서 어떤 느낌이었는지 말하는 걸 들으니 저도 생각이 나네요. 사실 저는 지금도 굉장히 겁나고 무서워요. 그리고 장애인이 아닌 사람으로서 장애 이야기와 장애문화를 다루는 팟캐스트에 프로듀서로 참여하는 것이, 그러니까 종종 저는, 아니 아주 자주, 아니 언제나, 매 순간, 성찰하고 바꾸고 성찰하고 바꾸고 성찰하고 바꾸고, 그렇게 돼요. 여러분과 함께 일하고 그 과정에 저 역시 일부로서 참여하게 되면서 여러분을 멘토 삼아 많이 배웠고, 그 과정이 정말로 제 삶을 많이 바꿨어요. 이런 방식으로 살 수 있었다는 건, 음, 정말 특권이었던 것 같아요. 이런 방식으로 여기에 와서 깨어 있을 수 있었다는 거요.

또 이건 좀 더 나중에 생각하게 된 건데요. 앨리스와 일하면서 느낀 건데, 상사로서 앨리스는 느긋한 스타일이었던 것 같아요!(웃음). 늘 그렇게 느꼈어요…… 앨리스의 그런 면을 존경하고 감사하게 생각합니다. 그리고 장애인 커뮤니티와 장애문화에서 배운 것도 있어요. 그러니까, 이제껏 세상에서 제가 받아온 훈련은 '자, 자, 자, 생산성' 같은 것이었고, 심지어는 이번 시즌에도 '자, 박차고 달려보자고' 같은 것들이었다는 점을요. 아무튼 정말 많이 배웠고, 그 과정에서 제가 배운 것, 배우고 있는 것, 앞으로 계속 배우게 될 것의 깊이는 말로 묘사하기 어려울 정도예요.

앨리스: 그렇게 말씀해주셔서 감사해요. 저도 긴장했었어요. 제 비전이 무엇인지, 각 화에서 무엇을 말하고 싶은지를 일단 저 자신이 명료하게 알고서 여러분 각자에게 편집에 대한 제 의견과 제가 원하는 느낌을 잘 전달하는 상사가 될 수 있을까, 그걸 잘할 수 있을까 긴장했었죠. 제가 여러분에게, 여러분 모두에게 정말 드리고 싶었던 건 마음껏 해볼 수 있는 자유였던 것 같아요. 지침은 주되, 지나치게 세세한 것까지 간섭하지는 않는 거요.

또 한 가지 제가 정말 신경 쓴 건 최대한 유연하고 융통성 있어야 한다는 거였어요. 청취자분들 중에 초대 손님으로 오셨던 분들도 계실 텐데요, 녹음했던 화가 방송으로 나오기까지 왜 4개월이나 걸렸는지 궁금하셨을 수 있을 것 같아요. 그건 제가 아주 미리부터 작업을 시작하고 시간을 충분히 들이기 때문이에요. 우리는 오디오 프로듀서들과 함께 일하고 있고, 또 트랜스크립트가 마련되었는지도 확인해야 해요. 저는 이런 모든 작은 요소들을 포함시키고 싶었어요. 그리고 단지 고급지게 보이는 팟캐스트가 되지 않게 할 수 있게 (시간적인) 사치를 부릴 수 있었죠. 저는 (시간 여유를 두고) 제 일정과 업무 흐름을 통제할 수 있었어요. 그리고 그건 저 자신의 삶의 경험에서 배우게 된 것 같아요. 자, 그럼, 셰릴은 어땠어요?

셰릴: 휴우, 할렐루야. 앨리스가 팟캐스트를 할 거라고 했을 때 저는 안도의 파도와 신선한 공기가 덮쳐오는 것 같은 느낌이 들었던 기억이 나요. 신체적으로 정말 그렇게 느꼈어요. 저는 앨리스가 정치를 하는 방식, 문화를 수행하는 방식이 좋아요. 장애 가시화 프로젝트의 활동들을 이미 보았기 때문에 앨리스가 팟캐스트에서 무엇을 하고자 할지에 대해 감을 잡을 수 있었고, 앨리스가 이쪽 세계로 들어온다는 게 정말 너무 좋았어요. 이곳의 일부가 되는 거요. 그 기분은 언어로 묘사하기 어려울 것 같아요. 제게는 언어를 초월하는 기분이었거든요.

앨리스: 오, 셰릴! 자, 그럼 사리카는 어땠어요?

사리카: 아이고, 두 분 말씀 뒤에 어떻게 이어가야 할까요? 제럴딘이 말했듯이 저는 장애인 정체성을 가지고 있지 않아요. 그래서 이렇게 장애인 커뮤니티의 일부가 되어달라는 요청을 받는 게 저로서는 큰 영광이에요. 그리고, 앨리스가 신참이라고 느끼셨다니 정말 아이러니한데요? 저는 여기 들어올 때, 다른 일터도 시작할 때 다 그렇겠지만요, 무섭고, 망치고 싶지 않고, 그랬어요. 또 구체적으로는 앨리스를 위해(웃음), 그리고 앨리스의 비전에 최선을 다하고 싶었어요.

그러니까, 이 일을 정말 잘하고 싶었기 때문에 처음에 정말 긴장했고요, 솔직히 말하면 이 팟캐스트에서 일한 게 저에게는 오디오 저널리즘 분야에서 돈을 받고 일한 첫 경험이었어요. 이 분야에 10년 넘게 있었지만 이게 보수를 받고 한 첫 번째 일이었죠. 커뮤니티 라디오에서 일할 때는 대개 원하는 대로 할 수 있잖아요. 아, 그건 좋은 거예요(웃음). 그건 사랑의 노동이에요.

하지만 저는 수어통역사로 장애인 커뮤니티 가까이에서 거의 10년 동안 일했는데요, 그런데도 [이 일을 하면서] 정말 많이 배웠어요! 지금도 배우고 있고요. '이걸 내가 왜 몰랐을까!' 싶어서 부끄럽기도 했어요. 새로운 것을 배우면서, '왜 이걸 몰랐지?' 하고 생각하는 거죠. 이 팟캐스트를 듣기 전까지 우리는 이런 것들을 모르니까요!

그리고 앨리스와 초대 손님들이 피로에 대해 이야기했던 에피소드들도 기억에 남아요. 피로가 장애 자체에서 오기도 하고, 새로운 일자리를 시작하거나 합리적 편의제공을 요청하거나 할 때, 또 그 밖의 경우들에서 늘 자신을 설명해야 한다는 데서 오기도 한다고요. 피로가……. 혹은 피로 때문에 마감을 미뤄야 할 때도 있지요. 아마 이 부분은 제가 조금이나마 이해할 수 있는 부분일 거예요. 출산 이후에 회복이 정말 잘 안 됐거든요. 정말 힘들었어요. 영영 회복이 안 되는 거 아닌가 싶었어요. 그리고 유산을 하고 두 번째 임신을, 아, 세 번째라고 해야 하려나요? 아무튼 다시 임신을 했는데 너무 힘들고 끔찍했어요. 그런데 그 기간에 제가 이 팟캐스트 일을 하고 있었거든요. 그리고 앨리스는 너무 너그러웠고 잘 이해해주었어요.

그래서 제럴딘과 셰릴이 상사로서 앨리스가 느긋한 타입이고 너무 멋지다고 말한 것처럼, 저는 앨리스가 우리의 몸은 인간 신체이지 기계가 아니라고 말해주는 또 한 명의 리더라는 것을 깨달았어요. 일이 잘 안 돌아가면 우리는 우리 몸이 말하는 걸 귀 기울여 들어야 하고 거기에

셰릴 그린(왼쪽), 제럴딘 아-수(가운데), 사리카 메타(오른쪽).

우선순위를 두어야 해요. 몸 컨디션이 너무 안 좋아서 마감을 맞출 수 없었을 때, 세 분 모두 저를 지지하고 도와주셨잖아요.

앨리스: 저에게 질문은 없나요? 저에 대한 뒷담화 하고 싶은 거 있으시면 마음껏 썰을 풀어보세요. 여러분의 시간이에요.

제럴딘: (즐겁게 키득거리는 웃음) 이 부분 너무 좋아요. 질문이라기보다는, 앨리스에 대해 썰을 풀자면 앨리스는 제가 같이 일해본 최고의 보스이고 상사예요. 청취자 여러분, 함께 일할 때 인간답게 일하고 있다고 느껴지는 사람을 찾고 계시다면 앨리스가 바로 그 사람이에요(키득거리는 웃음).

사리카: 동의요(웃음).

셰릴: 앨리스는 여러분의 고양이이기도 해요. 보통 뒷담화는 '저 사람 너무 멋있어' 유의 말을 뜻하는 건 아니니까 통상적인 의미에서의 뒷담화라면 할 게 없고요(웃음). 제가 기억하는 건, 사람들을 처음 만날 때 저는 정말 정말 정말 긴장하고 공포에 질리거든요. 그런데 앨리스는 정말 털털해서 제가 긴장을 하지 않게 되기까지 오래 걸리지 않았어요. 우리가 같이 일하고 정확히 얼마 뒤부터 앨리스가 이메일 서명란에 "야옹"이나 "미야옹"이라고 쓰기 시작했는지는 모르겠는데, 제가 합류하고 바로였던가요? 누가 먼저 시작했는지도 가물가물하고요. 하지만 아무튼

몇 년 동안 계속되었죠. 저 그거 너무 좋아요. 앨리스는 (키득거리는 웃음) 정말 안 무섭고요, 앨리스와의 일적인 관계는 건강하고 경계도 서로 잘 지키는 관계예요. 경계를 잘 지키면서 업무 이메일을 쓰고 나서, 서명은 "그럼 이만, 야아옹"이라고 하죠. 아, 최고예요.

사리카: 음, 이건 팟캐스트에 대한 건 아닌데요, 앨리스가 W. 카마우 벨과 함께 [CNN의 방송] 〈미합중그늘United Shades of America〉에 초대 손님으로 나간 적이 있잖아요? 장애의 역사를 다루는 화에요. 누군가가 그걸 gif 파일인가 밈인가로 만든 걸 봤어요. 앨리스는 비장애인이 장애인 배역을 맡는 것에 대해 이야기했죠. 그러면 그 사람은 무슨 공식마냥 꼭 오스카상을 받고요. 그때 앨리스가 "망할 할리우드"라고 말했어요 (웃음). 한 문장으로 앨리스가 누구인지 나타내라면 이거 같아요. 그리고 또 다른 발표 자리에서 누군가가 앨리스에게 승산 있을 법한 싸움을 현명하게 고르는 것에 대해 물었던가, 뭐 그런 것을 질문했더니 앨리스가 이렇게 말했죠. "노관심이에요"(웃음).

셰릴: "파이 더 드세요오! 쿠키 더 드세요오!"

사리카: (웃음) 저도 노관심이에요.

앨리스: 네, 저는 모든 것이 할 가치가 있는 것 같아요. 우리는 시도해야 하고, 유머와 기쁨과 즐거움을 많이 가져야 해요. 이 팟캐스트는 세 분이 안 계셨으면 존재하지 않았을 거고, 지금 같은 형태로 존재하지 않았을 거예요. 그래서 분명히 말하지만, 이건 파트너십이었어요. 정말로 이게 제가 모두가 아셨으면 하는 점이에요. 우리 팟캐스트가 정말로 창조적인 협업이었다는 거요. 저는 협업에서 최고가 나온다고 생각해요. 이런 마법이요. 이 여정에 저와 함께해주셔서 모두 고마워요.

셰릴: 고마워요, 앨리스.

사리카: 고마워요, 앨리스죠.

제럴딘: (만족스러운 한숨) 고마워요, 앨리스.

앨리스: 야옹, 셰릴!

셰릴: (숨을 흡 들이쉬며) 야옹 야옹 야옹! 야옹 야옹 야옹 야옹!

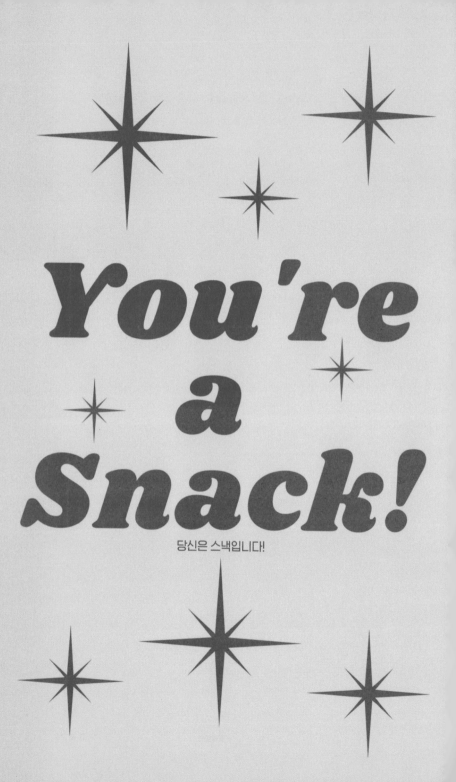

You're
a
Snack!

당신은 스낵입니다!

아시아계 이민자 장애 여성과
장애 소녀들에게 보내는 편지

안녕하세요!

저는 당신의 이메일, 편지, 트윗, 메시지를 받았습니다. 아니면 온라인 행사나 팬데믹 이전의 파티에서 당신을 만났을지도 몰라요. 슈퍼마켓에서 장을 보다가 당신의 엄마와 마주쳤을지도 모릅니다. 당신의 엄마가 저를 멈춰 세우고 눈물을 흘렸을지도 몰라요. 당신과 비슷한 사람이(당신보다 나이는 많지만요) 공공장소에 나온 모습을 보니 얼마나 놀라운지 모르겠다고 말하면서요. 아니면 친구의 친구가 우리를 연결해주었는지도 몰라요. 우리 둘 다 아시아계 미국인이고 장애가 있으니까요(그렇다고 우리가 단일한 범주에 속하는 건 아니지만, 사람들은 우리가 아주 많은 공통점을 가지고 있을 거라고 자동적으로 가정하곤 하죠). 어느 경우든, 여기 제가 있고요, 당신에게 답을 하려고 합니다.

이야기, 질문, 멘토십 요청 등을 보내주셔서 감사드려요. 우선, 저에게는 당신의 모습이 보이고 당신의 이야기가 들립니다. 21세기에는 상황이 나아지기를 바랐지만 유색인종 장애인은(그러니까 아시아계 이민자인 여성과 소녀들도 포함해서요) 여전히 연결되어 있지 않고 홀로라고 느끼죠. 저는 작가나 활동가가 될 결심을 했던 것은 아니었어요. 하지만 저 자신과 제 사람들을 찾기 위해 고투하는 과정에서 자연스럽게 그렇게 되었어요. 저는 제 이야기와 저의 활동이 여러분이 다른 경로들을 상상하는 데도 도움이 되기를 바랍니다. 하지만 동시에 저 역시 하나의 사례일 뿐이라는 것을 기억하세요. 앞으로 해야 할 일은 아주 많고, 우리는 자신의 방식으로 해나가면서 집합적으로 성공할 수 있습니다.

사는 게 뭣 같죠? 우리의 피부 안에서 성장하고 더 편안해지는 것은 쉬운 일이 아니고 선형적으로 전개되는 일도 아니에요. 저는 여전히 저 자신과 씨름하고 있고, 여러분도 그러리라고 생각합니다. 헤쳐나가야 할 어려움과 탐색 가운데서도 여러분이 세상에 존재하는 기쁨을 찾는 시간을 낼 수 있었으면 좋겠습니다. 저에게는 관계를 짓고 육성하는 것이 기쁨을 줍니다. 시간이 걸릴지도 모르지만, 그래도 차차 당신을 든든하게 받쳐줄 사람들을 찾을 수 있을 거예요. 그들이 꼭 여러분과 동일한 장애를 가지고 있거나 동일한 문화권 출신은 아닐 수도 있어요. 그리고 여러분의 질문에 응할 수 있는 즉각적인 해법이나 답변은 없을지도 몰라요. 우리가 할 수 있는 것은, 무엇이, 또 누가, **지금** 우리를 행복하게 해주는지를 발견하는 것입니다.

우리가 우리로서 존재하기 위해 비영리기구는 필요하지 않습니다. 우리가 연결되기 위해 꼭 정체성을 밝히고 '올바른' 어휘를 사용하고 회원증을 가지고 다녀야 할 필요는 없습니다. 우리는 존재하고 있고, **그것이면 됩니다.** 말이 쉽지 받아들이기는 쉽지 않겠지만, 당신은 **지금 자체로 충분한 존재입니다.** 아니, 당신은 충분함을 넘어서 넘치는 존재예요. 그것을 즐기시기 바랍니다. 상투적으로 들리겠지만, **당신은 당신 자신으로 존재하면 됩니다.**

장애인을 대표해서 말해야 한다거나 장애에 대해 말해야 한다는 의무감을 갖지 마세요. 다양성, 교차성, 정체성 같은 것에 대해서도요. 당신을 그런 협소한 용어로만 보는 사람들이 있긴 할 거예요. 그런 사람들은 당신에게 얼마나 친절하고 '도움이 되게' 보이든 간에 당신의 사람이 아닙니다. 당신은 장애에 대해 당신이 원하는 대로 이야기할 수 있어요. 특히, 불편하고 어렵고 부끄럽고 엉망진창인 이야기들을 얼마든지 할 수 있습니다. 규칙 따위는 개나 줘버리세요. 모범적 소수자 신화 따위는 개나 가지라고 하세요. 위신의 정치respectability politics[소수자 집단이 주류 집단에서 인정받을 수 있는 지위를 획득하기 위해 자신의 정체성을 포기하더라도 사회적으로 더 인정받을 수 있는 것들을 습득하려 하는 경향] 따위는 꺼지라고 하세요.

온전한 자아가 될 수 없다고, 그래서 선택을 해야만 한다고 느껴질 때도 있을 거예요. 미국에 살아서 얼마나 다행이냐며 감사히 여겨야 한다고 느끼도록 몰릴 때도 있을 겁니다. 미국은 그래도 상황이 '더 낫다'고들 하니까요. 하지만 장애인의 권리와 장애정의가 다른 곳에서보다 미국에서 더 진보적이라는 개념에 우리는 저항해야 합니다(그리고 미국은 훔친 땅이죠). 미국이 세계의 횃불이라는 개념에도 저항해야 합니다. 자본주의 식민주의자들의 개소리니까요. 우리는 우리 문화의 가장 좋은 점들을 취하고 그것을 통해 인간으로 존재한다는 것의 의미에 대한 우리의 이해를 만들어가야 합니다. 모든 곳의 장애인으로부터 지혜와 아름다움이 나옵니다. 우리에게는 그것을 알아차리고 그로부터 배울 수 있는 겸손함만 있으면 됩니다.

저에게 닿기 위해 여러분에게 필요했을 시간과 취약성이 저는 감사합니다. 100프로 솔직하자면, 저는 당신의 롤모델도, 멘토도, 친구도 아닙니다. 저는 여러분과 함께 미래로 나아가는 동지, 동료, 트러블메이커이고 싶습니다. 롤모델은 비현실적인 기대와 비대칭적인 권력 동학을 불러일으킵니다. 롤모델이나 상징은 득보다는 해를 더 많이 끼칠 수도 있어요. 우리 모두가 가지고 있는 결함과 모순을 가리니까요. 지난 몇 년 동안 저는 사람들이 저를 생각하는 방식이 **너무 과해서** 몸 둘 바를 모를 정도로 불편해지기 시작했습니다. 저는 다른 사람들을 실망시킬지 모른다는 두려움이 제 결정에 영향을 미치게 하고 싶지 않습니다. 제가 책임져야 하는 대상은 무엇보다 저 자신이니까요. 경계선을 잘 긋고 제가 쓸 수 있는 시간과 역량을 명확히 밝히는 것은 저 자신을 지키는 방식입니다. 여러분도 준비가 되셨다면 그렇게 하시기 바랍니다.

중층적인 억압의 축 아래서 살아가는 것은 버거울 수 있어요.

하지만 당신이 가지고 있는 많은 정체성들과 당신이 살아가는 많은 경험들은 서로 모순되거나 충돌하는 것이 아닙니다. 그것들은 당신을 더 예리하고, 더 온전하고, 더 비범하게 만들어주는 것입니다. 여러분이 아직은 스스로를 그렇게 보고 있지 않을지도 모르지만, 저는 당신을 믿고 당신이 어떤 사람이 될 것인지를 믿습니다. 어떤 일이 일어나든, 그리고 우리의 경로가 다시 만나지 않고 우리가 다시 대화를 나눌 기회가 없다고 해도, 저는 이 우주에 우리가 함께 있다는 사실이 고맙습니다.

당신의 동지,
앨리스

Respect
My
Time

내 시간을 좀 존중해달라고!

시간에 대하여

나는 아침에 잠에서 깨고 나서 제대로 살아나는 데까지 시간이 좀 걸리는데, 글쓰기에서도 비슷하다. 나는 뭐든 다급하게 서둘러서 하는 것을 싫어하며 글쓰기라면 더욱 그렇다. 나는 미적대는 것을 **아주 좋아하고 열과 성을 다해** 미적댄다. 이것을 '토끼 박사와 거북이씨 증후군'이라고 부르기로 하자. 마감 시간은 있지만, 나는 준비하는 데 최대한 많은 시간을 들이려 노력하고 예상보다 시간이 더 오래 걸리면 그에 맞게 조정하려고 노력한다. 이것이 이상적인 상황이다. 물론 모든 것을 통제할 수는 없으니 때로는 즉각 대응하거나 취해야 할 행동이 있는 경우도 있지만 말이다. 나는 생각, 감정, 아이디어를 머릿속에서 전부 생각해보고, 시뮬레이션을 다 돌려보고, 심지어는 다음과 같이 전혀 관련 없는 것들까지 모조리 고려해보기 전에는 한 단어도 타자를 치지 않는다. 책상은 충분히 깔끔하게 정돈되었나?(체크) 트위터는 다 스크롤해보았나?(체크) 받은메일함에 들어온 것들을 지우고 웹 브라우저 탭을 닫았나?(체크) 도와줄 다른 사람들의 프로젝트를 챙겼나?(체크) 내 의료, 재정, 기타 내가 필요로 하는 기본적인 것들과 관련된 할 일들을 챙겼나?(체크) 노트북과 폰 화면을 닦았나?(체크) 손 소독을 했나?(체크) 필요한 물품들을 떨어지지 않게 재구매하고 온라인 판매 상품들을 찾아보았나?(체크) 유튜브에서 한국 음식 동영상과 반려 달팽이 키우는 법 동영상을 보고 인스타에서 고양이 계정들을 보았나?(체크, 체크, 체크).

이렇게 정신을 팔다 보면 어느 순간 어떤 분위기와 감이 온다. 이때가 써야 할 글의 구절, 제목, 촌철살인 문구, 이미지 등을 만들고 싶어지는 순간이다. 무언가 멋진 것을 보거나 읽다가 퍼뜩 연결점이나 아이디어가 떠오르기도 한다. '아무것도' 하지 않음으로써, 백일몽에 빠짐으로써 사실은 글을 작성하고 있는 것이다. 아직 단어가 화면에 찍히지만 않았을 뿐이다. 밤에 잠자리에 들고서 잠을 자려고 노력할 때 가장 좋은 글감과 아이디어의 조각들이 퐁퐁 떠오른다. 나는 고관절과 팔꿈치 관절에 구축 증상으로 인한 경직이 심해 똑바로 눕지 못한다. 내 침대는 병원용 침대여서 침대의 위쪽 절반과 아래쪽 절반을 이런저런 각도로 기울일 수 있고, 그에 더해 몸의 자세를 딱 맞게 잡기 위해 베개를 아주 여러 개 사용한다. 하루 중 16시간을 앉아만 있던 근육들이 펴지다 보니 편히 쉬기가 힘든데, 이때가 나의 상상력이 최고조로 내달리는 시간이다. 잡힐 듯 말 듯한 생각의 조각들은 손을 뻗

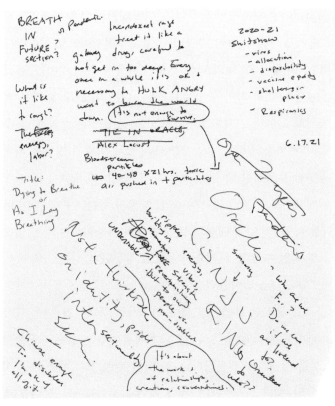

알아보기 힘든 내 손글씨가 적혀 있는 종이. 2021년 6월 17일에 나는 〈누워 있을 때 숨쉬기〉라는 제목의 에세이와 이 책의 서문을 준비하고 있었다. 알아볼 수 있는 글귀들 중 "신탁을 전하는 예언자" "(마법 등을) 소환하다" 같은 것이 보인다.

으면 닿을 것 같은 거리 안에서 내 침대 위를 반딧불처럼 맴돈다. 강렬한 아이디어가 떠오르면 다음 날 종이에 적어두거나 노트 앱 또는 구글 닥스에 적어놓을 수 있다. 다음 날 기억나지 않아도 괜찮다. 나는 정처 없이 돌아다니는 내 생각들이 차차 나를 옳은 방향으로 이끌어줄 거라고 믿는다.

미적대기는 창조적인 활동이다. 미적대기는 나를 오토파일럿 모드로 세팅시킨다. 아직 규정되지 않고 무작위적으로 돌아다니는 아이디어들을 내 뇌의 다른 부분이 다듬게 두는 것이다. 미적대기는 나의 괴짜 자아를 발동시키는 시간이기도 하다. 나는 격투기 전사도 아니고 시속 100마일[약 160킬로미터]로 차를 몰 수도 없지만, 마감의 칼날이 임박한 데서 오는 압박과 밀당을 하면서 굉장히 무모해질 수 있다. 착실하게 미리미리 숙제를 하는 데는 원래부터도 소질이 없어서 늘 밤 늦도록 막판에 미친 듯이 마무리를 하곤 했다. 내 내면의 토끼 박사와 거북이씨는 서로 밀당을 하면서 알 수 없는 논리와 리듬으로 작동한다. 나는 그것에 맞서기보다 그것을 받아들인다.

블로그 글이건 칼럼이건 책에 기고하는 챕터이건, 나는 글쓰기의 배아 단계라 할 수 있는 이 단계에서 다음과 같은 질문으로 스스로를 철저하게 심문한다. 나만이 할 수 있고 해야만 하는 이야기가 있는가? 그 이야기를 지금 해야 하는가? 나의 또 다른 측면을 세상에 드러내는 것이 어떤 위험을 가져올 것인가? 독자와 공유하고 싶은 나의 메시지는 무엇인가? 이 경험을 통해 내가 얻고 싶고 배우고 싶은 것은 무엇인가? 다음 번 간식 타임은 언제인가?

이 회고록에 무엇을 포함할지를 결정하는 지금도 이런 질문을 반복 모드로 되풀이하고 있다. 의도와 시점은 중요하다. 영원히 사적 영역에 묻어두어야 할 개인적인 이야기도 있고, 끓어오르게 했다가 발전시켜야 할 이야기도 있으며, 나보다는 다른 사람이 말하는 게 나은 이야기도 있다.

미적대는 시간을 충분히 갖고 나면, 어느 순간 단어가 내 안에서 쏟아져나온다. 단어들이 뜨거운 핫퍼지 선데처럼 사방으로 뿜어져나올 때 나는 환희를 느낀다. 타닥 타다다닥. 중요한 생각들의 소용돌이와 마구 적어놓은 쓸데없는 지껄임 모두가 페이지를 흠뻑 적신다. 더 타자를 치고, 더 지운다. 오리고 붙인다. 휘몰아치는 것이 잦아들면 이제 **더 많은 일이** 시작되는 시점인데, 바로 편집과 퇴고의 과정이다. 이 책에 들어갈 글들을 모으면서 나는 삶이란 끝나지 않는 편집과 퇴고의 과정임을 깨달았다. 오글거리는 은유로 들리겠지만, 이것은 진실이다! 나 자신에 대해 글을 쓸 때, 편집은 시간 여행이다. 시간을 뭉치고 접고 늘린다. 따로따로 존재하던 이야기들을 꿰어 절과 장으로 깔끔하게 연결한다. 기억들이 재정렬되고, 다시 떼어지고, 강조가 제거된다. 초고, 개고, 재개고 사이에서 비밀과 두려움이 지워졌다가, 삭제 표시와 함께 옆 여백에 다시 나타난다. 보이지 않는 '변경 내용 추적' 기능을 통해 매만져지면서 내러티브가 강화되고 속이고 다시 태어난다. 가장 본질적인 요소만 남을 때까지 진실을 거르고 또 거른다. 긴줄표로 연결하고 생략 부호로 연장한다. 너무 지나쳐서 글에서 피가 끓고 내장이 펄떡이는 것이 약해지려 하기 직전까지, 말하고 다시 말한다. 퇴고는 악마, 조상, 미래와의 대화이고, 우주의 힘들을 판독 가능한 형태로 소환하는 마녀의 흑마술이다.

가면증후군과 내면화된 비장애중심주의는 내가 지겨울 정도로 많이 이야기해온 주제다. 그럼에도, 나는 다음과 같은 것이 궁금하다. 글쓰기에 대한 또 하나의 글을 내놓으면 누가 읽고 싶어 할까? 이미 도서관학자, 학자, 문화예술석사 학위자, 저명한 수상자들이 그런 책을 수천 권 내놓았는데, 내가 이 주제를 다룬다면 무엇이 독창적일 수 있을까? 실용적인 글쓰기 조언은 내가 할 만한 것이 없고, 글쓰기에 대해 학술적인 내용을 말할 수도 없다. 나는 많은 독자층을 거느린 유명 작가도 아니고, 날마다 꾸준히 글을 써야 한다는 식의 글쓰기 루틴을 예찬하지도 않는다. 미적대기의 물줄기에 푹 잠긴 채, 특정한 글쓰기 규칙을 따라야 한다는 개념을 거부한다. 그러한 글쓰기 규칙은 백인 중산층, 그리고 비장애인의 생활을 반영하는 것이기 쉽다. 하루에 얼마간의 분량을 정해놓고 쓰는 것이 당신에게 잘 맞는 방식이라면, 좋다, 그렇게 하시라. 어떤 도구나 방식이 당신에게 도움이 된다면, 좋다, 그것을 사용하시라. 하지만 당신에게 잘 맞지 않는다면, 그것 말고도 예찬받을 가치가 있고 탈신비화되어야 할 수많은 글쓰기 방식이 있을 수 있다. 그런 방식을 택했을 때 내가 뭔가를 잘못하고 있다거나 '게으름'을 피우고 있다거나 비생산적이라거나, 혹은 가장 해롭게는 **진짜 작가**가 아닌 것 같다고 느끼지 않아도 된다. 더 적은 양의 글을 압축적인 시간만 할애해서 쓰거나 비전형적인 방식으로 글을 쓴다고 해서 일을 덜하는 것이 아니다. 그것도 여전히 일이다. 물론 글쓰기에는 늘 연습이 필요하겠지만, 그 연습은 종이나 화면 위에 쓰이는 형태일 수도 있고 머릿속에 쓰이는 형태일 수도 있다.

죽음과 깊은 불확실성은 장애인과 만성질환자들이 너무나 잘 알고 있는 현실이다. 장애가 있는 신체로 살아간다는 것은 날마다 일상의 모든 일을 헤치고 나가야 한다는 의미와도 같다. 샤워를 하는 것은 올림픽 금메달만큼의 가치가 있는 성취. 그리고 장애인의 삶과 예측 불가능한 위기들은 글쓰기의 밀당에 또 하나의 층위를 부가하며 잘 짜인 글쓰기 계획마저 언제든 불구덩이에 처박힐 수 있게 만든다. 집세 걱정 없이, 통증이 갑자기 찾아오거나 아프게 되는 일 없이, 건강보험을 잃을 걱정 없이, 가족과 자신을 돌봐야 할 걱정 없이 미리 짠 일정을 지킬 수 있다는 것은 특권이다.

긴급성에 쫓기는 느낌, 속도와 양에 가치를 부여하는 세상에 있다는 느낌, 그리고 내 신체가 물에 젖어 흐물흐물해진 포대에 든 뼈다귀 같다는 느낌이 내가 무엇을 언제 어떻게 왜 쓰는지에 정보를 제공한다. 에밀리 윤Emily Yoon은 2021년 《더 컷The Cut》에 아시아계 미국인의 정체성에 대해 쓴 에세이에서 "처음으로 일기장을 사서 나 자신의 역사가가 되기 시작한 이래로 글쓰기는 나를 왜곡하고 쇠약하게 만들려는 모든 요인에 맞서 힘겹게 나를 보존하는 행위"였다고 말했다. 나는 특정한 소수자 집단을 대표하기 위해서나 '진정한 교차성 이야기'에 대한 대중의 갈망을 만족시키려는 목적만을 위해 글을 쓰지는 않는다. 나는 글쓰기의 영혼이 나를 움직일 때만 글을 쓴다. 나는 글쓰기가 재미있고 유쾌하고 위험하기 때문에 글을 쓴다. 나는 글쓰기가 내가 선택한 저항이자 자기보존이자 급진적인 반항의 형태이기 때문에 글을 쓴다. 나는 마음으로부터 우러나는 글을 평이하고 누구나 읽을 수 있는 방식으로 쓴다.

　모든 생명체는 탄생의 순간부터 계속해서 부패한다. 이제 곧 네 번째 호랑이의 해를 앞두고 있는 나는 시간에 대한 내 태도가 잘못된 것은 아닌가 싶기도 하다. 시간을 흐르는 상품이나 귀한 사치품으로, 내 앙상한 손가락 사이로 빠져나가지 않게 붙잡아 쟁여두어야 하는 무언가로 보지 말아야 한다. 이 나이까지 생존해 내 이야기를 할 수 있다는 놀라운 위업이 필멸에 맞서는 '분노의 질주2 fast, 2 furious: 호랑이 이야기'보다 더 해방적이다. 결국 이기는 쪽은 늘 필멸이기 때문이다. 늦게든 이르게든, 사람들은 내가 죽고 나서도 오랫동안 이 단어들과 행간에서 나를 발견할 것이다.

팬데믹

이건 정신 나간 짓이야.

—그웬 스테파니Gwen Stefani, 〈홀라백 걸Hollaback Girl〉

너 자신을 망가뜨리기 전에, 스스로를 좀 늦추는 게 좋을 거야.

—아이스 큐브Ice Cube, 〈스스로를 살펴봐Check yo self〉

저는 호흡기가 없으면 살지 못하는 장애인인데요, 그러면 이번 팬데믹에서 그냥 처분되어도 되는 존재인 건가요?

《복스Vox》, 2020년 4월 4일

호흡기 사용자인 아시아계 이민자 장애인으로 살아가기에 매우 괴이한 시절이다. 코로나19 바이러스 팬데믹은 개인과 조직의 삶을 뒤흔들고 교란했다. 장애인, 환자, 면역계 손상자들은 원래 늘 불확실성 속에서 살아가므로, 애당초 우리를 위해 지어지지 않은 적대적인 세계에서 적응해가는 게 무엇인지 잘 알고 있고, 나 역시 그렇다. 손잡이에 손대지 않기 위해 자동문 개폐 버튼을 팔꿈치로 눌러서 열고 싶은가? 미국장애인법과 그것이 존재할 수 있게 싸워준 장애인들에게 고마워하시라.

테크놀로지, 접근성, 그리고 삶에 대한 강한 의지는 나를 임박한 현실에 대해 진리의 신탁을 내뱉을 준비가 된 사이보그 예언자가 되게 만들었다. 나는 전동휠체어, 휠체어 배터리에 연결된 비침투식 호흡기, 튜브가 달린 나잘 마스크, 척추에 박힌 금속 봉

등 내가 살아 있게 해주는 여러 기기와 물체에 묶여 있고 내 신체는 그것들과 하나로 엮여 있다. 내 목소리, 내가 움직이는 방식, 내 외양은 공공장소에서 많은 이들에게 동정심과 불편함을 불러일으킨다. 여기에서는 그것이 정상이다.

우리 식구는 샌프란시스코에 살고 현재 3주째 록다운 상태다. 환자가 밀려와 병원에 과부하가 걸리고 자원이 부족해 병원들이 배급식으로 의료 서비스를 분배하는 방안을 고려하고 있다는 뉴스를 보면서, 나는 너무나 걱정이 된다. 장애인 권리 단체들은 이미 앨라배마주와 워싱턴주 등 몇몇 주가 장애인을 차별하는 트리아지triage[위기나 응급 상황에서 생존 가능성에 따라 환자를 분류하는 체계] 권고를 내놓고 있는 것에 공식적으로 항의했다. 연방 보건부 민권국이 팬데믹 기간 동안의 차별 금지 지침을 내놓긴 했지만, 그래도 나는 걱정이 된다. 배급식 의료 배분을 지지하는 윤리적 개념은 종종 나 같은 사람을 우선순위의 가장 아래에 놓는다. 피터 싱어Peter Singer 같은 생명윤리학자들과 철학자들(피터 싱어는 공리주의적 입장을 가진 철학자로, 장애인들 사이에서는 우리를 제거하자는 주장을 옹호하는 사람으로 여겨져 악명이 높다)은 쿨하고 합리적이고 우아한 논변과 사고실험들을 적용해 지금 같은 위기의 시기에 누가 살고 누가 죽어야 하는지를 논한다. 하지만 이 전 지구적 논의의 장에 장애인 의사, 장애인 생명윤리학자, 장애인 철학자는 어디 있는가? 그들은 [엄연히] 존재하며, [따라서] 그들의 목소리가 들려야 하고 그들이 정책을 만드는 과정에 참여해야 한다. 가령 샌디에이고스테이트대학의 조지프 스트라몬도Joseph

Stramondo 박사는 《미국 생명윤리 저널American Journal of Bioethics》 블로 그에 게재한 트리아지와 코로나19 바이러스에 관한 글에서 이렇 게 언급했다.

> 장애인들이 자신과 자신의 삶의 질에 대해 내리는 평가가 장애를 경험 해본 적 없는 사람들이 장애인의 삶에 대해 생각하는 판단과 상당한 격차를 보인다는 실증 근거들이 다수 나와 있다. 몇몇 저명한 생명윤리 학자들은 이를 '장애의 역설disability paradox'이라고 부르기도 한다. 하지 만 내가 보기에, 고정관념과 낙인에 기초해 판단하는 비장애인들보다 장애인들이 자신의 삶에 대해 더 많은 가치를 부여한다는 데는 역설적 인 면이 전혀 없다. 이것을 역설이라고 개념짓는 것 자체가 장애는 불 가피하게 그 사람의 삶의 질을 저해하리라고 보는 잘못된 가정에서 비 롯한 것이다.

우생학은 제2차 세계대전 시기에나 있었던 고릿적 유물이 아 니다. 우생학은 지금도 버젓이 살아 있고 우리 사회의 문화, 정책, 실천 속에서 뿌리 깊게 작동하고 있다. 전문가들과 의사결정권자 들은 의료 분야의 인종주의, 노인차별주의, 비장애중심주의, 또 그 밖의 여러 편견으로 과도하게 악영향을 받는 집단들을 시급 히 정책 결정 과정에 포함하고 그들과 협업해야 한다.

의료 자원의 배급식 배분에 대한 논쟁은 우리 사회가 취약한 집단을 어떻게 가치절하하는지 드러낸다. 여러 주 정부와 의료 시스템이 내놓고 있는 가이드라인들은 치매, 암, 정신장애, 그 밖 의 기저질환을 가진 사람들을 더 젊고 건강하고 장애가 없는 사람들에 비해 치료의 이득이 없는 사람으로 분류하고 있다. 캘리포니아주 미션 비에이호에 있는 프로비던스 미션 병원의 응급실 의사 제임스 키니James Keany가 한 말이 최근 《LA 타임스》에 인용됐는데, 그는 이렇게 언급했다. "미국에서는, 만약 당신의 가족이 대담하게도 당신이 모든 것을 다 해보길 원한다고 주장한다면 90세이고 기저귀를 착용하고 심한 치매가 있는 당신에게 호흡기를 제공할 것이다. …… 대부분의 나라에서는 이것을 잘못된 의료라고 생각할 것이다. 무엇을 위해 이 사람을 살리는 것인가?"

나에게는 모든 것이 개인적이고 또 정치적이다. 나는 인지장애와 발달장애를 가진 사람들을 알고 있다. 나는 필요할 경우 일회용 기저귀를 사용한다. 나는 먹고 입고 씻는 등의 퍼스널 케어personal care를 수행하는 데 전적으로 간병인의 도움이 필요하다. 내가 코로나19 바이러스에 걸린다면 의사는 내 차트와 나를 보고 자신들의 노력과 귀한 자원을 낭비할 가치가 없다고 판단할 것이다. 애초에 그 자원이 그렇게 귀하고 희소한 것이어서는 안 되는데도 말이다. 심지어 내 호흡기를 떼어다가 나보다 생존 가능성이 높은 다른 환자에게 줄지도 모른다. 이 모든 것이 의사들이 내리는 어려운 선택이라는 것이고, 여기서 가장 크게 타격받을 사람은 귀한 자원을 투자할 가치가 있다고 여겨지지 않는 사람들이다. 어려운 결정을 누가 내리고, 그로 인해 누가 타격을 받는지는 취약 계층에 대한 불평등과 차별의 문제다.

측정 가능한 기준으로서의 '삶의 질'이라는 개념 또한 건강하고 '좋은' 삶은 장애, 고통, 통증이 없는 삶이라는 가정에 기반하고 있다. 나는 장애, 고통, 통증 모두를 아주 가까이에 두고 살아간다. 하지만 나는 나의 경험과 인간관계 덕분에 그 어느 때보다도 지금 내가 생생하게 살아 있다고 느낀다. 취약한 '고위험군'에 속하는 사람들은 가장 강하고 가장 상호의존적이고 가장 회복력이 좋은 사람들일 수 있다. 우리는 여전히 정책 결정에서 배제됨으로써 발생하는 정치권력상의 불균형에 직면해 있지만, 서로를 위해 나타나주고 함께 있어주는 방법을 알고 있다. 장애인 커뮤니티, 퀴어 커뮤니티, 유색인 커뮤니티는 태초부터 서로를 도우며 버텨왔다. 우리는 안전망에 구멍이 숭숭 뚫려 있고 정부가 우리를 구해주지 않으리라는 것을 알고 있으며, 따라서 풍성함과 지혜와 기쁨과 사랑으로 우리 자신을 구할 것이다.

장애인은 이번 팬데믹에서 희생되어도 괜찮은 우발적 사상자가 아니다. 나는 미래가 나만의 것이 아니라 우리의 것이라고 믿고 싶다. 우리 중 한 명이 갈라진 틈새로 떨어지면 우리 모두 고통을 겪고 무언가를 잃게 된다. 시간과 호흡기는 희소하다. 하지만 우리에게는 우리 모두가 존재할 수 있는 공간을 가진 세상을 만들 수 있는 창조성과 도덕적 용기와 집합적인 힘이 있다.

일부를 위한 자유는
모두를 위한 자유가 아니다

'장애 가시화 프로젝트' 블로그, 2020년 6월 7일

일부를 위한 자유는 모두를 위한 자유가 아니다. 록다운 중인 캘리포니아주 샌프란시스코의 고위험군 장애인인 나는 집에 머물고 있다. 사람들이 바에 가고 해변에 가고 공원에 가는 것은 부럽지 않다. 그보다, 나는 실외에서 마스크나 사회적 거리두기를 하지 않는 사람들이 너무 많다는 데 화가 난다. 많은 도시와 주 정부가 록다운을 풀기 시작하는 이 시기에, 수백만 명이 뒤로 밀려나게 될 것이 두렵다.

사람들은 '정상/일상'으로 돌아가는 것을 너무나 열렬히 고대한다. 수많은 사람들이 아직도 요양원, 구치소, 감옥, [노숙인 등을 위한] 쉼터, 장기 요양시설, 정신질환자 요양시설, 거주 요양시설과 같은 집단수용 환경에서, 다른 이들의 눈에 보이지 않아서 다른 이들의 생각에서도 안중에 없는 채로, 계속해서 사망하고 있

는데도 말이다. 시설과 수용소 환경에서 최대한의 위험과 최소한의 보호 속에 옴짝달싹 못하는 사람들에 대한 대응에 전혀 긴급성이 없는 것을 볼 때면 나는 당황스럽다. 그들 중 상당수가 나와 같은 장애인이다. 그들은 '안전'과 '돌봄'의 이름으로 분리되고 고립되어 있는 장애인이다.

널리 보도된 코로나19 집단감염 사례 중 초기의 한 사례는 워싱턴주 커클랜드의 요양원에서 발생했다. 2~3월 사이에 142건이 확진됐고, 35명이 사망했다. 카이저 가족 재단Kaiser Family Foundation에 따르면, 6월 4일까지 40개 주에서 4만 3725명이 넘는 장기 요양시설 환자가 사망했고 뉴욕주가 6237명으로 사망자가 가장 많았다. 이 숫자들은 단순히 시신을 운반하는 포대가 아니라 이름, 얼굴, 가족을 가리킨다. 도대체 숫자가 얼마나 더 늘어야 사람들이 관심을 가질 것인가? 이것은 완전한 정치적·도덕적 실패다.

연방 정부는 감염 통제와 관련해 요양원이 의무적으로 취하도록 한 사항을 다시 철회하는 방안을 검토 중이다. 그 의무 사항이 표준적인 위생 실천과 표준적인 장비 관리법들을 통해 감염의 확산을 멈추거나 막기 위한 것인데도 말이다. 2017년 카이저 가족 재단이 요양원 데이터를 분석한 결과, 적어도 40퍼센트의 요양원에서 그해에 하나 이상의 감염 통제 관련 리스크가 적발되었다. 그런데 최소 18개 주가 법이나 주지사의 행정 명령으로 요양원을 팬데믹 관련 소송이나 형사 기소에 처하지 않도록 보호하고 있다. 뉴욕주와 뉴저지주는 요양원 산업의 경영진들을 민사소송과 일부 형사 기소에서 면책시켜준다. 현재까지는 이 2개 주만 그렇다. 4월에 병원과 요양업계의 로비스트들은 개빈 뉴섬Gavin Newsom [캘리포니아] 주지사에게 자신들의 민형사상 책임을 광범위하게 면제해주는 주지사 행정 명령을 요구했고, 이에 장애인 커뮤니티의 활동가들이 맹렬히 반대해 저지했다.

주지사들은 모든 집단수용시설에서의 감염병 발생에 대해 조사권을 발동해야 하며 감염과 사망 보고를 의무화해야 한다. 또한 집단수용시설의 모든 노동자와 거주인이 검사를 받을 수 있게 해야 하고 그들에게 적절한 개인 보호 장비를 제공해야 한다. 또한 노동자들의 임금을 높이고 노동자 보호 수준을 향상시켜야 하며, 요양원 업계가 요구하는 법적 면책을 받아들이지 말아야 한다. 2020년 5월 6일에 지금은 고인이 된 장애인 활동가이자 장애정의 문화 클럽Disability Justice Culture Club 창립자 스테이시 파크 밀번Stacey Park Milbern은 한 동영상 콘퍼런스에서 "병원과 요양시설에 견제와 균형이 필요하다"며 "그렇지 않으면 장애인, 특히 유색인종 장애인들이 가뜩이나 우리를 돌보지 않는 시스템에서 고립될 것"이라고 말했다.

집단수용시설은 안전과 돌봄을 보장하지 않는다. 이런 시설은 애초부터 그 안에 갇혀 있는 사람들이 어떤 조건에서 살아가는지 다른 이들이 알지 못하게 하는 방식으로 고안되었다. 이런 시설들은 투명성과 책임감 없이 운영하도록 사실상 허용받고 있다. 이런 시설에서 사람들은 인간 이하의 조건에서 살아가게 되고 착취, 폭력, 방치에 처하게 된다.

현재의 시스템이 꼭 지금의 형태로 유지되어야 할 이유는 없다. 우리는 노동자를 위험에 빠뜨리면서 생명보다 이윤을 우선시하고 불충분한 감시와 규제 속에서 운영되는 요양원 산업을 해체해야 한다. 그리고 탈시설과 탈수감을 위해 노력해야 한다. 시설 수용 위주의 시스템이 위험하고 비인간적이며 정의롭지 않기 때문이다.

안전은 착각이고 지극히 소수만이 누리는 특권이다. 공공장소에 무증상 감염자들이 있다는 것, 백신이나 치료제를 개발하는 데 시간이 걸린다는 것, 바이러스에 변이가 발생할 수 있다는 것을 알기에, 아마도 나는 록다운이 해제되어도 가능한 한 오래 집에 머물러야 할 것이다. 밖으로 나가는 것이 안전하다고 여겨지지 않기 때문이다. 나는 시설 수용이 코로나19 감염 후유증을 장기적으로 겪는 사람들을 비롯해 강도 높은 의료적 돌봄이 필요한 사람들에 대한 '최선이고 유일한' 선택지로서 다시 부상할까봐 두렵다.

유색인종 장애인인 내 생명은 불가피하게 고위험이다. 나는 한 번의 감염만으로도, 한 번의 의료 위기만으로도, 한 번의 삐끗한 정치적 변화만으로도 내가 시설에 격리되거나 죽을 수 있다는 것을 알고 있고, 그래서 내 존재가 사람들의 시야에 보일 수 있게 하기 위해 싸우고 있다. 이 팬데믹은 경제를 구한다는 명목을 위해 '사회적으로 용인 가능한 손실'로 여겨져 희생될 사람들이 누구일지를 적나라하게 드러냈다. 그들은 흑인, 아시아인, 원주민, 빈민, 장애인, 노인, 비만인, 만성질환자, 노숙인, 수감자, 면역계 손상자 등이다.

바로 지금도 흑인들은 바이러스와 국가폭력에 직면해서 시스템적 인종주의에 저항하기 위해 생명의 위험을 무릅쓰고 있다 ['흑인의 생명도 소중하다' 운동]. 정의와 해방을 위해 싸우는 것은, 우리가 존재한다는 이유만으로 우리를 억압하고 처벌하는 모든 시스템을 철폐하는 것을 필요로 한다.

처분 가능한 사람, 보이지 않아도 되는 사람은 없다. 태양과 모래사장을 즐기면서 이런 죽음을 그냥 흘려보내서는 안 된다. 미국장애인법 60주년을 맞이할 무렵이면 노인과 장애인이 탄탄한 지원과 서비스를 받으면서 지역사회에 온전히 통합되어 살아가고 있기를 바란다. 이것이 나의 아메리칸 드림이다. 그리고 이 비전을 실현하기 위해서는 인프라, 정책, 서비스, 프로그램을 설계할 때 창조성, 정치적 의지, 그리고 급진적으로 포용적인 문화가 필요하다. 지역사회 안에서 살아갈 자유는 인권이다. 언젠가는 모든 사람이 진정으로 지역사회에 속해 살아갈 수 있어야 할 것이다.

팬데믹 요리
: 자택 격리 죽

《알자지라Al-Jazeera》, 2020년 3월 26일

인디애나에서 중국계 이민자로 자란 내게 죽은 궁극의 컴포트 푸드comfort food다. 우리는 튀긴 생선살이나 돼지고기 가루, 천 년은 묵은 것 같은 절인 오리알, 피클, 샤오빙烧饼(깨를 뿌린 핫포켓 스타일의 빵)이나 요우티아오油条(길쭉한 튀긴 빵) 등을 곁들여, 작은 사발에 죽을 담아 아침으로 먹곤 했다.

또 다른 종류의 인기 있는 죽은, 닭 한 마리를 통째로 넣고 살이 흐물흐물해져 뼈에서 잘 분리될 때까지 푹푹 삶아서 파와 생강을 넉넉하게 넣고 끓인 닭죽이다. 아플 때는 아무런 간도 하지 않고 다른 재료도 넣지 않은 묽은 미음을 먹으면 양념이 강한 음식이나 기름진 음식을 먹지 못할 때도 든든하게 배를 채울 수 있다. 죽은 취향에 따라 오트밀처럼 되직하게 끓일 수도 있고 국처럼 묽게 끓일 수도 있다. 나는 되직한 죽을 흰색과 파란색의 중국

전통 도기 숟가락으로 크게 한 숟갈 푹 떠서 먹는 것을 좋아한다. 투명하게 퍼진 쌀이 보이는 채로 말이다.

2020년 3월 록다운으로 우리 식구(부모님과 나)가 집에서만 지내야 했을 때, 우리 집 밥솥은 이 힘든 시간 내내 변함 없는 친구가 되어주었다. 밥솥은 우리를 실망시키는 법이 없고, 밥솥 하나로 우리는 완벽한 시간과 온도로 한 끼 식사를 거뜬히 요리할 수 있다. 죽은 담백한 맛, 단맛, 글루텐 프리, 비건용으로 다양하게 변주가 가능하다. 물 대신 육수를 쓰면 풍미를 더할 수 있고 소금을 넣지 않아도 된다. 원래 죽은 먹을 것을 아껴 먹어야 하던 빈궁한 시기에 만들어진 음식이다. 식사로 든든하게 먹으려면 튀긴 만두나 삶은 달걀, 땅콩, 김치, 그 밖에 씹는 맛이 있거나 더 포만감 있는 음식을 곁들일 수 있다. 어린 시절에 대한 기억 가운데 김이 모락모락 나는 죽 한 사발은 내게 편안함, 치유, 영양분을 의미한다. 끝이 보이지 않는 불확실성으로 가득한 코로나19 팬데믹 시기에, 우리는 그 세 가지가 모두 필요하다.

죽은 남은 음식들을 넣고 작은 냄비에 끓여 간단히 만들 수도 있고, 큰 냄비에서 가스불로 조리하거나 밥솥으로 조리하면 하루 종일 먹을 양을 만들 수도 있다. 인스턴트팟 같은 슬로우 쿠커로도 만들 수 있는데, 사용법은 제조사의 사용설명서를 참고하시기 바란다.

미래에서 날아온 회고록

자택 격리 죽

재료

- 짧은 쌀(현미를 써도 되는데 두 시간쯤 불려야 한다) 1컵
- 닭 육수나 채수, 아니면 그냥 물 6컵
- 야채(생시금치나 냉동시금치, 익힌 케일, 청경채, 근대, 그 밖에 집에 있는 거 아무거나)
- 단백질 재료(조리한 두부, 소고기, 햄, 닭고기, 오리고기, 소시지, 간 고기, 베이컨, 생선 통조림, 말린 조갯살, 돼지고기 등) 잘게 썬 것 1컵
- 고명(잘게 썬 파, 생강, 깨, 김치, 땅콩, 삶은 달걀). 고추 조림, 양파, 버섯, 풋콩, 고구마, 표고버섯 등이 있다면 추가해도 좋다

조리법

밥솥 조리법

1. 밥솥에 쌀을 씻는다. 물을 따라 버리고 다시 씻기를 물이 맑아질 때까지 서너 번 반복한다.
2. 육수나 채수, 아니면 그냥 물을 붓고 한 시간 정도 불렸다가 밥솥을 켠다.
3. 취사 모드를 '죽'으로 선택하고 '시작' 버튼을 누른다. 죽으로 세팅할 수 없으면 그냥 '시작' 버튼을 누르고 45분 뒤에 어떻게 되었는지 살펴본다.
4. 시간이 다 되면 야채, 단백질 재료, 기타 재료를 넣는다.
5. 뚜껑을 덮고 보온 모드로 30~45분가량 둔다.
6. 고명을 얹거나 따로 담아낸다.

냄비 조리법

❶ 쌀을 씻는다. 물을 따라 버리고 다시 씻기를 물이 맑아질 때까지 서너 번 반복한다.

❷ 씻은 쌀을 뚜껑 있는 냄비에 옮겨 담고 육수나 채수, 아니면 그냥 물을 넣고 끓인다.

❸ 약불로 줄이고 뚜껑을 덮는다. 부드럽게 끓이면서 적어도 45분가량 둔다. 길게는 두 시간까지 두어도 된다. 30분마다 확인한다.

❹ 되직한 정도가 원하는 만큼 되면 야채, 단백질 재료, 그 밖에 넣을 것들을 넣는다.

❺ 고명을 얹거나 따로 담아낸다.

slow the fuck down

빌어먹을 속도 좀 늦춰!

이건 내 몸이고, 내가 원한다면 나도 살 수 있어야 해

2020년 3월 27일 팟캐스트 〈이런 친구들과 함께With Friends Like These〉 진행자 애나 마리 콕스Ana Marie Cox와 진행한 인터뷰. 아래 대화는 내용을 더 명료하게 전달하기 위해 요약과 편집을 거쳤다.

애나 마리 콕스: 앨리스, 어서오세요. 다시 찾아주셔서 고맙습니다.

앨리스 웡: 다시 불러주셔서 감사합니다.

애나 마리: 왜 다스베이더를 인터뷰하고 있는지 궁금하실 분들을 위해 말씀드리면, 앨리스는 상시적으로 호흡기를 착용해야 합니다. 맞지요?

앨리스: 맞아요!

[……]

애나 마리: 우리가 지금 다루고 있는 상황의 훨씬 더 개인적인 측면으로 초점을 돌려보고 싶은데요. 모두에게 분배하기에는 의료 장비 공급이 충분치 않다는 개념에 대해서 말이에요. 이미 이탈리아에서는 의사들이 누가 살고 누가 죽어야 할지 선택해야 하는 상황이라고 인정을 했죠. 앨리스, 호흡기를 상시적으로 사용하는 사람으로서 사람들이 호흡기 부족에 대해 말할 때마다 어떤 생각이 드셨나요?

앨리스: 네, 일단, 호흡기라는 단어가 이렇게 많이 언급되는 걸 처음 봤어요. (애나 마리 웃음)

앨리스: 그것도 전국 뉴스에서 말이죠. '이거 실화야? 호흡기에 대해 사람들이 이야기를 하고 있네?'라는 생각이 들었어요. 우선, 사람들은 자신이 무엇을 하고 있는지 잘 몰라요. 호흡기에는 여러 유형이 있는데, 저는 비침투적 호흡기라고 불리는 바이팹이라는 것을 사용합니다. 코에 나잘 마스크를 쓰고요. 이 장비는 제가 숨 쉬는 것을 도와줘요. 그리고 그건 제 신체의 일부이기도 합니다. 무슨 말이냐면, 바이팹 없이는 잠도 못 자고 숨도 못 쉬고 거의 아무것도 할 수가 없어요. 그러니까, 예전부터 저는 평범한 감기나 기관지염 같은 것으로도 죽을 수 있었어요. 감염과 싸워서 회복될 수 있는 가능성이 저에게는 늘 매우 낮았습니다. 그래서, 네, 그런 이야기들을 들으면 정말 상처가 됩니다. 저 자신이 느끼는 필멸성과 관련해서요. 그런 이야기들은 저에게 너무 충격적이고 트라우마적입니다. 저는 지금껏 내내 제가 취약하고 주변화된 사람이라고 느껴왔지만, 사람들이 요즘 너무나 아무렇지도 않게 다윈주의적 마인드에서 노인차별적이고 장애인차별적인 이야기를 하는 것을 보면……, 사람들이 웃으면서 코로나19 바이러스에 대해 이야기하거나 "걱정 마, 우리 대부분은 걸려도 금방 나아"라고 농담하거나 하는 것을 들으면…….

애나 마리: 네.

앨리스: 그들이 '우리 대부분'이라고 말할 때 그건 평균적인 비장애인을 말하는 것이겠죠. 그러니까 정말로 영향을 받는 사람들에 대해 이야기하지는 않는 거예요. 그리고 그들은 노인만이 아니라 모든 연령대에 우리 같은 사람이 다수 존재한다는 것을 잊습니다. 이렇게 큰 위기를 맞을 때면 우리 사회가 정말로 누구에게 가치를 부여하는지가 계속해서 드러납니다.

애나 마리: 네.

앨리스: 그리고 물론 명백히 자본주의적 체계 안에서 어떤 사람들은 다른

사람들보다 훨씬 더 가치 있다고 여겨지죠. 지금 우리는 그것을 여러 의료 시스템과 주 정부들이 누가 서비스와 치료와 호흡기를 받을 수 있는가를 결정하면서 내놓고 있는 가이드라인에서 보고 있어요. 이런 조치들은 무엇이 가치 있는가에 대한 우리 사회의 개념을 토대로 하잖아요. 여기에서도 저 같은 사람, 다른 이들의 도움과 이런 테크놀로지에 의존하는 사람은 동일한 혜택과 동일한 기회를 얻지 못하죠. 죽고 싶지 않은 건 우리도 다른 사람들과 다를 바 없는데도요.

애나 마리: 그러니까 그건 또 다른 무언가 같아요. 사람들이 질병 자체에 대해 너무 아무렇지 않게 말하는 것을 보는 것도 트라우마적일 것 같은데, 제가 생각하는 또 다른 건, 지금 제 말씀이 트라우마를 촉발하지 않기를 바라는데요. 사람들이 너무 아무렇지도 않게 누가 살아야 하고 누가 죽어야 하는지를 공개적으로 말한다는 거예요. 결정을 내려야만 한다면서 그 이야기를 계속 꺼내죠. 그리고 불행히도, 이번에도 비장애인들은 이런 결정이 많이 내려지고 있는 줄도 모르고 있어요. 의사가 어떤 사람에 대해 그의 '삶의 질'이 좋지 않을 거라고 판단하고 따라서 이 사람에게는 관심과 돌봄을 제공하지 않겠다고 결정하는 거죠. 소위 '삶의 질'이 더 나을 법한 사람에게 관심과 돌봄을 집중해야 한다면서요. 끔찍하고 무서운 일일 것 같아요. 저는 정말 무서울 것 같아요. 그리고 앨리스는 현실적으로 이런 일들에 직면하고 있으니 더 무서우실 거라고 생각해요. 제 마음대로 그렇게 가정하면 안 되겠지만요.

앨리스: 괜찮아요. 이건 정말로 제가 태어나면서부터 겪은 일이에요. 다수의 사람들은 절대 겪지 않을 일이죠. 장애인이 특히 첨예하게 겪겠지만, 유색인이나 여성도 마찬가지예요. 저희에게는 의료 시스템이 잘 작동하지 않았어요. 차별과 편견이 죽음을 가져온 역사적인 사례도 아주 많죠.

애나 마리: 네.

앨리스: 지금 또 한차례 그런 일이 막대하게 확대되고 있어요. 최근에 새뮤얼 바겐스토스Samuel Bagenstos가 쓴 논문 이야기를 하고 싶은데요. 그는 미시건대 법학전문대학원 교수예요. 장애를 기준으로 하는 의료 배분의 윤리와 법에 대해 글을 썼는데, 희소성이라는 것 자체가 사회적 의사결정의 결과라고 주장해요. 맞잖아요.

애나 마리: 네.

앨리스: 위기를 대비해 호흡기를 많이 만들어서 비축해두지 않기로 한 결정, 이런 것들 모두가 정치적인 의사결정이에요. 제도와 사람들이 만든 것이죠. 기저질환 유무를 어떤 사람에게 호흡기 사용을 거부할 수 있는 기준으로 삼겠다는 결정도 그렇고요. 이 중 어느 것도 중립적이거나 추상적이지 않아요. 모든 것이 정치적이고, 누가 결정을 내리고 누가 정치적 과정에서 배제되는가를 아주 많이 반영하죠.

애나 마리: 이 희소성 이슈에 대해 사람들이 어떻게 생각하기를 바라시나요? 불행히도, 많은 것이 너무 늦은 것 같지만요. 가령, 호흡기 재고를 충분히 확보하기에는 말이에요. 더 많은 호흡기를 생산하는 게 너무 늦은 것이 아니길 바랍니다. 물론 자본주의가 아마 여기에도 훼방을 놓겠지만요. 자, 그래서 우리는 희소성에 직면할 것 같아 보입니다. 희소성⋯⋯, 아, 다시 말할게요. 백인 비장애인에게도 영향을 미치는 희소성에 직면할 것 같아 보입니다(웃음).

앨리스: (빈정거리는 말투로) 네네, 아유, 저 백인 비장애인분이 저는 너무 걱정되네요.

애나 마리: 그러니까요.

앨리스: (더 빈정거리는 말투로) 여러분, 제가 너—무 걱정이에요. 우리, 희망과 기도를 잊지 말아요.

(애나 마리 웃음)

앨리스: (한층 더 빈정거리는 말투로) 희망과 기도! 모든 백인 비장애인 여

러분을 위해 희망과 기도를 잊지 맙시다! 시스젠더 백인 중산층 여러분, 힘내세요, 힘내세요!

애나 마리: (웃음) 앨리스가 하려는 말은, 주변화된 사람들은 지금껏 늘 희소성에 직면해왔다는 거겠죠. 트리아지라든가 누가 무엇을 받을 것인가, 한정된 공급량을 어떻게 분배할 것인가 등등 지금 일어나고 있는 일은, 지금껏 희소성을 생각해볼 필요가 없었던 사람들이 희소성을 생각하게 되었다는 거고요. 앨리스, 여기에 대해 어떤 이야기를 해주실 수 있을까요? 어떤 관점을 제공해주실 수 있을까요? 앨리스가 보기에 '더 일찍 생각했어야 했는데' 수준을 넘어 사람들이 어떤 것을 생각해야 한다고 보세요? 더 일찍 생각했어야 하는 건 맞지만요.

앨리스: 제 생각에는……. 음, 저도 해법을 가지고 있지는 않아요. 하지만 의사결정자들이 우리의 집합적인 가치를 어떻게 반영할지, 국민으로서 우리에 대해 무엇을 말하는지에 대해 정말로 사려 깊게 정책과 가이드라인을 발전시킬 기회가 지금이라는 건 알아요. 너무 감상적으로 들릴지도 모르지만, 저는 우리가 표방하는 가치들을 실천할 방법이 반드시 있다고 믿어요. 어려울 거라는 건 압니다. 필요한 케어를 받지 못하는 사람들이 있고 앞으로도 있으리라는 걸 모르는 건 아니에요. 노골적인 배제와 차별을 겪을 사람들이 있으리라는 것도요. 하지만 그와 동시에 저는 우리 모두가 일어서서 다른 방법이 있을 거라고, 우리의 상상력, 창의력, 정치적 의지를 사용해야 한다고, 우리가 가진 모든 것을 활용해야 한다고 말할 기회가 있다고 생각해요.

그리고요, 저는 이 시점에, 특히 (트럼프) 행정부 시기에요, 정부가 쓸 수 있는 재량이 있는 것들을 정말로 다 쓰고 있지는 않았던 것 같아요. 예를 들어, 국방물자생산법Defense Production Act 같은 게 있잖아요.

애나 마리: 네, 그래요.

앨리스: 제 말은, 그런 거 쓰자고요. 쓰잔 말이에요. 저는 왜 사람보다 경제

에 그렇게 많이 강조점이 놓이는지 모르겠어요. 왜 우리가 다우존스 Dow Jones 지수에 대해 그렇게 신경을 써야 하는지 정말 모르겠어요. 사람들이 죽으면 그런 것들이 다 무슨 소용이에요?

애나 마리: 그리고 불행히도, 민간 기관이나 기업이 사람들이 필요로 하는 것을 제공해주리라는 선의에 기대려는 듯한 이야기들도 있어요. 정부가 이렇게 말하는 격이죠. '사람들이 자원봉사나 기부를 할 거예요.' 네, 물론 자원봉사를 하고 다른 이들을 위해 희생하는 사람들은 늘 있지만, 그것에 의존한다는 건 정부가 책임을 방기하는 것이라고 생각합니다.

앨리스: 정말 그래요. 사람들에게 자원봉사와 기부를 요구하고, 민간 영역과 자선단체더러 도움을 주라고 요구하는 건 지속 가능하지 않잖아요, 그렇죠? 우리가 거기에만 의존할 수는 없어요. 연방 정부는 특정한 권한을 가지고 있고 그 권한이 주 정부와 지방 정부 수준으로 확대되고 공유되어야 합니다. 그런데 주 정부, 지방 정부, 시 정부들은 지금 이런 상황인 것 같아요. "우리는 연방 정부를 기다리고만 있지는 않을 겁니다. 우리는 연방 정부를 기다리고 있지 않아요." 연방 정부를 기다릴 겨를이 없고, 일단 일이 되게 하느라 알아서들 해나가고 있는 거죠. 그리고 많은 장애인들이 알아서 서로를 돕고 있어요. 지금 아주 많은 자발적인 집합적 돌봄이 이뤄지고 있어요. 마음이 따뜻해지죠. 아름다운 일이에요. 하지만 이렇게 말해서 정말 슬프지만, 이건 우리가 국가를 신뢰하거나 국가에 의존할 수 없다는 말이기도 하죠.

애나 마리: 앨리스, 이미 앨리스에게는 개인적인 것인데요. 이 일이 앨리스 개인에게 미친 영향 이야기도 앞에서 했고요. 하지만 좀 더 깊이 들어가보고 싶어요. 왜냐하면, 재미있는 게 뭐냐면요, 우주인이 고립된 생활에 대해 말하는 인터뷰를 봤어요. 잠수함에 승선한 사람들이 갇힌 공간에서 생활하는 것을 말하는 기사도 봤고요. 그런데 이상하게도요, 앨리스, '우리가 지금 헤쳐가야만 하는 상황을 이미 헤쳐오고 있었던 집

단 전체가 존재하니 그들에게 우리를 좀 이끌어달라고 하자'는 생각을 왜 아무도 안 할까요? 그렇게 해야 하지 않나요, 여러분?(웃음)

앨리스: 그러니까요! 왜 우리가 매일 뉴스에 나오지 않는 걸까요? 왜 이 일에 대해 우리는 견해를 제시할 전문가로 소환되지 않는 걸까요? 무슨 말인지 아시죠? 많은 사람들이 이제서야 "오, 동영상으로 콘퍼런스를 할 수 있다는 걸 몰랐어"라고 말하는 걸 보면 저는 정말 놀라게 돼요.

(애나 마리 웃음)

앨리스: "오, 온라인으로 수업을 할 수 있는지 몰랐어" 이러거나요. 모든 놀라운 공연들이 무료 라이브 스트리밍으로 제공된다는 것도요. 장애인들은 수십 년 동안 이런 것들이 필요하다고 주장하고 싸우고 사정해왔는데, 정말 이상하죠. 저는 이것이 우리 사회의 비장애중심주의에 대해 무언가를 말해준다고 생각해요. 장애인, 만성질환자, 면역계 손상자가 무엇을 하고 있는지를 보려 하지 않는 거예요. 우리 사회는 사람들이 서로 다른 방식으로 살아간다는 것을 알고 싶어 하지 않고, 접근성에 대한 요구가 부담만 지우는 게 아니라는 것을 생각하지 않으려 해요. 하지만 이건 모든 이의 경험을 풍성하게 해주는 것이거든요. 이 팬데믹에서 볼 수 있는 작은 희망이 있다면, 사람들이 사회적 모임을 가질 수 있는 또 다른 방법들이 있다는 것, 조직화를 시도할 또 다른 방법들이 있다는 것, 집에서, 소파에서, 침대에서 놀라운 일을 하고 있는 사람들이 이렇게나 많다는 것을 깨닫기 시작했다는 거라고 말할 수 있을 것 같아요. 오랫동안 이렇게 해온 사람들이 있었는데 전적으로 인식되지 않고 가치절하되고 있었다는 사실을 사람들이 깨닫는 계기가 되었기를 바랍니다. 우리 장애인들은 정말 많은 전문지식을 가지고 있거든요.

애나 마리: 앨리스와 이야기하는 건 늘 즐거워요. 굉장히 많은 생각할 거리를 주신 것 같아요. 늘 저를 깨우쳐주시고요. 또 많이 웃기도 했네요. 저도 앨리스가 바라는 것을 바랍니다. 팬데믹이 사람들이 다른 사람과,

또 세상과 관계 맺는 방식을 다시 생각해보는 계기가 되었기를요. 그럼 건강하시고요, 앨리스.

앨리스: 고마워요, 애나 마리. 우리 모두에게 포스가 함께하길 바랍니다.

애나 마리: (웃음) 고마워요.

고위험자 앨리스 윙의 타임라인
:신탁 예언의 원형

장소: 지구 북미 캘리포니아

시대: 대★정전 이전 시대

어린이 청소년 여러분, 신탁 아카이브에 오신 것을 환영합니다. 저는 마스터 미야오입니다. 2000년째 이곳의 큐레이터 겸 사서로 일하고 있습니다. 다른 은하에서 오신 여러분들 단위로는, 5.6 부프 동안 여기에서 일하고 있습니다. 여러분은 모두 사이버-유기체 발달에서 제5형태의 모습으로 여기 계시고요. 대정전 이전 시대의 지구 역사 중 어두운 한 장을 보여주는 이번 전시회를 보시기에 알맞은 모습 같습니다. 대정전 이전 시대로부터 대해방 시대가 촉진되었어요. 고대사는 우리에게 우리의 강점뿐 아니라 결함에 대해서도 많은 것을 가르쳐줍니다. 지금은 상상하기 어

미래에서 날아온 회고록

렵지만, 여러 종의 박테리아파지가 만연하던 시기가 있었습니다. 그들은 그런 상황을 팬데믹이라고 불렀지요. 희소성 게임이라는 공포스러운 이야기를 들어보신 분도 계실 거예요. 오늘 전시는 그중 한 가지 사례입니다. 저희 신탁 아카이브는 신탁 예언자의 전신이신 앨리스 웡님께서 제2021지구년에 47번째 해를 사셨던 시기의 기록을 수집할 수 있었어요. 그 시기를 살아간다는 것이 어떤 것이었는지 알 수 있도록, 저희는 가장 최신의 방법론을 사용해 앨리스 웡님의 이야기를 트위터 글, 기사, 이메일, 문자메시지, 이미지, 음성 등의 유물에 남아 있는 정보들을 찾아 맞춰볼 수 있었습니다. 이 용어들이 익숙치 않으신 분들은 '21세기 의사소통 편람'을 참고하세요. 전시는 조심스럽게 관람해주시기 바랍니다. 관람을 마치고 다시 모여서 오늘날 우리가 사는 방식과 조상들이 어떻게 연결되는지에 대해 토론하도록 할게요. 나가시다가 기념품점에 들르시는 것도 잊지 마시고요.

2021년 1월 20일

"65세 이상 캘리포니아 주민 백신 접종, 6월까지 계속. 나머지 사람들에 대한 접종 일정은 그다음으로 미뤄질 듯."
—《LA 타임스》

Text Message
Yesterday 5:13 AM

2021년 1월 23일

샌프란시스코
백신 알림 시스템에서
온 메시지

앨리스 웡 거주자님, 1C단계[3순위] 대상자의 코로나19 백신 접종이 가능할 때 알려드리겠습니다. 공급량에 제한이 있어 몇 개월가량 걸릴 수 있습니다. 메시지 수신을 원치 않으시면 답신으로 '수신 거부'를 보내주세요.

"캘리포니아주, 다음 번 접종은 직업군이 아닌 연령군에 따라 백신 우선 접종 순위를 정하기로"

―《LA 타임스》

2021년 1월 29일

캘리포니아 장애인 권리 Disability Rights California **등 장애인 권리 단체들이 조직한 온라인 기자회견을 위해 준비한 발언**

안녕하세요? 저는 앨리스 윙이라고 합니다. 샌프란시스코 제9지구에 사는 장애인 활동가입니다. 지난해 3월 이래로 독감 예방접종 때 딱 한 번을 제외하고는 집 밖으로 나가보지 못했습니다. 코로나19에 감염되면 저는 사망하게 될 것입니다. 이러한 상황에 있는 사람은 저뿐만이 아닙니다. 65세 이하의 장애인, 만성질환자, 면역계 손상자 등 1C단계[3순위] 집단이었던 우리들은 다음 차례의 백신 접종에서 우선순위에 있게 될 줄 알았습니다. 그런데 이번 주에 나온 주지사의 발표로 모든 것이 달라졌습니다. 1C단계를 없애고 연령군을 기반으로 한 우선순위 대상자의 규모를 키운다는 것입니다. 하지만 연령은 위험을 결정하는 유일한 인자가 아닙니다. 개빈 뉴섬 주 정부의 이와 같은 결정은 폭력 행위이며 팬데믹으로 다른 이들보다 더 크게 영향을 받고 있는 집단을 제거하려는 행위입니다. 이것은 인종주의적이고 계급차별적이며 장애인차별적입니다. 또한 필수노동자, 이주민, 노숙인, 미등록 이주자, 고위험 유색인종 장애인들도 있습니다. 저는 저 자신을 비롯해 이런 사람들을 생각하며 공포에 빠져 있습니다. 동시에, 저는 여타의 고위험 집단과 비교해 제가 백신을 더 먼저 접종받을 자격이 있다고 주장해야만 하는 상황, 저의 인간으로서의 권리가 그들보다 더 우선순위가 있다고 주장해야만 하는 상황을 거부합니다. 고위험은 고위험입니다. 1C단계 사람들의 이야기를 더 보시려면 트위터에서 해시태그 '#고위험군CA_{HighRiskCA}'를 검색해주세요. 또한 저를 찾으시려면 @SFdirewolf를 찾으시면 됩니다. 감사합니다.

2021년 2월 4일

백신 대기 앱에서 온 알림 메시지

> ██████ 인근 지역의 추가 접종 가능 현황 업데이트를 구독해주셔서 감사합니다. 추가적인 소식을 문자메시지로 알려드리겠습니다. 구독을 해지하시려면 답신으로 '수신 거부'를 보내주세요.

2021년 2월 7일

백신 대기 앱에서 온 알림 메시지

> 안녕하세요? 저는 닥터 B입니다! 당신은 8285번째로 접수하셨습니다. 저희는 지역 당국의 기준에 따라 우선순위를 정하고 있으며, 순서대로 연락을 드립니다. 백신 접종이 가능해지면 문자메시지로 알려드리겠습니다. 더 궁금하신 점은 다음을 참고해주세요. hidrb.com/faq

2021년 2월 11일

장애 가시화 프로젝트에서

2021년 1월 25일, 개빈 뉴섬 주지사는 1C단계 집단을 코로나19 백신 우선순위에서 제외하겠다고 발표했습니다. 캘리포니아주의 연령군 기반 접근을 우선시한다는 이유로 말입니다. 저는 #고위험군CA 해시태그 운동을 시작했습니다. 주지사가 이번에 발표한 변화로 인해 큰 피해를 보게 될 65세 이하 고위험군 사람들의 이야기를 알리고 그들이 말할 수 있는 공간을 만들기 위해서입니다. 이것은 단지 하나의 이례적인 사건이 아닙니다. 미국 전역의 주 정부들이 고위험군에 대해 각기 백신 접종 계획과 우선순위 정책을 내놓고 있습니다.

여기에 여러분의 친구, 가족, 또는 여러분이 정한 선출직 공직자 등에게 공유하실 수 있는 몇몇 발렌타인 카드들이 있습니다. 장애인, 만성질환자, 비만인, 면역계 손상자, 또한 필수노동자, 미등록 이주자, 노숙인, 수감자를 포함해 모든 고위험군 사람들이 우선순위를 박탈당하지 않도록, 목소리를 내고 행동해달라고 주위 사람들에게 촉구해주세요. 고위험은 고위험입니다. 우리는 처분해도 되는 존재가 아닙니다.

2021년 2월 12일

"캘리포니아주, 암, 비만, 기타 질병을 가진 사람들에게 코로나19 백신 접종 오픈"

—《LA 타임스》

2021년 2월 15일

내가 담당 의사에게 보낸 메시지

○○○ 선생님, 안녕하세요?

2월 12일 보건부가 65세 이하 고위험군 장애인을 다시 우선순위에 넣는

백 신 형 평 성

저의 발렌타인이 되어주시겠어요?

#고위험군CA #고위험코로나19 #처분해도되는사람은없습니다

저의 것이 되어주세요,
코로나19 백신님!

당신은 문자 그대로
저에게 생명을 줍니다.

#고위험군CA #고위험코로나19 #처분해도되는사람은없습니다

사 랑 해 요 , 백 신 형 평 성

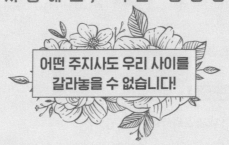

어떤 주지사도 우리 사이를
갈라놓을 수 없습니다!

#고위험군CA #고위험코로나19 #처분해도되는사람은없습니다

다는 발표를 했던데요. ○○ 백신 클리닉에 연락하셔서 저 같은 사람은 3월 15일에 시작되는 접종을 예약하려면 어떤 절차를 밟아야 하는지 알아봐주실 수 있으실지요? (공지에 따르면 그날부터인 것 같은데, 맞지요?). 답을 들으시는 데 시간이 걸릴 거라고 생각하지만, 제가 좀 더 잘 준비할 수 있게 선생님께서 도와주실 수 있을지 알고 싶어서 메일 드립니다. 감사합니다!

2021년 2월 16일

담당 의사가 내게 보내온 답신

안녕하세요 앨리스,

저는 이 일에 꽤 깊이 관여하고 있고 드디어 의료상 위험 요인이 있는 65세 이하 환자의 백신 접종이 가까워지고 있어요. 이 일을 하면서 내내 앨리스를 생각했어요. 연방, 주, 지방 정부 등 모든 시스템이 기본적으로 연령군에 따라 우선순위를 정하게 되어 있어서 진행이 어려웠는데요. 곧 있을 변화에 대해 저는 (그리고 많은 의사와 환자분들도요) 매우 기쁘게 생각합니다.

예약 시스템이 오픈되면 (환자 포털) ○○○에서, 혹은 ○○에 전화를 하셔서 시스템에 접속할 수 있으실 거예요. 아직은 오픈되지 않았어요. 제가 지켜보고 있다가 오픈되면 메시지 드릴게요. 이 시스템을 운영하는 일원으로서 저희 또한 조건이 되시는 분들께 최대한 알릴 방법을 찾아야 하니까요. 고마워요, 앨리스. 그럼, 건강 잘 챙기시고요.

닥터 ○○○ 드림

2021년 2월 22일

많은 사람들이 내게 포워딩해준 이메일

이스트베이 커뮤니티 파트너님, 안녕하세요?

캘리포니아주 오클랜드 콜리세움로 7000번지 94621, 대규모 백신접종 센터에 대해 몇 가지 업데이트 사항을 알려드립니다. 아시겠지만, 이곳은 하루에 6000건의 백신을 접종할 수 있습니다. 대규모 백신접종센터는 매일 오전 9시에서 오후 5시까지 열려 있습니다. 스태프들이 교통 관리, 질문, 통역 등을 도와드릴 것입니다. 대규모 백신접종센터의 운영 목적은 안전하고 생명을 살리는 백신을 코로나19로 크게 영향받은 집단에 속하는 캘리포니아주 거주자분들께 형평성 있게 제공하는 데 있습니다.

주 당국은 매일 일정 비중의 예약 물량을 접종 장소 반경 50마일 이내에 있는 사회적 약자와 발달장애 및 기타 장애를 가진 분들을 위해 확보해둡니다. 이 예약은 특별한 접근 코드가 있어야 가능하며, 코드는 수요에 따라 주기적으로 달라질 것입니다. 코드는 ○○○님 등 장애인 활동가와 그 밖의 형평성 옹호 활동가들에게 공유될 것입니다.

대상 자격이 되는 집단의 일원이신 분들이 이 센터에서 최선의 서비스를 받으실 수 있도록, 저희 주 정부는 백신 물량을 더 잘 확보하고 대상자분들이 예약 등록을 더 수월히 하실 수 있게 돕기 위해 지역사회 단체들과 널리 협력하는 일에서 ○○○님께서 핵심 파트너가 되어주시기를 바랍니다.

대상이 되시는 분들은 오클랜드 콜리세움에서 예약 시스템을 오픈하면 주 정부의 '나의 차례' 웹사이트에 들어가시거나 무료 전화 '1-833-422-4255'를 통해 예약하실 수 있습니다. 대상 자격이 되시는지 확인하기 위해 '접근 코드(선택)'를 물어볼 텐데, 거기에 다음의 코드를 입력하세요. **2021년 2월 22일부터 2021년 2월 25일까지 오클랜드 콜리세움 센터의 예약 코드는 다음과 같습니다.** ○○○○○○

(대상 집단은 1A[1순위]와 1B[2순위]입니다. 의료계 종사자, 유급 돌봄 제공자, 가족 돌봄 제공자, 장기돌봄시설 및 전문 요양원 거주자, 65세 이상 노인, 교육 분야와 아동 돌봄 분야 종사자, 긴급 서비스 종사자, 식품 및 농업 분야 종사자가 여기에 해당됩니다. 이 범주에 속하는 분은 위의 접근

코드를 사용할 수 있습니다. 발달장애 및 기타 고위험 장애를 가지신 분, 기저질환이 있으신 분은 3월 15일에 접종하실 수 있습니다).

우리 지역사회에서 해당되는 모든 분들이 이 코드를 사용해 백신에 접근할 수 있도록 도와주셔서 깊이 감사드립니다. 정책을 마련하는 데 결정적인 옹호 활동을 헌신적으로 해주신 데 대해서도, 또한 많은 분들이 백신을 맞을 수 있도록 노고를 기울여주시는 데 대해서도 깊이 감사드립니다.

2021년 2월 23일

Tue, Feb 23, 12:14 PM

██████ 에서 온 코드로 백신 예약하셨어요?

Tue, Feb 23, 4:01 PM

네, 하지만 비어 있는 날짜 (목요일)가 부모님 두 분 다 2차 접종을 받으셔야 하는 날이에요. 다음 주에 새 코드로 시도해봐야 할 것 같아요. ██████ 혹시 업데이트된 코드를 아시게 되면 문자로 보내주실 수 있으실까요? 만약의 경우를 대비해서요.

제가 아는 네 명의 고위험자 장애인 친구가 이 코드로 예약을 했어요!

네

현장에서는 굉장히 일관성이 없어요.

미래에서 날아온 회고록

2021년 2월 24일

같은 날 다른 사람에게 받은 두 개의 메시지

Web 1:04 AM

일어났어요?
이번 주말에 같은 코드로
신규 예약이 가능하대요!

 동영상 전화 놓침
1:06 AM

메시지를 방금 봤어요.

지금 나는 최상위 포식자처럼 달려들고 있어요.

아오오오올!!!!!!

2/24/21, 1:14 AM

백신 접종 신청했어요?
그 코드로 정말 돼요!

아! 진짜요?

당신의 예약이 확인되었습니다!

안녕하세요, 앨리스? 코로나19 백신 접종이
성공적으로 예약되었습니다.

예약[번호]

3qsgbaw1x

환자

앨리스 웡

백신 접종 장소

앨라배마 카운티 – CalOES 드라이브 스루 C
캘리포니아주 오클랜드 콜리세움로 7000, 94621

접종 일시

· 2021년 2월 28일 오후 5시
· 2021년 3월 21일 오후 5시

Text Message
Today 8:15 AM

오클랜드 콜리세움 접종소에 접수된 귀하의 백신 접종 예약이 취소되었습니다. 귀하는 65세 이상이 아니고 의료계 종사자, 긴급 서비스 종사자, 교육 분야 및 아동 돌봄 분야 종사자, 식품 및 농업 분야 종사자 등 우선순위 집단이 아닌 것으로 확인되었습니다. 현재로서 백신은 위의 범주에 속하는 분들께만 접종됩니다.

두 개의 대화

의료 형평성 코드는 IDD[지적장애 및 발달장애]나 기타 장애를 가진 사람, 그리고 BIPOC[흑인, 원주민, 유색인] 사람들을 위한 것이지만, 일단 기존의 우선순위 집단에 속해 있어야 한다는 것이 취지입니다.

3월 15일 백신 물량이 걱정됩니다. 다음 주에 업데이트 소식을 들을 수 있으리라 생각합니다.

사람들이 저더러 그 코드를 쓰라고 해서 좀 헷갈리네요.

3순위분들의 백신 접종을 어떻게 원활하게 할 수 있을지에 대해서요. 예약이 취소되셨다는 점은 유감입니다. 오늘 오전부터 소식은 계속 듣고 있어요.

제가 아는 저와 같은 상황인 사람 중에 이번 주 초에 접종을 받은 분들이 있어요

그 이후에 우선순위 확인 절차가 더 까다로워졌나봐요.

앨리스, 혹시 연령 칸에 65세 이상이라고 가짜로 적으실 의향이 있으세요? 새 코드가 나왔고 오늘 예약이 가능하거든요. 맞으러 왔을 때 입력했던 내용이 맞는지 확인하지 않는대요.

Today 8:12 PM

글쎄요. 이번에도 우루루 취소될까요?

[연령을 속이는 게] 잘하는 짓 같지는 않은데, 갈등되네요.

일단 가장 최근 코드를 보내주시면 생각해볼게요.

한 친구는 교육 분야 종사자라고 가짜로 체크하라고 하는데, 그것도 잘하는 짓은 아닌 것 같아요.

⬤ 이건 잘못된 거예요. 이미 '나의 차례' 웹사이트에 제 정보를 입력했으니 불일치되는 정보를 그 사람들이 쉽게 잡아낼 수 있을 거예요.

솔직히 말씀드리면, 그렇게 하셔도 될 것 같아요.

지금은 모든 것이 옳지 않게 굴러가고 있어요.

그리고 앨리스가 백신에 접근하게 되는 건 옳은 일이죠.

음…… 아뇨.

'나의 차례'에 이미 제 정보가 있어요.

아휴, 그건 신경 쓰지 마세요.

다들 자신들은 절대 하지 않을 일을 저에게는 하라고 제안하시네요?

'죄책감 따위는 개나 주세요' 이런 제안 말이에요.

아…… 네…… 무슨 말씀이신지 알겠어요.

이건 장애정의가 아니에요.

네, 아니죠, 아니에요.

제가 필요로 하는 도움도 아니고요.

장애 가시화 프로젝트 블로그에 게시된 '백신 형평성 밈'들

최근에 나는 65세 이하 고위험군으로서 백신 접종 예약을 하려고 애를 쓰면서 감정 기복을 많이 겪었다. 캘리포니아주에는 나와 같은 상황에 직면한 사람들이 많이 있다. 시간은 우리 편이 아니다. 패배감과 좌절감이 들 때는 낄낄댈 수 있는 무언가를 만들면 도움이 된다. 이 밈들을, 그리고 다른 자료들도, 마음껏 사용하기 바란다.

미래에서 날아온 회고록

캘리포니아주 장애인 커뮤니티의 리더인 한 친구가 내게 캘리포니아주 백신 예약 시스템의 새 코드를 보내주었다. 이번에는 코드가 개인화되어 있었고 한 번만 사용할 수 있었다. 그리고 장애인을 위한 것이었다. 나는 지옥에서 온 박쥐처럼 덥석 달려들어 예약을 했다.

`2021년 3월 13일 미국 서부 시간 오후 4:45`

샌프란시스코 모스콘 컨벤션 센터

신탁 예언의 원형 앨리스 웡 타임라인 전시회를 방문해주셔서 감사합니다. 저희 신탁 아카이브에서 21세기를 주제로 진행할 다음의 전시들에도 많은 관심 부탁드립니다.

의료를 크라우드펀딩하는 야만성

누가 호흡을 획득하는가: 산소 호흡기

글로벌 이주, 피난, 기아: 신자유주의 국민국가의 실패

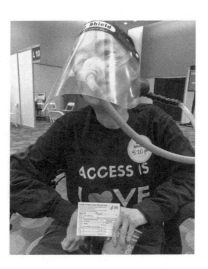

코로나19 백신 1차 접종을 받고 이상 반응 관찰을 위한 15분이 지난 뒤 안심해서 웃고 있다. "접근성은 사랑입니다"라고 적힌 티셔츠를 입고 있다.

간호사(왼쪽)가 내 왼쪽 어깨 상부 근육에 코로나19 백신을 놓고 있다. 얼마나 영광스러운 날인가. 얼마나 빌어먹을 긴 여정이었는가. 나는 캘리포니아주에서 백신이 형평성 있게, 또 최대한 접근성 있게 분배되도록 하기 위해 노력한 수많은 장애운동 지도자들과 활동가들에게 큰 빚을 졌다. 이날 백신을 접종한 기념으로 부모님과 저녁에 초밥을 먹었다.

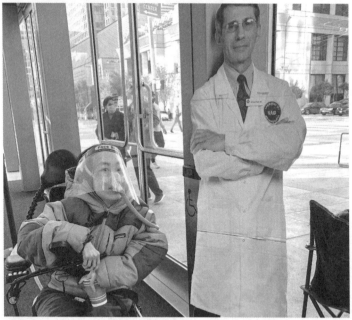

모스콘 센터에서 나오면서 앤서니 파우치Anthony Fauci 박사[당시 미국 국립 알레르기 및 전염병 연구소 소장으로 미국의 코로나19 대응을 이끌었다]의 카드보드 입상 옆에서 사진을 찍었다.

미래에서 날아온 회고록

복숭아 예찬

샌프란시스코에 록다운 명령이 떨어진 2020년 3월 17일 이후에 나는 다른 사람들이 느끼는 것만큼 세상에서 단절되었다고 느끼지는 않았다. 그전부터도 집에서 일하고 있었고 사회적 활동은 주로 온라인으로 하고 있었기 때문이다. 그리운 것들이 있긴 했다. 동네 커피숍인 사이트글라스 카페에 가는 것, 집에서 걸어서 갈 수 있는 거리에 편리하게 위치한 슈퍼마켓 세이프웨이와 은행에 볼일을 보러 가는 것 등등.

이제 여러 이유로 맑은 날 공기 좋은 옥외에 있으면 안전하지 않다. 록다운 실시 이후에 밖에 나가본 것은 10월에 드라이브스루 독감 예방접종소에 간 것이 유일하다. 즐거운 일과 맛있는 것에 대한 욕구와 약탈적인 희소성 및 두려움이 결합해, 나는 내 범위 안에 있는 작은 것들을 하나하나 더 음미하게 되었고 내가 잃어버린 것들에 대해 꿈꾸게 되었다.

나는 네 가지 주요 식품 범주인 지방, 당분, 카페인, 탄수화물에 집중하기 위해 과일과 야채는 많이 먹지 않는다. 하지만 제철 농산물은 예외다. 제철 농산물은 캘리포니아주에 사는 것이 주는 황홀한 선물 중 하나다. 그해 봄 스테이시 파크 밀번이 세상을 떠나고 나서 친구 에밀리 너스바움Emily Nusbaum이 내가 잘 있나 안부를 물으러 연락을 해왔다. 에밀리는 자신이 직접 만든 복숭아파이를 먹겠냐고 했다. 그리고 일주일 뒤인 6월의 어느 날, 에밀리가 우리 집에 들러 황금빛 갈색의 파이를 주고 갔다. 지난해 시즌 때 따서 얼려둔 복숭아로 만들었다고 했다. 엄마가 건물 입구에서 에밀리를 만나는 동안 나는 안에 있었다. 파이 소는 마멀레이드 같은 질감이었다. 끈적이고 따뜻하고 시나몬 향이 났다. 슬픔의 시기에 사랑으로 만들어진, 너무나도 달콤함 돌봄의 행동이었다. 이 친절한 행동이 내게는 너무 소중했고, 사랑하는 친구이자 활동가인 스테이시를 함께 애도한 많은 사람들이 그랬듯이 이 복숭아파이도 내게 위로가 되었다.

에밀리는 피치풀 이지 필링Peachful Easy Feeling[〈피스풀 이지 필링 Peaceful Easy Feeling〉이라는 노래를 패러디한 이름]의 리더다. 피치풀 이지 필링은 델 레이에 있는 마스모토 가족 목장에서 복숭아 나무 한 그루를 입양했다. 이 농장은 샌프란시스코에서 세 시간가량 떨어진 곳에 있는데, 원래 그곳은 요쿠츠족 원주민이 살던 땅이다. 피치풀 이지 필링은 매년 여름 그곳에 가서 나무 한 그루가 생산한 만큼의 복숭아를 수확한다. 한 그루에서 엘버타 품종 유기농 복숭아 약 400파운드 정도가 나온다. 농장 웹사이트는 이렇게 설명하고 있다. "엘버타는 옛날 복숭아 중 하나입니다. 크림과 버터처럼 진하고 부드러운 복숭아입니다. 과육은 밝은 노란색이고 잘 익으면 껍질이 황금색이 됩니다." 그리고 이 복숭아가 "뒷마당에 있던 나무에 대한 추억이나 오래전에 먹었던 복숭아 맛의 기억을 되살려줄 것"이라고 덧붙이고 있다. 에밀리는 피치풀 이지 필링 멤버로 들어오라고 나를 초대했고, 8월에 복숭아를 따서 우리 집으로 보내주겠다고 했다.

싱싱한 엘버타 복숭아를 먹는 것은 실로 마법 같고 영적인 경험이다. 단단하면서도 물기 많은 과육은 달고, 너무 푹 익지도 떫지도 않으며, 껍질에 섬유질이 너무 많지 않아서 나도 쉽게 먹을 수 있다. 상큼하고 물기 많고 감미롭고 달콤하다. 한 입 베어 물면, 나는 이 과일을 탄생시킨 생명과 죽음의 무한한 사이클에 연결되고, 이 복숭아를 따고 포장한 손들과 이것을 키운 가족 그리고 농장 노동자들과도 연결된다. 나는 우주선 마스모토호를 타고 우주를 여행한다. 목적지는 맛 행성. 팬데믹은 나의 불안정한 세계를 수축시켰다 부풀렸다 하며 뒤흔들었지만, 그 복숭아의 맛은 나를 기쁨의 웜홀로 데리고 갔다. 가슴이 느긋해지고 마음에 평화가 왔다.

에밀리는 사회적 거리두기 시대의 내 실내 세계에 여름 최고의 것을 가져다주었다. 우리의 우정은 장애인 커뮤니티에서 볼 수 있는 상호의존과 상호부조의 수많은 사례 중 하나다. 팬데믹이 아니었더라도 나에게 피치풀 이지 필링 멤버들과 함께 종일 농장을 돌아다니며 복숭아를 수확할 신체 역량과 힘은 없었을 것이다. 부모님과 함께 게걸스럽게 복숭아를 먹는 동안, 내가 어차피 동참하지 못했으리라는 사실과 몇 개월을 집에만 있었다는 사실의 무게가 묵직하게 나를 짓눌렀다. 부모님은 과일에 대한 기준이 무척 높으신데, 그때 이래로 우리 식구는 다시 만날 날을 손꼽아 기다리는 옛 친구에 대해 이야기하듯 그 복숭아 이야기를 한다.

엘버타 복숭아에 대해 내가 너무 오버해서 이야기하고 있는 것인가? 골룸처럼 "마이 프레셔스"라고 외치며 군침을 흘리고 탐닉했던 황금빛 타원형 과일에 대한 기억이 록다운으로 집에만 있는 상태에서 왜곡된 것일까? 뭐 그렇다고 한들, 내가 기쁘고 영양분이 충족된다고 느낀다는데 그게 뭐 그리 중요한가?

피치풀 이지 필링은 에밀리와 에밀리의 친구 캐시 웨이지 Kathy Wage, 그리고 다케우치 가족이 시작했다. 다케우치 가족은 마스모토 가족을 센트럴밸리의 일본계 미국인 커뮤니티에서 알게 되었고, 에밀리는 프레스노스테이트대학에서 교수로 재직하면서 언어병리학자인 캐시를 통해 케일라 다케우치 Kayla Takeuchi를 알게 되었다고 한다. 케일라는 자폐가 있고 말을 하지 않는 아이였고, 15세가 될 때까지 의사소통 수단을 갖지 못했다. 그때 [에밀리의 자매인] 재나 우즈 Janna Woods의 도움으로 보완대체의사소통 AAC 수단의 한 형태인 지원 타이핑 supported typing 기법을 알게 되었다. 이들은 재나와 에밀리의 오빠인 조너선을 기리기 위해 매년 모여 아름다운 무언가를 하는 모임으로 피치풀 이지 필링을 시작했다. 조너선은 그보다 몇 해 전 암으로 사망했다.

에밀리는 마스모토 가족 농장의 복숭아를 먹는 것이 "태양을 맛보는 것이며, 수정을 하는 벌들과 바람과 하늘과 물에서 나온 꽃송이를 맛보는 것"이라고 묘사했다. 생명과 죽음의 사이클은 우리가 인간으로서 서로와 또 자연과 분리되어 존재하지 않는다는 것을 상기시켜준다. 그리고 이 사이클에 또 다른 뜻밖의 방식으로 내가 연결되리라는 것을 그때는 미처 몰랐다.

2021년 1월 어느 날, 데이비드 마스모토David Masumoto('마스'라고 불렸다)에게서 예기치 못한 이메일을 받았다. 내가 엘버타 복숭아 광팬인 줄 모른 채로 보낸 것이었다. "앨리스님이 하시는 모든 일과 앨리스님의 영혼에 감사드립니다. 저는 유기농 복숭아 재배 농민(겸 작가)인데요. 앨리스님이 쓰신 글들이 우리가 살고 있는 (그리고 유기농 복숭아를 먹고 있는) 진정한 '자연 세계'를 반영하고 있다고 느껴졌어요."

이메일을 주고받으면서 나는 데이비드가 《비밀의 수확Secret Harvests》이라는 책을 집필 중이라는 것을 알게 되었다. 그의 이모인 시즈코 스기모토Shizuko Sugimoto의 삶에 대한 책이었다. 시즈코는 제2차 세계대전 당시 미국에 거주하던 일본인들이 재미일본인 수용소에 수용되었을 때 장애 때문에 가족과 떨어져 배치되어야 했다고 한다. 데이비드는 2012년에 그 이모를 '발견'했고, 그 과정에서 비밀과 세대 간 트라우마가 깊이 새겨진 가족사 또한 발견했다. 나는 그의 책 초고를 읽고 장애인의 역사, 언어, 문화에 대해 몇 가지 피드백을 보내주었다. 에밀리와 데이비드와

2020년 여름 친구 에밀리 너스바움이 찍은 마스모토 가족의 농장 사진들. [왼쪽은 나무에 매달린 복숭아들 사진이고, 오른쪽은 수확한 복숭아들이 담긴 바구니 네 개가 땅에 놓여 있는 사진이다].

나 사이에서, 서로 연결된 우리의 커뮤니티와 역사 사이에서, 또이 지구상에 살아가는 생명들 사이에서, 얼마나 많은 풍성함과너그러움이 교환되었는지!

생명을 육성하는 데는 돌봄과 연결이 필요하다. 만개한 과수원이 그렇듯이, 양분이 되어주는 이야기에도 돌봄과 연결이 필요하다. 스테이시, 재나, 조너선, 시즈코…….. 우리가 사랑했던 이사람들은 더 이상 살아 있지 않다. 하지만 이들 모두 우리와 함께있다. 그들에 대해 우리가 나누는 이야기는 미래를 위해 온화함과 희망으로 뿌려진 씨앗이다.

물론 어떨 때는, 복숭아는 그냥 복숭아일 뿐이다. 하지만 어떨때 복숭아는 우리를 서로에게 연결시켜주고 지탱해주는 관계로들어가게 해주는 우주의 관문이다.

정상으로 돌아가지 말자

2021년에 열린 온라인 행사 '아이디어의 밤Night of Ideas'에서 나는 기조연설을 한 연사 중 한 명이었다. 이 행사는 샌프란시스코 베이 에어리어의 문화, 대화, 공동체를 기념하는 행사이고, 그해의 주제는 '거리를 닫기Closing the Distance'였다. 아래는 녹음으로 진행한 내 연설이다.

어떻게 거리를 닫을 수 있을까요? 답은 접근성입니다. 접근성을 일구고 지원하면 개인으로서, 공동체로서, 국가로서, 우리는 함께일 수 있게 될 것입니다.

저는 샌프란시스코 미션 디스트릭트에 사는 장애인이고 휠체어와 호흡기를 상시 사용합니다. 저는 매일같이 저와 비장애인의 세계 사이에 매우 선명하게 실재하는 거리를 경험합니다. 그런데 그 세계가 우리 모두가 존재하는 표준 세계입니다. 여기서 제가 말하는 거리란 정치적·물리적·사회적 환경에 뿌리박혀 있는 비장애중심주의와 배제를 의미합니다.

비장애인의 세계에서 장애인은 접근성을 계속해서 요구하고 주장해야만 합니다. 자신에게 마땅한 자격이 있다는 것을 계속해서 입증해야 하고 무언가를 수행해야 합니다. 중심에 있는 집단이 아닐 때, 당신은 불공정한 특별 대우를 받는 것이 아니냐는 의구심과 의심의 대상이 됩니다. 접근성이 [보편적인] 인권이고 민권인데도 말입니다.

그랬는데……. 자, 보세요. 2020년 3월에 샌프란시스코가 다들 집에 머물라는 록다운 명령을 내리자 거의 모든 사람이 일하고 서로와 연결되는 데서 새로운 방식에 적응해야 했습니다. 수십 년 동안 원격 근무와 원격 학습을 열라고, 온라인 콘퍼런스와 온라인 행사를 열라고, 또 다양한 형식으로 콘텐츠를 제공하라고 주장해온 장애인들은 매번 '너무 어려워서' 안 된다거나 '대면 경험을 없애는 것이라서' 안 된다는 말을 들었습니다. 그런데 서로 가까이에 있는 것이 생명에 치명적일 수 있는 새로운 현실에서, 갑자기 우리는 접근성을 누릴 수 있게 되었습니다. 비장애인들이 불편함을 느끼게 되고 그들에게 기회가 사라지게 되고 나니 마침내 변화가 일어난 것이죠.

고위험자인 저는 지난 11개월 동안 딱 한 번밖에 나갔습니다. 독감 예방주사를 맞으려고요. 베이 에어리어에 코로나19 백신이 도착해서 접종이 시행되고 있지만, 올해 내내 저는 안전하지 못하다고 느낄 것 같습니다. 백신은 만병통치약이 아니니까요. 저를 비롯해 많은 장애인, 환자, 면역계 손상자들은, 사람들이 백신을 접종하면 100퍼센트 예방된다고 생각하거나 집단면역이 생길 거라고 생각해서 손 씻기, 사회적 거리두기, 마스크 쓰기를 멈출까봐 너무 걱정이 됩니다.

특권은 거리를 만듭니다. 그리고 접근성과 정의를 추구하는

미래에서 날아온 회고록

것은 그 거리를 좁히기 위한 방법입니다. 접근성과 정의 둘 다 정치적 의지를 필요로 하고, 모든 사람이 상호의존적이고 모든 사람이 가치를 갖는다는 점을 믿을 것을 필요로 합니다. 나의 삶의 질이 당신의 삶의 질과 연결되어 있음을 믿을 것을 필요로 합니다. 접근성은 모두에게 속한다는 것을 믿을 것을 필요로 합니다.

하지만 현재의 팬데믹은 우리가 갈 길이 얼마나 먼지를 드러냈습니다. 초고도 자본주의와 백인우월주의는 주변화된 커뮤니티들에 가장 큰 고통을 초래했고, 그들이 버려져도 된다고 여겨지게 만들었으며, 의료, 교육, 고용, 주거의 측면에서 가장 큰 불평등을 겪도록 만들었습니다.

자, 그런데 말이에요······. 우리가 정상으로 돌아가지 않기로 결정하면 어떨까요? 우리가 이 어려운 시기에서 교훈을 얻어 접근성, 돌봄, 정의를 중심에 둔 더 나은 세계를 고안하면 어떨까요?

그러려면 소위 진보적인 도시라고 하는 샌프란시스코도 젠트리피케이션과 구조적 불평등을 촉진하는 데 공모했다는 사실을 인정해야 할 것입니다. 또 노숙인, 노인, 장애인, 미등록 이주민, 빈민, 유색인 등 특정한 집단들이 어떻게 공적 제도에 의해 피해를 입고 범죄화되고 권리를 박탈당했는지 인정해야 할 것입니다.

우리 모두 서로를 위해 접근성을 창조할 역량이 있습니다. 상황은 여전히 암울해 보이지만, 저는 미래에 대해 희망적입니다. 우리 모두 배우고 성장할 잠재력을 지니고 있기 때문입니다. 우리가 함께 거리를 좁힌다면요. 생각해보실 만한 두 가지 질문을 드리는 것으로 마무리하겠습니다.

첫째, 당신의 거주 공간에서 사라진 사람은 누구입니까? 그는 왜 사라졌습니까?

둘째, 외부인으로서 '좋은 지지자'가 되는 것을 넘어 행동과 실천으로 접근성을 옹호하기 위해 당신이 할 수 있는 일에는 어떤 것이 있습니까?

들어주셔서 감사합니다.

NORMALCY IS A SCAM

정상성은 사기다

미래

무언가가 고쳐지지 않는다면,
그다음 질문은 그것 대신 무엇을 지을 수 있을까이다.
—마리암 카바Mariame Kaba

자, 날아볼까요?
—마이클 버넘Michael Burnham, [〈스타트렉〉의] 디스커버리호 함장

우리는 서로의 결실이다. 우리는 서로의 관심사다.
우리는 서로의 힘이고 연대다.
—그웬돌린 브룩스Gwendolyn Brooks

나의 장애인 조상들

스테이시 파크 밀번
Stacey Park Milbern

잉 웡-워드
Ing Wong-Ward

에린 길머
Erin Gilmer

키테이 데이비드슨
Ki'tay Davidson

스텔라 영
Stella Young

그레그 스미스
Greg Smith

로라 허시
Laura Hershey

바버라 왁스먼
피두시아
Barbara Waxman Fiduccia

캐리 앤 루카스
Carrie Ann Lucas

해리엇
맥브라이드 존슨
Harriet Mcbryde Johnson

폴 롱모어
Paul Longmore

BABY TIGER CUB!

아기 호랑이!

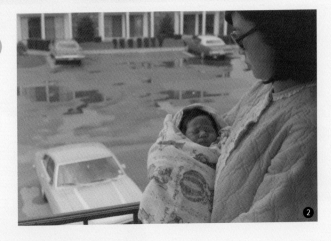

世界日報　sfworldjournal.com　facebook.com/sfworldjournal　灣區綜合

王美華
殘障人照顧殘障人 獲明燈獎

灣區群像

輪椅人生 活得精采

從18歲起 拒絕病魔

自愛負責的 此生無憾

王美華小檔案

初期照顧障 學以致用

immunocompromised people are worth protecting

UCSF Campus
21378800073475
Staff Research Associate
Social & Behavioral Sciences
Alice Wong, MS

WHEELCHAIR SPORTS CAMP

RESISTANCE & HOPE
ESSAYS BY DISABLED PEOPLE
CRIP WISDOM FOR THE PEOPLE
Edited by Alice Wong, Disability Visibility Project

Whether we're by ourselves, or surrounded by many, our small movements can turn into big movements.

We celebrate. We make change.

We're in this TOGETHER

ACCESS is LOVE

NOTHING ABOUT US WITHOUT US

TELL YOUR STORY ①

StoryCorps
storycorps.org ②

Our mission is to provide Americans of all backgrounds and beliefs with the opportunity to record, share, and preserve the stories of our lives.

③

Suck it Ableism ⑤

Access Bitch ⑥

#SuckYouPhilips ⑦

⑧ ASIANS FOR BLACK LIVES
18MR.ORG

San Francisco Paratransit ⑨
Identification of Eligibility
for ADA Paratransit Service
Name Alice Wong
ID 32887
Eligiblity FUL
Travel with PCA? Y
Expires: 02/01/2016
1941 0507 3363 8782

⑩

Public Authority Governing Body President Alice Wong poses with her Beacon Award from the San Francisco Mayor's Disability Council.

National Honor for Alice Wong

Longtime San Francisco IHSS Public Authority Governing Body member and current President Alice Wong was appointed by President Barack Obama to the National Council on Disability (NCD) on January 31, 2013. The NCD is an independent federal agency that advises the President, Congress and other federal agencies regarding disability policy. "In close collaboration with the Administration, Congress and disability stakeholders, NCD has promoted policies which have advanced equal opportunity, economic self-sufficiency, independent living, inclusion and integration into all aspects of society for individuals with disabilities," noted incoming NCD Chairperson Jeff Rosen.

Alice Wong is a Staff Research Associate for the National Center for Personal Assistance Services at UCSF. She is also a board member of Asians and Pacific Islanders with Disabilities of California. Ms. Wong served as Vice Chair of the Chancellor's Advisory Committee on Disability Issues at UCSF from 2006 to 2009. She received the Mayor's Disability Council Beacon Award in 2010, the 2010 Chancellor's Disability Service Award and the 2007 Martin Luther King, Jr. Award at UCSF for leadership on behalf of the disability community. *Congratulations, Alice!*

TIGER POWER

DISABILITY JUSTICE IS LOVE

ACCESS IS LOVE

ALICE & ASHANTI
#CommunityAsHome

CRIP the VOTE

RADICAL VISIBILITY:
A QueerCrip Dress Reform Movement Manifesto

By Sky Cubacub

StoryCorps
800-850-4406
storycorps.org

MARS
PERSEVERANCE

The Last Frontier

조상과 유산

죽은 뒤에 우리는 무엇을 남기게 될까? 아직 죽지 않았으므로 나는 알 수 없다. 하지만 장애인이나 그 밖의 주변화된 사람들은 상실을 가지고 살아간다는 것이 무엇인지, 또한 자신의 시간보다 훨씬 일찍 세상을 뜨는 사람들에 대한 슬픔이 무엇인지 잘 안다. 팬데믹 전에도 그랬고 앞으로도 계속 그럴 것이다. 2020년 5월 19일에 나의 친애하는 친구 스테이시 파크 밀번이 사망했다. 나와 스테이시를 둘 다 아는 친구인 리아 락슈미 피엡즈나-사마라신하Leah Lakshmi Piepzna-Samarasinha가 휴대전화 메시지와 페이스북 메시지로 스테이시의 사망 소식을 알려주었다.

하지만 나는 늦게 일어나는 사람인지라 메시지가 여러 통 와 있었는데도 제때 보지 못했고, 장애인 커뮤니티의 다른 많은 사람들보다 늦게 소식을 알게 되었다. 나는 소식을 따라잡기 위해 페이스북을 살펴보았다. 스테이시와 내가 베이 에어리어의 다른 장애인들과 연결되어 있는 공간이 페이스북이었기 때문이다. 나를 즉각적으로 놀래킨 것 하나는, 스테이시를 잘 모르는 사람들이 쓴 글이 페이스북을 도배하고서 너도나도 무언가를 하자며 요란을 떨고 있는 광경이었다. 어떤 장애인들은 추도식을 마련해야 한다고 했고, 어떤 이들은 올해 미국장애인법 기념식에서 단체들이 스테이시를 기리는 순서를 넣어야 한다고 했다. 자신의 말을 잠시 자제하고 스테이시를 가장 잘 아는 사람들이 중심에 있을 수 있도록 물러나 있어주는 사람은 매우 소수였다. 무언가를 조직하려고 서두르는 것 역시 고인과 가까운 사람들에게 충격과 슬픔을 느끼고 애도할 공간을 만들어주기보다는 아니라 무언가에 반응을 해야만 하도록 부당한 압박을 가한다.

유색인종 장애인과 '연대'를 하고 싶어 안달하는 백인 장애인들, 스테이시가 헌신했던 유의 정치가 무엇이었는지나 장애정의가 무엇인지는 생각해보지도 않았고 스테이시가 살아 있었을 때 스테이시의 일을 지지하지도 않았으면서 한마디씩 말을 얹고 있는 사람들에 대한 경멸이 내 분노에 불을 질렀다. 나는 스테이시와 가깝긴 하지만 가장 가까운 소수는 아닌 사람으로서 그날 다음과 같이 추도하는 글을 적었다. "스테이시 파크 밀번을 사랑합니다." 대중의 관심을 그가 했던 말과 일로 다시 돌리고 싶었기 때문이다. 그 소위 '좋은 벗'들은 제발 입 좀 닥치고 물러서 있으라는 의미를 담아 그렇게 추도의 글을 올린 것은 내가 스테이시를 기리는 작은 방식이었다.

스테이시와 나는 온라인 커뮤니티를 통해 알게 되었고, 대면으로는 2015년 버클리의 에드 로버츠 캠퍼스에서 처음 만났다. 우리는 같은 장애를 가지고 있었는데, 아니, 나는 그렇다고 생각했는데, 스테이시가 내 손을 살피더니 이렇게 말했다. "앨리스는 다른 유형의 근위축증인 것 같아요. 손을 보니까요." 나는 깜짝 놀랐고 이렇게 생각했다. "나한테 이렇게 말하는 이 대담한 여자는 누구지?" 그런데 스테이시의 말이 맞았다! 증상은 매우 비슷했지만 최근에 유전자 검사를 한 결과 나의 병은 더 희귀한 종류인 것으로 밝혀졌다. 고마워요, 스테이시. 머뭇거리지 않고 다가와 내가 보지 못했던 것을 보게 해주어서요.

딱 스테이시다운 일화였다. 재미있고 대담하고 크게 꿈꾸는 사람. 스테이시는 자신의 마음속에 있는 것을 정확히 말하는 데 두려움이 없었다. 스테이시는 상호부조와 협업을 일구는 것을 좋아하는 만큼이나 아이스크림, 버블티, 머라이어 캐리를 좋아했다. 스테이시는 자신의 가치대로 자신의 정치에 부합하게 살았고, 누구도 뒤로 밀려나게 두어서는 안 되고 상호의존이야말로 앞으로 나아가는 방법이자 충분히 우리 손이 닿는 곳에 존재하는 해법이라고 믿었다.

스테이시는 활동가로 가장 잘 알려져 있지만 멋진 작가이기도 했다. 여러 해 동안 스테이시와 페이스북 친구였던 나는 스테이시가 올린 정말로 사려 깊고 섬세한 통찰을 담은 글을 많이 보았다. 그중 하나는 조상에 대한 것이었는데, 나는 너무 감동받아서 그 글을 좀 더 길게 써서 내 웹사이트에 기고해주면 어떻겠냐고 물어보았다. 그렇게 해서 2019년 3월 10일 〈내 조상들의 지평에서: 크립의 전승과 우리 운동의 유산On the Ancestral Plane: Crip Hand Me Downs and the Legacy of Our Movements〉이라는 제목으로 스테이시의 글이 게재되었다. 장애인 조상들의 계보를 따라가는 글인데, 여기에서 스테이시는 부츠형 양말 한 켤레를 통해 해리엇 맥브라이드 존슨부터 로라 허시, 그리고 자신에게까지 이어지는 계보를 이야기하고 있다.

나는 영성이라든가 죽고 난 다음에 무슨 일이 일어나는지 같은 건 잘 모른다. 하지만 한국계 크립 퀴어로서 나의 삶은 우리가 이 지상에서 갖고 있는 신체정신이 하나의 분절적인 조각에 불과하다는 것을 알려주었고, 우리의 조상들을 생각하지 않는 것은 우리가 누구인지에 대해 극히 일부만 보기로 하는 것과 마찬가지라는 것을 알려주었다. 때로 사람들은 조상이라는 개념이 생물학적인 관계에만 해당된다고 생각하는데, 퀴어화되고 크립화된 방식으로 조상을 이해하면, 육신에서와 마찬가지로 우리의 가장 깊은 관계들 역시 우리가 연결되기로 선택한 사람들, 우리가 날마다 기리기로 선택한 사람들과의 관계라고 할 수 있다.

나는 스테이시의 예지력 있는 글을 내가 편찬한 에세이집 《급진적으로 존재하기》에 수록했다. 책이 나오기 불과 1~2주 전인 6월에, 스테이시가 내 조상이 될 줄은 전혀 모른 채로 말이다. 지금까지도 흐뭇하면서 마음 아픈 기억으로 남아 있다. 하지만 나는 스테이시를 몰랐던 사람들이 그 책을 통해 스테이시를 알게 될 수 있으리라는 생각에 기쁘다. 여러 온라인 행사와 인터뷰에서 책을 홍보하면서, 나는 스테이시의 "티히-티히" 하는 웃음이 나를 격려해주는 것을 느낄 수 있었다. 스테이시가 그 자리에 있어서 나를 비롯한 그 책의 다른 글쓴이들과 함께 출간을 축하할 수 있었다면 좋았겠지만, 나는 스테이시가 그 책의 페이지들에서, 또한 영혼에서, 우리와 함께라는 것을 안다.

2021년 샌디에이고스테이트대학의 제스 왓콧Jess Whatcott 박사가 페미니스트 장애정의 강연 시리즈를 기획했다. '빵과 장미 페미니스트 리서치 콜로퀴엄Bread and Roses Feminist Research Colloquium'의 일환으로 마련된 행사였고, 리아와 내가 스테이시에 대해, 또 장애정의의 실천에 대해 논의하는 패널로 초청되었다. 좌장은 조지프 스트라몬도 박사였다. 리아도 내 에세이집에 글을 쓴 기고자였고 스테이시를 나보다 더 오래 알아온 사람이었다. 나는 어서 빨리 리아와 이야기하고 싶어서 기다릴 수가 없을 정도였다. 우리가 한자리에서 지혜를 모으고 나눌 수 있는 자리라니 얼마나 너그럽고 풍성한 기회인가. 2021년 4월 28일에 열릴 행사를 위해 수많은 이메일과 메모, 사전 작업 끝에 나는 준비를 마쳤고 들떠 있었다. 행사 당일, 잠에서 깬 나는 리아에게 온 메시지를 확인했다. "저기요, 계신가요?" 가장 큰 악몽 중 하나가 벌어졌다는 끔찍한 느낌이 들었다.

늦잠을 자서 행사에 가지 못한 것이다.

이런 일은 처음이었고, 정말 끔찍한 처음이었다. 맹세코 전날 밤에 일정표를 보았고 행사 시작 전 몇 시에 일어나서 밥을 먹고 소화를 시켜야 하는지까지도 확인했다. 모든 것이 잘 준비되어 있었다. 하지만 내 신체는 다른 계획을 가지고 있었고 이렇게 말하고 있었다. '아이고, 이 망할 여자야, 이제는 내가 선장이야. 네 신경 통증이 다시 불타고 있는 거 못 느꼈어? 그래서 잠도 못 자고 집중도 못하고 있다고! 게다가 너는 너무 많은 걸 하고 있어. 네가 거기 가고 싶은 건 알겠는데, 나는 브레이크를 밟을 거고 우리는 졸린 도시에 머물러 있을 거야. 나중에 나한테 고마워하게 될 걸? 빠아이!'

리아, 조, 제스는 동료 장애인, 신경다양인, 그리고 만성적으로 아픈 사람만이 그 경험에서 정말로 '얻어낼' 수 있는 이해심으로 나를 이해해주었다. 나는 연신 사죄했고 끔찍하게 부끄러웠다. 예고도 없이 그들의 계획을 펑크내서 그들이 즉흥적으로 대처해야 하는 상황을 만들었으니 말이다. 행사를 펑크내가며 잠을 자는 것 자체는 접근성 이슈가 아니지만, 세 사람이 보여준 우아함은 **접근 친밀성**access intimacy이라고 부를 만한 것이다. 이것은 미아 밍거스가 제시한 용어로, 그는 이렇게 설명했다.

접근 친밀성은 내가 많은 장애인과 환자들에게서, 즉 여러 양상의 비장애중심주의에 대해 비슷한 삶의 경험을 가지고 있기 때문에 접근성의 필요를 자동적으로 이해하는 사람들에게서 느끼는 것이다. 우리는 접근 친밀성을 현실의 구체적인 수준에서 공유한다. 설명하지 않고도 우리는 접근성의 무게, 감정, 관리, 고립, 트라우마, 두려움, 불안, 고통을 그냥 안다. 나는 그것을 정당화해야 할 필요가 없고, 우리는 단단한 취약성의 지점에서부터 시작할 수 있다.

지금도 그날 행사에 참석하지 못한 데 대해 죄책감과 나 자신에 대한 실망감이 들어 괴롭다. 스테이시, 리아, 조, 제스를 실망시키고 싶지 않았지만 실망시켜버리고 말았다. 하지만 희한하고 시적인 방식으로, 괜찮기도 하다. 아마도 스테이시는 내게 스스로를 돌보고 자신의 필요에 귀를 기울이라고 독려했을 것이다. 이것은 스테이시가 삶으로 실천한 가치들이고, 그날의 경험은 내가 스테이시에게서 무엇을 배웠는지를 다시 상기시켜주었다. 고마워요, 스테이시.

정직한 것과 더불어 취약한 것은 집합적인 해방을 이루는 데서 핵심이다. 이것은 장애정의의 원칙들 중 내가 분명히 이해하고 있는 한 가지다. 집합적인 해방은 양초 하나 사서 불을 붙인다고, 팟캐스트 한 편을 듣는다고, 회고록 한 권을 읽는다고 갑자기 벌어지는 게 아니다. 여기에는 날마다 있어야 할 의도, 자기 성찰, 그리고 당신을 아끼는 사람들이 제공해주는 지원이 필요하다. 또한 취약하다는 것은 당신을 고통에 열어놓는 것이기도 하다. 그리고 그 고통은 그것을 이해하고 그것에 대응하기 위해 추가적인 감정노동을 필요로 한다.

나는 2020년과 2021년에 언론과 비영리 단체들이 스테이시의 삶에 대해 부정확하게 이야기하는 것을 보고 경악했다. 2021년은 그의 사망 1주기이기도 했고 우연히도 기일은 그의 생일이기도 했다. 스테이시의 친구과 가족들은 정정을 요구하고 댓글로 잘못된 내용을 알리는 등 제대로 된 정보를 전하느라 누가 돈을 주는 것도 아닌 일에 시간을 들여야 했다. 사랑으로 스테이시를 기리는 데 썼어야 할 시간을 말이다.

내게 트위터 DM으로 다음과 같은 질문을 보내 코캐서티 caucacity['백인'을 뜻하는 'caucasian'과 '뻔뻔함'을 뜻하는 'audacity'를 합한 말로, 백인들의 오만한 행동을 일컫는다]를 시전한 사람도 있었다. "좀 이상한 질문일 수도 있는데요. 해리엇 맥브라이드 존슨의 부츠형 양말을 스테이시 밀번 이후로 누가 가지고 있는지 아세요?" DM을 보낸 사람은 장애인인 저널리스트인데, 해리엇 맥브라이드 존슨이 2003년 2월 15일에 《뉴욕 타임스》에 썼던 에세이 〈형언할 수 없는 대화들Unspeakable Conversations〉 20주년을 기념한 라디오 기사를 홍보하려 하고 있었다. 스테이시의 글과 마찬가지로 해리엇 맥브라이드 존슨의 에세이도 나에게는 세상을 의미했고, 나는 그것을 내가 편찬한 에세이집에 수록했다. 나는 《급진적으로 존재하기》에서 해리엇과 스테이시가, 그러니까 나의 조상과 조상이 대화 나누는 모습을 상상하는 것을 좋아한다.

나는 그 DM에 대한 답신에서 그 질문은 부적절하며 스테이시의 많은 친구들처럼 나는 아직 애도하고 있는 중이라고 말했다. 감정이 아직 날것 상태인 시간 속에서, 분노가 끓어올랐다. 일을 멈추고 조용히 스테이시를 기리는 데 썼어야 할 시간 속에서 말이다. 남에게 친절하고 우아하게 대하는 사람이 되고 싶다는 충동이 어떤 이들에게는 제발 좀 입 닥치고 자제하고 있으라고 분명하게 말할 필요가 있다는 생각과 뒤섞였다. 사실 내가 답신에서 정말 하고 싶었던 말은 다음과 같았는데, 실제로 그렇게 보내지는 않았다. 정성껏 분노할 가치도 없는 질문이었으니까.

지금 나한테 내 사랑하는 친구의 양말이 어디 있는지가 '흥미로운' 내 러티브 타래가 될 테니 빌어먹을 홍보에 사용하겠다고 말하는 건가요? 이 양말은 신성한 물건이고, 스테이시의 유품에 대해 내가 당신에게 그 어떤 정보나 연락처를 공유할 일은 절대 없을 겁니다. 당신의 궁금증을 위해 스테이시와 가까웠던 사람들에게 알아봐주는 일도 없을 거고요. '어떤 방식으로' 하는지는 '무엇을' 하는지 못지않게 중요합니다. 나는 당신이 나뿐만 아니라 다른 장애인들에게, 특히 흑인 장애인과 신경다 양인들에게 어떻게 대하는지 본 것 같네요. 지켜보겠습니다.

죽은 뒤에 우리는 무엇을 남기게 될까? 내가 사랑하는 사람들 이 남긴 유산을 나 자신이 소중히 여겼다는 점이 아마도 내가 남 길 유산의 일부일 것이다. 스테이시는 글, 인터뷰, 동영상, 시, 이 미지, 베이 에어리어에 있는 장애정의 단체 등의 형태로 유산을 남겼다. 또한 스테이시는 하나의 이야기나 한 권의 책만큼 실물 적인 물성이 있고 오래 지속되는 관계들도 남겼다. 어떤 사람이 줄 수 있는 진정한 선물은 연결의 망이다. 우리가 맹렬히 사랑한 다면 우리의 조상은 우리 사이에서 계속 살면서 그들에 대한 따 뜻한 기억 속에서 꺼지지 않고 빛나는 전구를 통해 우리에게 이 야기를 해줄 것이다. 맹렬히 사랑하는 것은 실시간으로 유산을 만드는 것이다. 아마도 이것이 누군가를 기리는 가장 좋은 방법 일 것이다. 언젠가 나는 다시 스테이시와 아이스크림을 먹으면서 사람들에 대해 이야기하게 될 것이다. 그날을 손꼽아 기다린다.

STFU
white
people

아, 좀 닥치라고, 이 백인들아!

누워 있을 때 숨 쉬기

2021년 6월 3일

일기장에게,

내 자신이 너무 자랑스러워. 라디오랩Radiolab에 보낼, 숨 쉬기에 대한 내 최초의 오디오 에세이를 오늘 마무리했거든! 온라인으로는 더 일찍 끝냈는데 기술상의 문제가 생겨서 프로듀서가 사람을 집으로 보내도 되겠냐고 물어보더라고. 2020년 3월 이래로 식구들을 제외하면 내 방 겸 홈오피스에 들어온 사람은 **아무도** 없었기 때문에 일순간 긴장이 됐어. 누군가를 녹음하려면 아주 가까이에 있어야 하는데, 그날 온 사람은 마스크를 쓰고 왔고 아주 친절했어. 이것이 내게 고위험자 여성이 뜨거운 여름을 보냈던 달팽이집에서 서서히 기어나오는 과정의 시작이 될 수 있을까? 음, 지나보면 알겠지. 일단은 작은 한 걸음.

이 오디오 에세이가 빨리 나왔으면 좋겠어. 누가 호흡을 획득하는가? 그 에세이를 듣고 사람들이 생각해봤으면 하는 질문이야.

키스를 보내며!

✳︎

2021년 6월 11일

WNYC 방송국의 라디오랩 프로그램에 방송된 나의 오디오 에세이 〈숨 쉬기〉의 트랜스크립트

나는 공기 중에 섞여 있는 불순물을 느낀다. 폐가 조이는 느낌이 들고 무언가가 잘못되었구나 싶어진다. 그때 수백 마일 떨어진 숲에서는 나무 둥지에서 불꽃이 탁탁 튀고 있다. 샌프란시스코의 집 안에 앉아서도 나는 대부분의 사람들보다 훨씬 먼저 산불을 느낄 수 있다. 내 호흡기가 생겨먹은 구조 때문에 그렇다. 기관지가 점차 약해지면서 나는 공기의 비밀에 대해 지극히 높은 수준의 민감함을 갖게 되었다.

나는 기관지가 약해서 폐로 공기를 넣어주는 호흡기를 사용한다. 이 기계가 없으면 나 자신의 이산화탄소가 체내에 쌓여 혈액이 서서히 산성화되어 죽게 될 것이다. 열여덟 살 때 진짜로 거의 그럴 뻔했다. 그때 나는 처음으로 호흡부전을 겪었다. 뇌가 몽롱해지고 응급실에서 산소가 없어서 동맥혈이 잉크처럼 검은색이었던 것이 기억난다. 하지만 어찌어찌 살아났고 그래서 지금 이 이야기를 할 수 있다. 물론 들을 의향이 있으시다면.

코로나19가 발생했을 때 많은 주 정부가 나와 같은 사람들, 숨쉬는 데 기계가 필요한 사람들을 의료 조치를 받을 수 있는 우선순위 목록의 저 아래쪽에 두었다. 뉴욕주는 한 술 더 떴다. 뉴욕주 보건국의 호흡기 배분 가이드라인에 따르면, 병원은 트리아지를 행해야 할 때 누군가가 가지고 있는 호흡기를 가져다가 긴급한 조치가 필요한 사람에게 줄 수 있다. 본질적으로, 나 같은 사람에게서 호흡을 빼앗아 다른 사람에게 줄 수 있다는 말이다.

하지만 주 정부가 '망가졌다'고 보는 내 신체를 나는 '신탁'이라고 부른다. 내가 여러분보다 먼저 감지할 수 있는 것은 먼 곳에서 타고 있는 산불만이 아니다. 하지만 현재 내 삶의 가치는 냉담한 수량화와 누가 버려져도 되는지를 정하는 알고리즘에 의해 계산된다. 그리고 당신이 알았든 몰랐든 간에 이것은 당신에게도 일어날 수 있는 일이다.

.

⋆⋆

2021년 6월 14일

의료 기기 리콜에 대한 고객 안내문(미국만 해당)/
안전 관련 고객 안내문(미국 외 시장)
필립스 레스피로닉스

이 이슈와 관련한 유해 요인은 다음과 같습니다.

잠재적으로 건강에 해를 끼칠 수 있는 위험 요인으로는 오존 세척 등 승인되지 않은 세척 방식을 사용했을 경우 등에 방음용 폼[우레탄 재질]이 분해되어 그것에 노출되거나 폼에서 방출되는 화학물질에 노출되는 경우가 있을 수 있습니다. 일부 지역에서는 고온다습한 환경도 폼 물질의 분해에 영향을 미칠 수 있습니다.

분해된 폼 물질에 노출되었을 때 생길 수 있는 위험으로는 다음과 같은 것이 있습니다. 가려움증(피부, 눈, 기관지), 염증 반응, 두통, 천식, 기타 장기(신장, 간 등)에 미치는 부정적 효과, 독성 발암물질 영향.

현재까지 필립스 레스피로닉스는 공기가 들어가는 경로(외부 장비, 가습기, 마스크에 연결된 튜브 등)에서 검은 입자가 발견되었다는 소비자 불만 사항을 몇 건 접수받았으며, 두통, 상기도 가려움증, 기침, 흉부 압박감, 부비동염 등에 대한 보고도 받았습니다.

생명 유지용 기계식 호흡기를 사용하시는 환자분들께서는 다음 사항에 주의해주시기 바랍니다.

의사의 별도 지시 없이 사전에 처방된 치료법을 중단하거나 변경하지 마십시오.

필립스는 생명 유지 치료를 위해 호흡기가 필요한 환자분들이 사용하실 수 있는 대체 호흡기가 없거나 매우 제한적일 가능성이 있으며 또한 치료를 중단하는 것이 불가능할 수 있다는 점을 인지하고 있습니다. 이러한 경우에는 담당 의료진의 지시에 따라 현재의 호흡기를 계속해서 사용하는 것의 이득이 위험보다 클 수 있습니다.

담당 의사가 호흡기 사용을 반드시 지속해야 한다고 판단했을 경우에는 인라인 박테리아 필터를 사용하십시오. 설치 방법은 사용 설명서를 참조하시기 바랍니다.

⁎⁎

2021년 6월 15일

일기장에게,

젠장, 제길, 망할, 염병. 하고 많은 곳 중에서 페이스북을 통해 리콜에 대해 알게 되다니 이게 말이 돼? 그리고 필립스 같은 회사가 C팹과 바이팹 사용자들에게 "사용을 중단하시고 의사 또는 DME[Durable Medical Equipment, 내구성 의료 장비] 제공자와 적합한 조치를 상의하세요"라고 말하다니, 그리고 나처럼 생명 유지에 그 장치가 꼭 필요한 사람들에게는 다른 옵션이 없으면 그냥 그걸 흡입하고 (후아아) 위험을 알아서 가늠하라고 말하다니, 이게 말이 되냐고? 기본적으로 나 같은 사람은 신체와 생명이 이미 망가졌고 아무도 신경 쓰지 않을 것이기 때문에 유독한 발암물질 입자를 들이마셔도 된다고 말하고 있는 거잖아?

지금 내 머릿속에 유혈이 낭자하고 몹시 폭력적인 복수 판타지가 지나가고 있어. 하지만 그러기 전에 일단 할 수 있는 일로 트위터에서 #너나_견뎌_필립스SuckYouPhilips 해시태그 운동을 시작했어. 공지를 못 받았거나 트위터에서만 공지를 볼 수 있었다는 사람이 되게 많아. 헐…… 소셜미디어가 다 쓰레기는 아니군.

팬데믹 전에도 나는 내 평생의 대부분 동안 알고 있었어. **우리 자신 말고는 아무도 우리를 구하러 와주지 않는다**는 걸 말야.

국가도 의산복합체도 **우리를 위해 작동하도록 설계되어 있지 않거든.** 제길, 비장애인이 이걸 생각하게 되려면 얼마나 많은 사고와 죽음이 더 필요한 걸까? 팬데믹은 비장애인들이 불편을 겪게 되면 접근성이 조금이나마 열린다는 걸 알려주었지. 하지만 이제 정부가 록다운을 풀고 마스크 의무를 해제하고 있으니, 원격 학습, 재택근무, 온라인 행사, 커브사이드 픽업[매장에 들어가지 않고 차량 등의 지정 장소에서 물건을 받는 서비스], 배달 서비스 등 작게나마 우리가 얻었던 것들이 다시 사라지겠군.

나는 빌어먹을 2020년을 살아남았고, 2월에는 백신 접종 우선순위에서 갑자기 제외되고서 캘리포니아주의 다른 고위험자들과 함께 백신 형평성 훼손에 맞서 맹렬히 싸웠어(영원히 망해라, 개빈 뉴섬). 내가 라디오랩 오디오 에세이에서 말한 것, 신탁을 전하는 예언자로서의 장애인에 대한 글에서 이야기한 것은 다 진짜야. 하지만 (은유적으로) 예언자가 신탁을 말해서 사람들이 그걸 들을 수 있으려면, 예언자도 살아서 숨은 쉬어야 하잖아? 근데, 바로 이게 핵심일지도 몰라. 그들은 대대적으로 역량을 박탈하는 이 사건의 한복판에서 우리의 진실을 질식시키고 싶어 해. 신탁을 전하는 예언자들은 온갖 악조건에도 불구하고 멸종되기를 거부하는 좀비 도도새가 아닐까?

그래, 내가 감사히 여겨야 한다는 건 나도 알아. 그리고 정말로 감사히 여기고 있어. 부모님 좋으시지, 여동생들도 좋지, 그리고 살아 있지……. 하지만 그것만으로 충분한 건 아니잖아? 그건 기본이고, 살아간다는 것은 생존 그 이상이어야 하잖아? 그저 맥

박이 뛴다고 고마워하면서 다른 모든 것들을 견디는 것 이상이
어야 하잖아? 주변화된 집단에게, 호흡조차 얻지 못할 사람들에
게, 다른 이들과 동일한 공간에 존재할 수 없는 사람들에게 종말
은 이미 와 있어. 백인우월주의 때문이건 기후변화 때문이건 의
료 인종주의 때문이건 정착민의 식민주의 때문이건 시스템적 비
장애중심주의 때문이건 간에 말이야. 물, 공기, 호흡……. 모두가
필수적인 것이지만, 동시에 소수 특권층만의 것이기도 하지. 내
안의 헐크가 나타나서 다 불살라버렸으면 좋겠어. 아이쿠, 불은
연기를 일으키니 안 되겠군. 더 많은 연기, 더 많은 입자, 더 많은
문제.

불은 트위터에서 글과 말로 질러야 할 것 같아.

일단 이만 총총,

멋진 년

*
**

2021년 6월 15일

미국 서부 시간으로 오전 5:34에 보낸 이메일

○○[여러 제조업체의 장비를 취급하는 호흡기 장비 판매 대리점 이
름]께,

안녕하세요? 번거로우시겠지만 여쭤보고 싶은 것이 있어서
메일드립니다. 레스피로닉스의 공지를 보셨는지요? 제가 사용하
는 트릴로지Trilogy 100을 포함해 많은 기기를 리콜하고 있는데요,

지금 벌어지고 있는 일이 저로서는 너무나 무섭습니다. 제가 그 입자를 들이마시고 있을 수도 있으니까요. 동그란 흰색 필터를 사용하고 있긴 한데요. 이것이 그 입자들을 거르는 데 도움이 되기를 바라고 있습니다.

권고 사항이나 향후의 조치 등 어떤 내용이라도 업데이트를 해주시면 정말 감사하겠습니다.

감사합니다!

앨리스 드림

*
**

2021년 6월 15일

미국 서부 시간으로 오후 3:16에 받은 이메일

앨리스님께,

안녕하세요?

저희는 저희 대리점을 이용하시는 모든 환자분께 공지를 내보내려고 준비 중에 있습니다.

그전에 일단은, 말씀하신 것이 맞습니다. 이번 리콜은 트릴로지 호흡기와 PAP 장비에 사용되는 방음용 폼과 관련된 것입니다.

공지문에는 오존 세척으로 폼 분해가 악화될 수 있다는 내용 등 추가 정보가 포함될 것입니다. 저희는 오존 세척을 제안한 적이 없고 저희가 판매하는 호흡기를 사용하시는 환자분이 오존 세척을 하시는 것을 본 적도 없습니다. 앨리스님께서 그러한 사례를 보신 적이 있거나 본인이 오존 세척을 하고 계시다면 즉시 중단하고 저희에게 알려주시기 바랍니다.

필터는 효과가 있는 것으로 보이며, 저희가 앨리스님께 필터를 추가로 보내드릴 수 있습니다.

흰색 필터에서 어떤 변화라도 발견되면 언제든지 저희에게 알려주십시오.

저희가 가진 정보는 매우 제한적입니다. 필립스가 대체용 호흡기와 PAP 장비를 현재로서는 가지고 있지 않다는 것 정도만 알고 있습니다.

트릴로지 이보Evo는 이번 리콜에 해당 사항이 없지만, 필립스는 현재 그 제품의 재고를 가지고 있지 않습니다.

저희 ○○ 대리점은 필립스와 함께 해법을 찾기 위해 최선을 다하고 있습니다.

감사를 담아,

○○○ 드림

⁎⁎⁎

2021년 6월 17일

미국 서부 시간으로 오전 6:02에 보낸 이메일

○○○님, 안녕하세요?

업데이트 감사드립니다. 그리고 필터를 더 보내주시면 감사하겠습니다. 저는 밤에는 드림스테이션 기계를 사용하고 있는데요(귀 대리점에서 구입한 것은 아닙니다), 뜨거운 수증기가 나오는 가습기를 사용할 때 필터를 부착해도 안전한지 궁금합니다. 혹시 필터에 곰팡이가 피게 될까요?

그리고 제조사와 대리점이 오존 살균제를 사용하지 않는 것은 좋습니다만, 문제의 방음용 폼은 여전히 분해되고 있어서 걱정스럽습니다. 몇 년째 눈물이 많이 나는데요. 지금껏 코에서 나오는 공기 압력 때문이라고만 생각했었거든요.

답장 감사드리고요. 추가적인 업데이트도 기다리겠습니다.

앨리스 드림

**

2021년 6월 17일

미국 서부 시간으로 오후 12:08에 받은 이메일

앨리스님, 안녕하세요?

말씀하신 대로 박테리아 필터는 뜨거운 수증기가 나오는 가습기에 사용하시면 안 됩니다. 축축해지면 공기 흐름을 **막기** 때문입니다.

이상적이지는 않지만 PAP 장비에서 히터를 제거하실 수 있을 것 같습니다. 그러면 PAP의 연결관이 노출되는데, 거기에 박테리아 필터를 넣으시면 됩니다. 이것은 '건조식' PAP 치료가 될 것입니다.

눈물이 차는 것은 PAP 장비나 비침투적 호흡기를 특정한 마스크로 사용할 때 특정한 압력에서 그리 드문 일은 아닙니다. 눈과 코는 동일한 경로를 공유하니까요.

그 기기로 숨을 들이쉴 때마다 왼쪽 눈꺼풀 아래가 살짝 부풀어오른다고 하신 환자분도 계셨어요.

물론 저희는 이것이 이번 리콜에 대해 앨리스님이 우려하시는 바를 덜어드리지는 못한다는 것을 잘 알고 있습니다.

박테리아 필터와 기타 교체 물품을 확보하실 수 있게 저희 ○○ 대리점이 최선을 다해 도와드리겠습니다.

정보가 더 입수되는 대로 다시 알려드리겠습니다.

감사합니다.

○○○ 드림

*
**

2021년 6월 30일

"필립스 레스피로닉스의 일부 호흡기, 바이팹, C팹 장비가 잠재적인 건강상 위험 때문에 리콜되었음": 식품의약국 안전 공지문

의료 제공자와 상의하고 인라인 박테리아 필터를 사용하세요. 필립스의 리콜 공지문에 언급된 바에 따르면 폼 입자를 거르는 데 필터가 도움이 될 수 있다고 합니다. 현재로서 식품의약국은 폼의 위해성 경감과 관련해 필터의 효과성이나 안전성에 대한 실증 근거를 가지고 있지 않으며 식품의약국의 평가가 진행 중입니다. 다음 사항을 양지하시기 바랍니다.

- PE-PUR[폴리에틸렌-폴리우레탄]에서 방출되는 특정한 화학물질에 대해서는 필터가 노출을 줄이는 데 도움이 되지 않을 수도 있습니다.
- 필터는 공기의 흐름에 저항을 높이기 때문에 호흡기 장비의 성능에 영향을 줄 수 있습니다.
- 폼 부산물이 필터에 쌓이는 것을 면밀하게 점검하시고 필터 설치 이후 공기 흐름에 저항이 발생하는지의 문제도 면밀히 살피시기 바랍니다.

*
**

2021년 7월 1일

일기장에게,

최근에 호흡기 장비 대리점과 주고받은 이메일들을 보니 생각이 많아지네? 내 필터는 1~2주 쓰고 나면 회색이 돼. 연기가 많이 나는 산불 시즌이면 더 빨리 그렇게 되고, 짙은 회색이 되지. 얼마나 많은 검은 입자가 먼지와 알레르기 유발원을 가지고 있을까? 나는 결코 알지 못하겠지? 밤에는 목이 자주 건조하고 칼칼해져서 기침이 나고 눈물이 차면서 잠에서 깨게 돼. 입을 벌리고 자서 그런 걸까, 아니면 '자발적인' 리콜 공지문에 써 있듯이 폼이 분해되어서 나온 입자 때문일까?

내 콧구멍 안쪽 벽은 온통 헐었어. 낮 동안 차갑고 건조한 공기를 폐에 닿을 만큼 세게 불어넣는 나잘 마스크를 몇 년이나 사용하고 나서 말이야(더운 수증기가 나오는 가습기를 사용하는 것은 밤에만이야). 이것이 유독한 입자들하고 관련이 있을까? 아니면 숨을 쉬려면 달고 가야만 하는, 신체가 낡아가는 '정상적인' 과정의

징후일 뿐인 걸까? 나는 이 기계 사용을 중단하지는 못해. 이 기계는 내 사이보그 신체의 일부니까. 그러니까, 필터를 더 자주 갈아주는 것 말고는 내가 할 수 있는 일이 없는 거지. 나에게 적어놓은 메모, "부족해지지 않게 온라인으로 필터를 더 주문할 것". 돈은 내 자비로 들여야겠군.

식품의약국의 안전 공지문을 보니 오히려 더 걱정이 되네? 필터가 뭐라도 해줄 수 있을 거라는 순진한 희망을 부여잡고 있었거든. 물론 필터가 폼에서 나오는 입자나 그 밖의 물질을 다 걸러주지는 못하리라는 것은 합리적인 말이지. 그렇다면 말야, 그럼에도 필터를 잔뜩 구매해서 쟁여두어야 할까? 쓸데없는 위생 연극 같긴 해도 아무 것도 안하는 것보다는 나을 테니 말이야. 그렇지? 젠장, 젠장, 제길, 염병.

40세로 넘어가는 시기 정도부터 낮에도 바이팹을 사용했거든? 밤에만 쓰다가 하루에 거의 22시간을 쓰는 생활로 이동한 거지. 리콜 공지가 나왔을 때까지 7년간 하루 21시간씩으로 계산해보니 5만 3655시간을 사용했더라? 잠재적으로 유독할 수 있는 입자를 들이마시면서 말이야. 이것도 적게 잡은 거야. 필립스 레스피로닉스 것도 포함해서 다른 종류의 바이팹을 열여덟 살 때부터 사용했으니까. 제—길.

미래는 어떻게 될까? 나와 전세계 수백만의 사람들의 생명을 연장해주던 이 기계에서 (그리고 그것의 제조사에서) 유해성이 발견되었다는 데 우울한 배신감이 들어. 나는 내가 들이마시는 숨 한 모금 한 모금을 다 소중하게 생각하거든. 사레가 들리거나 기관지염으로 아플 때 어떤지 너무 잘 아니까 말야. 호흡에 접근할 권리를 위해 싸우고 있는 와중에, 나는 가뜩이나 주변화되어 있는 존재인 내가 심지어 더 위험해질 수도 있는 미지의 독성 입자를 신체에 받아들일 수밖에 없게 강요받고 있어. 나는 실화에 기반한 끔찍한 우생학 영화에서 영문도 모르고 희생되는 등장인물이야.

사람들이 말하기를 분노는 입문용 마약 같은 거라고들 하지. 너무 깊숙이 들어가기 전에 조심해야 한다고 말야. 그런데 지금 나는 분노에 싸여 있어. 이제까지는 분노가 휴식, 즐거움과 균형을 이루는 생성적인 요인이었는데, 솔직히 이제 지쳤어. **지쳤다고!** 언제라도 세상의 무게에 짓눌려 부서질 것 같아. 그때가 아직은 오지 않았지만 말이야. **아직은.**

다음 생에는 화려하고 부드럽고 신체의 형태가 달라지고 생체 발광을 하고 신체의 한계를 넘어 확장되는 촉수를 가진 두족류로 태어나야 할까봐. 위험을 스멀스멀 피해가면서 쉽게 부서지기를 거부하는 그런 생명체 말야.

키스를 보내며,

너의 다정한 이웃이자 장애를 가진 미래의 문어 사이보그 앨리스

Recharge

&

Revolt

충전하고 번개 치듯 저항하자

기생충

호랑이 타로

하티예 가립 작품

달이 새로 떠오르면 감정의 뱀파이어가 너의 힘을 빨아먹을 것이다.
할 수 있을 때 보호 버블을 둘러 너의 시간과 에너지와 역량을 지켜라.

돌봄의 미래?

"떠오르는 '돌봄봇'들:
인간 돌봄 제공자 대체 중"
—알렉산드라 마티수Alexandra Mateescu & 버지니아 유뱅크스Virginia Eubanks,
《가디언》, 2021년 6월 3일.

"바이든과 공화당의 협상이 깨졌으니 인프라 논의는 이제 어떻게 될까?"
—조이 개리슨Joey Garrison & 레드야드 킹Ledyard King, 《USA 투데이》,
2021년 6월 9일.

"초당적 상원의원 그룹이 인프라 법안에 합의했다고 밝혔다."
—에밀리 코크레인Emily Cochrane, 《뉴욕 타임스》, 2021년 6월 10일.

"방문 활동지원사 자금 지원을 늘리겠다는 바이든의 공약,
인프라 협상에서 제외"
—수지 킴Suzy Khimm, NBC, 2021년 6월 26일.

"'매우 불합리한' 알고리즘이 의료상의 핵심적인 의사결정을 내리면
어떻게 될 것인가?"
"취약한 사람들이 받을 도움을 결정하는 컴퓨터 프로그램이
종종 자의적이며 때로는 노골적으로 잔인하다는 지적 일어"
—에린 매코믹Erin McCormick, 《가디언》, 2021년 7월 2일.

"죽음을 예상하게 되면 삶의 가치가 달라지게 될까?"
"새로운 테크놀로지가 수명을 예측할 수 있다고 주장.
하지만 장애인에게 죽음의 측정은 치명적일 수 있어."
—브랜디 실레이스Brandy Schillace, 《와이어드》, 2021년 12월 28일.

꿈의 신탁

:장애인 신탁 예언자 협회

해: 2021년.

장소: 터틀 아일랜드. 래마투시 올로니족Ramaytush Ohlone 사람들에게 반환된 땅으로, 전에는 캘리포니아주 샌프란시스코라고 불렸음.

앨리스 윙이 2021년 6월 29일 방송된 〈선스톰Sunstorm〉 팟캐스트에 출연해 진행자 아이-젠 푸Ai-jen Poo, 앨리시아 가르자Alicia Garza와 이야기하기 위해 준비한 메모가 최근 화성의 음성 패킷에서 발견 및 복원되었다. 메모 내용은 스태프 예언자들이 암호를 풀어 정리했다.

1. 예언자들의 코러스

묻노니, 이 제도들은 왜 아직도 존재하는가? 왜 사람들은 자신이 철폐되어야 할 수감 생활을 하고 있음을 보지 못하는가? 어떤 시스템과 어떤 이데올로기가 노인과 장애인을 없는 사람, 버려도 되는 사람 취급하는 것을 영속화하는가? 어떻게 자본주의는 돌봄을 받는 사람과 제공하는 사람 모두를 착취하면서 그들 사이에 싸움을 붙이는가? 노인차별주의, 계급차별주의, 비장애중심주의 사이의 어떤 긴장과 갈등이 사람들이 서로를 지원하지 못하도록 가로막는가?

2. 응답

돌봄은 인프라다. 인프라는 돌봄이다.
미래의 돌봄 인프라는 다음과 같으리라.

- 장애를 가진 자, 또한 돌봄을 필요로 하는 자와 제공하는 자가 자신의 실제 경험에 기반해 설계하고 운영할 것이다.
- 무료로 자유롭게 이용할 수 있고 전적으로 공공자금으로 운영될 것이며, 일을 하고 있는지와 결부되거나 자산 심사를 거치지 않을 것이다.
- 지속 가능한 건축 환경에 뿌리를 두고 접근 가능한 건물과 대중교통을 통해 누구나 감당할 수 있을 만한 비용으로 제공될 것이다.
- 매년 장애 상태를 입증하는 서류를 작성해야만 수급 자격이 유지되는 일은 없을 것이다.
- 주거지와 연결되지 않아서 다른 주나 다른 카운티로 이사할 때 문제가 없을 것이다.
- 주택 개조, 보조공학 기기, 내구성 의료 장비를 집, 학교, 직장, 공공시설에 두는 것도 돌봄 인프라에 포함되어 사회에 온전히 참여하는 일이 가능해질 것이다.
- 긴급 상황 발생 시, 취소 시, 자연재해 시 사전에 연락이나 승인 없이도

누군가가 메워줄 수 있도록 모든 동네가 백업 시스템을 갖출 것이다.

- 지리적·인구통계학적 다양성을 계획에 고려해 서비스를 덜 제공받거나 과소대표되는 집단이 없을 것이다.
- 돌봄을 인간 삶의 정상적인 부분으로 인정할 것이고, 도움이 필요하다는 사실을 약함이나 실패로 여기지 않을 것이다.
- 돌봄노동자의 노동과 전문성에 가치를 부여하고 그들을 존중으로 대하며 그들에게 마땅한 보수와 급여를 제공하는 문화를 촉진할 것이다.
- 장애인, 노인, 만성질환자를 병리화하는 의료적·공식적 교육에 초점을 두기보다 개인의 자기주도성, 신체적 자율성, 위험에 대한 존엄을 우선 순위에 둘 것이다.
- 돌봄은 사회에 그가 어떤 모습으로 나타나든 상관없이 모든 사람에 대한 자유, 정의, 사랑, 그리고 사회적 재투자를 의미할 것이다.

무지개

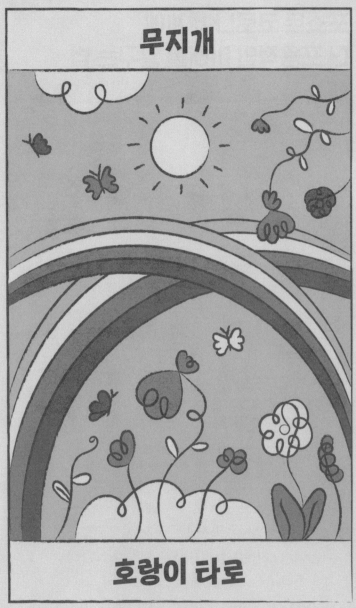

호랑이 타로

하티예 가립 작품

풍성함과 기회와 기쁨을 배가하라.
네가 그것들에 열려 있다면 그것들이 너를 기다리고 있을 것이다.
그것들의 따뜻함과 행운의 풍요로움 속에서 마음껏 호사를 누려라.

포스트 코로나 세계에
더 포용적인 미래를 일구는 법

2021년 3월 3일 《매셔블Mashable》의 니콜레이 니콜로브Nikolay Nikolov와 진행한
인터뷰. 아래는 내용을 더 명료하게 전달하기 위해 요약과 편집을 거쳤다.

우리 사회에서 어떤 사람은 다른 사람보다 훨씬 더 중요합니다.
통념에 따르면, 특히 생명윤리학자들에 따르면, 자원은 자격이
있는 사람에게 가야 한다고 하죠.

저는 여기에 아주 많은 층위의 백인우월주의, 성차별주의,
그리고 명백한 비장애중심주의와 노인차별주의가 작용하고 있
다고 생각합니다. 저에게 이건 매우 개인적인 문제이기도 해요.
2020년에 제가 매우 많은 글을 쓴 이유 중 하나는 장애인, 만성
질환자, 비만인, 노인, 면역계 손상자들에게 정말로 해를 끼치는
내러티브를 조금이라도 밀쳐내기 위해서였습니다.

저는 고위험자예요. 하지만 다른 모든 사람과 마찬가지로 저
도 살고 싶습니다. 비장애인은 저를 보면 그저 이렇게 생각하는
것 같아요. '세상에, 그런 몸으로 살아가는 걸 상상조차 못하겠어.

정말 힘들 것 같아.' 물론 힘듭니다. 하지만 정작 저를 힘들게 하는 건 이 세상이 지어진 방식, 불평등이 제도화된 방식이에요. 어떤 사람들은 단지 생존한다는 사실 자체만으로도 징벌받고 범죄화되는 그 방식이요.

비장애인의 세상에 사는 우리 장애인들 중에는 믿을 수 없을 정도로 혁신적이고 창조적이고 적응성이 뛰어난 사람들이 아주 많습니다. 어떻게 속도를 늦추고 유연성과 융통성을 높일지에 대해 장애인들과 질환이 있는 사람들은 아주 많은 지혜를 가지고 있으며, 사람들이 거기에 관심을 기울였으면 좋겠습니다. 이 팬데믹에서 무언가 얻을 것이 있다면, 장애인들은 늘 이런 상황에 있어왔으며 늘 생존해왔다는 것을 사람들이 깨닫는 것이 아닐까 해요. 그리고 많은 경우 우리 장애인들은 해법을 가지고 있죠.

그리고 저는 제가 장애인 커뮤니티의 일부라고 생각하는 이 일군의 새로운 사람들에 대해 생각합니다. '롱 하울러long-hauler'[코로나19 증상 및 후유증을 오래 겪는 사람]라고 불리는 사람들 말이에요. 이들에게 코로나19로부터 회복되는 것은 평생이 걸리는 과정이 될 수도 있으니까요.

비장애중심주의와 자본주의가 유해한 가장 큰 이유 중 하나는 그것이 우리의 가치를 우리의 생산성에 따라 결정한다는 점에 있습니다. 하지만 우리는 상호의존적인 존재이고, 납세자인지 아닌지, 일주일에 40시간 혹은 그 이상 일하는지 등으로 말할 수 있는 것을 넘어서는 가치가 있어요. 그리고 우리가 알아가야 할 것은 너무나 많습니다. 우리는 하루의 일상을 어떻게 조직할 것인가와 관련해 더 유연하고 융통성 있어야 하고 더 많은 리스크를 감내해야 합니다. 그리고 가장 크게 영향을 받는 사람들에게 정말로 귀를 기울여야 합니다.

해법을 찾고 의사결정을 내릴 때, 가장 크게 영향을 받는 모든 사람들, 모든 주변화된 집단의 사람들이 중심에 들어와야 합니다. 평생 동안이었건 최근에만이었던 간에, 시스템과 제도가 당신에게 해를 끼칠 때 솔직히 당신은 스스로 해법을 알아내야만 하니까요.

그런데 이런 상황을 다뤄본 적 없는 사람들이 정책을 만드는 위치에 있는 경우가 많지요. 이것은 막대한 기회 상실입니다. 많은 장애인들이 오랫동안 요구해온 고용과 교육에서의 핵심 정책들이 기술적인 어려움을 이유로 이제껏 거부되어왔습니다. 저작권 때문이건, 회사의 IT 시스템이 너무 많은 요구를 처리할 수 없어서건, 그 밖의 무엇 때문에 안 되건 간에 말이에요. 하지만 이제 우리는 장애인들이 요구했던 것들이 매우 빠르게 실현되는 것을 보고 있습니다. 돈과 관련해, 또한 학생들과 노동력을 유지하는 것과 관련해 변화가 매우 매우 빠르게 일어날 수 있다는 것도 입증되고 있습니다. 이런 변화가 완벽하지는 않겠지만, 변화가 일어나야만 할 때는 하룻밤 사이에도 일어날 수 있습니다.

미래에 우리는 정말로 권력에 대해 생각해야 합니다. 권력이 어떻게 공유되고 획득되고 창조되는지에 대해서요. 저는 "무한한 조합의 무한한 다양성"이라는 말을 정말 좋아하기 때문에 〈스타트렉〉을 많이 생각합니다. 벌칸족의 모토인 이 개념은 우리의 차이가 어떻게 우리를 더 나은 존재로 만들어주는지 말해주죠.

소위 정상이라고들 생각하는 것으로 돌아가야 한다는 압력을 정말로 없애야 합니다. 저는 모두 앞을 보고서 세상을 다시 생각할 진짜 기회가 있다는 것을 보았으면 좋겠습니다. 정의, 해방, 상호의존, 상호돌봄, 상호존중의 세상 말이에요. '포스트 팬데믹' 세상 같은 것은 없을지도 모릅니다. 적어도 곧 도래하지는 않을지도 모릅니다. 우리는 영원히 이렇게 살아야 할지도 모릅니다. 많은 이들에게 이것은 매우 경악스러운 생각일 것입니다. 하지만 이 시기를 과거에 했던 실수에서 배우는 기회로 삼을 수 있지 않을까요? 행동을 취하는 데 너무 느렸던 것에 대해, 사람들을 믿는 데 너무 느렸던 것에 대해, 그리고 자유의 의미가 어떻게 왜곡되었는지에 대해서요. 마스크를 의무적으로 착용하지 않을 자유는 당신이 죽는다면 아무 의미도 없습니다. 저는 미래에 우리가 서로와의 연대를 꼭 필요로 하게 되리라고 생각해요. 우리는 그것을 보여주어야 합니다. 우리는 도움을 청하는 것, 도움을 필요로 하는 것이 약함을 의미하는 것이 아님을 알아야 합니다. 우리가 생존할 수 있는 유일한 방법은 우리가 함께라는 것을 진정으로 **믿고 실천하는** 것뿐입니다.

지금 많은 장애인들이 자신의 미래를 위해 싸워야만 하는 상황입니다.

우리 주위에는 우리를, 심지어 고치려 하는 것을 넘어 유전자 수준에서 제거해버리고자 하는 흐름들이 있습니다. 특히 테크놀로지가 그렇죠. 예를 들어, 크리스퍼–캐스9CRISPR-Cas9이라는 유전자 가위로 인간 유전자를 편집하는 기술을 생각해볼까요? 저는 이 기술이 매우 우려스럽습니다. 미래의 세상에서 우리를, 저와 같은 사람들을, '나쁜 유전자'를 가졌다고 여겨지는 사람들을 사라지게 만들려는 기술이기 때문입니다. 장애인을 '고치는' 방법에 대해 지극히도 명시적인 이런 유의 테크놀로지는 미래 세상에 우리[장애인]가 속해 있지 않다는 메시지를 내놓습니다. 그리고 저는 여기에 전적으로 반대합니다.

장애인도 미래 세상에 속해 있습니다. 우리는 할 수 있는 한 힘껏, 그리고 할 수 있는 한 많이 저항할 것입니다.

최후의 장애인 신탁 예언자

2020년 8월 6일, 나는 호주 멜버른에 근거지를 두고 활동하는 '우리가 미래에 한 일The Things We Did Next'이 협업으로 진행한 프로젝트 '미래를 위한 회담Assembly for the Future'에서 〈최후의 장애인 신탁 예언자The Last Disabled Oracle〉라는 제목의 강연을 했다. '우리가 미래에 한 일'은 '아직은 아니야, 그건 어렵지Not Yet It's Difficult'와 '어딘가에서 무언가Something Somewhere'가 제작하고 알렉스 켈리Alex Kelly와 데이비드 플레저David Pledger가 공동으로 기획했다. 이 행사에서 우리는 다양한 미래를 함께 상상해보고자 했다. 참가자들은 소그룹으로 모여 2029년에 한 것으로 설정된 내 강연에 대해 취재 기사를 작성했다. 아래는 그 2029년의 내 강연이다.

환영합니다, 여러분! 지금은 캘리포니아 시간으로 오후 4시 15분이고요. 장애인 신탁 예언자 협회 북미 지부 12월 모임의 개회를 선언합니다.

먼저 제 모습을 알려드리면, 저는 흰 줄무늬가 있는 검은 재킷을 입고 있는 아시아계 미국인 여성이에요. 호흡기와 연결된 튜브가 달린 나잘 마스크를 쓰고 있습니다. 참석자분들이 온라인과 오프라인으로 들어오시는 동안, 뒤쪽에 마련된 음료와 간식을 편히 드시기 바랍니다. 루이스가 지난 달 호주 지부 연례 회의 때 멜버른에서 가져온 팀탐[호주의 초코 과자]도 있어요. 오늘 온라인으로, 전화로, 그리고 새로운 플랫폼인 빕뱁으로 참석하시는 분들도 계시는데요, 회의가 이어지는 동안 여러분 각자의 디바이스에서 다양한 스트리밍을 팔로우하시는 것도 잊지 마세요.

12월이네요. 우리는 21세기의 또 다른 10년을 시작하려 하고 있습니다. 우리가 장애인 신탁 예언자로서 직면했던 주요 이슈와 어려움들을 잠시 돌아보기로 하죠. [우리 협회가 설립된 것이] 2020년 12월이니 9년이 되었네요. 코로나19 바이러스, 2024년 바이러스가 있었고, 지난 5년간은 글로벌 이주와 기후 패턴의 변화로 어려움을 겪었습니다. 이러한 위기 모두가 주변화된 집단의 사람들에게 더 큰 어려움을 주었어요. 특히 유색인, 원주민, 빈민, 노인, 장애인이 그랬죠.

　지구가 우리 같은 사람들에게 말 그대로 더 적대적이 되었지만, 우리가 직면한 존재론적 위협 중 가장 심각한 것을 꼽으라면 선천적 장애가 고쳐질 수 있는 것이고 '인간 유전자 편집'으로 제거되어야 한다고 생각하는 사람들을 들 수 있을 것입니다. 인간 유전자 편집Human Gene Editing은 줄여서 HGE라고도 하죠.

　우생학은 늘 우리 가까이에 있었어요. 하지만 저는 우리가 향후 10년이나 15년 사이에 HGE가 대중적으로 널리 쓰이는, 차원이 다른 상황을 마주하게 될 거라고 봅니다. 지난 8월 맥에디트McEdit의 기자회견이 그 시발점이었을 거예요. 맥에디트는 미래세대에게 '최고의' 삶의 기회를 주고 싶어 하는 사람들에게 최고급 서비스를 제공한다고 말하는 초국적 기업입니다. 출시 일자는 발표하지 않았지만 기자들은 늦어도 2030년이나 2031년이면 나올 거라고 보고 있어요. 맥에디트에 대해 환호 일색이고 반대가 별로 없다는 것은 우리가 장애인 신탁 예언자로서 할 일이 아주 많으리라는 의미이기도 합니다.

맥에디트

맞춤형 인간 유전자 편집

맥에디트의 도래가 우리에게 의미하는 바는 무엇일까요? 불완전하게 완전한 존재인 우리가 '더 나은, 더 강한, 더 건강한' 생명이라는 유혹적인 내러티브에 맞서 어떻게 반론을 펼 수 있을까요? 우리는 어떻게 이 테크놀로지의 기저에 있는 진정한 윤리적 함의를 이야기할 수 있을까요?

우리가 해야 할 일을 논의하기에 앞서, 기본적인 것들을 짚어봅시다. 새로 오신 분들에게 유용할 거예요.

오래전 [비영리기구] 유전학 및 사회 센터Center for Genetics and Society는 인간 유전자 조작을 "분자공학 테크놀로지를 통해 게놈에 직접 조작을 가하는 것"이라고 설명했습니다. 인간 유전자 편집, 줄여서 HGE라고도 표기하죠.

체세포 계열과 생식세포 계열, 이렇게 두 종류로 조작을 가할 수 있습니다. 우리는 생식세포 계열 조작에 초점을 두고 있는데,

이것이 난자, 정자, 또는 초기 수정란에서 유전자 자체를 바꾸는 것이기 때문입니다. 그러고 나면 이후 세대들은 그 조작으로 발생한 변화를 유전적으로 전승하게 되리라는 것입니다.

유전자 편집 도구인 크리스퍼-캐스9은 빠르고 싸고 정확해서 인기를 끌고 있습니다. 2018년 허젠쿠이贺建奎라는 과학자가 이것을 사용해 유전자 편집 아기를 만들었다고 한 국제 콘퍼런스에서 밝혔습니다. HIV에 저항성이 있는 사람을 만들려는 시도에서였다고 합니다. 그는 2019년에 불법 의료 행위로 3년 형을 선고받았습니다.

그 당시에는 생식세포 조작에 대해 윤리적인 경각심이 있었습니다. 하지만 모든 나라에서 금지되거나 규제가 된 것은 아니었어요. 그리고 시간이 지나면서 크리스퍼 같은 도구들은 더 정교해졌고, 알려지지 않은 악영향을 우려해 반대하던 목소리도 잦아들었습니다. 질병을 제거한다는 가능성과 과학에 대한 환호가 건강, 장애, 차이에 대한 근본적인 가정들에 문제를 제기하는 모든 질문들을 압도하고 있습니다. 아이에게 강점을 물려준다는 개념, 그 강점이라는 것이 질병 가능성을 줄이는 것이든 그 밖의 다른 특질들을 강화하는 것이든 간에, 그 개념은 아이에게 소위 '최고의 것'을 주고 싶어 하는 부유한 사람들로서는 저항하기 어려운 개념일 것입니다. **최고**란 장애가 없는 것을 의미하지요. 바로 이것이 맥에디트와 그 이후에 나온 비슷한 회사들이 상업적이고 명백히 군사주의적인 목적을 가지고 떠오르고 있는 이유입니다.

장애인 신탁 예언자 협회는 코로나19가 한창이던 2020년에 설립되었습니다. 그때 장애와 질환이 있는 사람들은 마스크 착용의 중요성에 대해 목소리를 냈습니다. 접근성의 가치와 모든 집단의 상호의존이 갖는 가치에 대해서도요. 기관이나 정부가 의료 트리아지 가이드라인을 내놓으면서 누가 이 사회에서 처분 가능하다고 여겨지고 누가 그렇지 않은지가 명확히 드러났습니다. 아무렇지도 않게 자행되는 장애인차별, 인종차별, 노인차별이 경제에 다시 시동을 걸자는 논의에서 아무런 제약 없이 횡행했습니다. 어떤 생명은 살 가치나 구할 가치가 없다는 양, **사회적으로 용인 가능한 손실**이라든가 **고위험**이라는 용어가 버젓이 이야기되었지요.

우리 협회 결성에 촉매가 된 것은 그해 7월 《뉴욕 타임스》에 미국장애인법 30주년 기념 시리즈 기사 중 하나로 실렸던 기사였어요. 미국장애인법은 장애인을 위한 민권법입니다. 케이티 해프너Katie Hafner가 쓴 기사였고, 제목은 〈SF였던 유전자 편집이 현실이 되고 있다Once Science Fiction, Gene Editing Is Now a Looming Reality〉였습니다. 기사에 몇몇 장애아 부모와 과학자, 생명윤리학자 등의 코멘트가 나오는데, 장애인은 딱 한 명 나오더군요.

제 친구이자 동료 신탁 예언자인 리베카 코클리Rebecca Cokley는 트위터에 이렇게 적었습니다. "이봐요, @nytimes[《뉴욕 타임스》]. 어떻게 미국장애인법 30주년을 기념한다면서 장애인 정체성을 갖지 않은 사람에게 크리스퍼가 "우리[장애인]"에게 의미하는 바에 관한 기사를 쓰게 할 수 있나요? 당신들의 비장애중심주의는 정말 한계를 모르는군요."

장애인 신탁 예언자 협회

2020년 설립

그 기사를 보았을 때 제 안의 무언가가 툭 끊어지는 것 같았어요. 여기 우리 장애인 신탁 예언자들이 있습니다. 우리는 태초부터 사회에 경고를 해왔고, 우리의 진리를 말해왔습니다. 하지만 또다시 우리는 완전히 묵살되고 있습니다. 이것은 새롭거나 특별한 일이 아닙니다. 주변화된 사람들의 말은 역사 내내, 문제적이고 바람직하지 않다고 치부되어 진지하게 여겨지거나 신뢰를 얻지 못했습니다. 우리는 정상에 대한 이분법적인 틀을 불편하게 만들고 교란합니다. 그래서 우리의 경고는 현 상태를 유지하려는 사람들에 의해 침묵이 강요되지요. 설득력 있는 주장을 해도 우리는 중심에 들어가지 못합니다. 우리가 가진 방대한 학문적 지식과 지혜에도 불구하고 말이에요. 예를 들어, 저는 2020년 8월 자이프리트 비르디Jaipreet Virdi 박사를 인터뷰한 적이 있어요. 비르디 박사의 저서《행복을 듣다: 역사 속 청각장애 치료 Hearing Happiness: Deafness Cures in History》에 대해 듣기 위해서였는데요,

비르디 박사는 이것이 인간 유전자 편집을 비롯한 치료의 미래에 관한 책이라고 말했습니다. 그는 이렇게 설명했습니다.

유전공학이 선천성 청각장애를 없앤다는 보장은 없습니다. 더 많은 부작용을 초래하지 않으리라는 것도 확실하지 않습니다. 그뿐 아니라 본질적으로 이것의 핵심은 문화적인 제노사이드입니다. 유전자 수준에서 그것을 피해야 한다는 주장은 자신에게 유전적인 결함이 있다고 인식하지 않고 살아온 수 세대의 청각장애인들에 대한 모욕입니다.

자, 여기까지가 우리 협회의 기원에 대한 간단한 설명이었습니다. 제가 이것을 말씀드린 이유는 우리의 사명이 여전히 그때와 같기 때문입니다.

우리는 우리의 이야기와 진실을 우리의 언어로 말한다.
우리는 우리가 누구이고 세상에서 우리의 장소가 어디인지를 스스로 규정한다.
우리는 세상에 보여야 하고 들려야 하며 그러기 위해 싸운다.
우리는 기쁨과 급진적인 수용성으로 저항하며 살아간다.

여러분께서는 올해의 장애인 신탁 예언자 협회 회장으로 저를 뽑아주셨습니다. 저는 이 책임을 막중하게 받아들입니다. 친구 여러분, 저도 모든 것을 더 빠르고 새롭고 화려하게 하는 데 집착하는 사람들에게 우리의 가치를 날마다 증명해 보이는 데 지쳤습니다. 우리는 사람들이 있는 곳으로 다가가려 노력하고 수많은 창조적인 방식들을 사용합니다. 우리는 게놈 조작으로 인해 미래 세대에게 발생할 위험과 불확실성을 우려하고, 그것이 전체 인류에게 어떻게 영향을 미칠지에 대해 우려합니다. 우리의 주된 주장을 다시 한번 말하겠습니다. "모든 사람은 가치가 있다. 어느 누구도 뒤로 밀려나서는 안 된다. 테크놀로지는 결코 중립적이지 않다." 또한 우리는 어떻게 테크놀로지가 백인우월주의, 비장애 중심주의, 그리고 모든 형태의 구조적 불평등을 촉진할 수 있는지 알리려 노력해왔습니다. 이것은 새로운 일이 아닙니다. 우리는 수없이 많은 비극적인 사례를 제시할 수 있습니다.

우리가 할 수 있는 일에 또 무엇이 있을까요? 우리는 어떻게 공동체로서 계속 나아가도록 서로를 사랑하고 지탱해줄 수 있을까요? 어떻게 바로 지금, 그리고 미래에 살고 싶은 세상을 짓는데 우리의 상상력을 사용할 수 있을까요? 자, 이제 질의 응답과 토론을 위해 여러분에게 마이크를 넘기겠습니다.

"안녕하세요? 저는 뉴욕에서 온 에밀리입니다. 장애인 신탁 예언자의 역할은 무엇일까요?"

네, 질문 감사합니다, 에밀리님. 그건 정말로 에밀리님에게 달려 있습니다. 에밀리님은 무엇에 대해 이야기하는 것이 편안하신가요? 에밀리님 자신에게 최고인 삶을 사는 것도 저항의 한 형태입니다. 말씀드렸듯이 어떻게 맥에디트의 일에 대응해야 할지, 어떻게 그들의 고객이 될 수백만 명에게 대응해야 할지에 대해 저도 답을 알지 못할뿐더러 전략도 가지고 있지 않아요. 하지만 저는 질문을 잘합니다. 저는 저의 개인적인 이야기를 더 큰 정치적 맥락에 배치하는 것을 잘합니다. 질문을 할 때, 저는 사람들이 다른 관점을 고려하길 바라고, 왜 생식세포 계열 인간 유전자 편집이 지극히 우려스럽고 심각한 문제인지 장애인 집단만이 아니라 많은 사람들이 알기를 바랍니다. 시간이 많지 않으니, 마지막 질문 하나를 받도록 하지요.

"안녕하세요? 저는 애리조나주 템피의 그레이스입니다. 오랫동안 장애인 신탁 예언자였어요. 그런데 우리가 멸종할 거라면 이 모든 게 다 무슨 소용인가요?"

질문 감사합니다, 그레이스님. 저도 정말 무섭습니다. 상황은 너무 압도적이고 날마다 불가능에 직면하는 것 같지요. 하지만 그레이스님이 얼마나 많이 활동하고 싶은지의 선택은 그레이스님 스스로 내리시면 된다는 것만 기억하세요. 저는 아직 살아 있는 동안에는 모든 사람이 크게든 작게든 세상을 바꿀 능력이 있다고 생각합니다.

루하 벤저민Ruha Benjamin 박사가 2017년 트위터에 쓴 말이 기억납니다. 벤저민 박사는 사회학자이자 《기술 이후의 인종: 새로운 짐 코드에 맞서는 [노예제] 철폐론자의 도구Race After Technology: Abolitionist Tools for the New Jim Code》라는 책의 저자인데요['짐 코드'는 과거 미국 남부 주들에서 시행되었던 인종 분리 정책인 '짐 크로우 법'을 패러디한 용어다]. 트위터에 이렇게 적었습니다. "당신이 도저히 살 수 없는 그 세상을 해체하는 동시에, 바로 그 세상이 아니면 살 수 없는 그런 세상들을 상상하고 일구는 것, 그것을 기억하세요."

장애인 신탁 예언자로서 우리는 계속해서 우리 조상들의 지식과 꿈을 토대로 새로이 창조하고 지어나갈 것입니다. 우리의 조상들은 지구의 우리에게 족적을 남겨주었어요. 우리도 그렇게 할 것입니다. 우리 모두 죽고서 오랜 시간 뒤에 다른 방식으로 다시 나타날 것입니다. 누군가가 우리를 볼 것이고 우리를 발견할 것이고 우리는 과거로부터 와서 그들과 이야기를 나눌 것입니다.

이 이야기가 도움이 될지는 모르겠지만, 당신에게 의미 있는 조상들을 생각해보세요. 지금 당신 가까이에 있는 사람들과 소통하세요. 그러면 조상들에게서 비롯된 이야기가 당신에게 전해집니다. 우리가 이 과정에 집합적으로 함께한다는 것을 기억하시고, 신탁 예언자로서의 우리의 탁월함이 부정되지 않으리라는 것을 기억하세요. 저는 저의 장애인 조상인 스텔라 영, 캐리 앤 루카스, 키테이 데이비드슨, 잉 웡-워드, 해리엇 맥브라이드 존슨, 스테이시 파크 밀번 같은 사람들의 역량과 지혜를 불러옵니다. 저에게는 저를 이끌어주는 그들의 말과 그들에 대한 기억이 있습니다. 이 작은 조언이 여러분의 마음을 조금이나마 편안하게 해드린다면 좋겠습니다. 우리는 할 수 있는 한 모든 순간을 다 품어야 하니까요. 이제 회의를 마쳐야겠네요. 장애인 신탁 예언자 협회 모토를 복창하도록 하겠습니다.

우리는 과거이고 현재이고 미래이고 영원하다.

모두 2030년에 만나요!
회의 마치겠습니다.

묘목

호랑이 타로

하티예 가립 작품

너의 의도를 모으고 모든 곳에 너의 지혜를 공유하라.
미래는 네 뒤에 있다.
네가 지금 심은 씨앗 안에.

다른 철딱서니 장애인의
소망 목록

- 장애인 작가와 편집자를 위주로 하는, 대형 출판사 소속 임프린트의 편집장 되기.
- 〈리딩 레인보우Reading Rainbow〉, 〈마스터피스 시어터Masterpiece Theatre〉, 〈머핏 쇼The Muppet Show〉 같은 희한하고 재밌는 프로그램의 각본, 제작, 감독, 진행 맡기.
- 장애인 창업자, 기업가, 혁신가에게 투자하는 벤처 캐피털 공동 창업하기.
- TV 프로그램, 다큐, 장편영화 공동 제작하기.
- 스미소니언 박물관에서 장애인 활동가 전시회 공동 기획하기.
- 새로운 립스틱 색상 개발을 위해 큰 브랜드 회사와 협업하기. 립스틱 이름을 '타이거 파워Tiger Power'로 하고 이 제품의 광고 모델 되기.
- [요리사이자 저술가인] 사민 노스랏Samin Nosrat과 함께 군것질거리를 만들고 먹는 것에 관한 넷플릭스 시리즈 제작하기.
- 요리, 먹기, 음식에 대한 열망 등을 다룬 책을 써서 포컬러북스4 Color

Books에서 출판하기.

- 지역의 유제품 회사와 협업해 새로운 아이스크림 맛 개발하기.
- 전동휠체어가 안전하게 들어갈 수 있는 개인용 비행기를 타고 도쿄에 가서 친구 및 가족과 호화 호텔에 묵으면서 그곳에 사는 친구들인 애덤, 세이코, 미즈키를 만나고, 도쿄의 맛있는 것을 **전부 다** 먹고, 기차를 타고 나고야에 가서 지브리 스튜디오 놀이공원 가기. 기차 안에서 도시락 먹기.
- 〈스타트렉〉이나 〈스타트렉〉 세계관 시리즈물에 장애인 등장인물 넣기. 〈스타트렉〉 중 어느 것이어도 좋지만 특히 〈스타트렉: 로워 덱스〉, 〈스타트렉: 디스커버리〉, 〈만달로리안〉, 〈아소카〉면 좋겠음.
- 2024년에 50번째 생일 파티를 성대하게 하기.
- 〈투카 앤드 버티〉, 〈밥스 버거스〉 같은 만화나 비디오 게임에서 성우로 새로운 커리어 시작하기.
- 샌프란시스코 동물원에서 코알라에게 유칼립투스 잎으로 먹이 주고 사진 찍기.
- TV 보고 요리하고 군것질하고 장 보고 뜨거운 편지를 쓰는 것으로 이루어지는 제인 오스틴식 연애 하기.
- 두 단어로 하면, **유령 섹스.**

make it weird

희한해지게 만들라

슈록 선생님, 고맙습니다

죽음에 대해 생각하는 것과 죽음에 대해 강박증을 갖는 것은 다르다. 나는 48세까지 살아서 호랑이의 해를 네 번째로 맞이할 수 있으리라고 생각해보지 못했다. 이 현실을 이른 나이에 알았다. 또한 그 현실은 현재의 나도 계속 따라다니고 있으며 현재의 나를 구성한 요소 가운데 하나이기도 하다.

아기였을 때 나는 기는 단계 없이 앉아 있다가 바로 걷는 단계로 넘어갔다. 네 발로 있을 때 목이 머리를 받치지 못했기 때문이다. 알려지지 않은 유형의 근위축증이라는 진단을 듣고 부모님은 우셨다고 한다. 이 이야기를 듣고 부모님이 무언가에 대해, 아니 어떤 것에 대해서든 우셨다는 말이 나에게는 굉장히 막대하게 다가왔다. 부모님께 그것이 얼마나 무서운 일이었을까? 미국에 온 지 얼마 되지도 않았고 부모가 된 것도 처음인 데다 가족과 친척의 지원도 전혀 받을 수 없는 상황에서 말이다. 근위축증을 중국어로는 뭐라고 불렀을까? 어떻게 부모님은 그 이후로 평생 내게 필요할 의료 시스템과 의료 복지 서비스들을 헤쳐나갈 수 있으셨을까? 그것은 내가 겪은 이야기가 아니고, 나는 자신의 아이가 알 수 없는 병에 걸렸다는 진단을 받은 부모의 심정과 행동을 감히 추측해볼 수 있는 위치에 있지 않다.

나는 〈세서미 스트리트〉, 〈일렉트릭 컴퍼니The Electric Company〉, 〈로저스씨의 이웃Mister Rogers' Neighborhood〉 같은 PBS 프로그램 덕분에 어린이집을 건너뛰었다. 나는 TV를 통해 **아구아**agua가 '물'을 뜻한다는 것을 알았고, 핀볼 기계 안에서 공이 통통 튀는 애니메이션과 함께 나오는 펑키하고 사이키델릭한 곡조에 맞춰 1부터 12까지 세는 법을 배웠다.

나는 인디애나폴리스 북쪽의 웨스트 788번가 1033번지에 살았고, 후버 로 근처에 있는 델라웨어 트레일스 초등학교에 입학했다. 그리고 세 분의 훌륭한 선생님을 차례로 만났다. 유치원 때 만난 피셔Fisher 선생님, 1학년 때 만난 딕시 슈록Dixie Shrock 선생님, 그리고 2학년 때 만난 소렐Sorrell 선생님이다. 나는 학교에 들어가자마자 곧바로 내가 다른 아이들과 신체적으로 다르다는 것을 알았다. 내가 입학하기 한두 해 전에 장애인교육법이 통과되어 있었기는 했지만, [특수학교가 아닌] 일반 학교에 들어갔고 선생님들은 나를 따뜻하게 환영해주셨다.

나는 특히 슈록 선생님을 너무 좋아했다. 친절하고 다정하고 유머 감각도 있으셨다. 선생님은 진정으로 학생들을 보살피는 분

아쉽게도 나에게 있는 앨범에서 슈록 선생님의 사진을 찾을 수 없었다. 이 사진은 2학년 때 우리 반이었던 친구 두 명과 찍은 것이다. 우리 모두 소렐 선생님께 배웠다. 이때는 내 일곱 번째 생일이었는데, 1980년대에는 생일에 먹을 것을 학교에 가져와서 친구들과 나눠 먹는 것이 가능했다. 이 해에 엄마는 집에서 만든 에그롤과 코카콜라를 학교로 가져와 모두에게 나눠주셨다! 독자분들이여, 우리는 점심에 더해 끼니나 다름없는 이 간식을 수업 시간에 먹었다. 생일 케이크보다 훨씬 더 놀랍고 특별했다. 엄마는 1학년 생일 때도 이렇게 해주셨는데, 2학년때 소렐 선생님 반에서 한 것을 마지막으로 더 이상은 하지 않으셨다.

사진 속 내 오른쪽에 있는 아이는 학교 때 가장 친한 친구였던 헤더 린치Heather Lynch다. 사랑스러운 포즈를 취하고 있고, 알아차리셨는지 모르겠지만 완전 쿨한 무지개 멜빵을 하고 있다. 가운데가 나인데, 터틀넥과 엄마가 만들어준 멜빵바지를 입고 있다. 이 바지는 희한하게도 이 책에 여러 번 등장한다. 내 왼쪽은 친구 커스텐 B.Kirsten B.다.

이었다. 평소에는 늘 단정하게 틀어 올리시는 긴 갈색 머리를 가끔씩 이야기 시간에는 풀어서 늘어뜨리셨다. 그러면 선생님은 라푼젤 같으셨고, "우아아아! 선생님 좀 봐!"라고 말하게 되는 순간이었다.

친구들이 두 줄로 맞춰서 체육관이나 미술실로 이동할 때면 나는 늘 뒤처졌다. 슈록 선생님은 앞에서 아이들을 인솔하셨는데, 그러다 보면 혼자 힘겹게 걸음을 떼면서 복도에 나만 남는 경우가 있었다. 나는 초중고를 다니는 12년 내내 분노스럽고 트라우마적이고 차별적이고 당황스럽고 부끄럽고 괴롭힘 당하는 경험을 수없이 많이 했다. 그 가운데, 도드라지게도 그렇지 않았던 경험으로 존재하는 기억이 하나 있다. 하루는 슈록 선생님이 나더러 여자아이들 줄의 맨 앞에 서라고 하셨다. 선생님은 두 줄의 아이들 모두를 인솔하시면서 내가 천천히 걷는 동안 내 손을 잡고 걸어주셨다. 어른과 아이가, 비장애인과 장애인이, 선생님과 학생이 그렇게 보조를 맞춰 걸으면서, 나와 선생님이 전체 학급의 속도를 설정하고 있었다. 더 커서는 이렇게 선생님이 나를 보고 계시고 살펴주신다는 느낌, 선생님이 계셔서 안전하다는 느낌을 받은 적이 없다.

20대 때 슈록 선생님과 다시 연락이 닿았다. 내가 얼햄대학 신입생이 되었을 때(나중에는 휴학을 해야 했지만) 내가 그 학교 학생이 되었다는 것을 아시고서 선생님이 연락을 해오셨다. 얼햄대학은 작은 퀘이커 자유교양 사립대학으로, 인디애나주 리치먼드에 있다. 선생님의 친척 한 분이 그 학교 출신이었던가 해서 내 소식을 들으셨던 것 같다. 그 이후로 우리는 매년 크리스마스 카드를 주고받았다.

슈록 선생님은 그때 이후로 30년 동안 델라웨어 트레일스 초등학교에서 한두 블록 떨어진 그린 브라이어 초등학교에서 계속 1학년을 가르치셨다. 여기 내가 2013년 1월 1일에 그린 브라이어 초등학교의 임시 교장 제이미 알렉산더Jamie Alexander 선생님과 워싱턴 타운십 광역 학교 지구 교육감 니키 우드슨Nikki Woodson 박사에게 보낸 편지의 일부를 소개한다.

알렉산더 교장 선생님께,

저는 귀 학교에 재직 중이신 딕시 슈록 선생님의 훌륭함을 말씀드리고자 이 편지를 씁니다. 귀 학교나 워싱턴 타운십 광역 학교 지구가 우수 교사를 표창하는 제도가 있는지 저는 잘 모르지만, 만약 있다면 이 편지를 공식적인 추천으로 여겨주시면 감사하겠습니다.

최근에 저는 NPR[내셔널퍼블릭라디오]에서 한 학생이 졸업 후 수십 년이 지나서 감사의 인사를 전하기 위해 옛 선생님을 찾는 내용을 들었습니다. 저는 슈록 선생님의 동료분들께 저의 생각을 공식적으로 전해드리고자 하며, 훌륭하신 선생님께 드리는 제 감사의 마음을 기록해 두고자 합니다.

저는 1980년에 델라웨어 트레일스 초등학교의 1학년이었고, 그때 슈록 선생님께서 저희 반을 담당하셨습니다. 그 학교는 1981년 아니면 1982년에 폐쇄되었습니다. 그리고 2학년이던 어느 날, 저는 복도에서 급우들을 따라가지 못하고 혼자 뒤처지게 되었습니다. 교실로 걸어서 돌아오다가 너무 지쳐서 바닥에 넘어졌습니다. 저는 울기 시작했는데, 교실에 계시다가 가장 먼저 나와서 달래주신 분이 슈록 선생님이셨어요.

슈록 선생님은 모든 학생에게 굉장한 애정과 보살핌을 베풀어주셨습니다. 슈록 선생님으로부터 내가 무엇이건 할 수 있고 잠재력으로 가득하다는 느낌을 받은 학생은 저만이 아니었습니다. 장애가 있는 학생에게 이 느낌은 가치를 따질 수 없이 귀중합니다. 어른들이 잠재력에 제약을 부과하기 전인 어린 나이에 그런 느낌을 가질 수 있다는 것 말이에요. 저는 슈록 선생님 반에서 제가 다른 아이들과 딱히 다르다는 느낌을 받은 적이 없습니다. 저도 그저 배우고자 호기심에 넘치는 아이들 중 하나였죠.

몇 년 뒤 저는 슈록 선생님께 제 소식을 알려드렸습니다. 너무 자랑하는 것처럼 보이면 어떡하나 싶기도 했지만, 제가 선생님께 저에 대한 기사나 글을 보내드린 이유는 제 성공에 제 가족이나 친구와 마찬가지로 선생님이 얼마나 크게 기여하셨는지 알려드리고 싶어서였습니다. 제가 선생님께 카드들을 보내면서 정말 드리고 싶었던 말씀은 이것이었어요. **"슈록 선생님, 정말 고맙습니다. 지금의 제가 있는 건 선생님 덕분입니다. 선생님의 교실에서, 제 가장 좋은 어린 시절 추억의 많은 부분을 쌓을 수 있었어요."**

제가 어린 학생이었을 때 슈록 선생님으로부터 느낄 수 있었던 주된 메시지는 이런 것이었습니다. **나는 안전해. 나는 사랑받고 있어. 나는 여기에 속해 있고 환영받고 있어.** 이런 느낌이 오늘날까지도 제가 배우고 학습하는 데 토대가 되었고 제가 가지고 있는 자신감의 토대가 되었습니다.

딕시 슈록 선생님은 워싱턴 타운십 광역 학교 지구의 귀중한 자산이며, 그렇게 인정받으시고 감사받으셔야 마땅하다고 생각합니다. 학교 당국은 자신의 일에 헌신하고 계속해서 아이들에게 경이로움과 낙관의 감각을 전해주시는 선생님들께 보상해야 합니다.

이 편지를, 한때 워싱턴 타운십의 학생이었던 한 사람의 마음의 표현으로 받아들여주시기 바랍니다. 평생에 걸쳐 훌륭히 교사로 임하고 계시는 슈록 선생님을 기리는 마음의 표현으로 말입니다.

팬데믹이 시작되었을 때, 나는 슈록 선생님이 잘 지내고 계시는지, 은퇴를 하셨는지 궁금했다. 나는 선생님께 내가 엮은 에세이집과 감사 카드를 보내드렸다. 나는 카드를 주고받는 것을 좋아하고, 모든 카드를 기념으로 간직한다. 놀랍게도 선생님께서 답신 카드를 보내주셨다. 2020년 7월 16일로 날짜가 적혀 있었다.

앨리스에게,
《급진적으로 존재하기》 책을 받고 정말이지 얼마나 기뻤는지 모른단다. 네가 서문에서 밝힌 목적은 사려 깊고 강력하고 네 경험들을 거치며 형성된 것이더구나. 사회에 빛을 밝히기 위해서 말야. 우리가 어디서든 손을 잡고 함께 걸었을 때, 굴하지 않는 끈질김의 힘이 늘 있었어. 어느 날 우리가 학교 식당에 들어갔을 때(다른 아이들이 줄을 서서 우리 뒤를 따라오고 말야) 네가 이렇게 물었던 것이 기억나는구나. "슈록 선생님, (잠시 멈추었다가) 제가 죽게 되나요?" 우리는 몇 초간 계속 걸어갔어. "아니, 너는 죽지 않아." 그때 나는 네가 또래의 아이들보다 무언가를 훨씬 더 깊이 '알아낸다'는 걸 알게 되었단다. 나는 네가 다른 이들을 위해 해온 모든 일이 정말 자랑스럽다.
나는 코로나19가 터지고서 42년간 몸담았던 교직에서 최근에 은퇴했어. 그래서 지금 내 할 일 목록 첫 번째는 네 책을 읽는 거란다! 고맙다!

너는 늘 내 마음에 있단다,
딕시 슈록 선생님이

어렸을 때 근위축증 학회의 텔레톤을 본 적이 있다. 그때 나는 내가 30세, 40세, 50세가 되는 것을 상상할 수 없었다. 어른이 될 가능성이 없어 보이는데 어른이 돼서 무엇이 될지를 어떻게 알 수 있었겠는가? 어린아이가 그런 개념과 감정을 어떻게 이해하고 소화할 수 있었겠는가? 의사와 과학자들은 내 미래를 닫아버렸고, 슈록 선생님을 비롯한 나의 소중한 사람들은 닫힌 문을 부수고 내 미래를 활짝 열어주었다. 가족과 친구들(그리고 테크놀로지, 인터넷, 메디케이드, 그 밖의 서비스들도)과 더불어 슈록 선생님께서 내 생명을 구하셨다. 하지만 그때는 그것을 알지 못했다. 이 에세이는 1980년의 한 작은 초등학교에서 나온 기억들의 벤다이어그램이다.

지금의 나는 과거의 내가 감히 꿔보지도 못했던 꿈이다. 이 꿈은 장애를 '극복'하는 것이 아니다. 이 꿈은 심연을 직시하고 무無에서 무언가를 창조하는 것이다. 꿈꾸는 것은 무한한 우주를 짓는 일이다. 슈록 선생님, 모든 것에 감사드립니다. 그리고 우리의 그 희한한 뇌로 삶과 죽음에 대해 열심히 알아내고 있었던 여섯 살의 나 앨리스야, 너에게도 고맙구나.

여섯 살 앨리스: 누구세요?
마흔여덟 살 앨리스: 나는 너야.
여섯 살: 음, 나이가 너무 많은데요? 너무 많아요.
마흔여덟 살: 나도 알아. 이상하지?

유치원 때 아니면 1학년 때
학교에 제출한 사진.
대여섯 살쯤이었을 것이다.

여섯 살: 나는 언제 죽어요?

마흔여덟 살: 나도 몰라. 하지만 지금 살아 있고 그 사실에 놀라곤 해

여섯 살: 먹고 싶은 거 다 먹을 수 있고 밤도 샐 수 있어요?

마흔여덟 살: 꽤 그렇지. 그게 어른이 돼서 좋은 점 중 하나야. 마음은 아직
여섯 살 같지만. 더 알고 싶은 건 없니?

여섯 살: 그 나이에 사는 거 무섭지는 않아요?

마흔여덟 살: 쉽지 않은 질문이니까 네게 거짓말하지 않을게. 지금 나는 친
구가 아주 많고 온갖 멋진 일들을 해. 이것이 인생을 재밌게 해주지. 하
지만 늘 위험과 리스크가 있어. 그리고 얘야, 지구가 위험에 빠져 있어!

여섯 살: 미래에 멋진 것은 무엇이 있어요? 우주에 가거나 "나누나누"라고
모크 인사를 할 수 있나요? [미국 시트콤 〈모크와 민디〉의 주인공 모크

가 이렇게 인사한다]

마흔여덟 살: 아직은. 하지만 여러 행성들을 돌아다니면서 탐험할 수 있으면 좋을 것 같아. 외계인하고 친구도 하고.

여섯 살: 그러니까요! 외계인은 진짜로 있어요. 모크도 진짜로 있고요. 〈모크와 민디〉는 우리를 그것에 준비되게 훈련시키려는 거예요. 피곤하세요? 저는 피곤해요.

마흔여덟 살: 나는 여전히 피곤하고 아마 너보다 더 피곤할 거야. 안 그러면 좋겠지만 우리 몸에 대해 말하자면, 상태는 점점 나빠져. 노화와 장애 때문이지.

여섯 살: 그건 재밌지 않은데요.

마흔여덟 살: 재미없지. 재미없어. 얘야, 슈록 선생님 알지? 나는 지금도 슈록 선생님과 연락을 해!

여섯 살: 와아! 유치원 때의 절친 헤더 린치는요?

마흔여덟 살: 페이스북으로 계속 연락하고 있지.

여섯 살: 페이스북이 뭐예요?

마흔여덟 살: 유용한 건 아니야. 신경 쓰지 마. 더 알고 싶은 건 없니?

여섯 살: 나는 언제 죽어요?

마흔여덟 살: 아이고, 또 묻네. 아까 말했잖아, 나도 모른다고. 하지만 모르는 게 다 나쁜 것만은 아니야. 얼마나 열심히 노력을 하든 모든 것을 다 알거나 다 통제할 수는 없어.

여섯 살: 오렌지 줄리어스와 핫도그를 여전히 먹을 수 있어요? 엄마와 아빠가 라파예트 스퀘어몰에 갈 때면 늘 사주시는데요. 나는 짭짤하고 단 게 좋아요.

마흔여덟 살: 아직도 있으면 좋을 텐데.

아흔여섯 살의 앨리스: 저기요, 거기 누구 있어요?

마흔여덟 살: 후아아아? 저 사람 우리야? 우리가 아주 멋지게 보이는구나!

미래에서 날아온 회고록

여섯 살: 혹시 마녀신가요?

곧 출간될 《호랑이의 해: 모피가 난다 Year of the Tiger: The Fur Will Fly》(빈티지북스, 2070)에서 계속됩니다.

2070년의
어느 부고 기사

서기 2070년 호랑이의 해에 앨리스 윙이 숨졌다. 향년 96세. 신탁 예언자이자 이야기꾼이고 사이보그이며 트러블메이커이고 활동가이고 올빼미형 인간인 앨리스는 헨리 윙과 바비 윙 슬하에 장녀로 태어났다. 부모는 1970년대에 홍콩에서 인디애나주로 온 이민자다. 앨리스는 1997년 샌프란시스코로 이사해 대학원 과정에 진학했고, 베이 에어리어 장애인 커뮤니티의 일원이 되었다. 앨리스는 이후 몇십 년간 샌프란시스코에서 살았다. 2014년에 앨리스는 장애 가시화 프로젝트를 시작했고, 이 활동은 블로그, 팟캐스트, 여러 권의 책, TV 프로그램, 다큐멘터리 등으로 이어졌다.

2026년에 앨리스는 미국 대형 출판사가 만든 최초의 장애인 중심 임프린트의 편집장이 되었다. 이 출판 브랜드는 많은 장애인 편집자, 작가, 동료들과 함께 장애인 출판의 첫 번째 황금기를 열어젖히는 데 일조했다. 그 이후로도 장애인 출판은 여러 차례 황금기를 맞는다.

옴스테드 사건의 연방 대법원 판결이 있었던 1999년에 성년이 된 많은 사람들처럼 앨리스는 정신병원, 요양원, 감옥 등의 집단수용시설 철폐를 위한 활동이 마침내 성공하는 것을 보았다. 법원이 의무화한 보호시설에 수용되는 대신 적절한 지원을 받아 스스로 의사결정을 하게 되면서 사람들은 자율성을 가지고 번성할 수 있게 되었다. 장애인과 장애인을 돕는 사람들은 수십 년간의 운동을 통해 지역사회 기반 돌봄이 장애정의의 원칙으로 단단히 뿌리내리게 할 수 있었다. 이후 자연재해, 팬데믹, 전쟁, 대규모 이주로 인해 장애인 인구가 역사상 가장 많은 비중을 차지하게 되었다. 이러한 요인들이 합쳐지면서, 사람들은 강요된 생산성과 유독한 개인주의가 해체되는 새로운 사회를 상상했고, 이로써 앨리스는 삶의 후반부에 원하는 것은 무엇이건 할 수 있는 자유와 지원을 누릴 수 있게 되었다.

2032년에 앨리스는 [록 밴드] 린다 린다스Linda Lindas에 영감을 받아 펑크록 밴드 '비장애중심주의에 대한 분노Rage Against the Ableism'의 싱어송라이터가 되었다. 이 밴드는 [일본의 코믹 애니메이션] 어그레츠코Aggretsuko 가면을 쓰는 것으로 유명하며, 부정의에 맞서 목소리를 높이면서 12년 동안 다섯 개의 음반을 냈다. 앨리스의 노래 〈비장애중심주의는 쓰레기〉, 〈아, 됐고, 나한테 지급할 돈이나 내놔〉, 그리고 〈아, 좀 닥치라고, 이 백인들아!〉는 오늘날에도 멤피스부터 화성까지 모든 곳의 노래방에서 인기곡이다.

장애가 진전되면서 앨리스는 2045년에 달에 있는 무중력 캡슐로 이주했다. 이로써 앨리스는 과학자, 창조자, 탐험가로 구성된 일군의 사람들과 함께 두 번째 크립 우주인단의 일원이 되었다.

지난 20년간은 공적인 삶에서 물러나 다음 세대의 장애인 사이보그들을 지원하고 역량을 강화하는 일에 집중했다.

자신의 첫 회고록 《미래에서 날아온 회고록》(빈티지북스, 2022)에서 앨리스는 "좋은 일에는 시간이 걸린다"고 적었다. 앨리스는 40대 후반이 되어서야 성공할 수 있었던 사람으로서, 자신의 시간을 일과 삶의 즐거움 모두에 잘 안배했다. 앨리스는 멋진 파티를 열고 장애인 미디어와 문화를 훌륭하게 큐레이팅하는 것으로 유명하다. 파티에서 앨리스는 맛있는 라테와 빵을 음미하고, 무해한 왕언니 노릇을 하면서 밤새 휘젓고 다니기를 좋아한다. 유족으로는 여동생 에밀리와 그레이스가 있고, 그 밖에 집안끼리 친구인 라니 싱, 그리고 이름을 밝힐 수 없는 몇몇 소중한 사람들이 있다. 여동생들이 앨리스의 유산과 장애인 신탁 예언자 협회에 보관된 문서들을 관리하고 앨리스의 자산을 공동체에 분배할 것이다. 또 다른 유족으로는 홀로그램 고양이인 블루베리, 클라우드, 시나몬, 먀오미 주니어, 미튼스, 필이 있다.

화환은 사양하며, 부조는 지역사회의 동물보호소, 푸드뱅크, 도서관, 상호부조 집단 등에 해주시기 바란다. 앨리스의 친구들과 가족 중 앨리스가 미리 정한 사람들인 카발Cabal이 조직할 행성

간 다차원 장례식 정보는 장애 가시화 궤도에서 확인할 수 있다. 일주일간 온라인 또는 대면으로 참여하는 댄스 파티, 영화제, 만찬, 축하연 등이 있을 예정이다. 허락, 요청, 질문은 카발에 하면 된다. 카발은 앨리스의 소망을 가장 잘 아는 사람들로서 앨리스의 삶이나 일에 대한 어떤 부정확한 정보도 막고자 한다.

앨리스에 대한 모든 좋은 것을 즐기시고, 여러분 자신의 좋은 것도 창조하시길.

감사의 글

〈프루스트적인 앙케이트〉(295쪽)에 답변을 작성하면서 나는 내 삶에서 가장 사랑하는 것이 나라고 말했다. 지금 이 시점에, 이 책을 쓰고 편집하는 동안 무사히 버틴 나 자신에게 감사하는 것은 합리적인 일인 것 같다. 너의 해, 호랑이의 해인 2022년이 다가올 때 회고록을 써야 할 때가 되었음을 깨닫고 호랑이 같은 대담함으로 기획안을 쓴 앨리스야, 잘했다, 수고했다. 가차 없이 너를 한계까지 밀어붙이는 팬데믹 시기를 보내면서 네 삶의 과거와 미래를 성찰해줘서 고맙다. 생각하고 꿈꾸고 분노하고 웃을 시간을 내어줘서 고맙다. 해냈어, 이 멋진 여자야! 이제 책에 대한 반응이 끝내주게 좋기를 바란다.

하지만 진짜 사실을 말하자면, 이 책은 집합적인 노력의 결과물이고 감사드려야 할 분들이 아주 많다. 우선 부모님 헨리 웡과 바비 웡, 동생 에밀리와 그레이스에게 감사를 전한다. 웡씨 가족은 아주 이상하고 재미있는 가족이다. 식구들은 안전하다는 감각과 지원을 제공해줌으로써 내가 여러 자아가 될 자유를 누릴 수 있게 해주었다. 우리 식구들은 처음부터 늘 그곳에 있어주었고, 내 삶을 가능하게 만들어주었다. 친구들(이름을 밝히지 않아도 그들이 알리라고 생각한다)도 너무나 멋졌다. 처음부터 끝까지 전 과정에 걸쳐 나에게 뿌리가 되어주었고, 불평할 공간, 미쳐 날뛸 공간, 으르렁댈 공간을 마련해주었다. 이 책을 펴내는 데 대해 친구들이 보여준 진정한 열정은 내가 계속 나아가게 해준 원동력이었고, 나 자신에 대한 의심을 불식시켜주는 해독제였다. 글을 쓰고 편집하고 퇴고하는 일은 매우 외로운 일일 수 있으니 말이다.

초고를 많은 사람에게 보여주지는 않았지만 특정한 부분들을 읽어주고 시간을 내 귀한 피드백을 주신 다음의 여섯 분께 감사를 드리고 싶다. 라이언 이스털리Ryan Easterly, 요미 롱Yomi Wrong, 엘런 D. 우Ellen D. Wu, 자이프리트 비르디Jaipreet Virdi, 에밀리 너스바움Emily Nusbaum, 알리사 버가트Alyssa Burgart. 질문에 답해주시고 수정 의견을 주시고 부끄럽게도 제가 부정확하게 썼던 부분들을 바로 잡아주셔서 감사합니다! 그리고 본인도 모르는 사이에 이 책의 몇몇 글의 내용이 달라지는 데 기여하신 세 분께도 감사를 전한다. 데이비드 마스모토님, 노라 션님, 딕시 슈록 선생님, 이 세 분과 편지, 이메일, 문자로 주고받은 이야기 덕분에 해당 글들이 훨씬 깊이를 더할 수 있었다. 세 분 모두, 연락이 닿게 되어 정말 행운이었습니다.

내가 전에 펴낸 에세이집 《급진적으로 존재하기》는 그래픽

작품을 담고 있지 않지만 이번에는 범위를 확장해 최대한 재밌는 것들을 많이 담으려 했다. 처음에는 스케치를 몇 장 넣으려 했지만 캔버Canva 앱을 사용하기로 했고, 그것이 제공하는 멋진 폰트와 이미지들로 이 책의 여러 챕터에 쓰인 다양한 그래픽을 만들 수 있었다. 〈군것질 선언〉과 〈나의 장애인 조상들〉의 그래픽이 특히 자랑스럽다. 각 섹션 제목을 손글씨로 쓰는 데는 프로크리에이트Procreate 앱을 사용했고 아이패드 미니와 애플 펜슬로 작성했다. 이 도구들은 나의 좋은 옛 친구인 노트북과 함께 이 책이 나오는 데 크게 기여했다. 앱, 하드웨어, 초고속 인터넷에도 고마움을 전한다.

본인의 작품과 소장품을 싣도록 허락해준 예술가들과 사진 및 일러스트 소장자들께 감사드린다. 이야기를 시각적으로도 전하고 싶었기 때문에 이 책을 위해 네 명의 뛰어난 예술가에게 작업을 의뢰했다. 샘 셰이퍼Sam Schäfer, 하티예 가립Hatiye Garip, 리자티스트리Lizartistry, 펠리시아 량Felicia Liang에게 감사를 전한다. 독자분들도 가능하시다면 이 예술가들을 후원해주시면 좋겠다.

출판사 빈티지북스의 놀라운 분들과 작업하게 되어 행운이었다. 멋진 고양이 애호가 편집자 애나 카우프먼Anna Kaufman에게 이번에 두 번째로 신세를 졌다. 부편집자 줄레이마 우갈데Zuleima Ugalde에게도 감사를 전한다. 책 작업이 진행되어가는 과정에서 우리가 나눈 논의는 서로에 대한 보살핌과 최고의 선의로 가득했다. 디자인, 폰트, 레이아웃은 제작 담당자 앤디 휴스Andy Hughes, 디자인 부디렉터 크리스토퍼 주커Christopher Zucker, 내지 디자이너 데비 글라서먼Debbie Glasserman이 수고해주셨다. 이들 덕분에 내가 추가한 시각 요소들이 덜 조잡해 보일 수 있었다. 시제가 영 꽝인 나는(모두 대문자로 강조하거나 하이픈을 쓰는 버릇이 있다) 제작 편집자 케일라 오버데이Kayla Overdey, 교열 담당자 낸시 B. 탠Nancy B. Tan, 교정 담당자 캐시 스트리크먼Kathy Strickman과 다이애나 드루Diana Drew에게 정말 큰 감사를 전해야 한다. 꼼꼼한 분들이 자신의 몫을 해주어서 이 책이 제시간에 나올 수 있었다. 그리고 얼마나 재밌는 책이든 간에 책은 독자에게 닿아야 한다. 이 책에 대한 좋은 이야기들이 대중에게 전해질 수 있게 해준 홍보 담당 줄리 어틀Julie Ertl과 마케팅 담당 소피 노밀Sophie Normil에게 감사를 전한다. 표지 디자이너 매들린 파트너Madelien Partner는 호랑이의 해의 맹렬함이 정말 잘 드러나는 디자인을 해주었다. 감사드린다. 이들과 함께 할 다음 에세이집 《장애 친밀성Disability Intimacy》 작업도 너무나 기대된다.

　강조해서 감사드려야 할 분이 네 분 더 있다. 줄리아 카던Julia Kardon, 캐서린 텅Catherine Tung, 젠 베이커Jenn Baker, 로잘리 모랄레스 컨스Rosalie Morales Kearns다. 줄리아 카던은 HG 리터러리 소속의 내 출판 에이전트다. 이 책의 첫 기획 단계에서부터 든든한 지원자였다. 인내심 있게 반복해서 계약에 대해 이야기해주었고, 사업과 관련한 것에 대한 나의 온갖 어리석은 질문에 대답해주었다. 작가이자 편집자로서의 나를 믿어주었고, 내 모든 야망을 실현하도록 도와주었다. 줄리아도 고양이 인간이다. 말인즉슨, 뛰어난 사람이라는 뜻이다. 캐서린 텅은 2018년에 빈티지북스의 편집자였다. 캐서린이 갑자기 나에게 이메일을 보내 에세이집을 낼 생각이 없느냐고 했다. 캐서린이 연락해준 덕분에, 그리고 《급진적으로 존재하기》 출판 과정의 첫 절반을 편집자로서 맡아준 덕분에, 나는 세 권의 책의 저자이자 편집자가 될 수 있었다. 40세 때의 앨리스는 상상하지 못했던 일이다. 젠 베이커는 작가, 팟캐스트 운영자, 그리고 아미스타드북스Amistad Books의 선임 편집자다. 나는 그를 수년간 트위터에서 팔로우해왔다. 온갖 훌륭한 책들, 신인 유색인 작가들, 출판업계의 내부 메커니즘 등에 대한 모든 것을 젠에게 배웠다. 젠은 시간과 전문 지식을 너그럽게 나누어주었다. 나는 출판 산업에 장애 다양성을 높이고 세계 지배를 위한 나의 다음 단계를 구상하는 데 있어 젠이 나의 친구이자 멘토라고 생각한다. 로잘리 모랄레스 컨스는 셰이드 마운틴 프레스 Shade Mountain Press의 설립자다. 젠처럼 로잘리도 빈티지북스와 이 책을 작업하기 한참 전부터 출판세계에 대해 내가 몰랐던 많은 부분들을 알려주었다. 지금도 배울 것이 아주 많다!

마지막으로, 내 자식 같은 달팽이 '느림보 어거스터스'에게 파이팅이라고 외쳐주고 싶다. 학명이 헬릭스 아스페르사인 마당달팽이 어거스터스는 2021년 가을에 윙 가족의 식구가 되었다. 손이 적게 가는, 팬데믹 기간의 이상적인 반려동물이었다. 어거스터스가 유리로 된 거주지에서 몇 시간 동안 느리게 양배추를 먹거나 위아래로 움직이는 것, 꼼짝도 하지 않고 가만히 있는 것 등을 보고 있으면 정말 마음이 편해졌다. 어거스터스를 먹이고 관찰하고 돌보는 것은 내게 아무것도 안 하는 것이 곧 모든 것이라는 사실을 알려주었다. 우리 모두 어거스터스에게 많은 것을 배울 수 있다.

별지 사진 설명

1쪽

❶ 1974년, 담요에서 뒹굴고 있는 아기 때의 나. 머리가 크고 머리카락이 덥수룩하다. 엄마는 늘 내 머리가 크다고 하셨는데 지금도 머리가 크다.

❷ 1974년 말, 그대로 갓난아기인 나. 부리토처럼 담요에 돌돌 말려서 엄마에게 안겨 있다.

❸ 세 살 아니면 네 살. 인디애나폴리스에 있던 집 커피 테이블에서 게으르게 놀고 있다. 이때의 나와 100만 마일은 떨어져 있는 것 같다. 이 아이는 무슨 생각을 하고 있을까? 그건 그렇고, 70년대 인테리어 데코가 마음에 든다.

2쪽

❶ 아마 네 번째 생일인 것 같다. 촛불을 막 끄려고 하는 참이다. 동생 에밀리가 바로 내 왼쪽에 있고 그 옆에는 어린 시절 친구 엘런이 있다. 아이들의 파티를 위해 엄마는 레인보우 셔벗 1갤론과 [탄산음료] 세븐업 1리터로 펀치를 만들어주셨다. 으으으음.

❷ 추수감사절, 크리스마스, 기타 특별한 날을 위한 잔칫상. 구운 오리 두 마리를 간장 양념에 밤새 재웠다가 파, 팔각, 소금, 생강 등으로 속을 채워 구운 것, 집에서 만든 밀전병, 그리고 다른 맛있는 것들을 곁들여 먹었다. 구운 오리의 향은 주방장의 키스다.

❸ 세 가지 홈메이드 만두. 왼쪽 네 줄은 통밀가루로 만든 것이고 나머지는 흰 밀가루로 만든 것이다. 흰 밀가루 버전이 더 부드럽다. 맨 오른쪽은 반죽이 남아서 넓적한 라비올리 모양으로 만들었다.

❹ 여섯 살인가 일곱 살인가 때의 나. 이글 크리크 파크Eagle Creek Park에서 갈색 토끼에게 세상 귀엽게 인사하고 있다. 초등학교 때 종종 여기로 소풍을 갔다.

❺ 엄마와 나. 내가 정말 좋아하는 사진이다. 이 순간이 포착한 순전한 기쁨을 보라.

3쪽

1 개조한 밴 앞에서 찍은 가족 사진. 왼쪽부터 내 뒤로 엄마, 아빠, 그레이스, 에밀리. 밴에 리프트를 설치하는 데는 돈이 많이 든다. 이때는 더 나은 리프트와 고정 장치까지 단 두 번째 개조였고 어마어마한 돈이 들었다.

2 10대 시절의 나. 더 리미티드The Limited에서 산 올리브색 가죽 재킷을 입고 있다. 별로 안 좋아했다. 시카고 차이나타운의 호랑이 상 옆에서 포즈를 취하고 있다.

3 비활성 상태가 된disabled 미국 대통령과 함께 사진을 찍었다!

4 친구 진 린Jean Lin이 2010년에 내 기사가 실린 《월드 저널》 샌프란시스코편을 보내주었다. 나는 샌프란시스코에서 한 활동으로 상을 받았고, 수상 인터뷰를 했다. 낮에 바이팹을 사용하지 않았을 때였다.

5 1997년 학부 졸업식. 인디애나대학 인디애나폴리스 캠퍼스.

4쪽

1 지금 그리고 영원히.

2 캘리포니아주립대 샌프란시스코 캠퍼스UCSF에서의 대학원 생활 인증.

3 공테이프에 직접 선곡해서 녹음한 테이프. 평생지기인 엘런이 1992년 9월에 만들어주었다. 이런 테이프는 하나하나가 고유하다. 그리고 스티커가 있으면 더 좋다.

4 밴드 휠체어 스포츠 캠프Wheelchair Sports Camp의 케일린 헤퍼낸Kalyn Heffernan이 〈장애 가시화〉 팟캐스트에 두 곡을 테마 곡으로 쓰게 해주었다(〈절름발이에게 세상은 쉽지 않아Hard Out Here for a Gimp〉와 〈댄스 오프Dance Off〉). 감사드린다. 제가 엄청 팬이에요!

5 장애인 화가 마이크 모트Mike Mort가 그린 이 일러스트를 나는 아주 좋아한다. 2017년 내가 진행하는 팟캐스트에 로고로 사용했다.

6 2020년에 '미래를 위한 회담' 행사에서 장애인 신탁 예언자에 대해 강의를 했는데 깜짝 선물이 도착했다. 그 행사를 준비한 사람들이 탈 피츠패트릭Tal Fitzpatrick이 점묘법으로 내 모습을 그린 이 훌륭한 초상화를 보내주었다.

7 내 첫 에세이집 표지. 전자책으로만 나왔다. 2018년 10월 트럼프 시기에 대한 대응으로 장애인들이 쓴 에세이를 모든 책이다. 일러스트는 미카 바잔트Micah Bazant의 작품이다.

⑧ 장애문화를 다루는 어린이 책이 더 많이 나와야 한다. 나는 《우리는 함께 움직인다We Move Together》라는 제목의, 켈리 프리치Kelly Fritsch와 앤 맥과이어Anne McGuire가 쓰고 에두아르도 트레호스Eduardo Trejos가 일러스트를 그린 어린이 책에 내가 등장해서 기뻤다. 이 일러스트의 맨 왼쪽에 내가 있다.

5쪽

① 모두가 이야기를 지니고 있다.

② 나는 스토리코프에서 아주 많은 CD를 가지고 왔다. 각 참가자는 구술한 자신의 역사 기록을 이렇게 보관할 수 있다. 2014년에서 2018년 사이에 나는 30명이 넘는 친구들을 인터뷰했다.

③ 뉴욕시에 있는 캐슬브리지스쿨 5학년 학생 맥시밀리언 데밀트Maximilian Demilt의 훌륭한 그림. 나는 2020년에 해당 학급에서 강연을 했고 그 후 그의 선생님께서 내게 이것을 보내주셨다. 너무 좋다!

④ 하워드가의 샌프란시스코 현대미술관 벽 앞에 있는 내 모습. 프랑스 아티스트 J.R.의 2019년 작업 〈샌프란시스코 크로니클〉에 참여해 너무 좋은 시간을 보냈다.

⑤ 예술가 아비 오예월Abi Oyewole과의 재미있는 협업이었다. 그는 내가 트위터에서 플라스틱 빨대 금지와 관련해 만들었던 해시태그에서 아이디어를 얻은 스티커와 핀을 만든다.

⑥ "접근성, 이 멋진 년들아!" [디자이너] 스카이 쿠바컵Sky Cubacub이 만들었다. 너무 좋다.

⑦ 예술은 운동이다. 필립스 레스피로닉스의 바이팹, C팹, 호흡기 리콜 사태와 관련해 나와 내 친구가 관여한 커뮤니티 활동을 위해 이 그래픽을 그려준 헤일리 브라운Haley Brown에게 감사드린다.

⑧ 1800만 라이징18 Million Rising으로부터 이 스티커를 받았다. 너무 좋다!

⑨ 나는 대중교통을 더 이상 이용하지 못하지만, 이 교통카드는 옛 시절을 떠올리게 해준다.

⑩ 모든 정치는 지역적이다. 운동도 그렇다. 나는 20대와 30대 때 샌프란시스코 베이 에어리어의 몇몇 조직에 참여했다. 일례로 샌프란시스코 가정 방문 지원 서비스국의 위원회에 참여했고 지역사회 기반 서비스의 예산과 관련한 지역 정부와 주 정부의 정치에 대해 많은 것을 배웠다.

① 드문 가족 사진. 2020년 에디 에르난데스 포토그래피Eddie Hernandez Photography에서 찍었다. 사진 속 왼쪽부터 나, 그레이스, 에밀리, 엄마, 아빠.

② 이거야. 이게 그 느낌이지. 펠리시아 량의 작품.

③ 친구들!!! '접근성은 사랑' 굿즈를 디자인하며 즐거운 시간을 보냈다. '접근성은 사랑'은 내가 미아 밍거스(위), 샌디 호(아래)와 함께 시작한 캠페인이다.

④ #지역사회가집이다CommunityAsHome 프로젝트는 2020년에 활동가 아샨티 포슨Ashanti Fortson(오른쪽)과 내가 협업으로 진행했다. 아샨티의 작품은 우아하다!

⑤ 여동생과 나. 아주 오래전 사진 부스에서 찍었다.

⑥ 내 방에서 작은 책상과 책꽂이와 함께. 바로 이곳이 모든 마법이 일어나는 공간이다.

⑦ 예술가 미카 바잔트가 누구나 사용할 수 있게 이 그래픽을 만들었다. 그에게 감사를 전한다.

⑧ 요미 롱Yomi Wrong(왼쪽)은 오랜 친구다. 2019년 샌프란시스코 공공도서관 행사에 함께 참석했다.

① 2016년에 나는 큰돈을 써서 디자이너 스카이 쿠바컵(사진 속의 왼쪽)에게 맞춤옷을 만들어달라고 했다. 사진 속의 내가 입고 있는 옷이 그것이다(가운데). 스카이와 스카이의 친구 니나 리토프Nina Litoff(오른쪽)가 시내로 왔고 사진사 그레이스 듀발Grace Du Val에게 사진을 부탁했다.

② 잉 웡-워드(왼쪽)는 나의 장애인 조상 중 한 명이다. 그의 가족이 휴가를 맞아 샌프란시스코를 방문했다. 사진은 2016년의 우리 모습이다. 그분들과 시간을 보내게 되어 기뻤다.

③ 내 안에는 다스베이더가(그리고 요다도) 너무 많다. 내 인생 최고의 코스프레일 것이다.

④ 아직 서점이나 도서관에서 이 책을 보지는 못했지만, 록다운 기간 중에 내가 편집한 에세이집 《급진적으로 존재하기》를 놓고 기념 사진을 찍었다.

⑤ 전에는 스토리코프가 샌프란시스코 공공도서관에 있었다. 나는 그곳에서 친구들을 인터뷰하며 많은 시간을 보냈다. 이 사진은 진행을 도와준 요스메이

델 마조Yosmay del Mazo(왼쪽), 제럴딘 아-수(오른쪽)와 찍었다.

❻ 집안끼리 친구인 라니 싱Rani Singh(오른쪽)의 결혼식. 2015년.

8쪽

화성으로 가자, 그 너머로도 가자!

- 〈크립턴 행성에서 온 뮤턴트: 기원A Mutant from Planet Cripton: An Origin〉은 '너드 오브 컬러' 블로그에 처음 게재되었다.
- 〈1인칭 당사자 정치운동: 어느 화난 아시아계 이민자 장애 소녀로부터의 고찰First-Person Political: Musings from an Angry Asian American Disabled Girl〉은 《아메라시아 저널》에 처음 게재되었다. *Amerasia Journal* 39, no. 1 (2013): 108-117.
- 〈미국장애인법The American with Disabilities Act〉은 2020년 7월 26일 〈장애 가시화〉 팟캐스트에 처음 나왔다.
- 〈고등학교 때 학교 좋아하셨어요?Did You Enjoy High School?〉는 2020년 10월 21일 〈죽음, 섹스, 그리고 돈〉 팟캐스트에 "앨리스 웡, 법석 떨기, 분노, 메디케이드에 대해Alice Wong on Ruckuses, Rage, and Medicaid"라는 제목으로 처음 나왔다.
- 〈나의 메디케이드, 나의 생명My Medicaid, My Life〉은 2017년 5월 3일 《뉴욕 타임스》에 처음 게재되었다.
- 〈옴스테드 판결과 나The Olmstead Decision and Me〉는 2017년 6월 27일 '장애 가시화 프로젝트' 블로그에 처음 게재되었다.
- 〈#크립더보트: 그때와 지금#CriptheVote: Then and Now〉은 〈장애 가시화〉 팟캐스트 에피소드 1(2017년 9월 13일)과 에피소드 99(2021년 3월 21일)에 처음 나왔다.
- 〈로봇으로 지낸 나의 하루My Day as a Robot〉는 2018년 5월 1일 캘리포니아자립생활센터 '어빌리티 툴스Ability Tools' 블로그에 처음 게재되었다.
- 〈망 중립성, 접근성, 장애인 커뮤니티Net Neutrality, Accessibility, and the Disability Community〉는 2017년 11월 22일 '미디어 정의Media Justice' 블로그에 처음 나왔다.

- 〈참을 수 없는 빨대의 가벼움The Last Straw〉은 2018년 7월 19일 《이터》(복스 미디어, LLG)에 처음 게재되었다. eater.com/2018/7/19/17586742/plastic-straw-ban-diabilities
- 〈타구에 바치는 송가Ode to a Spit Cup〉는 다음 책에 처음 게재되었다. *Body Talk: 37 Voices Explore Our Radical Anatomy*, edited by Kelly Jensen (chapel Hill, N.C.: Algonquin Young Readers, 2020)
- 〈왜 '#접근성은사랑'인지 깨닫자Let's Recognize Why #AccessIsLove〉는 2019년 2월 14일 '권리에 뿌리를 내리다Rooted in Rights' 블로그에 "발렌타인 데이에 왜 '#접근성은사랑'인지 깨닫자"라는 제목으로 처음 게재되었다.
- 〈장애인계의 상위 1퍼센트The One Percent Disabled Club〉는 2016년 1월 21일 〈덴젤 워싱턴은 모든 시대를 통틀어 가장 위대한 배우다〉 팟캐스트 에피소드 63에 처음 나왔다.
- 〈장애의 얼굴들Disabled Faces〉은 2020년 12월 9일 '장애 가시화 프로젝트' 블로그에 처음 나왔다.
- 〈가세, 서쪽으로, 호!Westward Ho〉는 다음 책에 처음 수록되었다. *Collective Wisdom: Lessons, Inspiration, and Advice from Women over Fify* by Grace Bonney (New York: Artisan, 2021).
- 〈운동으로서의 스토리텔링Storytelling as Activism〉은 2018년 4월 3일에 열린 롱모어 강연 콘퍼런스에서 처음 나왔다. 이 행사는 샌프란시스코스테이트대학에 있는 폴 롱모어 장애학 연구소가 주관한다.
- 〈장애의 목소리들로 라디오의 다양성을 높이자Diversifying Radio with Disabled Voices〉는 2016년 5월 10일 '트랜섬' 블로그에 처음 게재되었다.
- 〈돌봄의 안무Choreography of Care〉는 2016년 4월 13일 메이킹 컨택트의 라디오 프로그램의 일부로 처음 나왔다.
- 〈스토리텔링으로서의 팟캐스트Podcasting as Storytelling〉는 2021년 4월 3일 〈장애 가시화〉 팟캐스트 에피소드 100에 처음 나왔다.
- 〈저는 호흡기가 없으면 살지 못하는 장애인인데요, 그러면 이번 팬데믹에서 그냥 처분되어도 되는 존재인 건가요?I'm Disabled and Need a Ventilator to Live. Am I Expendable During This Pandemic?〉는 2020년 4월 4일 《복스》(복스 미디어, LLC)에 처음 나왔다. voc.com/first-person/2020/4/4/21204261/coronavirus-covid-19-disabled-people-disabilities-triage
- 〈일부를 위한 자유는 모두를 위한 자유가 아니다Freedom for Some Is Not

Freedom for All〉는 2020년 6월 7일 '장애 가시화 프로젝트' 블로그에 처음 게재되었다.

- 〈팬데믹 요리: 자택 격리 죽Cooking in Quarantine〉은 2020년 3월 26일 《알자지라》에 처음 나왔다.
- 〈이건 내 몸이고, 내가 원한다면 나도 살 수 있어야 해It's My Body and I'll Live if I Want To〉는 2020년 3월 27일 〈이런 친구들With Friends Like These〉 팟캐스트에 처음 나왔다.
- 〈정상으로 돌아가지 말자Not To Normal〉는 2021년 1월 28일 샌프란시스코에서 열린 '아이디어의 밤' 행사에서 한 연설이다.
- 〈포스트 코로나 세계에 더 포용적인 미래를 일구는 법How to Create a More Inclusive Future Post-COVID〉은 2021년 3월 3일 "포스트 코로나 세계에 더 포용적인 미래를 일구는 법, 장애인 활동가 앨리스 웡과 함께"라는 제목으로 《매셔블》에 처음 나왔다. ©2021 Ziff Davis LLC.
- 〈최후의 장애인 신탁 예언자The Last Disabled Oracle〉는 2020년 8월 14일 '미래를 위한 회담'에서 내가 한 강연이다. 이 회의는 협업 프로젝트인 '우리가 미래에 한 일'의 일환으로 진행되었다. 강연 트랜스크립트는 '장애 가시화 프로젝트' 블로그에 "미래에서 온 메시지: 장애인 신탁 예언자 협회"로 게재되었다.

본문 사진 출처

- 앨리스 웡과 바비 웡Bobby Wong: 33, 37, 40, 43(위아래), 47(위아래), 49, 56, 61, 66, 68, 100, 101, 109, 112~113, 115, 117, 132, 142, 146, 156, 157~159, 162, 188, 201, 204, 205, 210, 229, 235(위), 242, 270, 273, 285, 289, 291, 293, 311, 318(왼쪽, 오른쪽), 348, 354, 357, 379, 389, 391(위아래), 393(위, 중앙, 아래), 396~402, 413, 416, 426, 441, 455, 458, 466, 469, 475
- 펠리시아 량: 6, 198~199
- 그레이스 웡: 76
- 리자티스트리: 111, 122, 137
- 요스메이 델 마조: 151
- 피트 수자/오바마 대통령 라이브러리Pete Souza Obama Presidential Library:

164(위아래)
- 앨리 캐닝턴Allie Cannington: 181
- 미아 밍거스: 196
- 샘 셰이퍼: 230~234, 235(아래)
- 리바 레러: 252, 254 © Riva Lehrer
- 켄 스타인Ken Stein & 잉그리드 티셔: 283 © Ken Stein Photo
- 셰릴 그린: 345(왼쪽, 촬영은 올리버 베이커Oliver Baker)
- 제럴딘 아-수: 345(중앙)
- 사리카 메타: 345(오른쪽)
- 에밀리 너스바움: 408(왼쪽, 오른쪽)
- 하티예 가립: 442, 447, 463

별지 사진 출처

- **1쪽, 2쪽, 3쪽, 8쪽** 앨리스 윙
- **4쪽 ❶**: 제인 쉬Jane Shi, **❸과 ❻**: 탈 피츠패트릭Tal Pitzpatrick, **❹와 ❺**: 마이크 모트Mike Mort; **❼**: 미카 바잔트, **❽**: 에두아르도 트레호스(다음 책에 게재됨. Kelly Fritsch and Anne McGuire[글], Eduardo Trejos [일러스트] *We Move Together*, AK Press, 2021 / 게재 허가 받음). 그 밖의 사진들 앨리스 윙
- **5쪽 ❸**: 일러스트 맥시밀리언 데밀트, **❺**: 아비 오예월, **❻**: 리버스 가먼트Rebirth Garments, **❼**: 헤일리 브라운. 그 밖의 사진들 앨리스 윙
- **6쪽 ❶**: 에디 에르난데스 포토그래피 © 2020, **❸** (위): 미아 밍거스, **❸**(아래): 샌디 호, **❹**: 아샨티 포슨 © 2020/all rights reserved, **❼**: 미카 바잔트. 그 밖의 사진들 앨리스 윙
- **7쪽 ❶**: 그레이스 듀발 © 2021. 그 밖의 사진들 앨리스 윙

미래에서 날아온 회고록

초판 1쇄 펴낸날 2024년 6월 28일
지은이 앨리스 윙
옮긴이 김승진
펴낸이 박재영
편집 임세현·한의영
마케팅 신연경
디자인 조하늘
제작 제이오
펴낸곳 도서출판 오월의봄
주소 경기도 파주시 회동길 363-15 201호
등록 제406-2010-000111호
전화 070-7704-2131
팩스 0505-300-0518
이메일 maybook05@naver.com
트위터 @oohbom
블로그 blog.naver.com/maybook05
페이스북 facebook.com/maybook05
인스타그램 instagram.com/maybooks_05

ISBN 979-11-6873-108-0 03300

만든 사람들
책임편집 임세현
디자인 조하늘